ヤマケイ登山学校

ロープワーク

水野隆信 監修・阿部亮樹 イラスト

山と溪谷社

Contents

ヤマケイ登山学校

ロープワーク

無限に広がる可能性

デジタル文化が全盛を迎えるなかで
アナログ的なメソッドを必要とし、
またそれを楽しむのがアウトドアだと思う。

ロープワークも、
そんなアナログな技術のひとつ。

一部では自動で釣り糸を結んでくれたり、
自動でロープを操作したりする機械があるけれど
フィールドではそんな機械には頼れない。

頭と体で理解し、
知識や技術をその場その場に合うように
スピーディに、簡単に使いこなす。
それがロープワークの醍醐味であり
自然を楽しむためには欠かせないアウトドア技術だ。

ロープワークを身につければ
キャンプ、登山、クライミング、釣り…
幅広いジャンルでのアウトドアの楽しみが
無限に広がっていく。

これまで行けなかった場所に行けるようになる。
これまでできなかったことにチャレンジできる。
ロープワークは、アウトドアの可能性を広げてくれる。

すべてを知ろうとは思わなくていい。
それでも、自分のフィールドやスタイルに合う結びを覚え、
引き出しを増やしておけば
いつか自分を助けてくれるはずだ。

水野隆信

ロープワークって何だ？

キャンプでの快適さ、登山・クライミングの安全。それらを担保してくれるのがロープであり、ロープワークだ。確固たる技術なしにロープを使うのはむしろ危険だけれど、正しいロープワークを習得していれば、ロープは心強い味方になる。

そして、ロープを学べば学ぶほど、ロープを使う場面にとどまらない成長があるはずだ。たとえば登山でロープを持ち歩こうと思うなら、装備はよりシンプルに、軽量にする必要がある。自分の装備を見直し、山の歩き方を見直すきっかけになるだろう。そしてロープを知ることで、道具のメンテナンスや保管の大切さも実感するに違いない。

さて、この本を読んでロープワークを試してみたくなったらどうすればいいだろう。本書の2章で紹介したようなキャンプのロープワークなら、現場で直接試してみてもいいだろう。だが、登山やクライミングのロープワークは命に関わる。山岳ガイドなどのプロに教わり、自分のロープワークをジャッジしてもらうことが大切だ。

「プロに習うなら、この本はいらないのでは？」と思うかもしれない。でも、そうではない。実際に現場で教わる山岳ガイドは先生、この本は教科書だと思ってほしい。この本を使って予習し、プロに習い、そしてこの本で復習する。ロープワーク技術の習得にはこのプロセスが欠かせない。ぜひ、この本をボロボロになるまで読み込んでほしい。

ロープワークは奥の深い技術だ。数百種類といわれる結び方がある。そして結びを覚えれば終わりではなく、シチュエーションごとに最適なロープワークを選択する、そのための引き出しを増やす作業を続けなければならない。でも、すべてを一度に覚える必要はない。簡単なことからでいい。たとえば、靴ひもが切れた。ファスナーにタブを付けたい。そんなとき、細いロープが1本あれば対処できる。それも立派なロープワークだ。少しずつロープに親しんで、トレーニングを積み、実践してみよう。この本が、アウトドアライフをより豊かにする一助になれば幸いだ。

（山岳ガイド　水野隆信）

Part 1

ロープの種類と結び方

ロープの種類

キャンプからクライミングまで

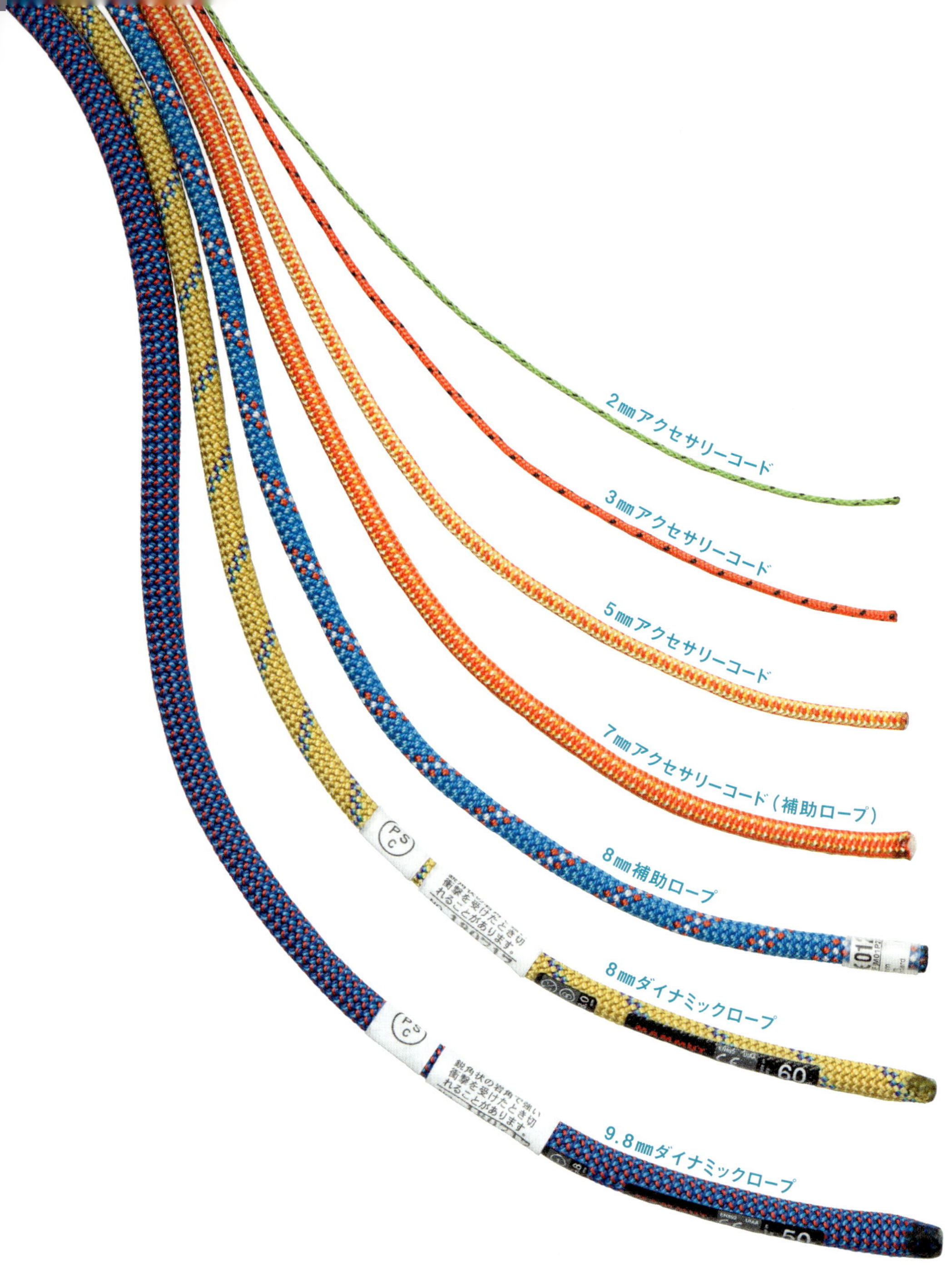

用途に応じて使い分けを

本書のテーマであるロープは、キャンプでの快適さを追求したり、登山の安全性を高めたり、クライミングという一歩先のアクティビティを楽しんだりするのに必須の道具。しかし、ひと口にロープといっても、用途に応じて太さも長さも異なり、さまざまな種類がある。

キャンプで用いることが多いのが、**アクセサリーコード（細引き）**と呼ばれるロープ。1㎜径から7㎜径程度まで、1㎜単位でラインナップされている。登山用品店などでは1m当たり◯円とメーター売りされていることが多いが、一定の長さに切って売られているものもある。用途によって適した太さは異なり、たとえば小物に結びつけるなら2㎜径程度がいいし、テントのガイライン（張り綱）として用いるなら3㎜×3m程度のものが必要本数あるといいだろう。また、6㎜や7㎜径のものはノットスリング（11ページ）をつくる際など、登山にも用いられる。

補助ロープは登山時の危険地帯通過などにも用いるロープ。ロープを張った状態で使うのが前提で、真っ

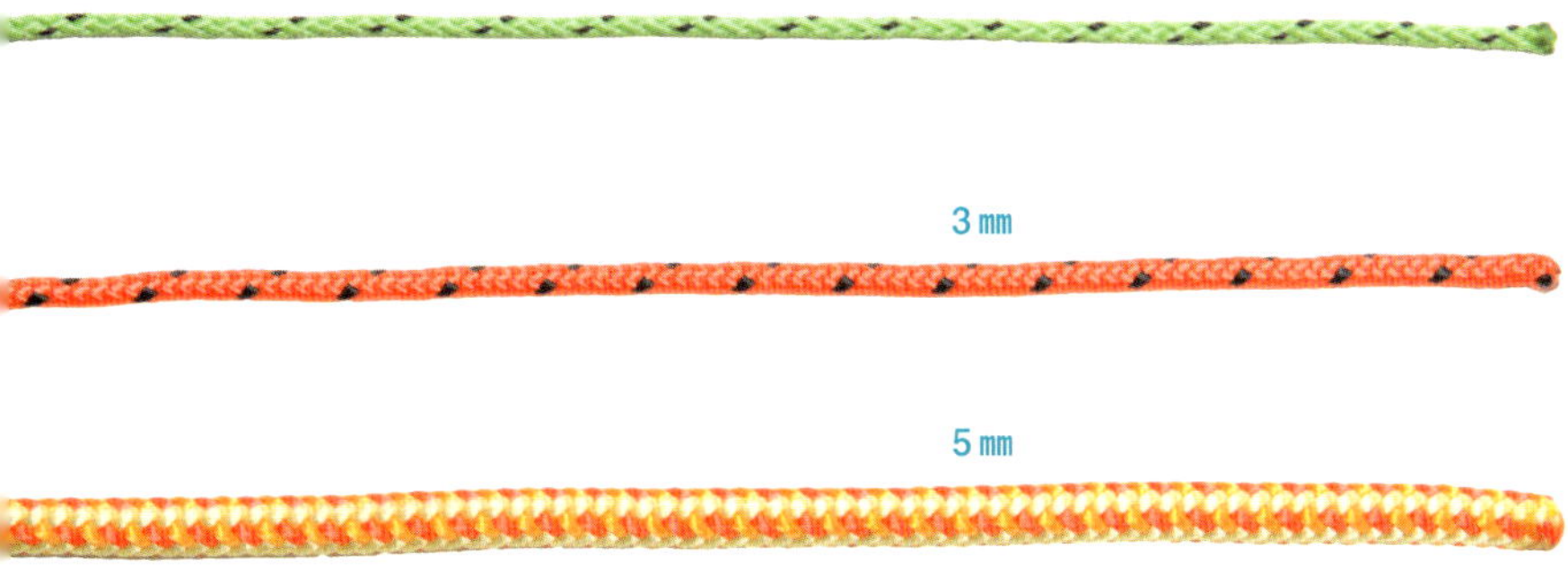

2㎜

3㎜

5㎜

アクセサリーコード

1㎜径から1㎜単位であらゆる太さがある。用途に合わせて必要な長さを購入できる

ダイナミックロープ

9.8㎜×50m

ロープが伸びることである程度衝撃を吸収するロープ。クライミングなどに使用

補助ロープ

8㎜×30m

登山の危険地帯通過などに使用。UIAA（国際山岳連盟）認可のものが安全性が高い

スタティックロープ

伸びにくいロープ。救助活動や高層ビルの窓ふきなど、墜落を想定しない場面で使用

逆さまに落ちる墜落などには対応していない。メーター売りされている6㎜径以上のものを使うこともあるし、20mや30mの長さで登山用として売られているものもある。本書の3章・4章で紹介しているような用途なら、7〜8㎜径で20〜30m程度の長さのものを用意しておこう。

ダイナミックロープはクライミングにも使用できる安全性の高いロープだ。クライマーが墜落した際にロープが伸びることである程度衝撃を吸収し、ダメージを軽減する。使用方法に応じてさらに細分化できる（詳細は10ページ）。40〜60m程度のものが一般的だ。

本書では登場しないが、**スタティックロープ**、**セミスタティックロープ**と呼ばれる種類もある。ダイナミックロープとは反対に、伸びにくいロープだ。救助活動時の負傷者吊り上げなど、墜落を想定せず、ロープの伸びが逆効果になる場面で使用する。

なお、ロープはホームセンターなどでも売られているが、登山用でないものは安全性の基準を満たしていない。登山、クライミングでは必ずアウトドアショップで売られる専門メーカーのものを購入しよう。

ダイナミックロープの種類

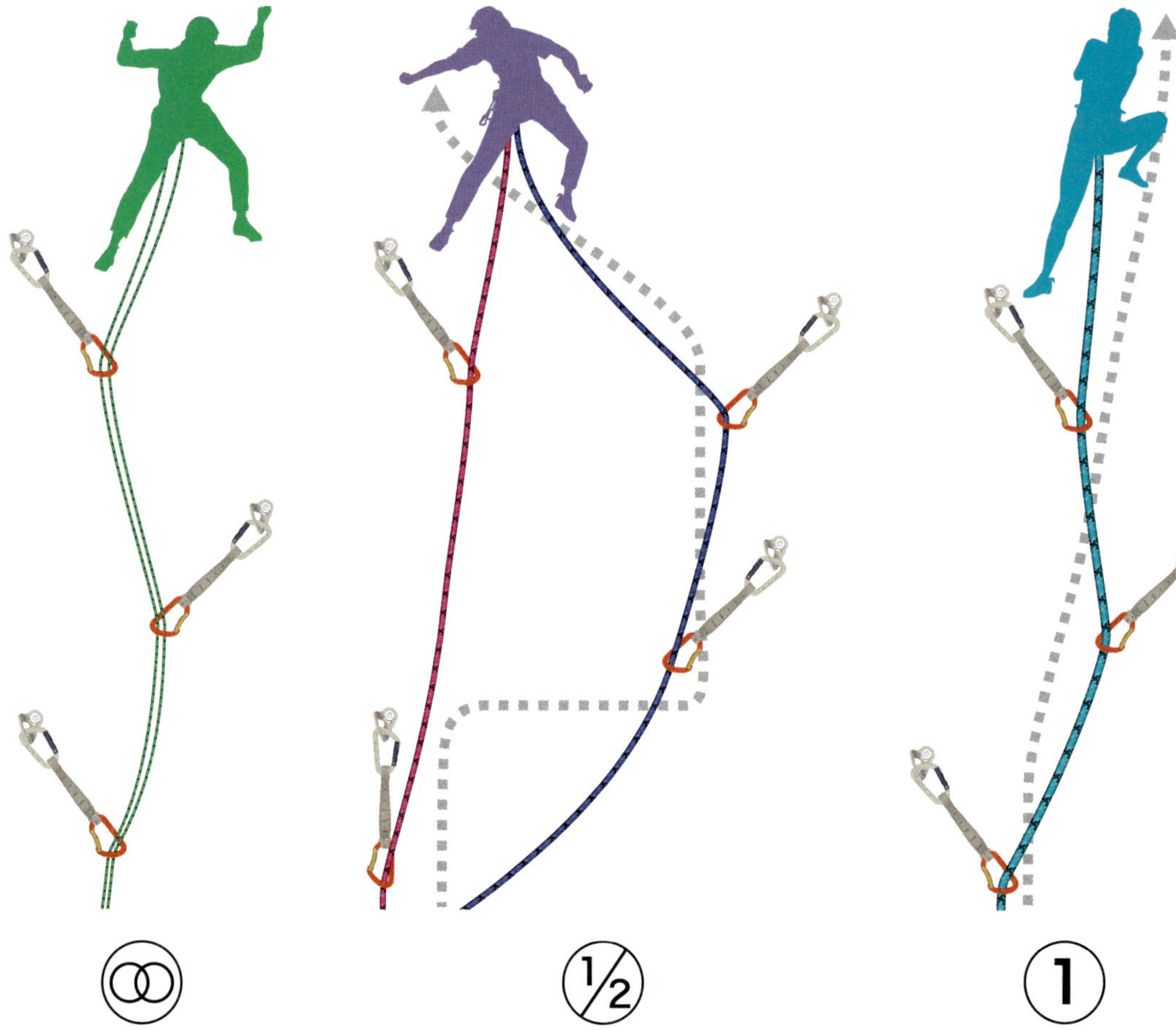

ツインロープ

2本のロープを同じ支点にかけながら登る。日本の法律では検査基準がない。マークは「ꝏ」

ハーフロープ

2本のロープを別の支点にかけながら登る。アルパインクライミングなどで使用。マークは「1/2」

シングルロープ

1本のロープを使って登攀。墜落を想定する場面で使う。UIAAの検査を合格したものには「1」のマークがある

使用法が異なるロープの種類

クライミングに使用するロープは「ダイナミックロープ」と呼ばれ、墜落時に伸びることで衝撃を吸収する。国際山岳連盟（UIAA）では、ダイナミックロープを「シングル」「ハーフ」「ツイン」ロープの3種類に分類し、それぞれに安全検査基準を設けている。また、日本でも消費生活用製品安全法に基づく適合検査が行なわれるが、ツインロープは検査基準になく、国内では「ツインロープ」としては販売されていない。

シングルロープは1本で使用し、スポーツクライミングなど、最初から墜落を想定した場面で使われる。

ハーフロープは屈曲したルートなどに適する。また、ひとりのリーダーに対し、2人までフォロワーが入ることが可能。

ツインロープはアイスクライミングなどでの直線的なライン取りに適する。なお、フォロワーは1人。

現在は技術も進化し、1本で複数の検査基準をクリアするロープも増えた。なお、所定の検査をクリアしたロープにはUIAAのマークがついている。

スリングの種類

ノットスリング

ロープをダブルフィッシャーマンズ・ベンドで結ぶ。強度は保証されない

ソウンスリング

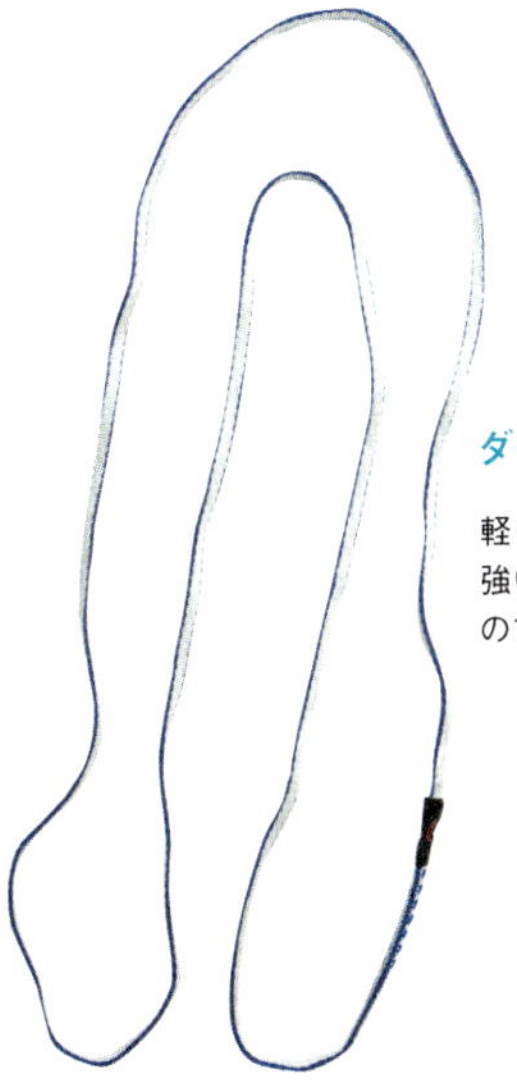

ダイニーマスリング

軽く、強度があり、濡れに強い。一方、摩擦が小さいので滑りやすく熱に弱い

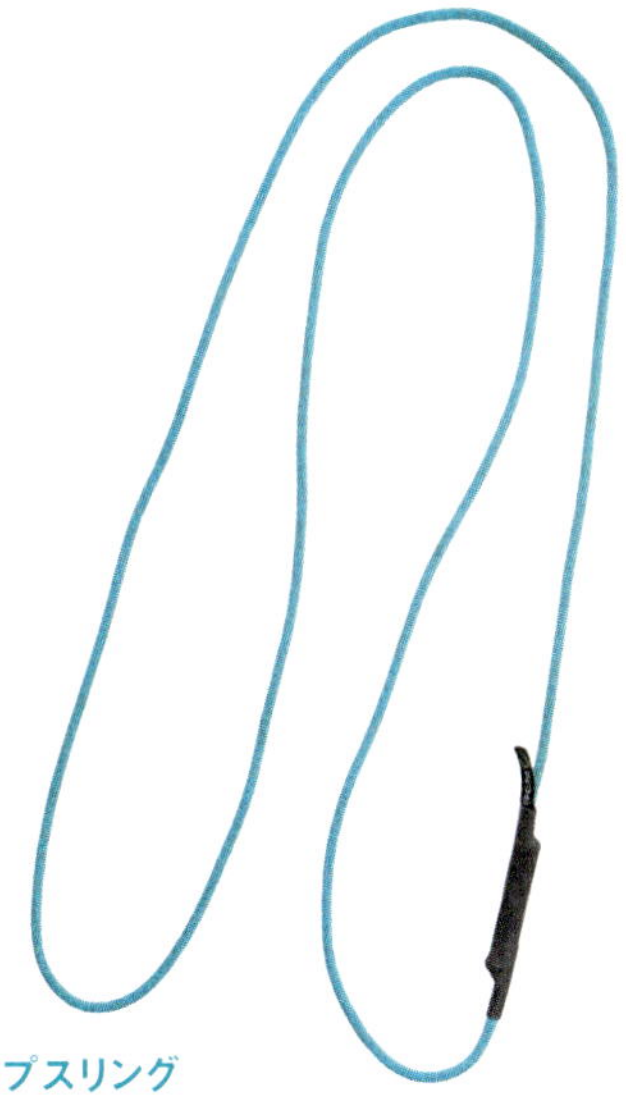

ロープスリング

ロープを縫ったタイプ。フリクションヒッチ(P36～39)用のコードなどに使う

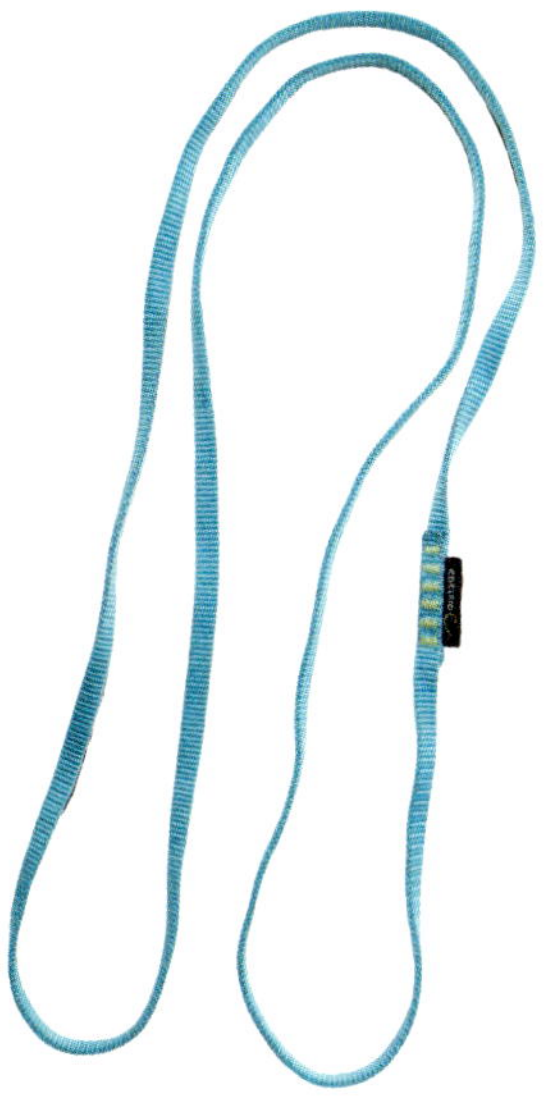

ナイロンスリング

やわらかく使いやすい、スタンダードなスリング。濡れると強度が低下する

登山・クライミングに頻出

スリングとはロープやテープを輪にしたもののこと。ロープを用いた登山やクライミングでは頻繁に使用する。縫われて輪になった状態で売られているソウンスリングと、アクセサリーコードなどを結んで自作するノットスリングに大別できる。

ソウンスリングは素材によってさまざまあるが、ナイロン製やダイニーマ製が一般的。ナイロンスリングは強度や耐久性に優れ、登山で最も一般的に使用される。ダイニーマスリングは軽く、ナイロンの5倍といわれる強度があるが、熱で融解する恐れがあるほか、素材の特性上、結びがほどけやすい。一時は広く用いられたが、現在は安全性を考慮して用途を限定する傾向だ。ロープを縫ったタイプもある。

ノットスリングは自身でロープをダブルフィッシャーマンズ・ベンド(27ページ)で結んでつくる。強度は保証されないが安く用意できるので、捨て縄(回収せず残置するロープ)として用意する人もいる。テープを結ぶ場合はリング・ベンド(29ページ)で結ぶといい。

結びの名称

ノット、ベンド、ヒッチ

ノット　Knot

オーバーハンド・ノット

☞P.16へ

最も簡単な結び方。単独で使うことは少ないが、意外と出番は多い

バタフライ・ノット

☞P.25へ

ロープの途中にループをつくる結び。応用できる場面は多い

フィギュアエイト・フォロースルー

☞P.21へ

ハーネスにロープを結ぶ際に用いる、クライミングで最も重要な結び

概念を理解する

ロープワークを学び始めると、結びの名称に「ノット」「ベンド」「ヒッチ」という単語が頻繁に登場することに気がつくだろう。最初はわかりにくいかもしれないが、これらは結び方の分類を表わす言葉で、本書で紹介する結びに限らず、細かく分類すれば数百種類にのぼるロープワークは、この3つのいずれかにカテゴライズすることができる。ロープワークを体系的に学ぶのに欠かせない概念で、理解していれば結びを覚えるのにも役立つだろう。これらは「ループ・ノット」や「クローブ・ヒッチ」のように結びの名称につく場合が多いが、「フィギュアエイト・フォロースルー」（分類はノット）、「クレイムハイスト」（分類はヒッチ）のようにつかないものもある。

まず、「ノット」とは、ロープ1本あれば完結し、役割を果たすことができる結びのこと。

続いて「ベンド」は、ロープの末端同士を結ぶもので、2本のロープをつないで1本にする場合も、1本のロープの両端を結んで輪にする場合も含まれる。本ページで紹介した

ヒッチ　Hitch

ベンド　Bend

クローブ・ヒッチ

P.30へ

ロープを対象物に固定する結び。数種類の結び方がある

オーバーハンド・ベンド

P.16へ

ロープを2本束ね、オーバーハンド・ノットと同じ結び方をする

プルージック・ヒッチ

P.36へ

ロープとロープの摩擦を利用する「フリクションヒッチ」の代表格

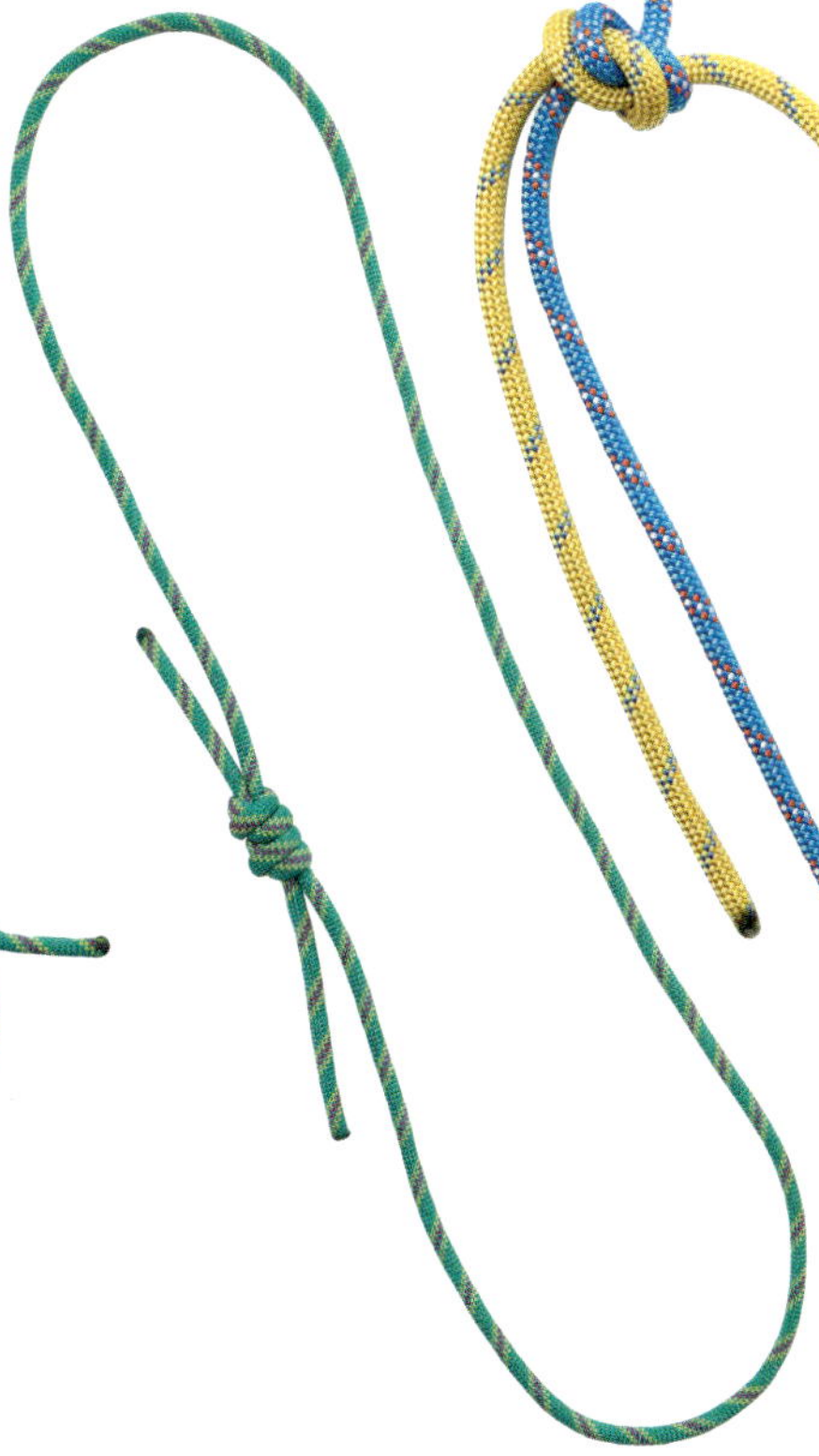

ダブルフィッシャーマンズ・ベンド

P.27へ

末端同士を接続する際のベーシックな結び。強度が高く使いやすい

オーバーハンド・ノットとオーバーハンド・ベンドのように、結びの手順は同じでもロープ1本で完結しているか、2本を接続するかで名称は異なっている。スリングをつくる際などにも使われるダブルフィッシャーマンズ・ベンドは一部専門書でも「ノット」と表記されていることがあるので注意が必要だ。

最後の「ヒッチ」とは、カラビナなど何か別のものと組み合わせることで役割を発揮する結びのこと。たとえばクローブ・ヒッチ（30ページ）はカラビナや木にロープを固定する際に用いる結びだが、対象物がないと結びが成立しない。

一方、何かにロープを結びつける場合でも、結びの機能がロープだけで成り立っていれば「ノット」となる。たとえば、フィギュアエイト・フォロースルーでロープをハーネスに結びつける場合を考えてみよう。この場合、確かにロープをハーネスと組み合わせて使用するが、仮にハーネスがなかったとしても結びを完結させることができるので、分類は「ノット」となる。

これらの概念はロープワークを学ぶにつれ、理解が進んでいくはずだ。

パートの名称

形状と役割

▶形状と名称

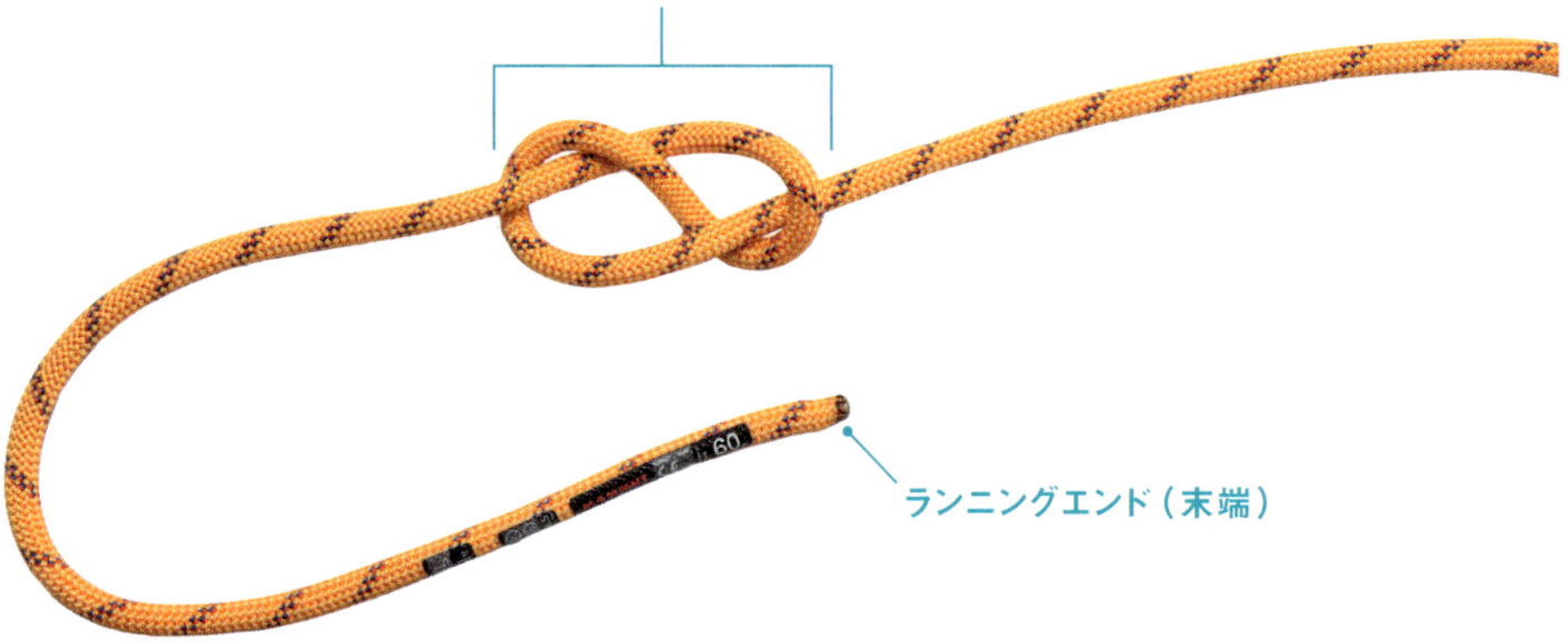

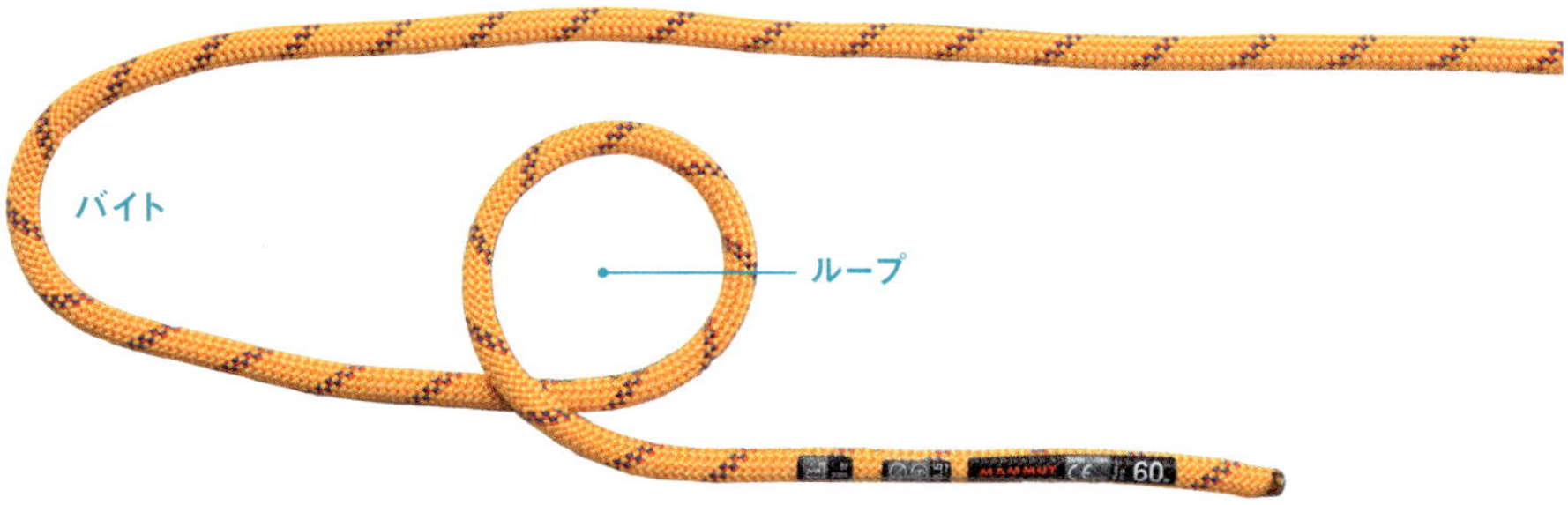

形状による呼び名

「ロープ」とは製品全体を指す言葉で、ロープで結びをつくっていく際はパートごとに呼び方が決まっている。本書でも「ランニングエンド（末端）をループに通す」などと使用されるので、ここでロープワークにおけるパートの名称を把握しよう。

輪に通したり、何かに沿わせたり、結び目をつくるために動いていくロープの先端を**「ランニングエンド」**という。「末端」と呼ばれることもある。一方、結び目をつくるためのベースとなる動かない部分を**「スタンディングパート」**と呼ぶ。たとえば、フィギュアエイト・フォロースルー（21ページ）の手順2にあるフィギュアエイト・ノットの部分がスタンディングパートだ。

「ループ」と**「バイト」**はロープ自体が形をつくるパートで、ループはその名のとおり、輪になった部分のこと。バイトは二つ折りにした部分で、ループのように交差しない。

「ターン」とはカラビナや木など別のものにかけて折り返した部分のこと。一度巻きつけてから折り返すと**「ラウンドターン」**となる。

ストランドの名称

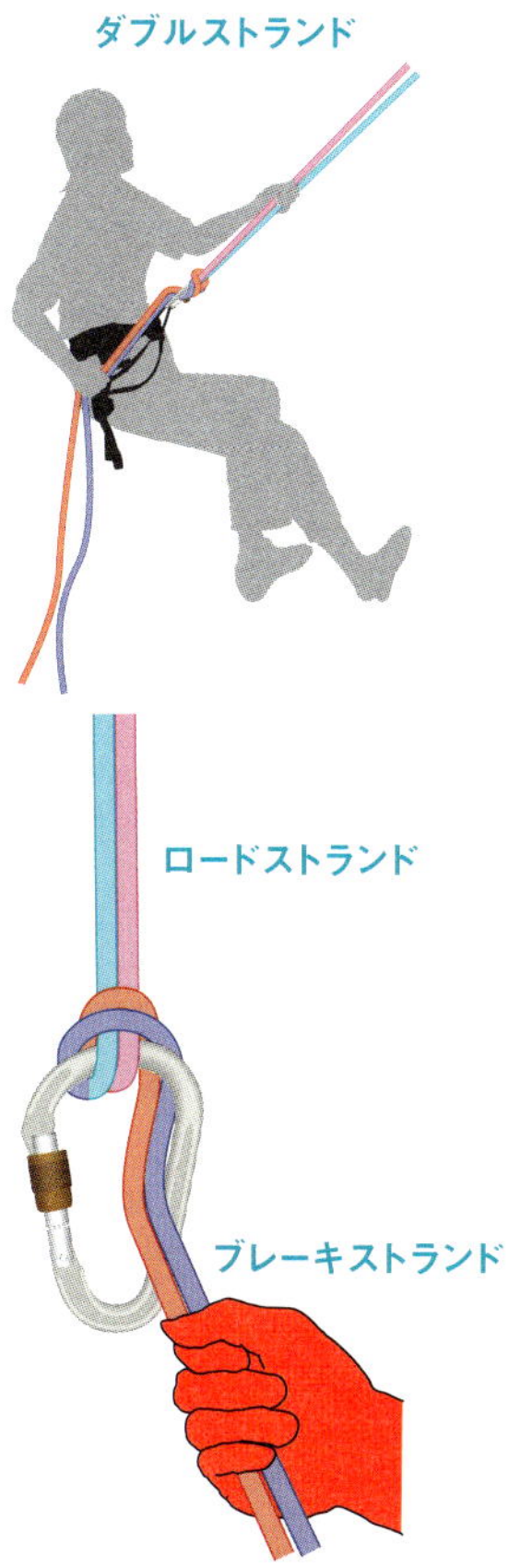

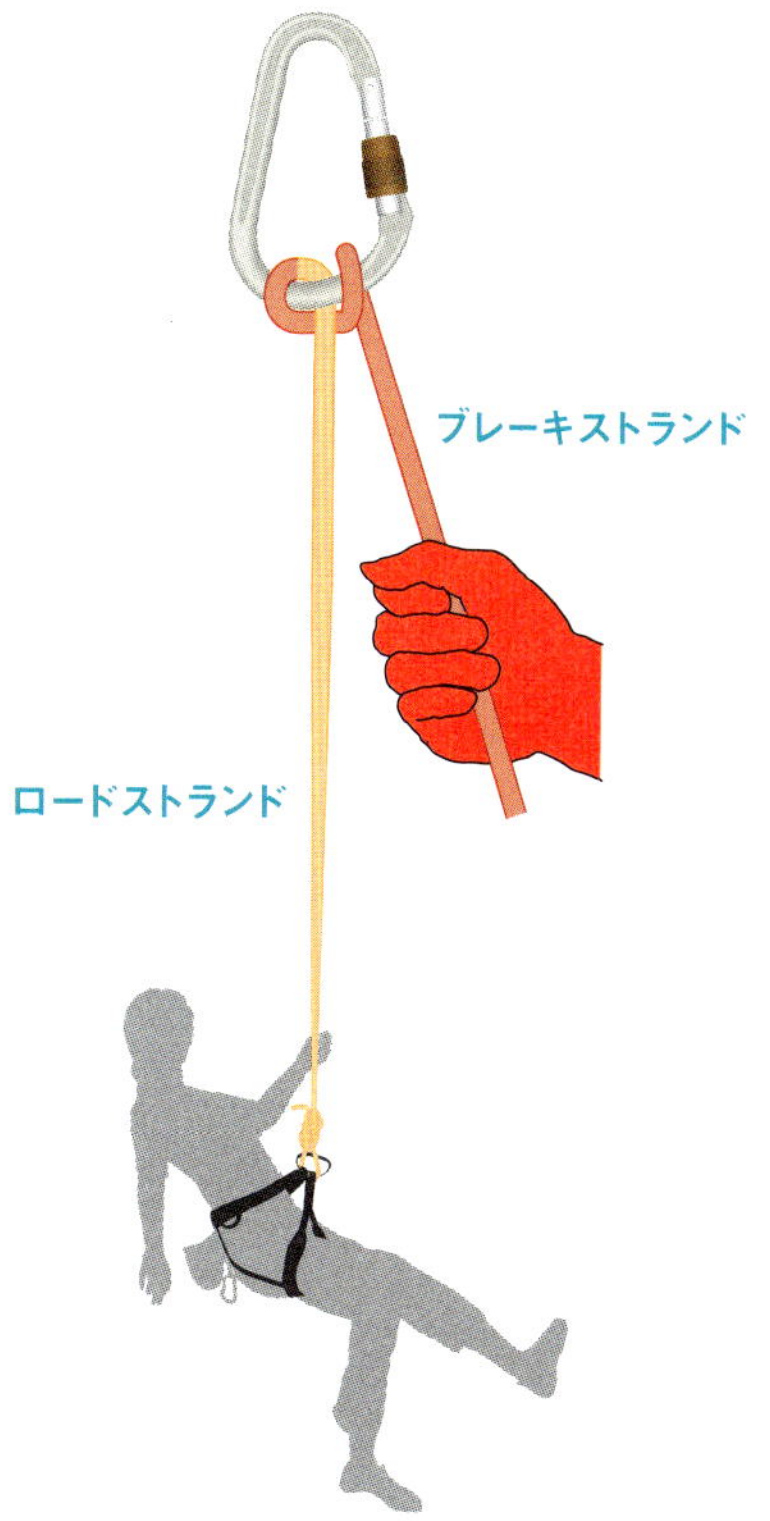

ダイナミックロープの構造

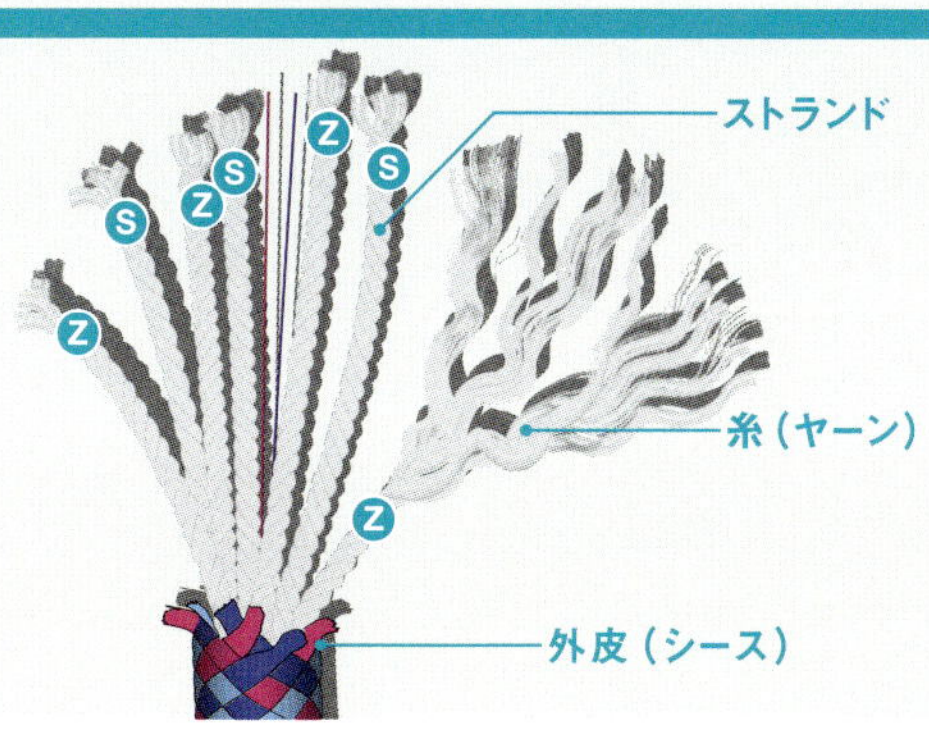

現在一般的に使われるクライミング用のロープは、芯を外皮（シース）で覆った「カーンマントル」と呼ばれる構造になっている。芯は糸（ヤーン）をより合わせたストランドを編み込んでつくられる。ストランドには時計回りのⓏよりと反時計回りのⓈよりがあり、半数ずつで構成される。カーンマントル構造のロープは1950年代にエーデルリッド社が開発したとされ、その後急速に広まった。

役割をもつ一部分

クライミング用のロープは芯を外皮で覆った構造になっていて、芯は糸をより合わせてつくった**「ストランド」**を編み込んでつくられている。

　このことから、ロープの特定の役割を説明する際も「ストランド」という言葉を使う。たとえばムンター・ヒッチ（34ページ）を使って確保する場合、パートナーにつながった負荷のかかる部分を**「ロードストランド」**と呼び、確保するために制動をかけるパートを**「ブレーキストランド」**と呼んで区別する。懸垂下降（86ページ〜）の場合、下降器（ディバイス）より上の荷重がかかる部分がロードストランド、ブレーキ操作側がブレーキストランドだ。また、クライミングで確保器にセットする側を「ガイドストランド」と呼ぶこともある。

　ストランドが1本なら**「シングルストランド」**、2本の場合は**「ダブルストランド」**と呼ばれる。パートナーを確保するためにムンター・ヒッチをセットするのはシングルストランドで行なうし、懸垂下降ならダブルストランドでセットする。

オーバーハンド・ノット

誰もが何百回となく経験しているであろう、最も簡単な結び方。単独で使う機会は少ないが、1本のロープの末端（ランニングエンド）同士を重ねて輪にしたり、2本のロープを1本につなげたり（いずれも末端同士を結ぶのでオーバーハンド・ベンド）、ループ・ノット（18ページ）のスタンディングパート（14ページ）となったりと登場機会も多い。結び方を忘れることはまずないが、オーバーハンド・ノットがこの結びであることは頭に入れておきたい。

分類
ノット

英名
Overhand Knot

別名
止め結び

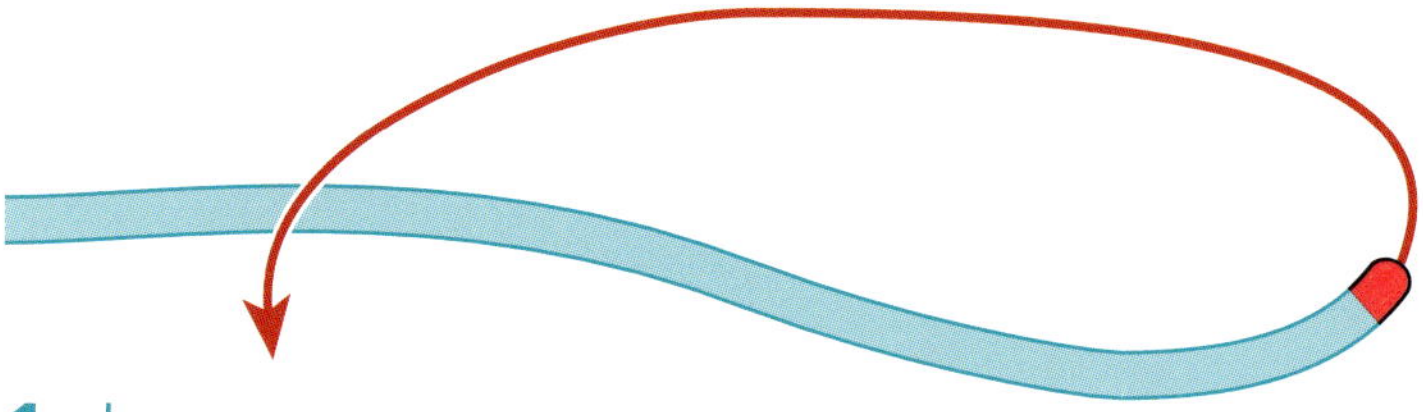

1 ロープを二つ折りにし、
矢印のように。2の形になる

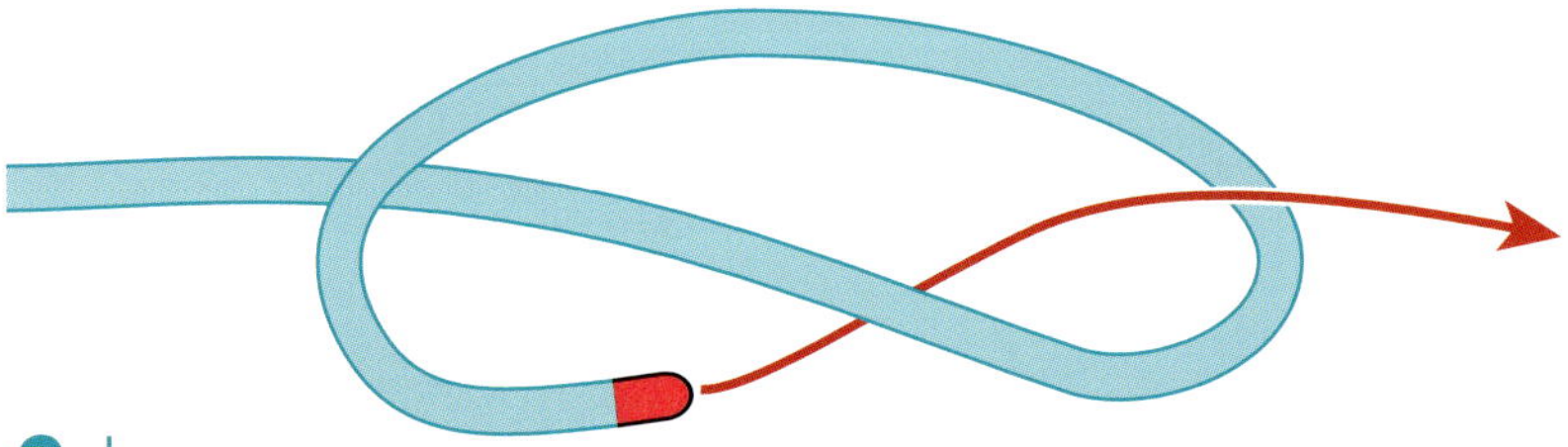

2 矢印のように通す

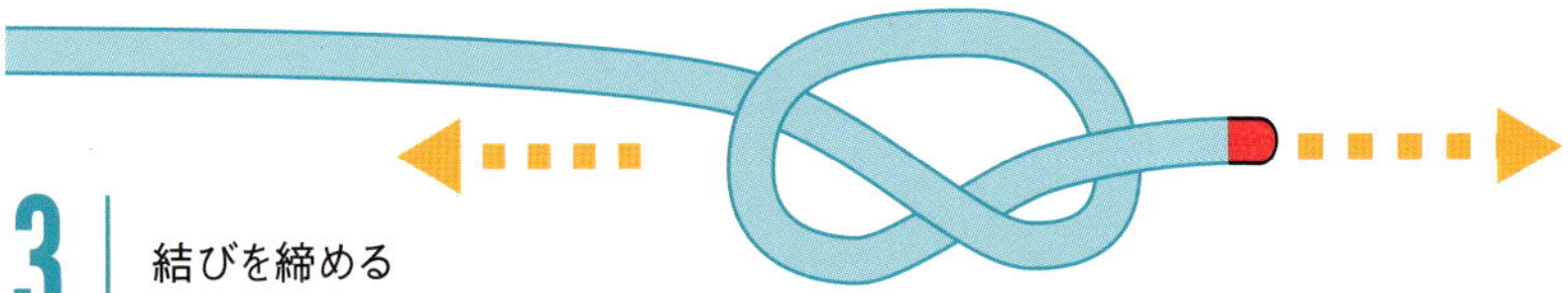

3 結びを締める

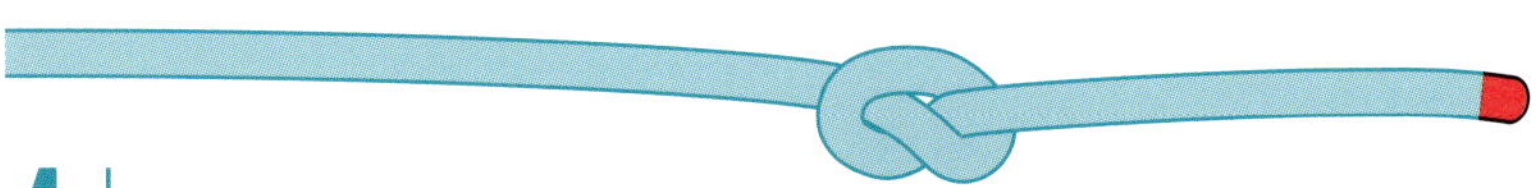

4 完成

ボウリン・ノット

分類
ノット

英名
Bowline Knot

別名
もやい結び

「結びの王様」ともいわれた基本の結び。ボウリン・ノットでつくったループは強固で、それ以上締まらず、荷重がかかった後でも解きやすいなど使い勝手がいい。結び目は小さいのでじゃまにならず、結び方も簡単でスピーディ。ただし、ループの一部分に荷重がかかると（リング荷重という）結び目が解けてしまうことがある。クライミングの確保などにも使われた時期があったが、現在は命を預けるような場面での使用は推奨されない。

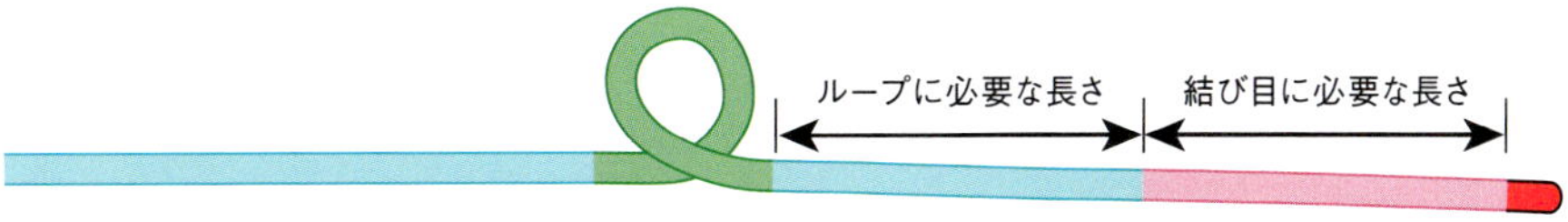
ループに必要な長さ
結び目に必要な長さ

1 完成時に必要なループの長さを考慮して緑部分をつくる

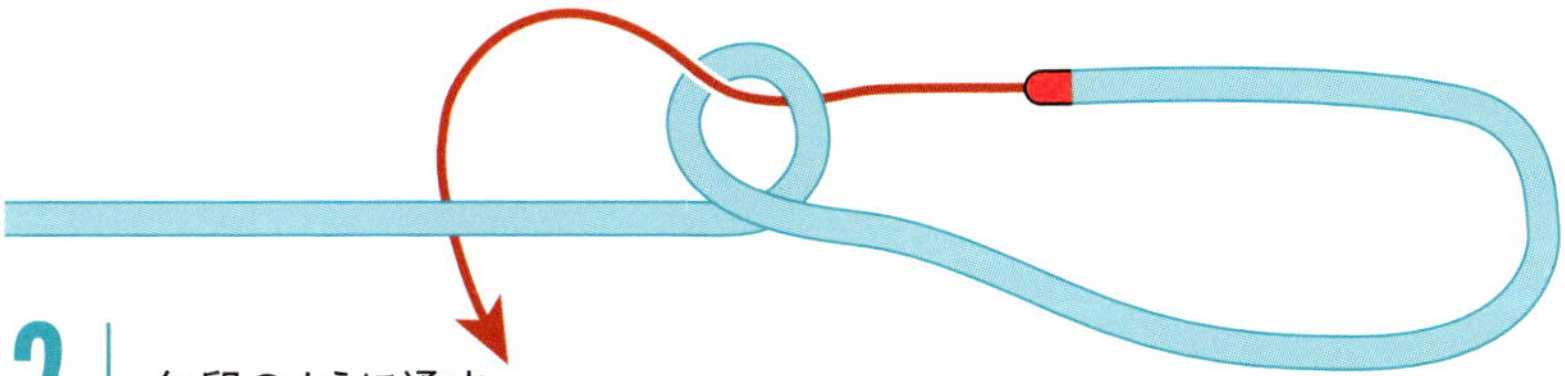

2 矢印のように通す

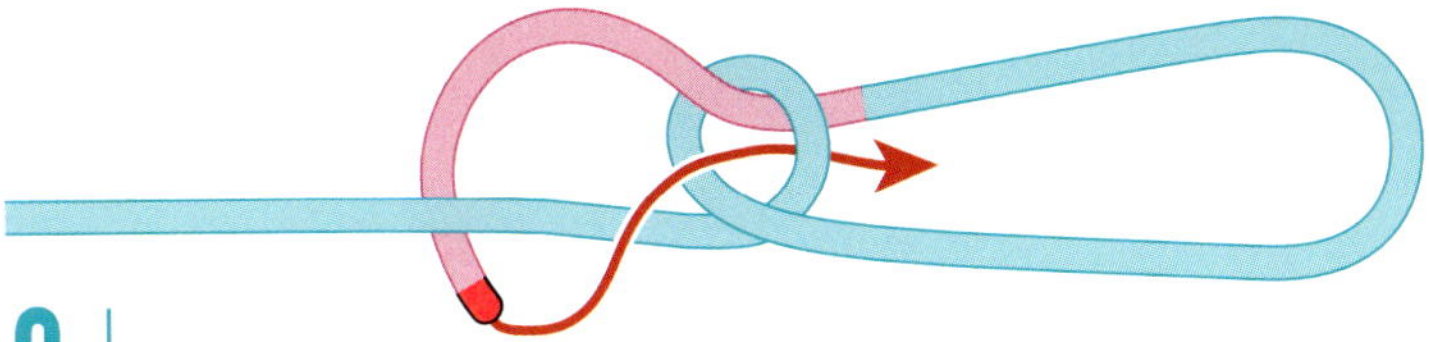

3 矢印のように通す

4 結びを締める

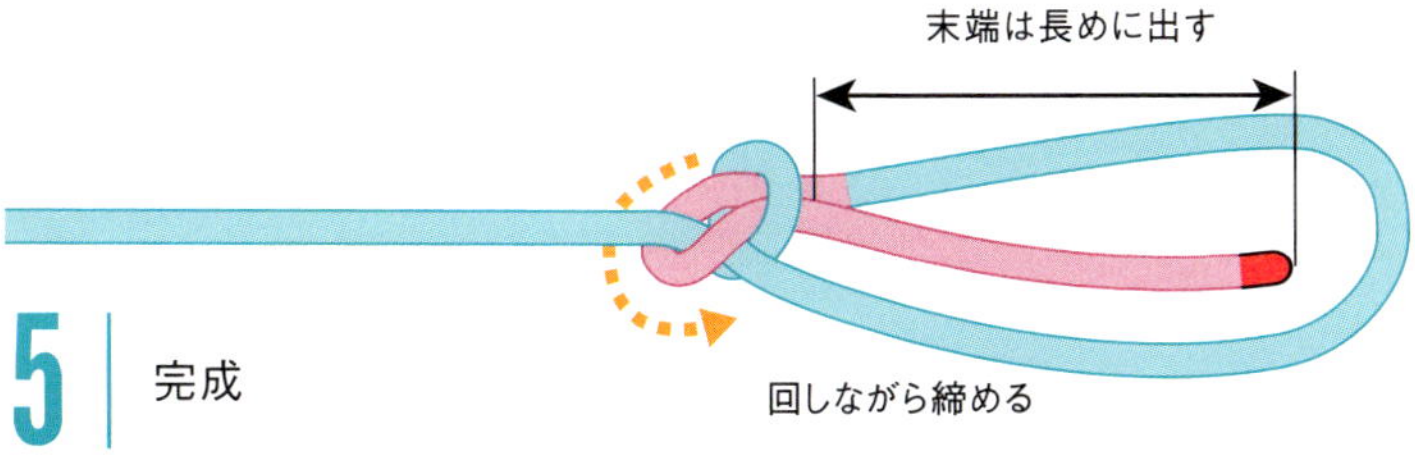
末端は長めに出す
回しながら締める

5 完成

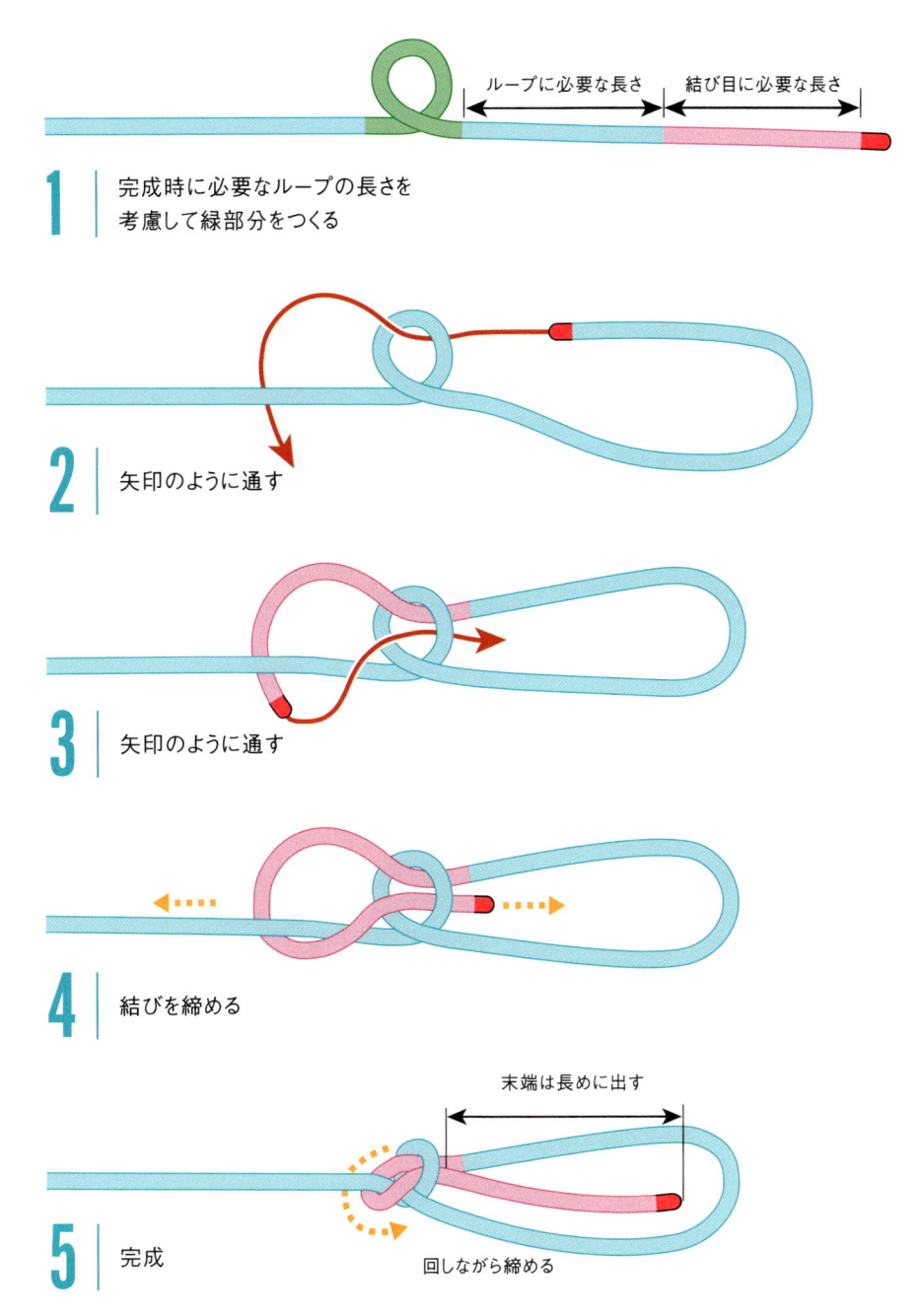

ループ・ノット

ロープに固定ループをつくる結び方。どの部分にでも輪をつくることができる。ロープを二つ折りにしてバイトをつくり、オーバーハンド・ノット（16ページ）の結び方をするだけで完成する（結び方2）ことから、オーバーハンド・ループとも呼ぶ。固定された輪に結ぶ場合は、オーバーハンド・ノットをスタンディングパートにする結び方1を用いる。フィギュアエイト・オン・ア・バイト（20ページ）と比べて強度が弱いので、登山の確保などには用いない。

分類
ノット

英名
Loop Knot

別名
フューラー結び／オーバーハンド・ループ

結び方１

1 オーバーハンド・ノットでスタンディングパートをつくり、矢印のように通す

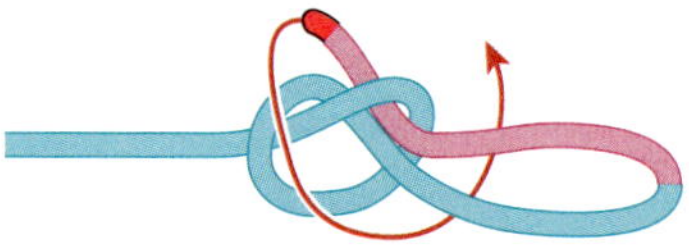

2 オーバーハンド・ノットの結び目に沿うように巻く

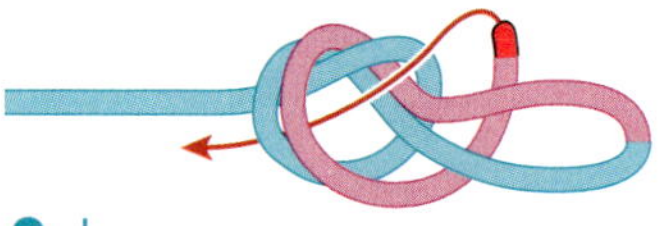

3 矢印のように通す

4 ループ、メインロープ、末端を引いて結びを締める

5 完成

結び方2

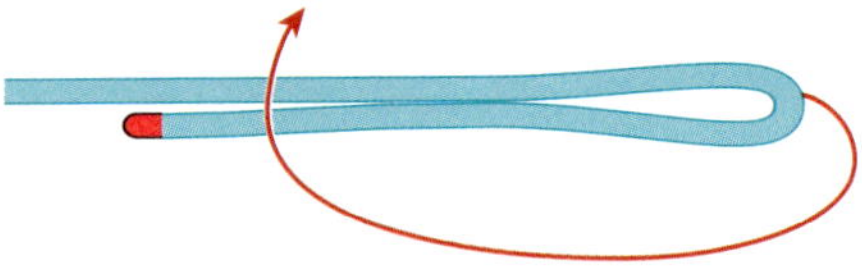

1 ロープを二つ折りにし、矢印のように2の形をつくる

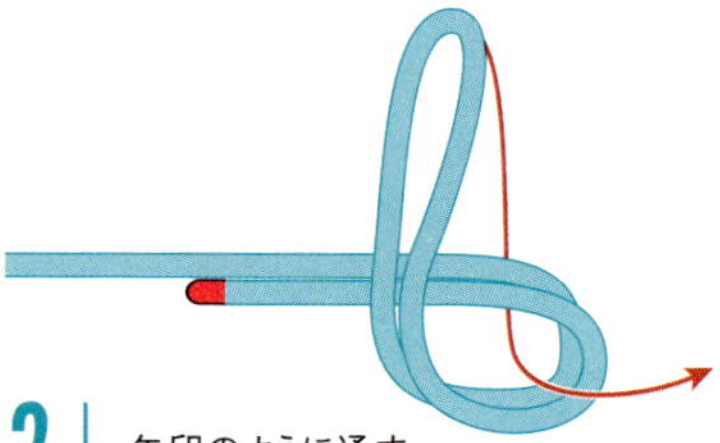

2 矢印のように通す

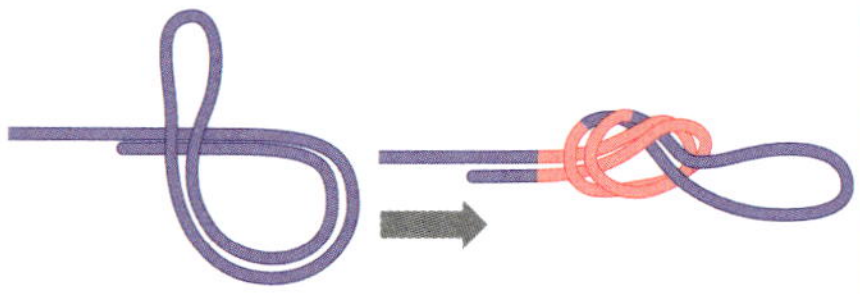

並行に並べて結ぶと、きれいに結びにくい

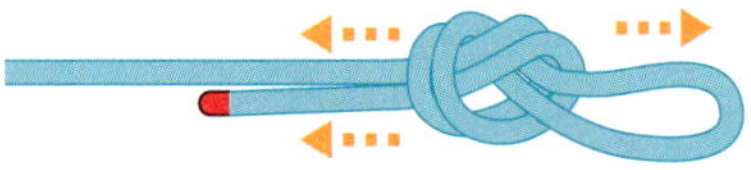

3 ループ、メインロープ、末端を引いて結びを締める

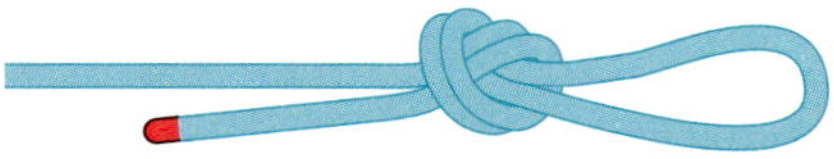

4 完成

タール・ノット

分類
ノット

英名
Turle Knot

別名
特になし

荷重がかかると結び目が締め込まれ、ほどけづらいが、簡単にスライドさせてゆるめることもできる結び方。キャンプや登山での使用頻度は多くないが、上からモノを吊るす際などに覚えておくと便利。本書では沢から水を汲む際のロープとバケツの接続に使う結びとして紹介した（65ページ）。また、釣りの世界では釣り糸とフライを結ぶ場合などに頻出する、代表的なロープワークのひとつだ。このページで紹介した方法以外にもさまざまな結び方がある。

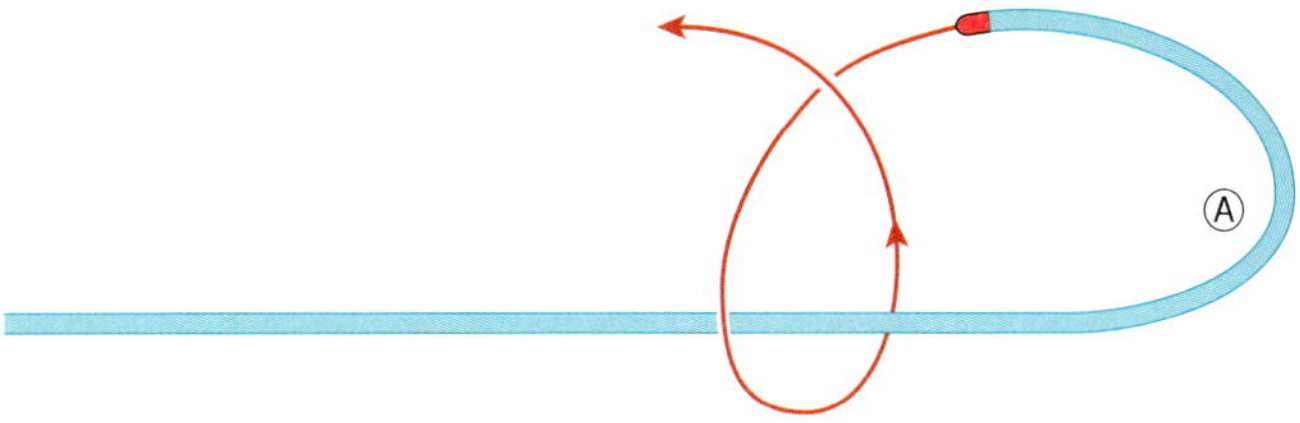

1 矢印のように巻く。
結ぶ対象はⒶの位置に置く

2 矢印のように重ねる
（**3**の形になる）

3 矢印のように通す

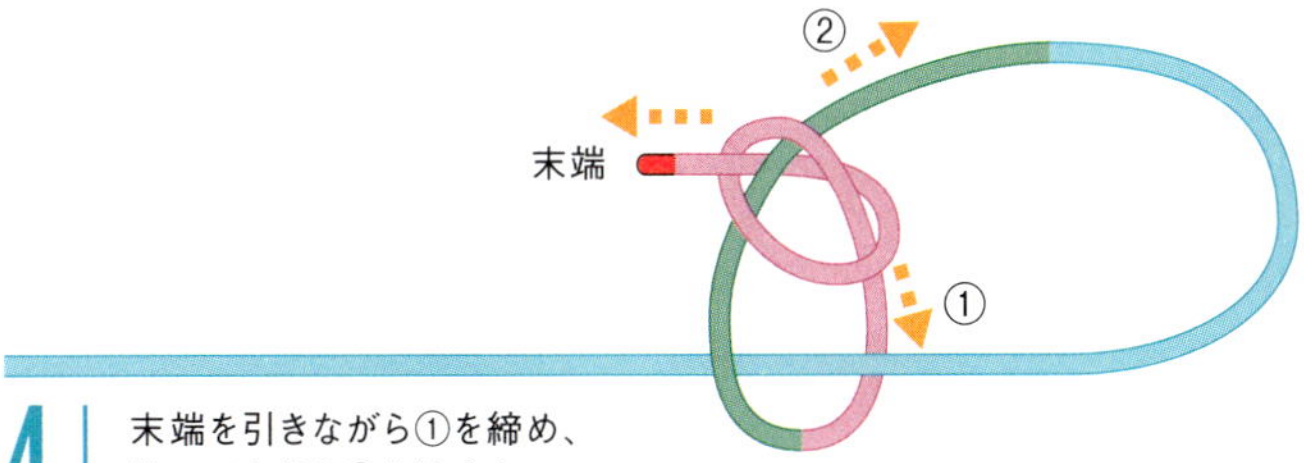

4 末端を引きながら①を締め、
続いて末端と②を締める

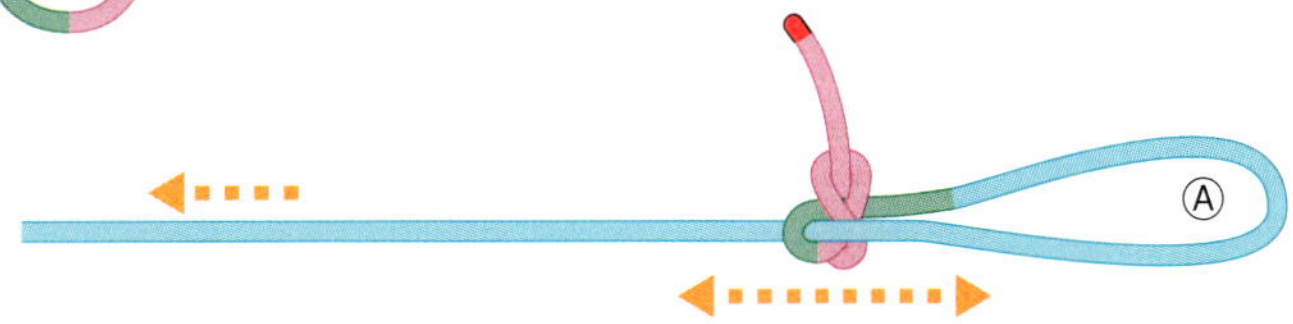

5 完成。結びの位置は動かせる。
Ⓐに結ぶ場合はメインロープを
引いて結びを締める

6 結びを締めた状態

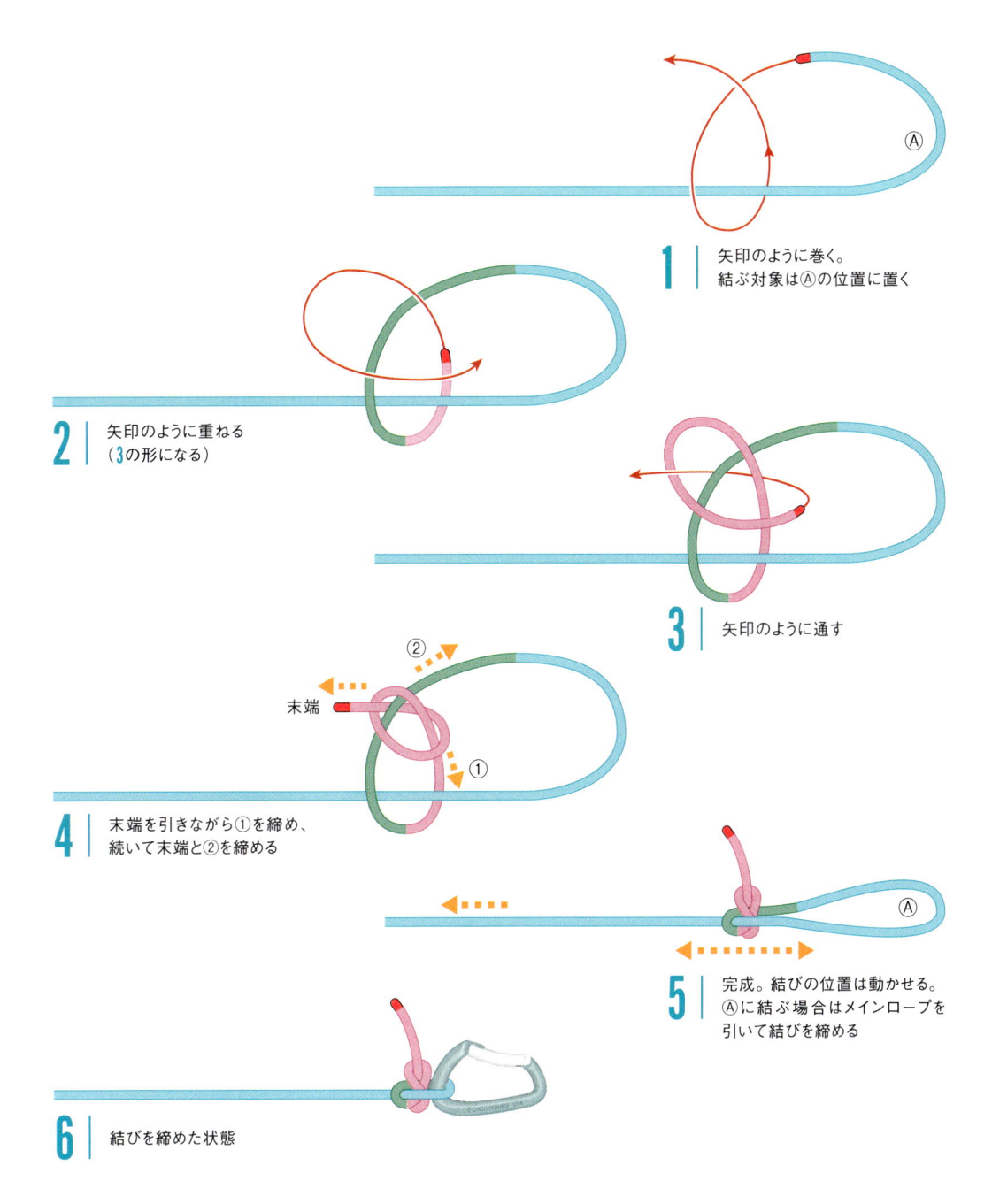

フィギュアエイト・オン・ア・バイト

18ページのループ・ノットと同じく、ロープに固定ループをつくる際の結び方だが、ループ・ノットよりも強固。ループ部分にカラビナをかけて、ロープを用いた登山でも使用できる。ツエルトやタープの支柱を立てる際や、ロープを何かに引っかける際などにも頻出。ロープの折り返しであるバイトをつくり、そこからフィギュアエイト・ノットを結ぶのでこの名称が用いられる。結び方は難しくないが、きれいな結び目にするには少しコツがいる。

分類
ノット

英名
Figure Eight on a Bight

別名
8の字結び／エイト・ノット

1 矢印のほうへ

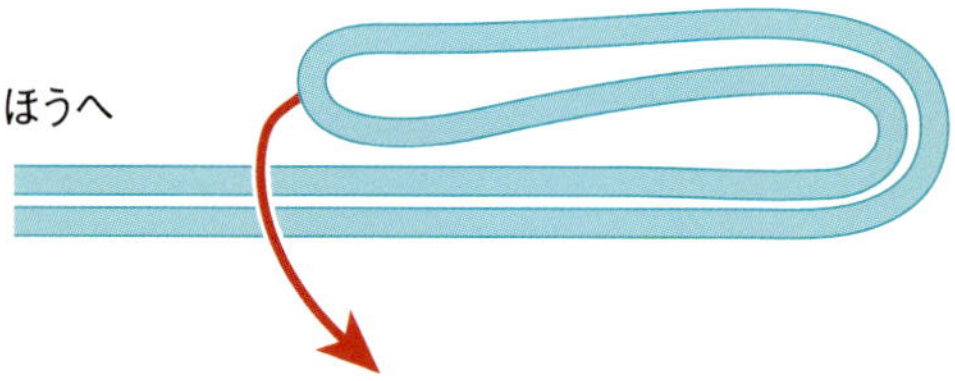

2 赤部分だけを引き、3の形にすると、きれいな結び目をつくりやすい

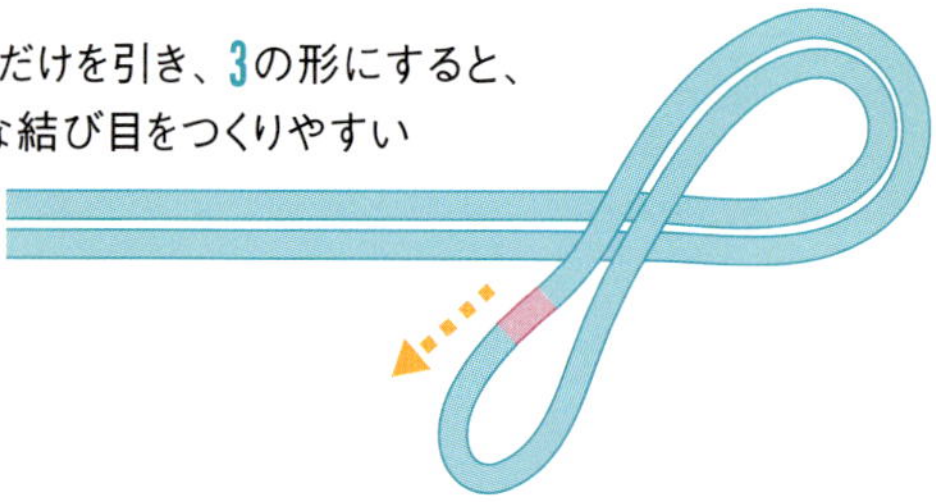

3 矢印のほうへ

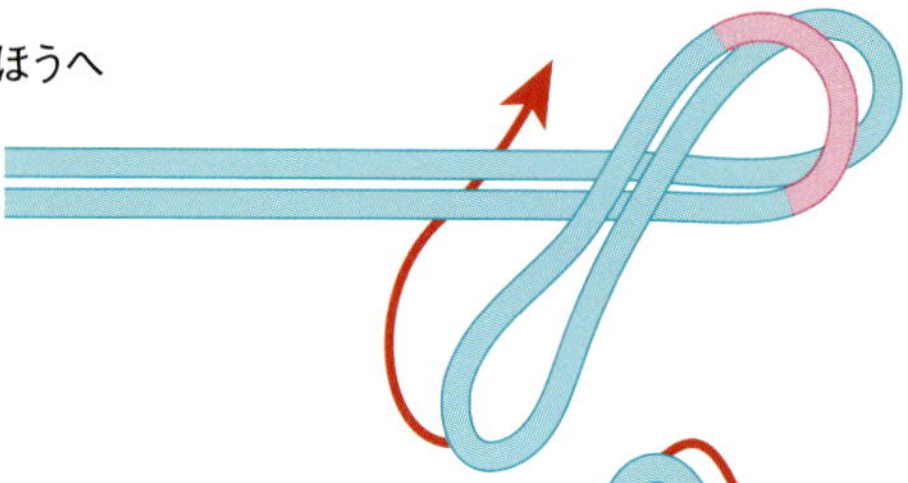

4 矢印のように通す

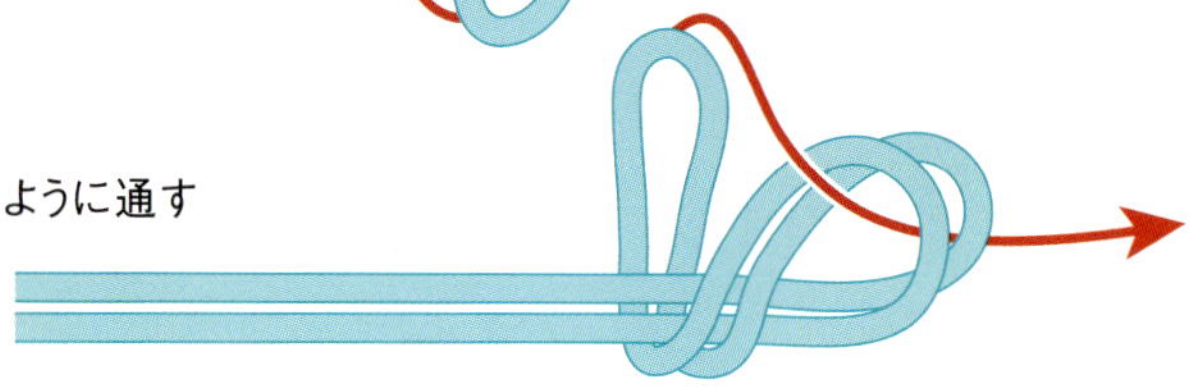

5 結びを締める

6 完成

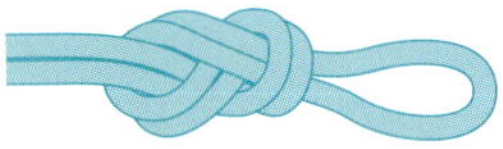

反対面

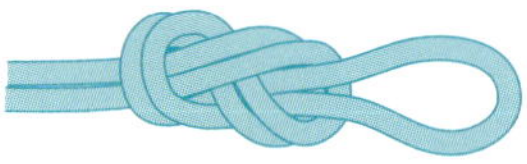

フィギュアエイト・フォロースルー

分類
ノット

英名
Figure Eight Follow Through

別名
8の字結び／エイト・ノット

ロープを用いた登山やクライミングで最も重要な結び方。強い荷重がかかっても解けることがなく、ハーネスとロープを接続する際などに用いる。多少よじれがあっても強度が大きく落ちることはないとされるが、絶対にミスがあってはいけない場面で使うので、確認しやすいよう、きれいに、丁寧に結ぶこと。迷わず正しく結べるようになるには意外に時間がかかる奥深い結びだ。見なくてもスムーズに確実に結べるよう、何度も繰り返し練習しよう。

1 矢印のように通し、
フィギュアエイト・ノットをつくる

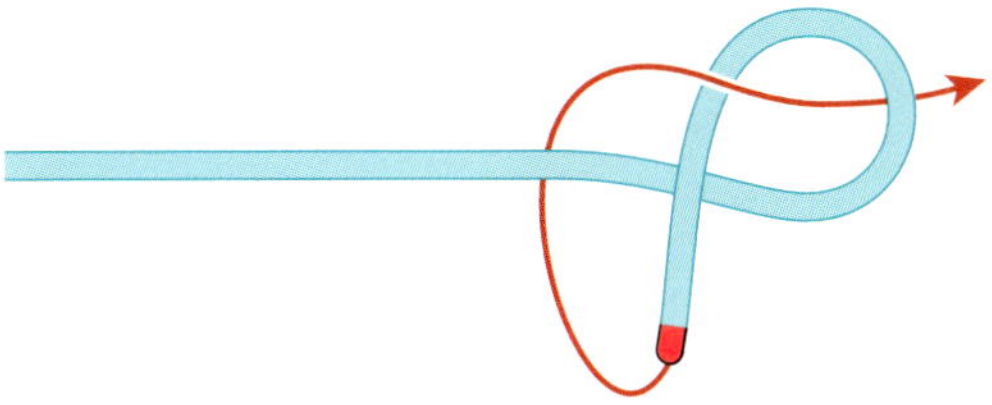

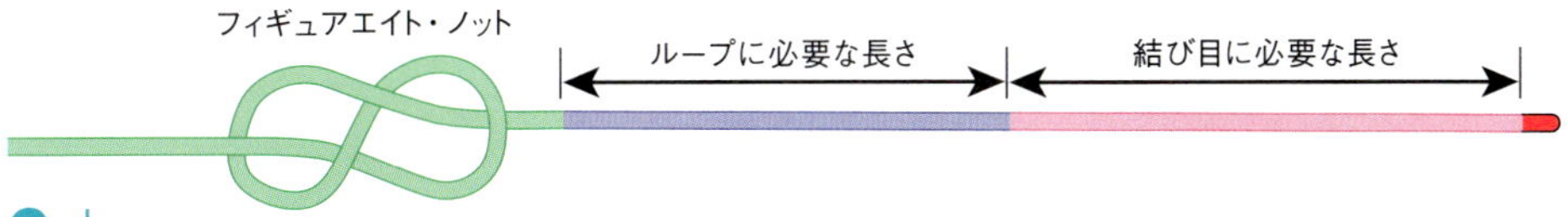

2 完成時に必要な長さを考慮してつくること

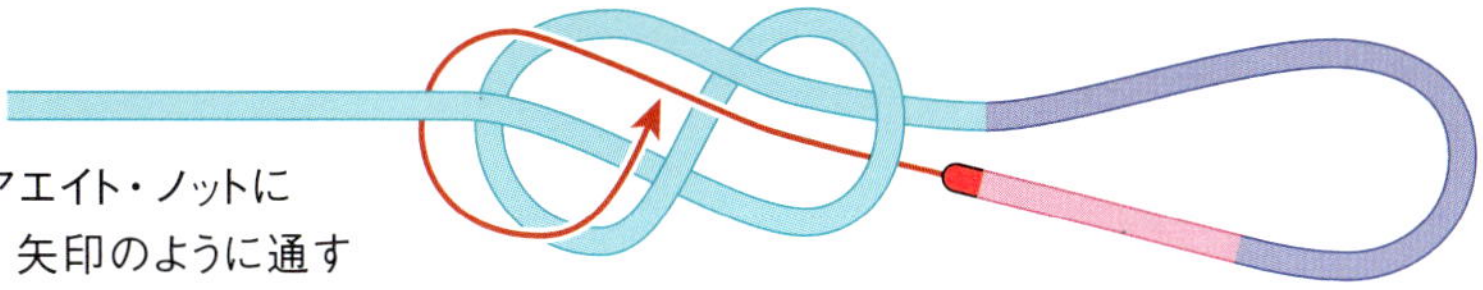

3 フィギュアエイト・ノットに
沿うよう、矢印のように通す

4 矢印のように通す

5 引いて結びを締める

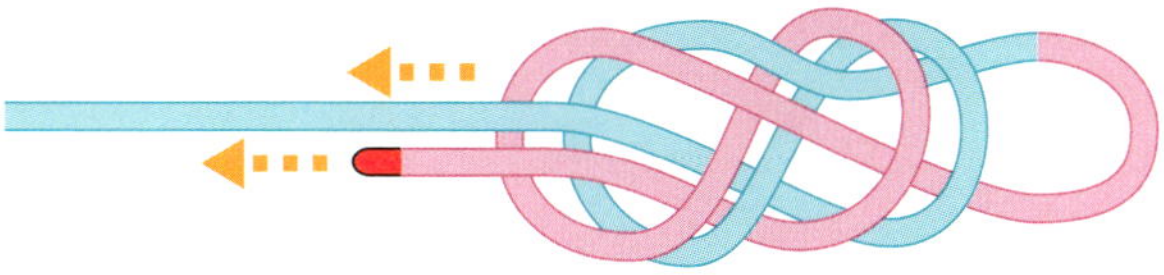

6 完成

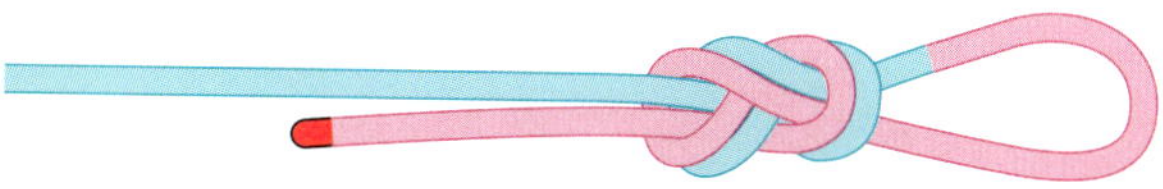

ダブルループ・フィギュアエイト

フィギュアエイト・オン・ア・バイト（20ページ）の変形で、接続可能なループをふたつつくる結び方。輪がふたつできる分、結びに使うロープが長めに必要で、結び目も大きくなってしまうのが欠点だが、とても強固な結び。また、荷重がかかって結び目が締め込まれた後でも解きやすいので、トラバースや登下降の補助にロープを固定する際にもよく用いられる。ループ間でロープを移動させることで簡単に各ループのサイズを変更可能。

分類
ノット

英名
Double Loop Figure Eight

別名
ラビット・ノット／バニーイヤーズ

1 矢印のほうへ

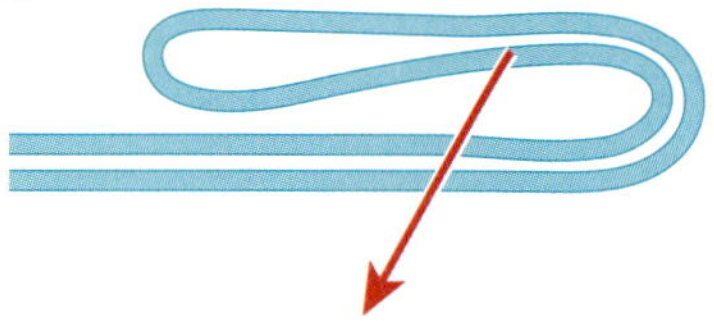

2 矢印のように裏側へ折り返す

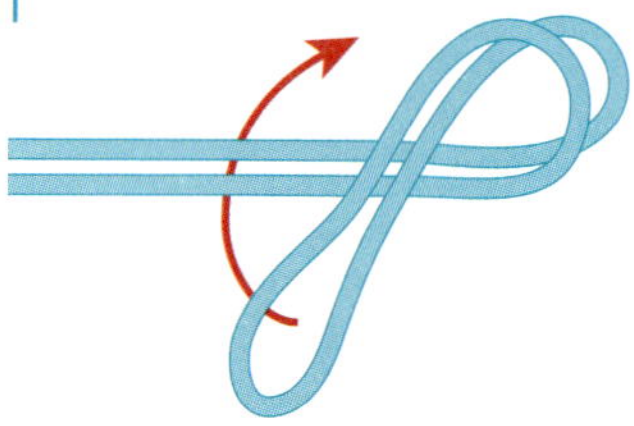

3 矢印のように通す

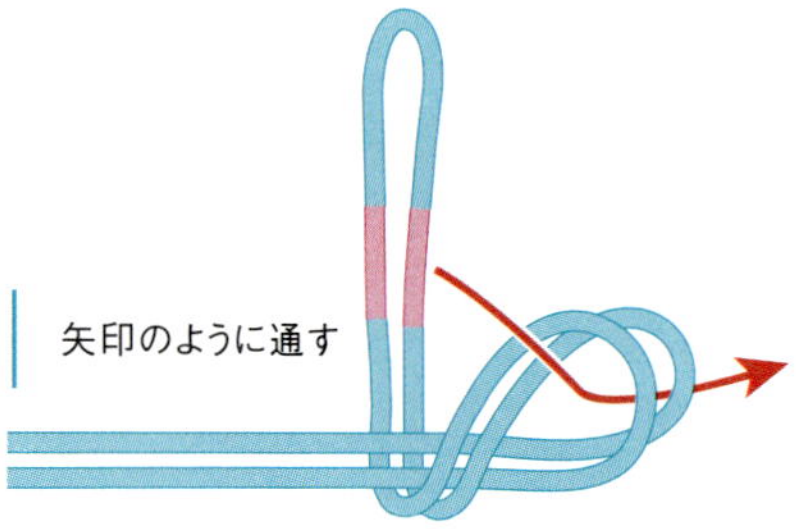

4 赤部分をループに通す
（抜き切らないこと）

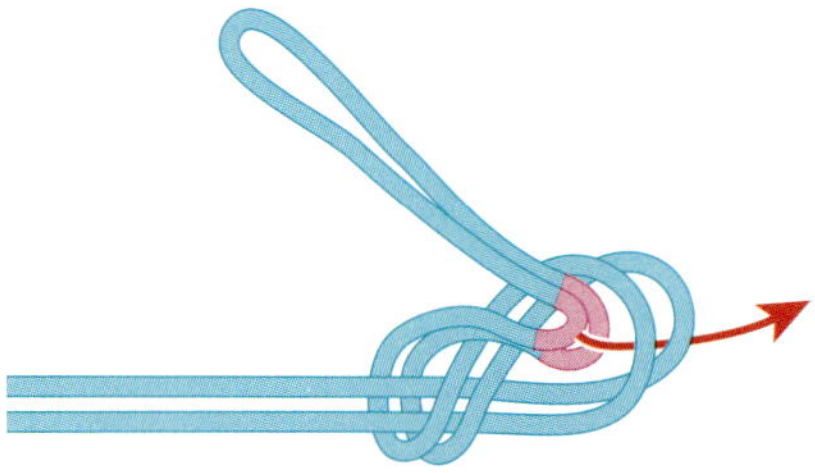

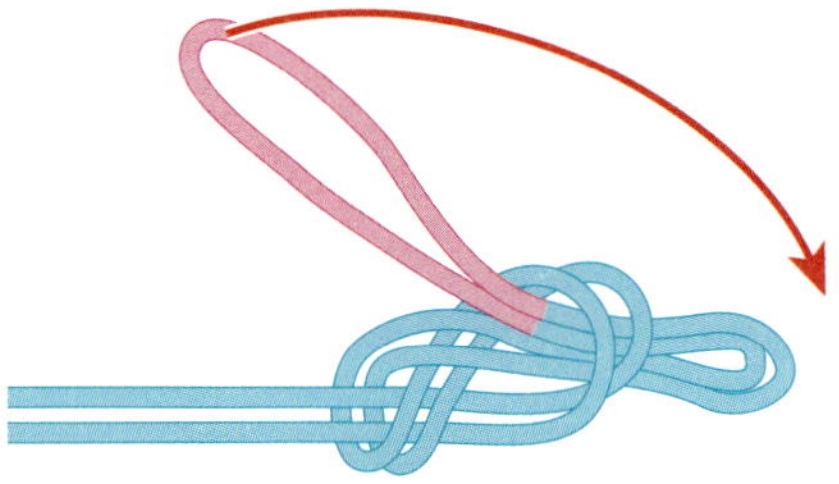

5 赤部分を矢印のように
折り返し、6の形にする

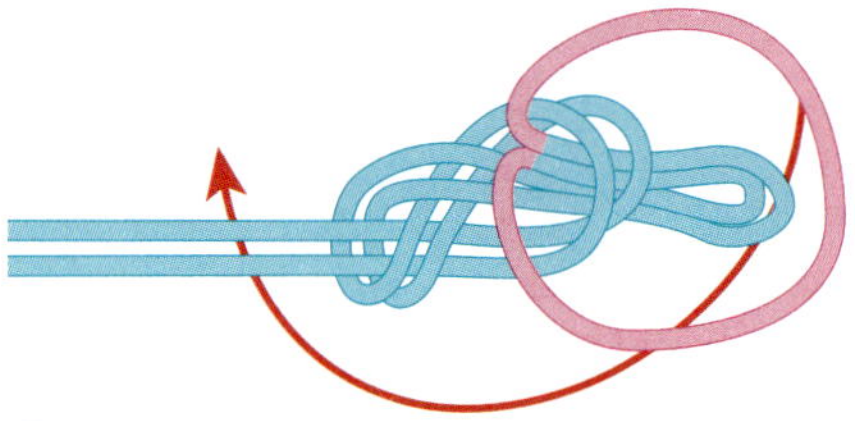

6 裏側へかぶせるように
矢印のほうへ

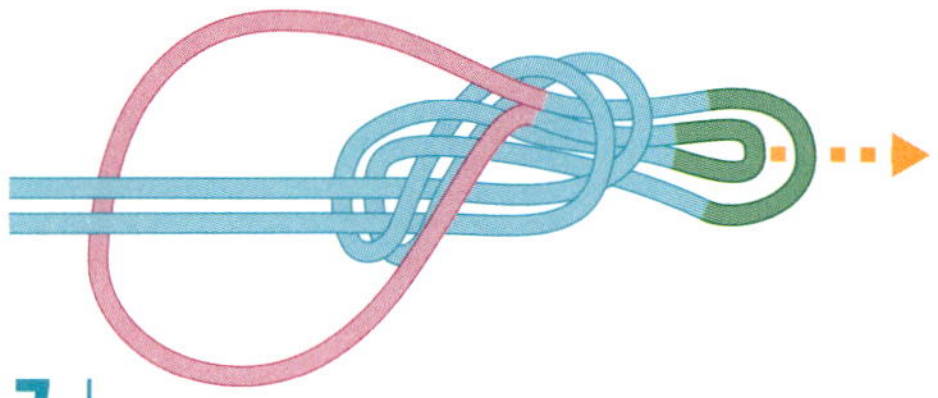

7 緑部分を引く

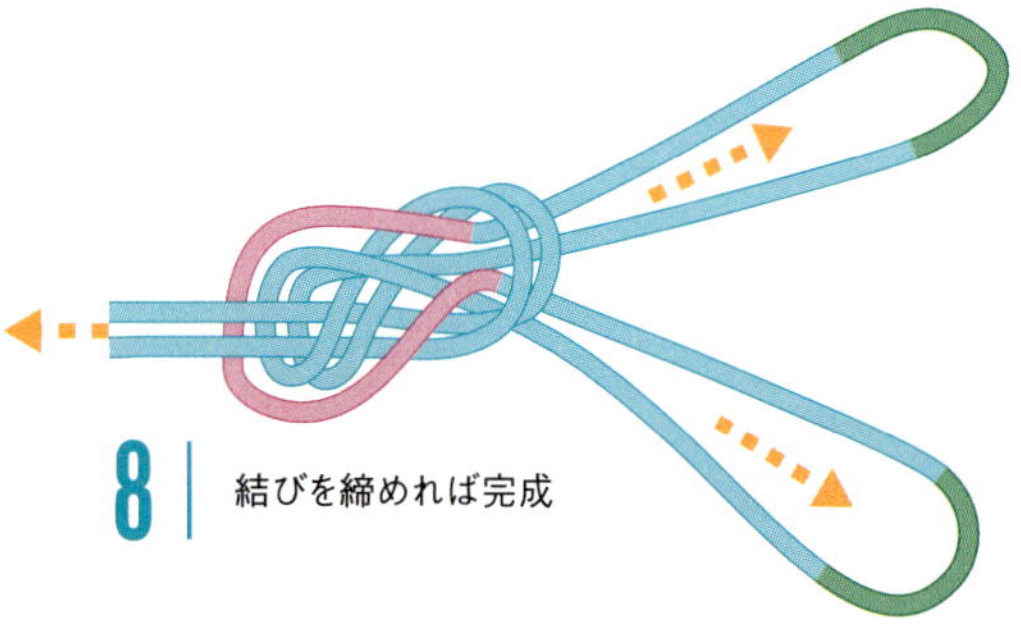

8 結びを締めれば完成

インライン・フィギュアエイト

分類
ノット

英名
Inline Figure Eight

別名
ディレクショナル・フィギュアエイト・ノット

インラインとは「ライン上の」といった意味で、文字どおりロープの途中にフィギュアエイトのループをつくる結び方。末端に触れることなくロープのどの位置でも結べ、輪がロープに沿って下向きにそろうため、固定ロープに複数つくって手がかりとしたり、足を入れるアブミをつくったりする際などに用いることが多い。荷重がかけられるのは下側一方向のみで、引けば引くほど結びが硬くなるので、足を入れて全体重をかけても解ける心配はない。

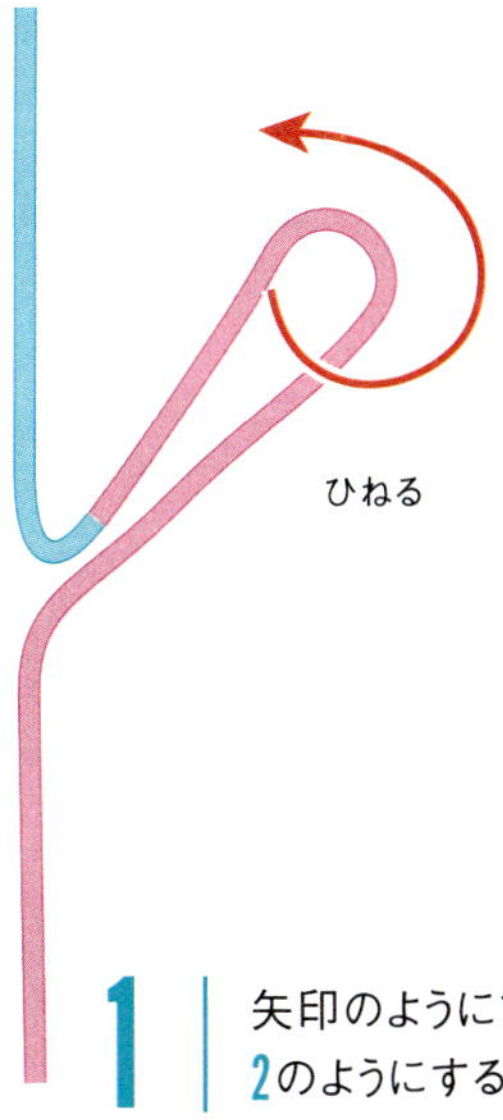

1 矢印のようにひねり、2のようにする

2 ひねらずに矢印のほうへ

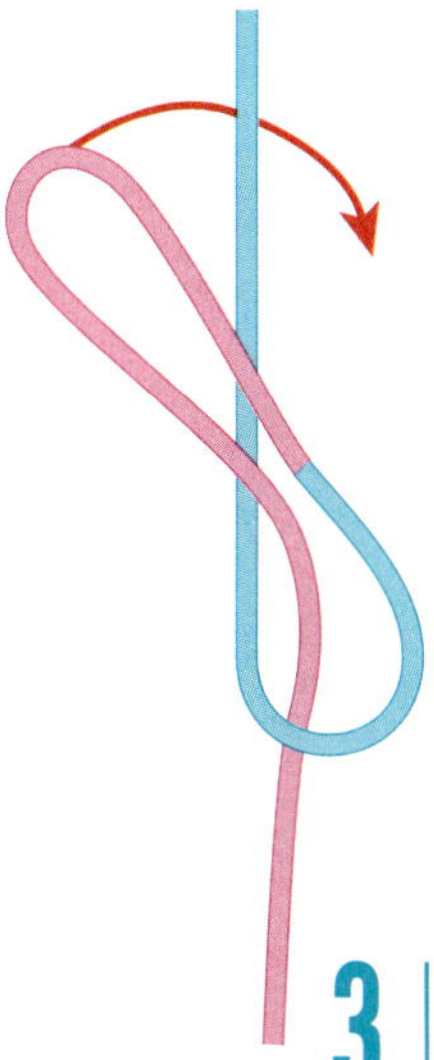

3 矢印のほうへ

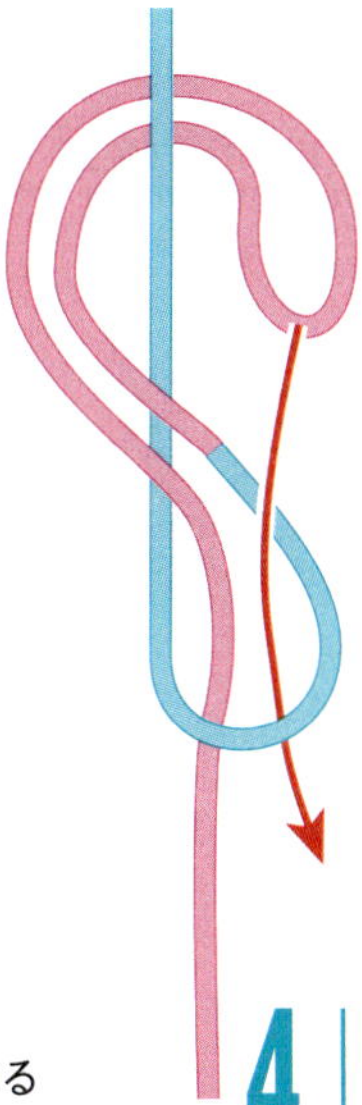

4 矢印のように通す

5 結びを締める

6 完成

エバンス・ノット

結び目をスライドさせてループの大きさを自在に変えられる結び方。ループの大きさを変えることでテンションを張ったりゆるめたりできるので、テントやタープの設営時に張り綱を石と結んだり、ロープを木に張ったりするのに便利。巻きつける回数は決まっておらず、多く巻くほど強度は上がるが、スライドもさせづらくなるので2〜3回程度が適当。なにも結びつけていない状態でメインループ側を引き抜けば解くことができる。

分類
ノット

英名
Evans Knot

別名
スキャフォールド・ノット

1 矢印のように

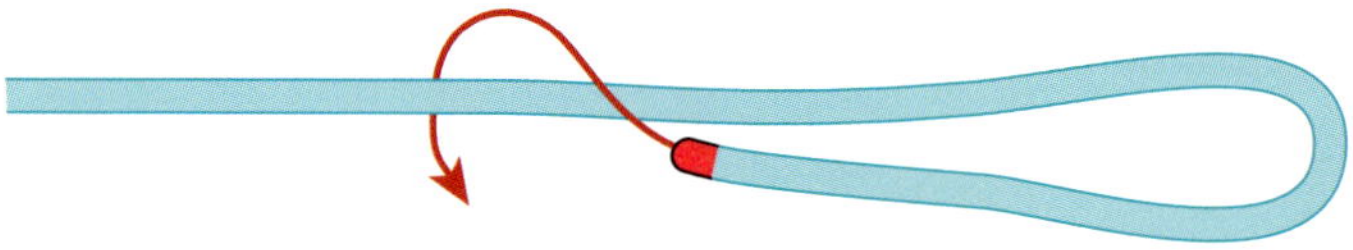

2 メインロープ（青）に2回以上巻きつける。図は3回巻き

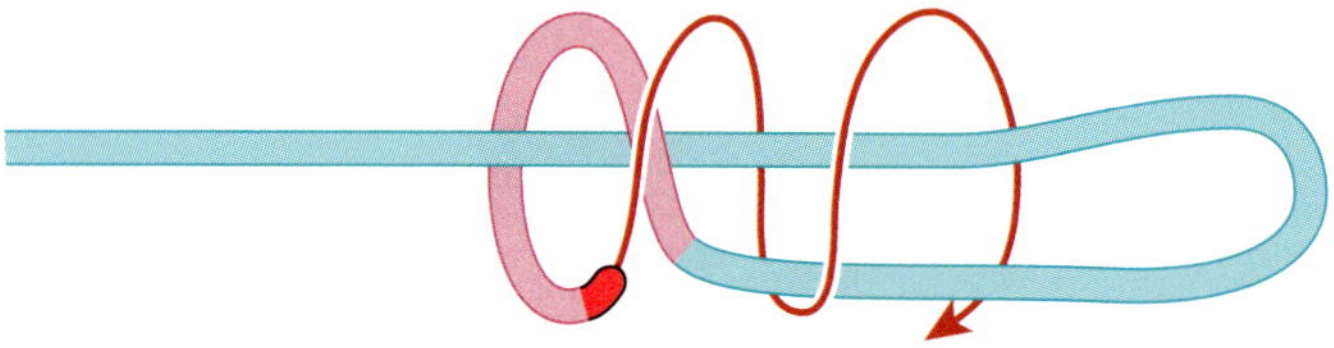

3 矢印のように末端を通す

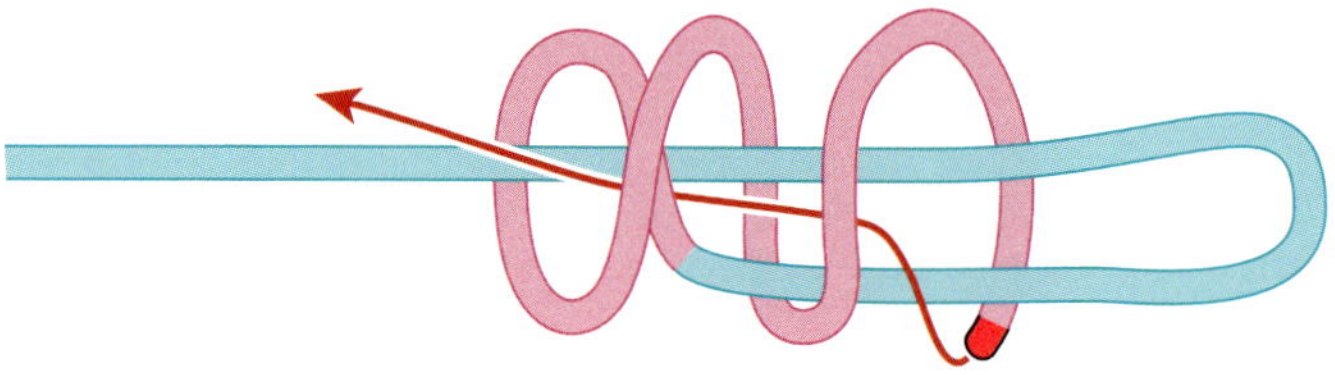

4 巻いた輪が、そろって並ぶように整えながら締める

5 完成。メインロープ（青）を引くことでループの大きさを調整できる

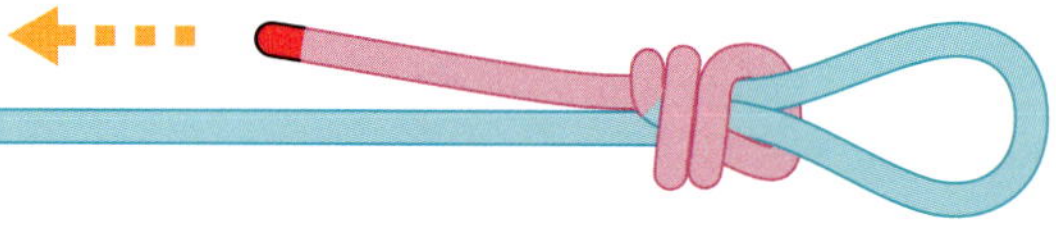

バタフライ・ノット

分類
ノット

英名
Butterfly Knot

別名
中間者結び／ラインマンズ・ループ

ロープの途中にループをつくる結び方で、両側から引いても結び目が崩れることがなく、強度が高いので登山でよく用いられる。また、テンションがかかった後でも結び目を解きやすい。「中間者結び」の名のとおり、フィックスロープの中間支点に使ったり、山岳ガイドが顧客2人を1本のロープにつないで行動する際、真ん中を歩く顧客のハーネスにロープを接続するのに用いたりする。さまざまな結び方があるが、下記で紹介したものが最もシンプル。

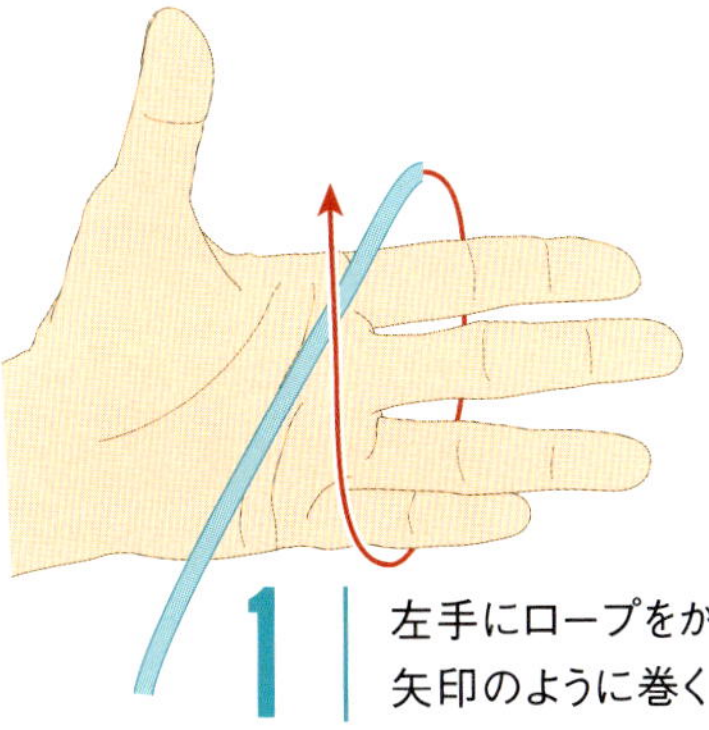

1 左手にロープをかけ、矢印のように巻く

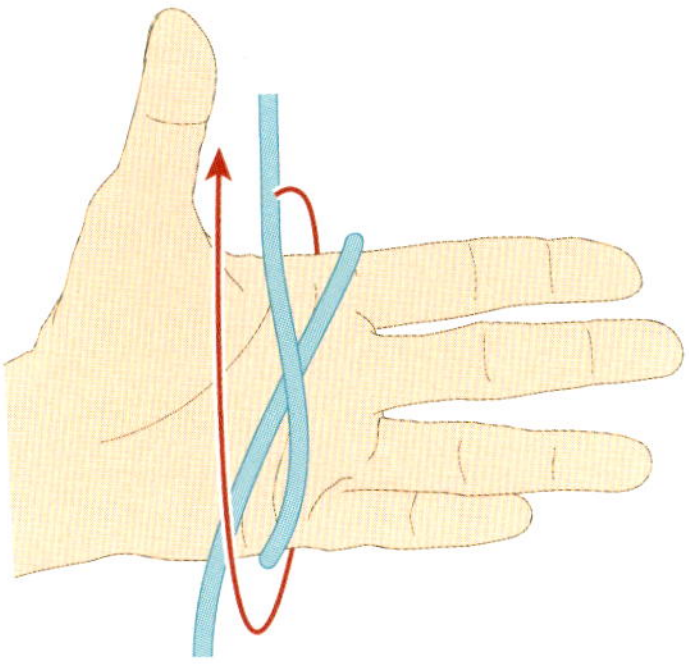

2 もう一周巻きつける。最初の巻きつけより左側にくるように

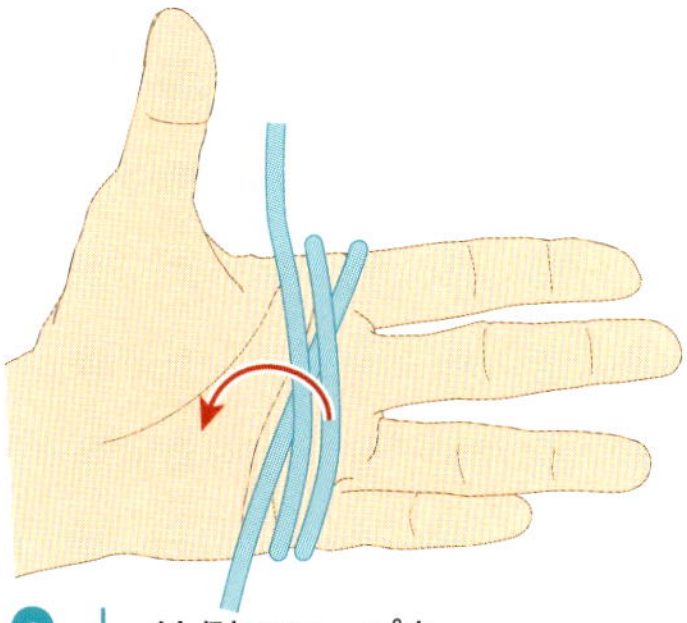

3 外側のロープを矢印のように内側へ

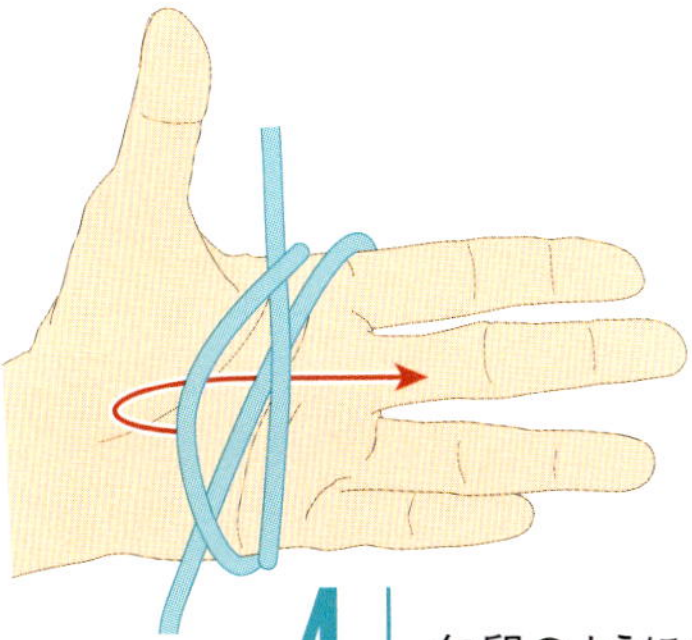

4 矢印のようにくぐらせる

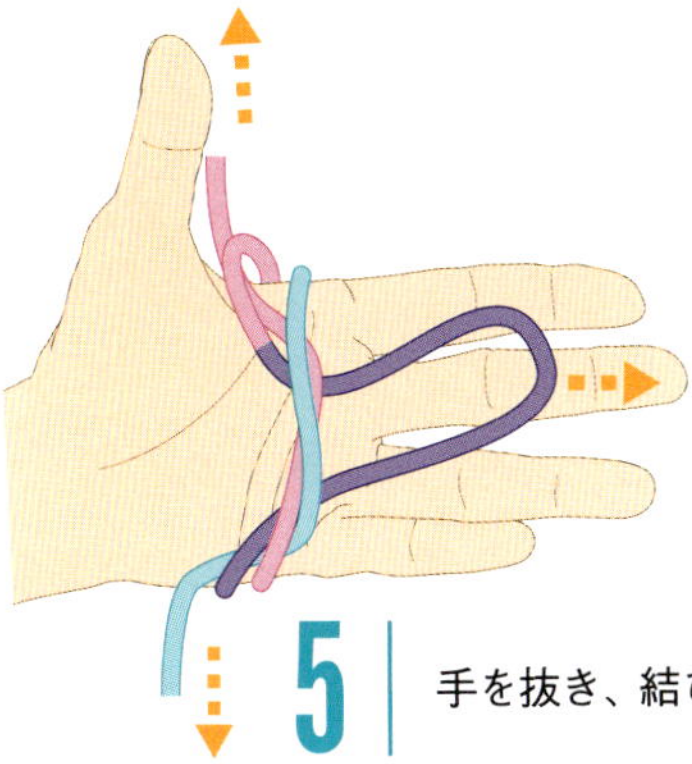

5 手を抜き、結びを締める

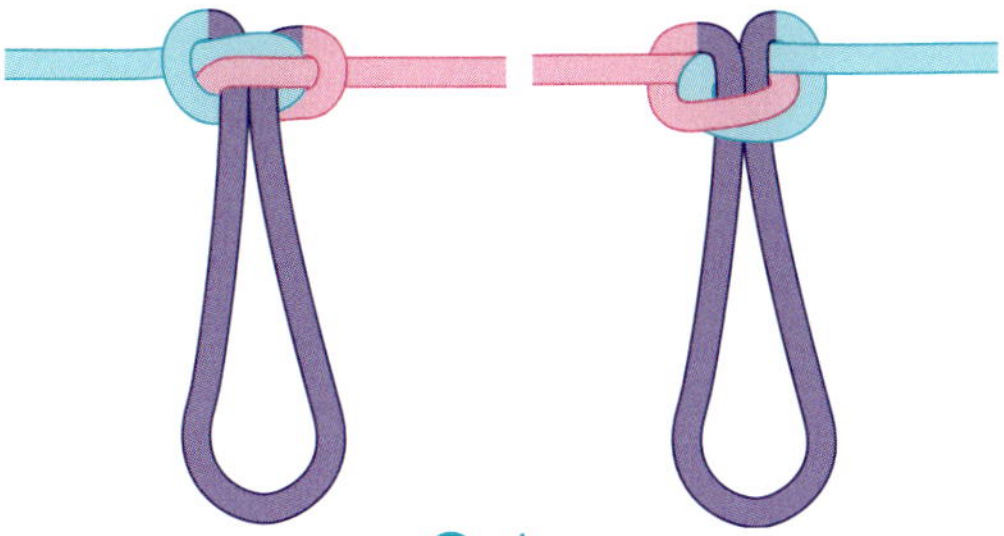

6 完成

フィッシャーマンズ・ベンド

1本のロープの末端同士を結んで輪にしたり、2本のロープを1本につないだりするときに用いる。それぞれの末端をもう一方のロープにオーバーハンド・ノットで結びつけるだけの簡単な結び方。強度はあまりないので登山などで使用する際は巻きつけの回数を増やしたダブルフィッシャーマンズ・ベンド（27ページ）を使用すること。結び目同士を離すことで長さを短くできるので、小物を首からぶら下げる際などには便利（64～65ページ）。

分類
ベンド

英名
Fisherman's Bend

別名
テグス結び／錨結び

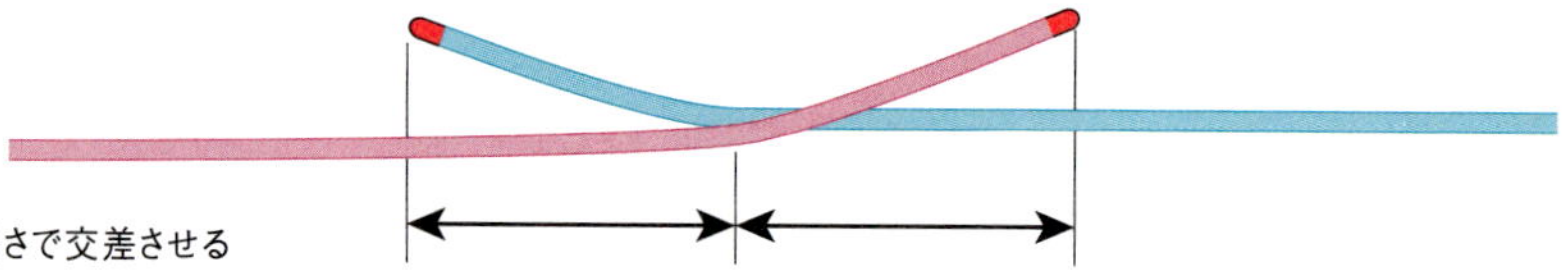

1 同じ長さで交差させる

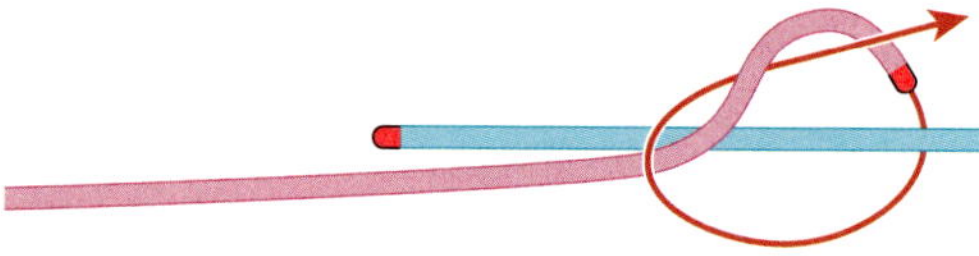

2 矢印のように巻いて通す

3 結びを締める。
緑部分はオーバーハンド・ノット

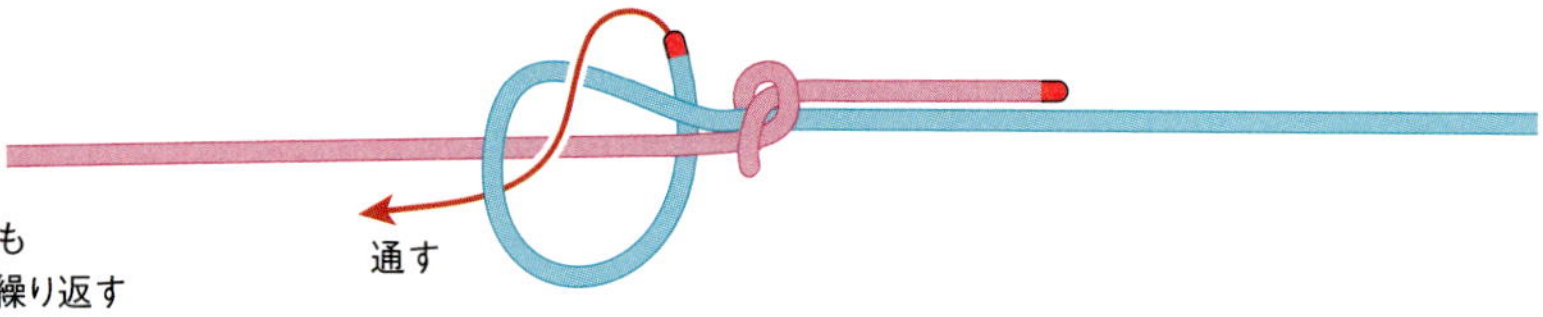

4 反対側も
2と3を繰り返す

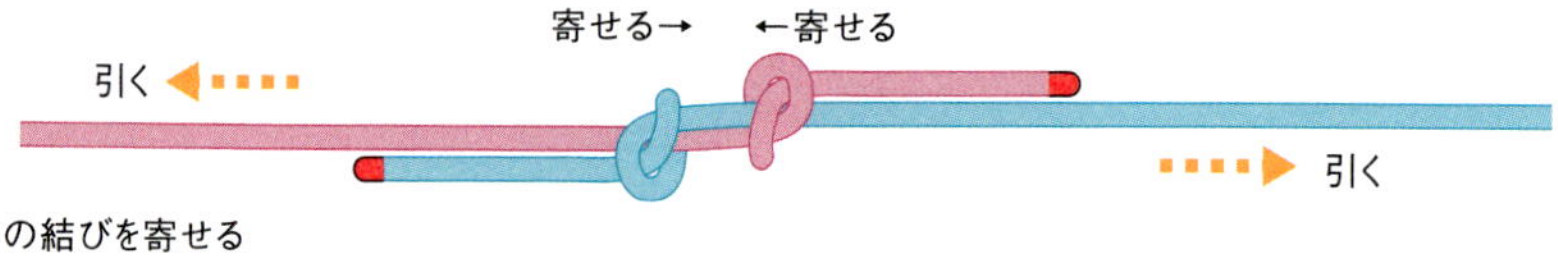

5 ふたつの結びを寄せる

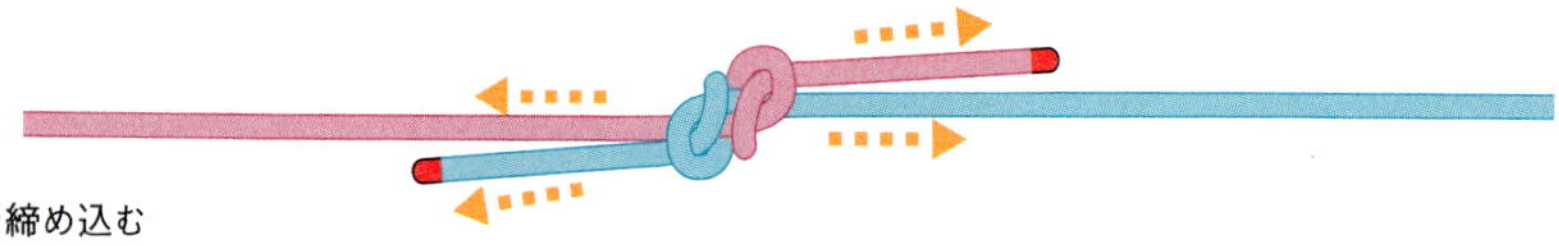

6 結びを締め込む

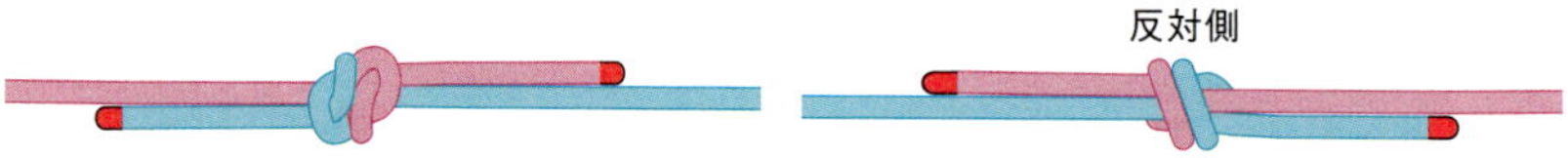

7 完成

ダブルフィッシャーマンズ・ベンド

分類
ベンド

英名
Double Fisherman's Bend

別名
二重テグス結び

26ページのフィッシャーマンズ・ベンドを強固にした結び。1本のロープを輪にしてスリングにする際や、2本のロープをつなぎ合わせる際など使用場面は多い。クライミングでは同じ径のロープを使うのがベター。テンションがかかった際に解けることがないよう、ロープの末端が径の10倍以上出ているか確認すること。1本のロープの末端で結び方1～3を行なうと「ダブルフィッシャーマンズ・ノット」となり、すっぽ抜けを防止する末端処理に使われる。

1 矢印のように二重に巻く

2 矢印のように通す

3 結び目を締める

4 反対側も同様に巻く

5 矢印のように通す

6 3で締めた結び目を押さえて、ふたつの結び目が密着するように矢印方向に引く

7 それぞれの結び目を押さえながら末端を引く。最後に両方のロープを引いて締め込む

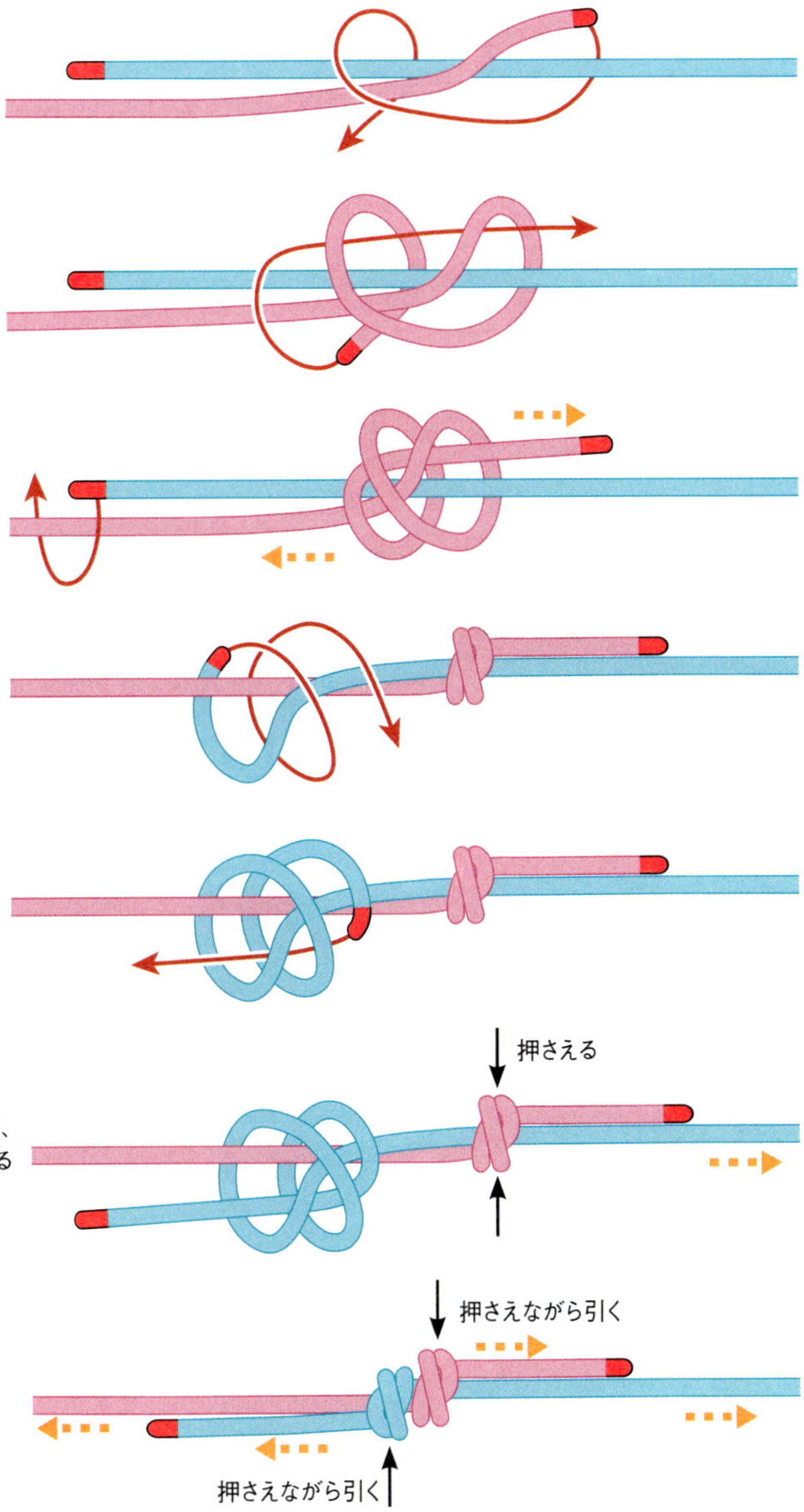

8 完成

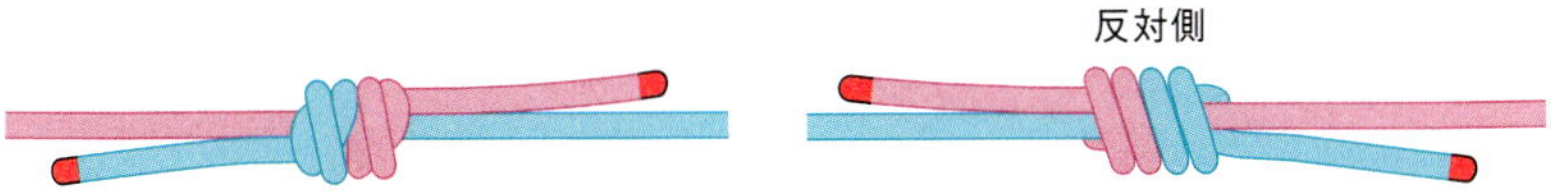

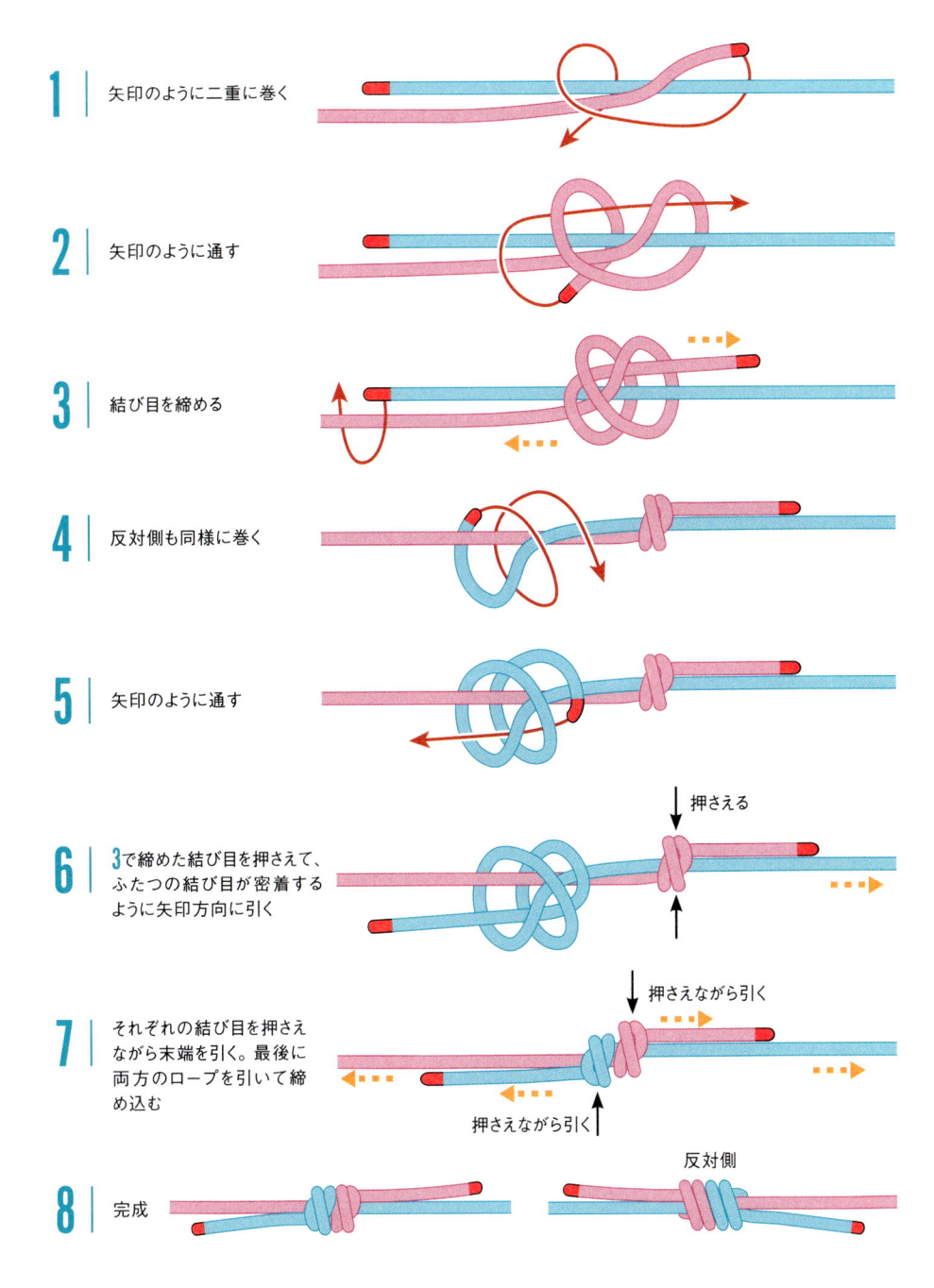

シート・ベンド

分類
ベンド

英名
Sheet Bend

別名
はた結び／一重継ぎ

2本のロープをつなぎ合わせる結び。旧石器時代の遺跡から出土した漁網にも見られる最古の結びのひとつ。登山では、スリングを使って簡易ハーネスをつくる（78ページ参照）場合に使うことが多い。荷重がかかっていないとゆるみやすいので注意。結び方1の後、青いロープを赤いロープに二周巻きつけてから2のように通すと、より強度が高いダブルシート・ベンドという結びになる。径や素材が異なるロープを結ぶならダブルにしたほうが安全。

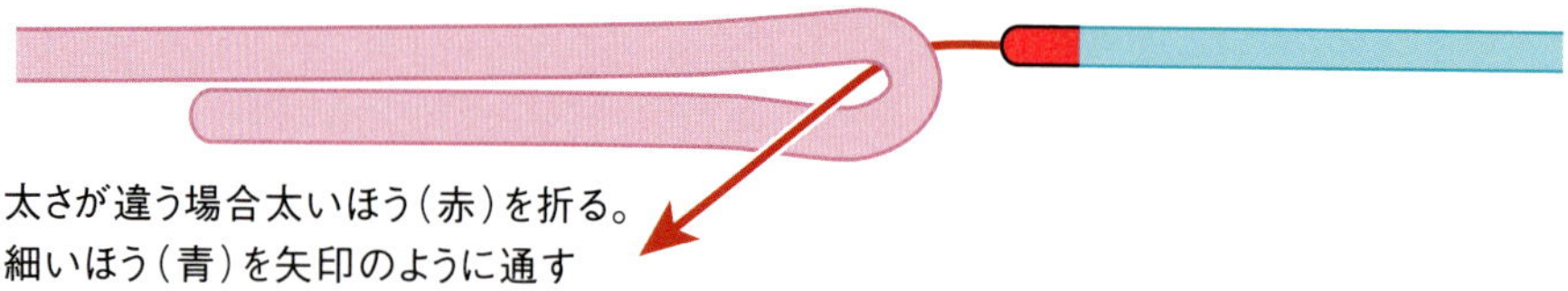

1 太さが違う場合太いほう（赤）を折る。
細いほう（青）を矢印のように通す

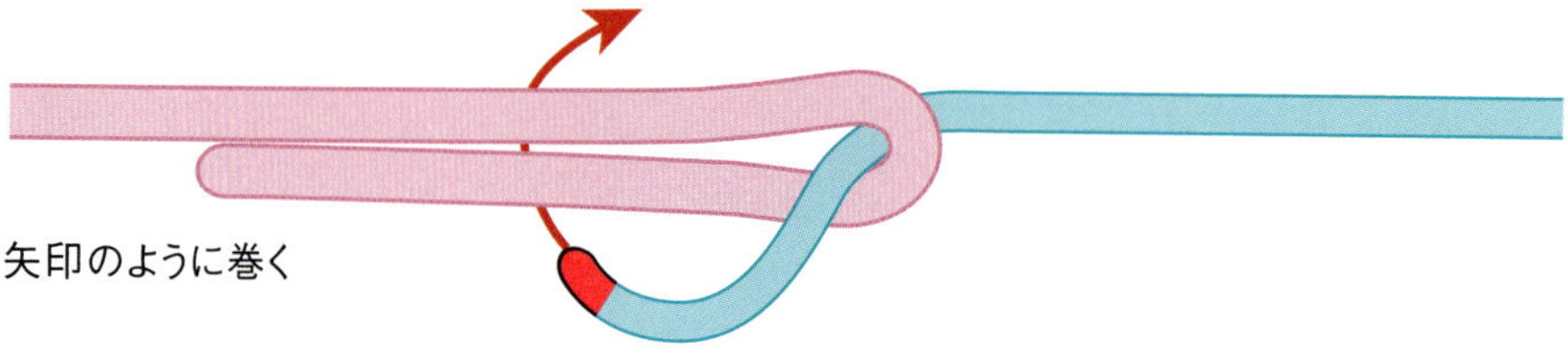

2 矢印のように巻く

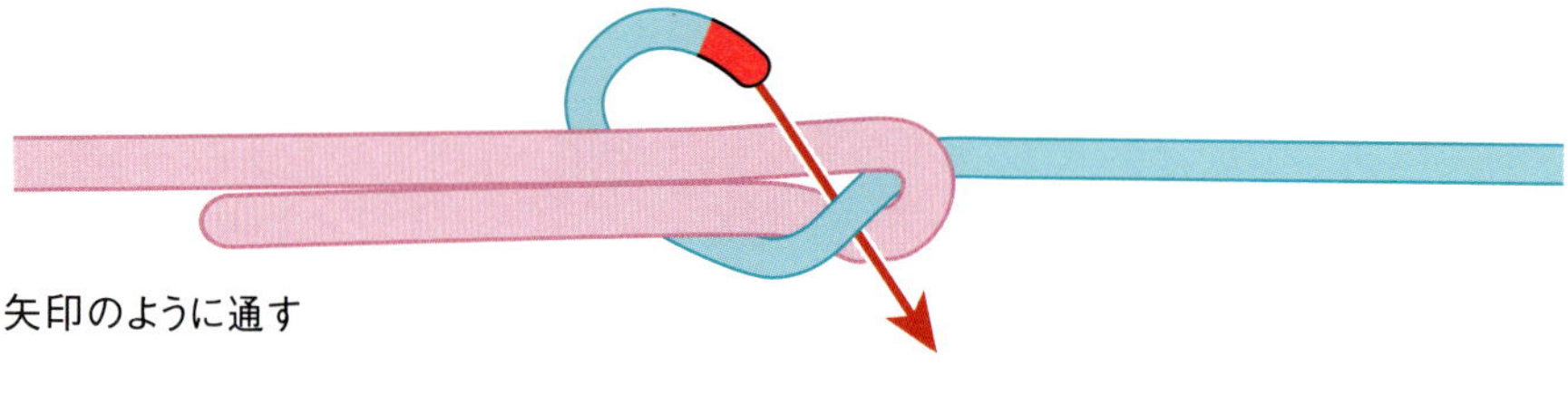

3 矢印のように通す

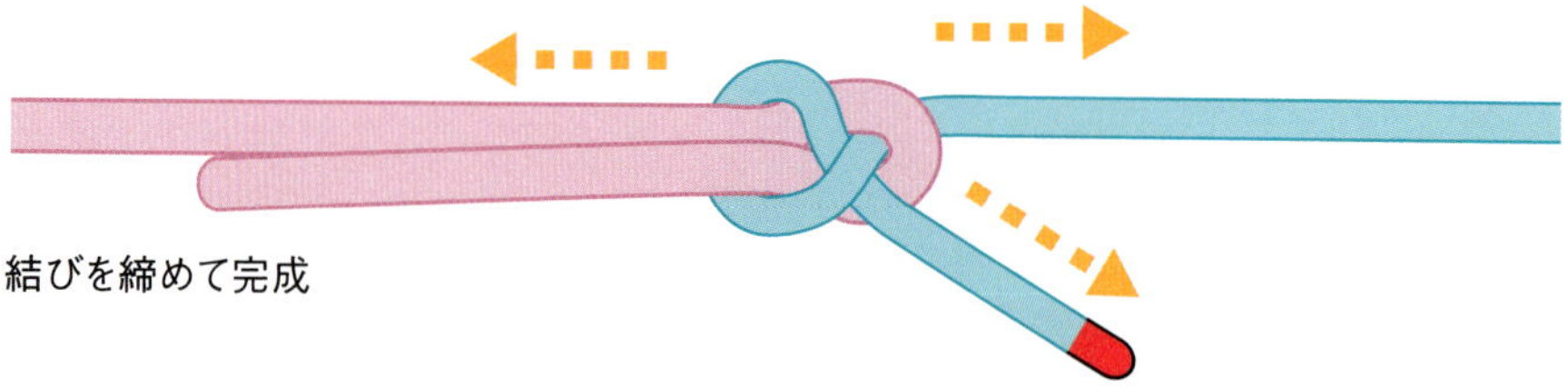

4 結びを締めて完成

リング・ベンド

分類
ベンド

英名
Ring Bend

別名
テープ結び／ふじ結び／ウォーター・ノット

テープなど平らなひもを結ぶ際に用いる結び方。1本のテープを輪にし、スリングとして使用する際などに重宝する。片方の末端をオーバーハンド・ノットで結び、もう片方の末端を逆になぞるように通して結ぶ。テープの性質上、ゆるみやすいため注意が必要。懸垂下降の際に残置する場合などはいいが、インパクトがかかる場面では使用しないほうが無難。また、ダイニーマのテープは滑りやすく、ほどける危険が多いので使用しないこと。

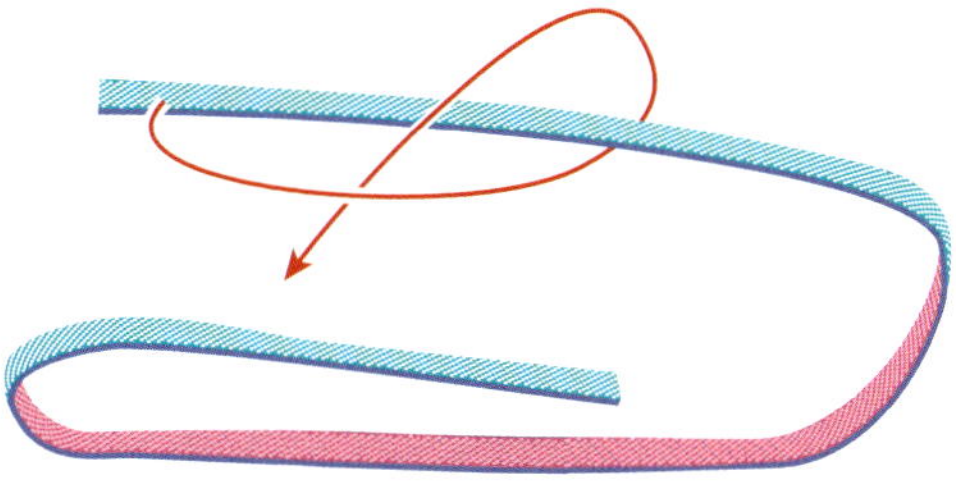

1 | 矢印のようにオーバーハンド・ノットを結ぶ。断面が円形状の場合は、裏表を意識する必要がないので結びやすい

2 | ねじれがないことを確認し、同じ面を合わせ（この場合赤面と赤面）、通していく

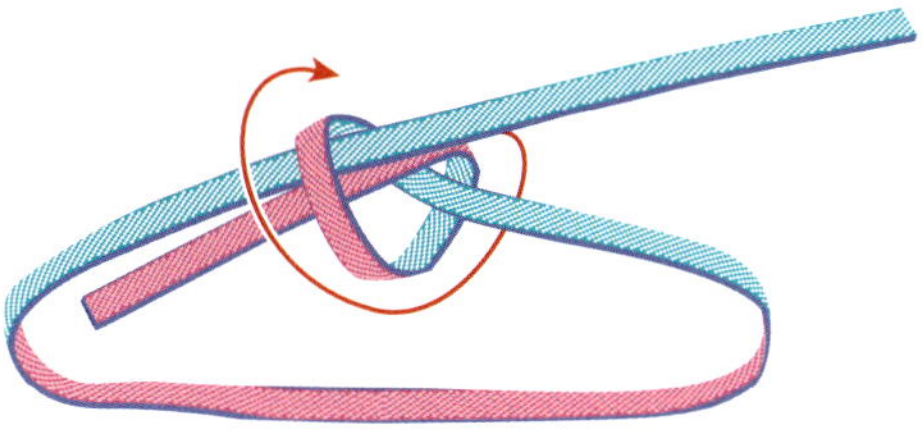

3 | 結び目に沿わせるようにして、矢印のように巻く

4 | 同様に矢印のように通す

5 | 荷重をかけてしっかり結びを締める。締まりが弱いと解けやすい

6 | 完成。何度も使用する場合は、末端が短くなっていないか、結びがゆるんでいないか確認する

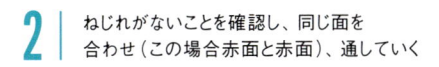

クローブ・ヒッチ

ロープをカラビナや木、岩などに結びつけて固定する結び。簡単で構造がシンプル、かつ強度があり解くのも簡単なので、キャンプや登山、クライミングのあらゆる場面で使用される。数種類の結び方があるので、状況に応じて使い分ける。カラビナにかける際は34ページのムンター・ヒッチと混同しやすい。「クローブ・ヒッチでセルフビレイをセットするつもりがムンター・ヒッチになっていた」場合などは大事故につながりかねないので、よく確認を。

分類
ヒッチ

英名
Clove Hitch

別名
インク・ノット／マスト結び／徳利結び

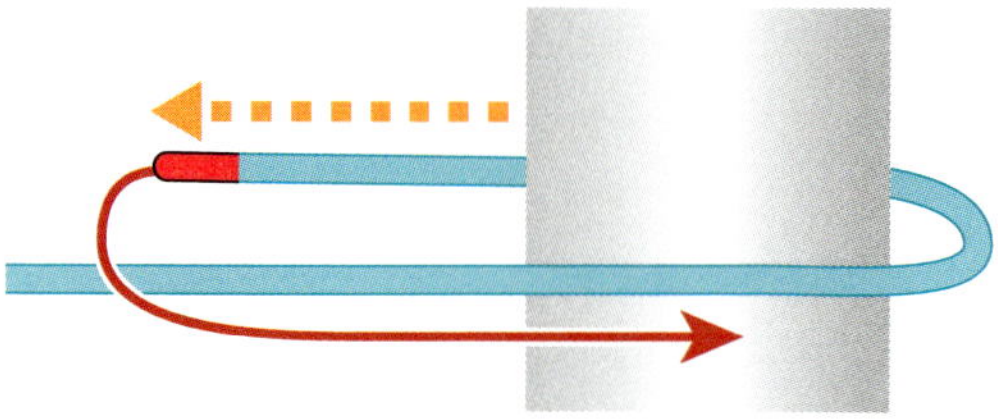

1 矢印のように巻く。
張り綱のような場合は強く引く。
巻くものが鋭角なら巻く前に引く

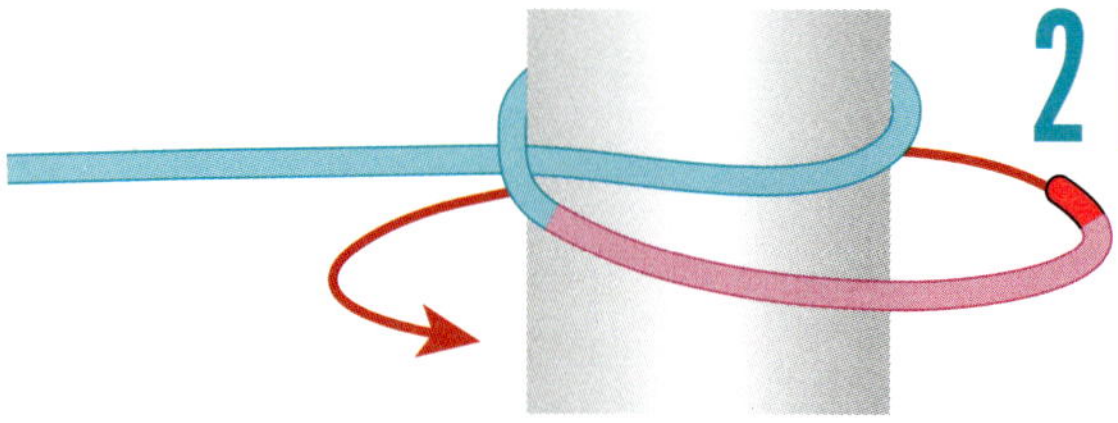

2 矢印のように巻く

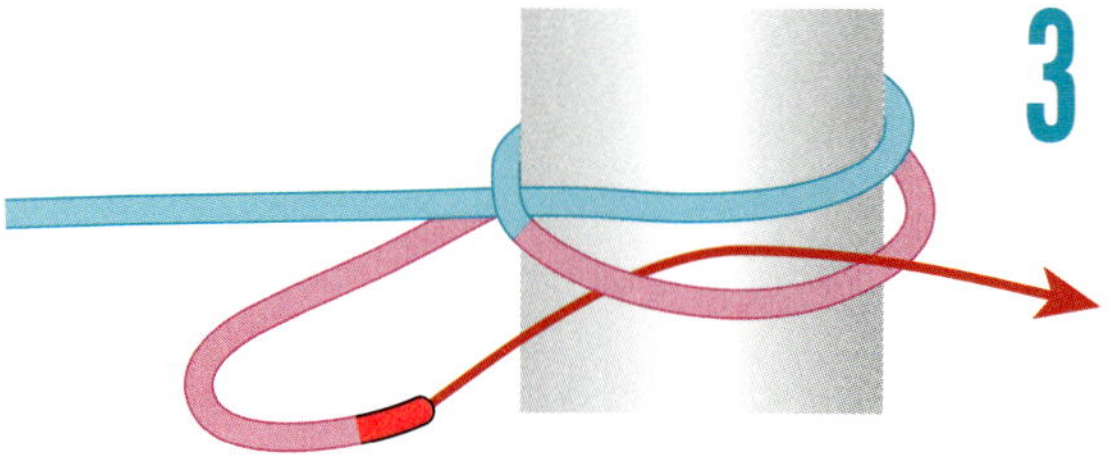

3 矢印のように通す

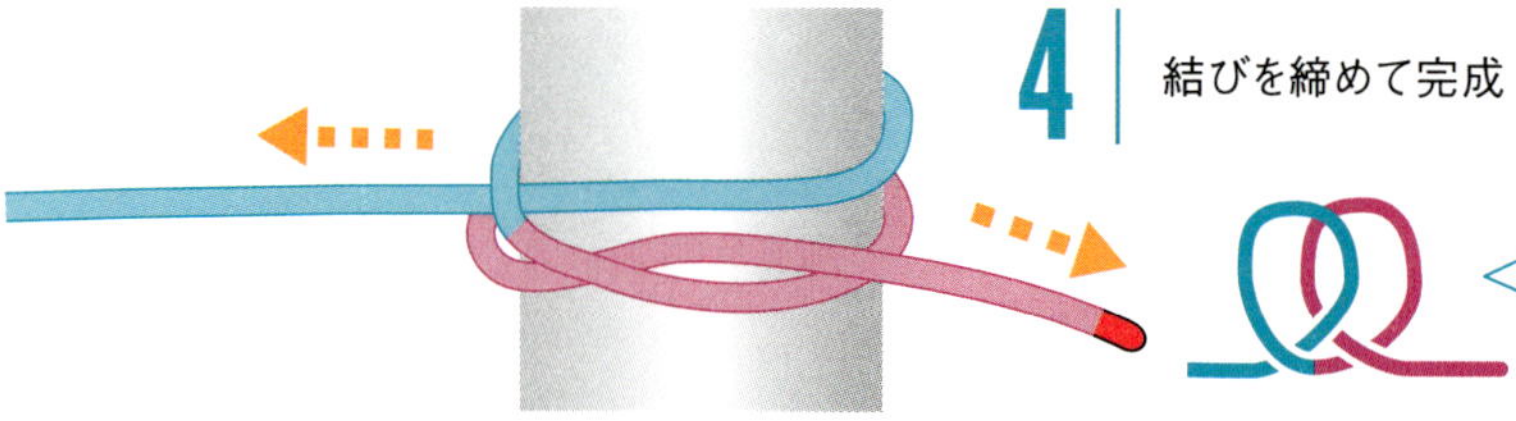

4 結びを締めて完成

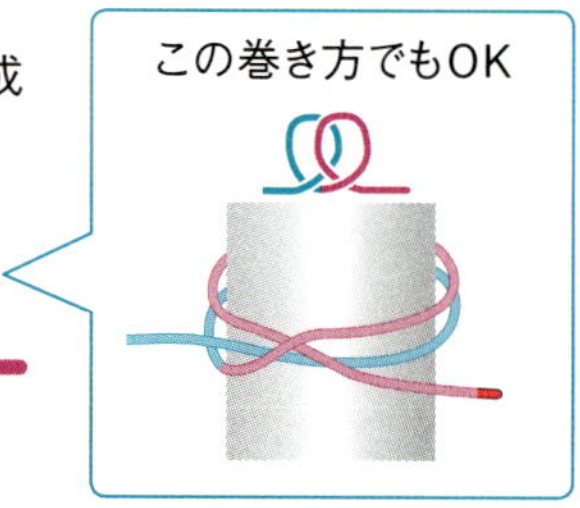

片手でカラビナにかける方法

1 赤部分を矢印のほうへ

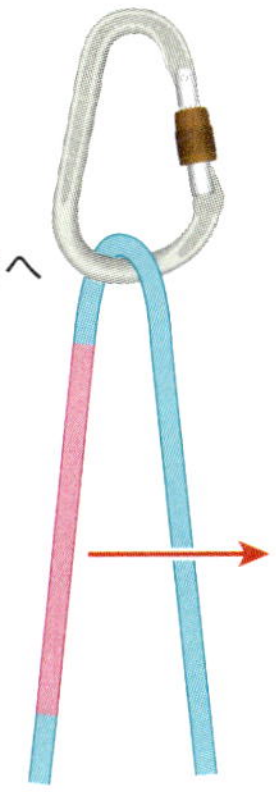

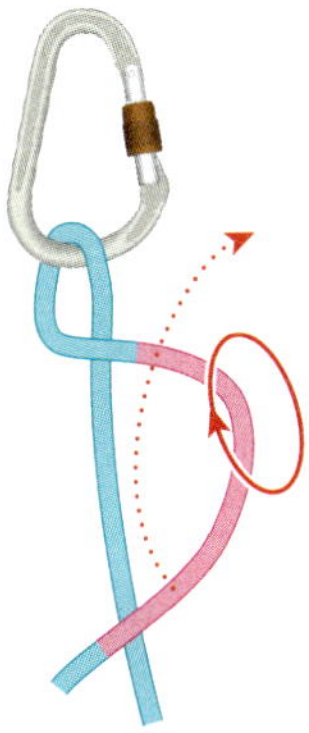

2 破線矢印のほうへひねる

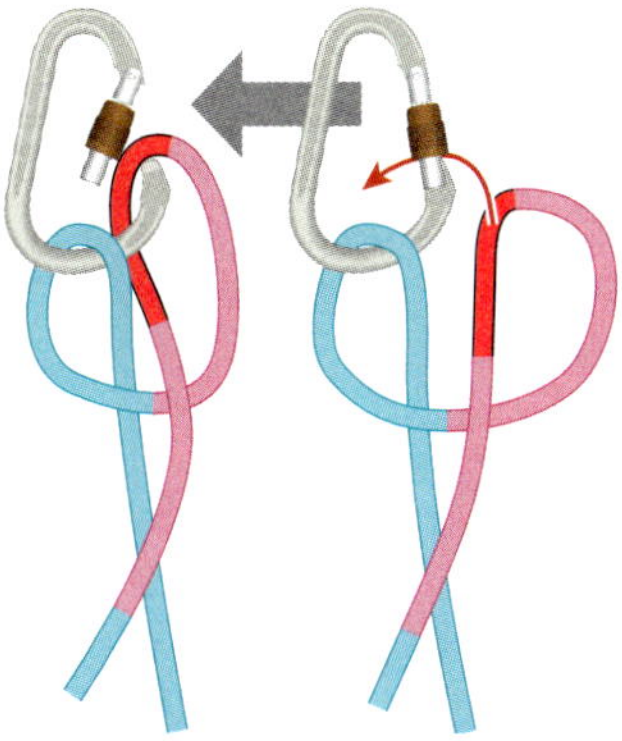

3 ひねりながらカラビナにかける。
かけ方が違うとムンター・ヒッチ
（P34）になる

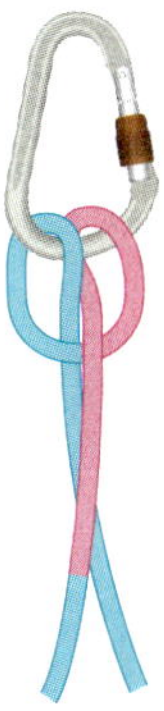

4 完成

カラビナ・岩などにかける場合

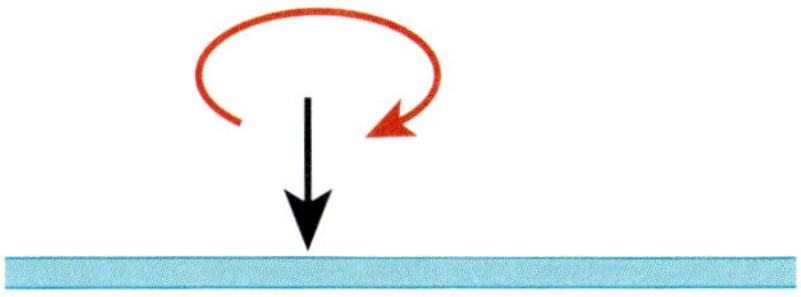

1 矢印部分を右にひねる

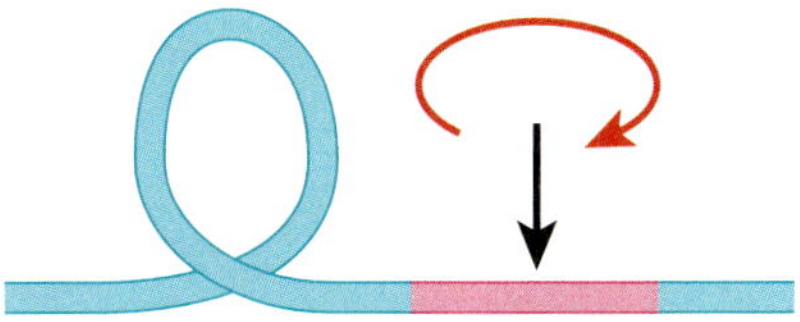

2 右側で1と同じことを繰り返す

3 赤を青の下へ移動

4 完成。ふたつの輪を
カラビナなどにかけて締める

ハーフ・ヒッチ、ツーハーフ・ヒッチ

ハーフ・ヒッチは単独で使われることは少なく、別の結びを強化するための末端処理に用いることが多い。一方、ハーフ・ヒッチを2回繰り返してツーハーフ・ヒッチにすると大きく強度が上がる。結び方はシンプルでゆるみにくく、解くのも簡単なので、ロープを木や石に結びつける際に多用する。たるみなく張りたい場合やさらに強度を上げたい場合は、テンションをかけながら41ページのラウンドターンをした後にツーハーフ・ヒッチをするといい。

分類
ヒッチ

英名
Half Hitch / Two Half Hitch

別名
ひと結び（ハーフ・ヒッチ）／
ふた結び（ツーハーフ・ヒッチ）

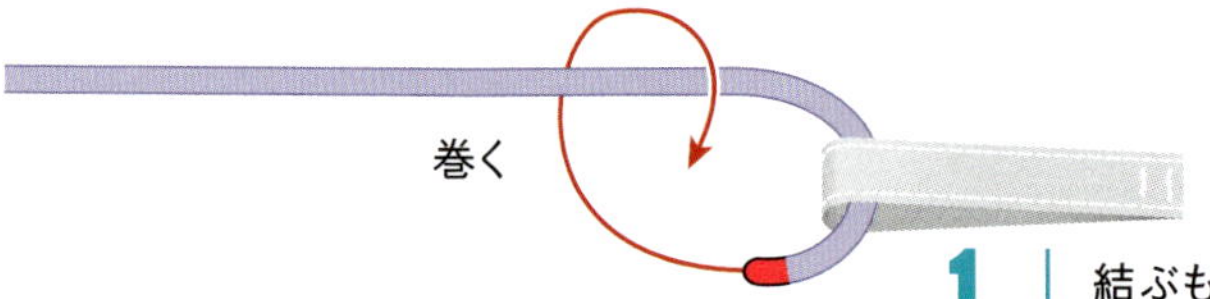

1 結ぶものに巻きつける、通すなどして、矢印のように

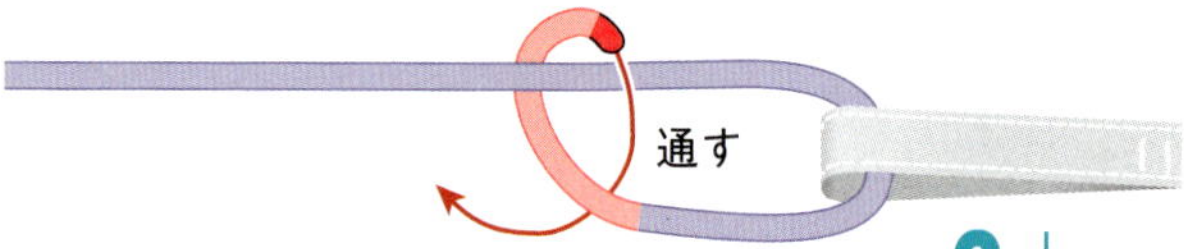

2 矢印のように通す

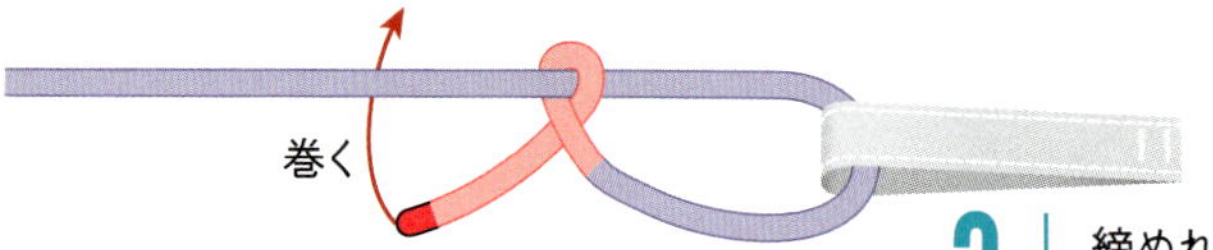

3 締めればハーフ・ヒッチ（赤）の完成。ツーハーフ・ヒッチの場合、さらに巻く

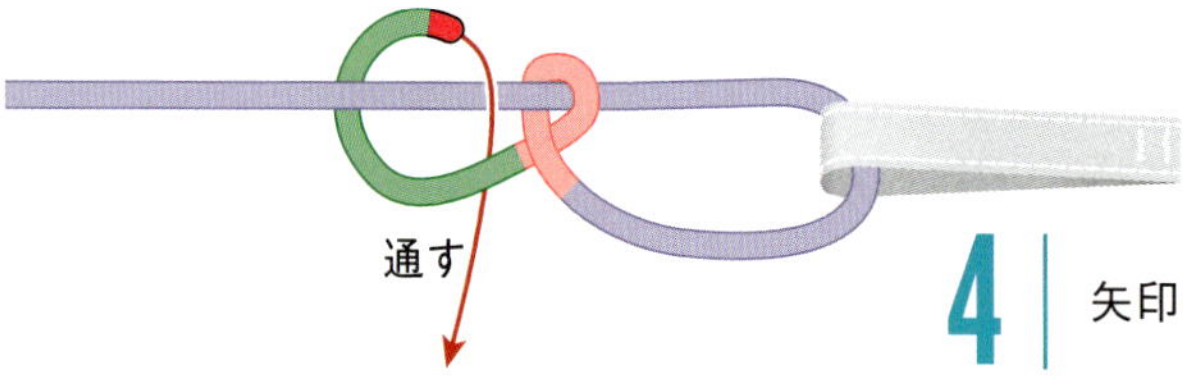

4 矢印のように通す

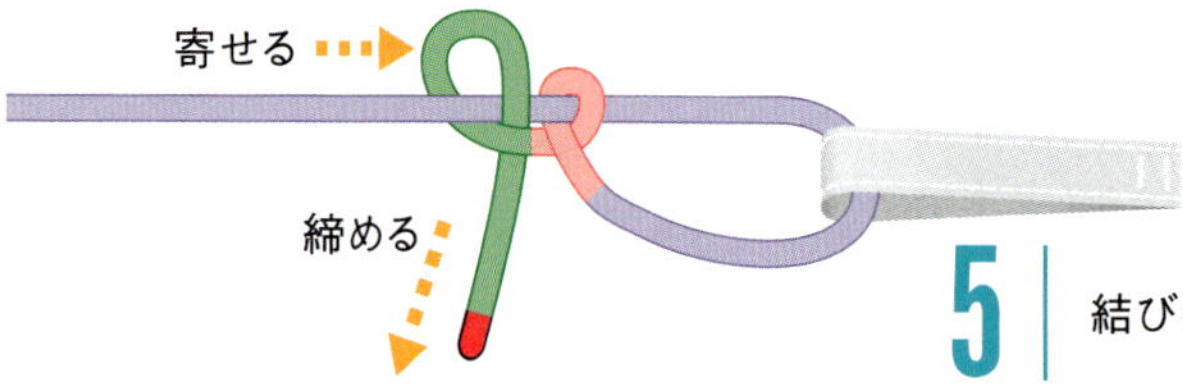

5 結びを締める

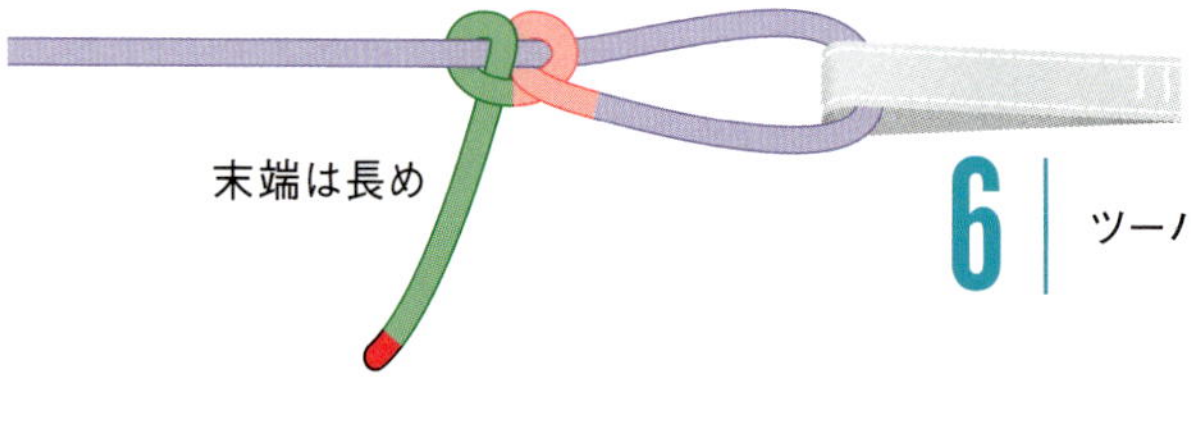

6 ツーハーフ・ヒッチ完成

トートライン・ヒッチ

分類
ヒッチ

英名
Taut-line Hitch

別名
自在結び／張り綱結び

「自在結び」の別名が示すとおり、テントを張る際に用いる「自在（タイトナー）」の代わりになる結び方。結び目をスライドさせることでテンションを簡単に調整できるので、ガイラインをペグに結びつける際などに用いる。ほかにも、木と木の間にロープを張る際やツエルトを張る際など、主にキャンプで活躍する便利な結びだ。ただし、比較的結び目がゆるみやすいのでロープを固定したい場合は不適。タープも風の影響を受けやすいので、避けたほうが無難。

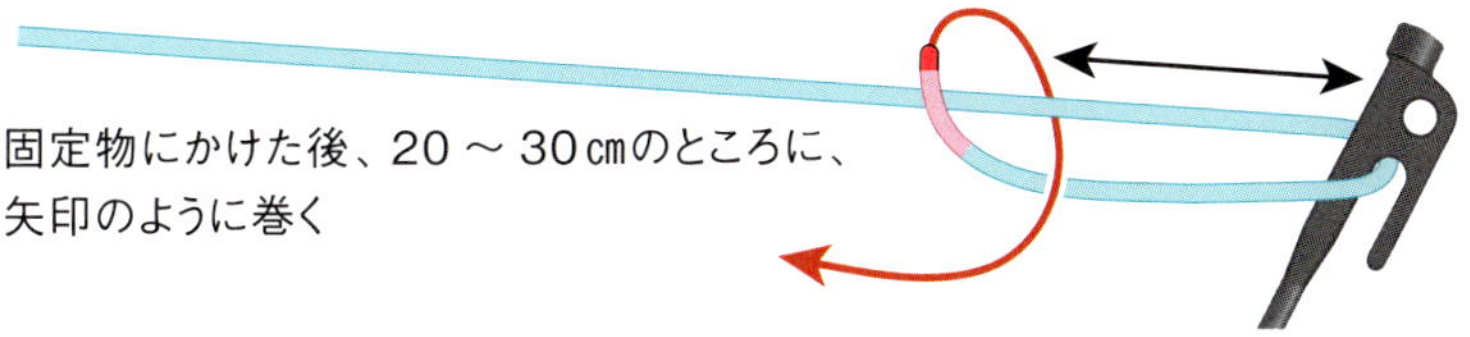

1 固定物にかけた後、20 ～ 30㎝のところに、
矢印のように巻く

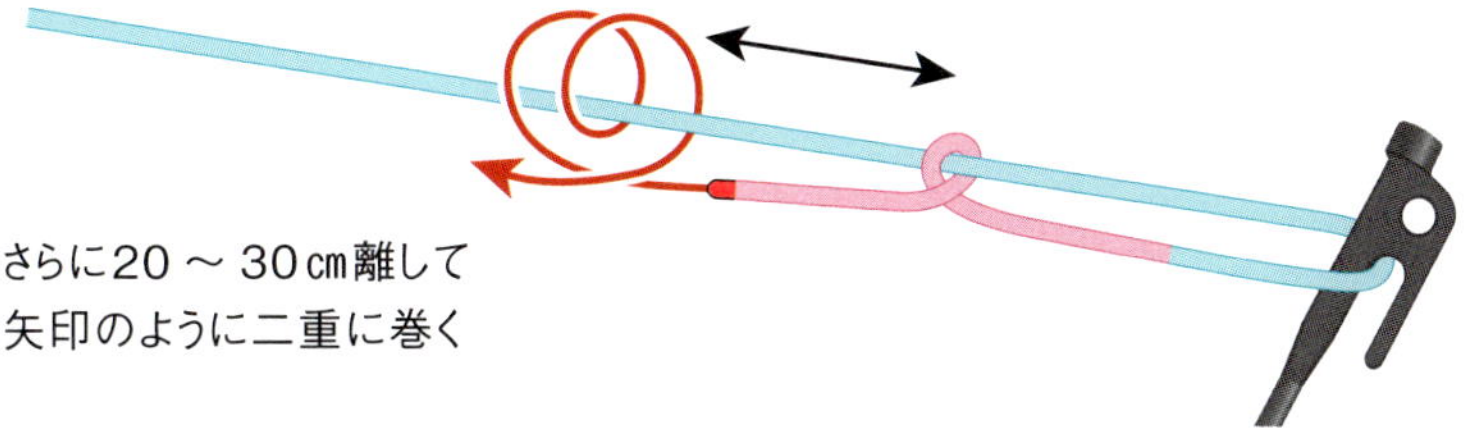

2 さらに20 ～ 30㎝離して
矢印のように二重に巻く

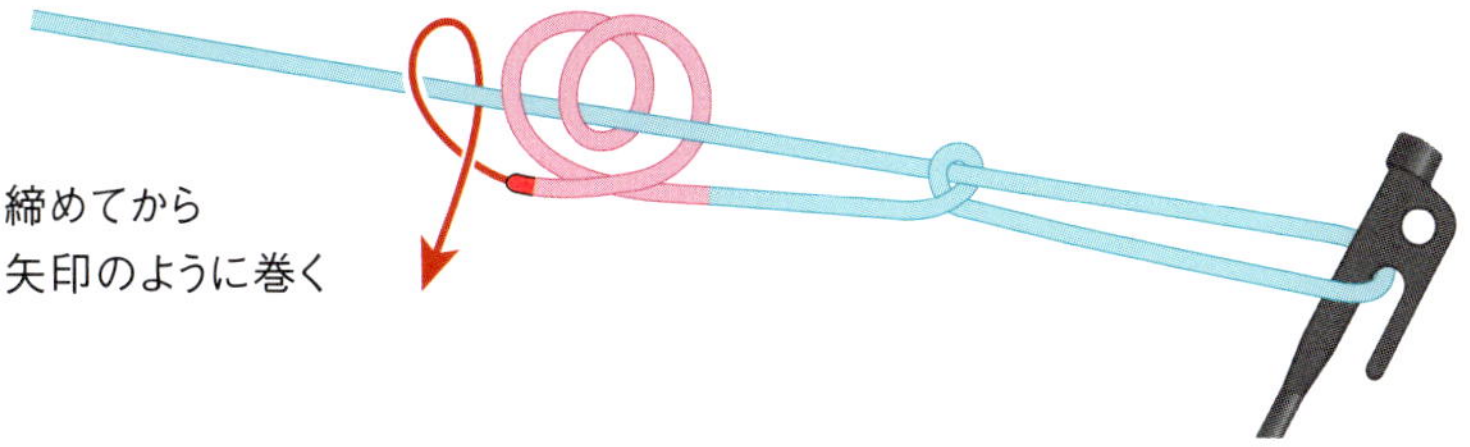

3 締めてから
矢印のように巻く

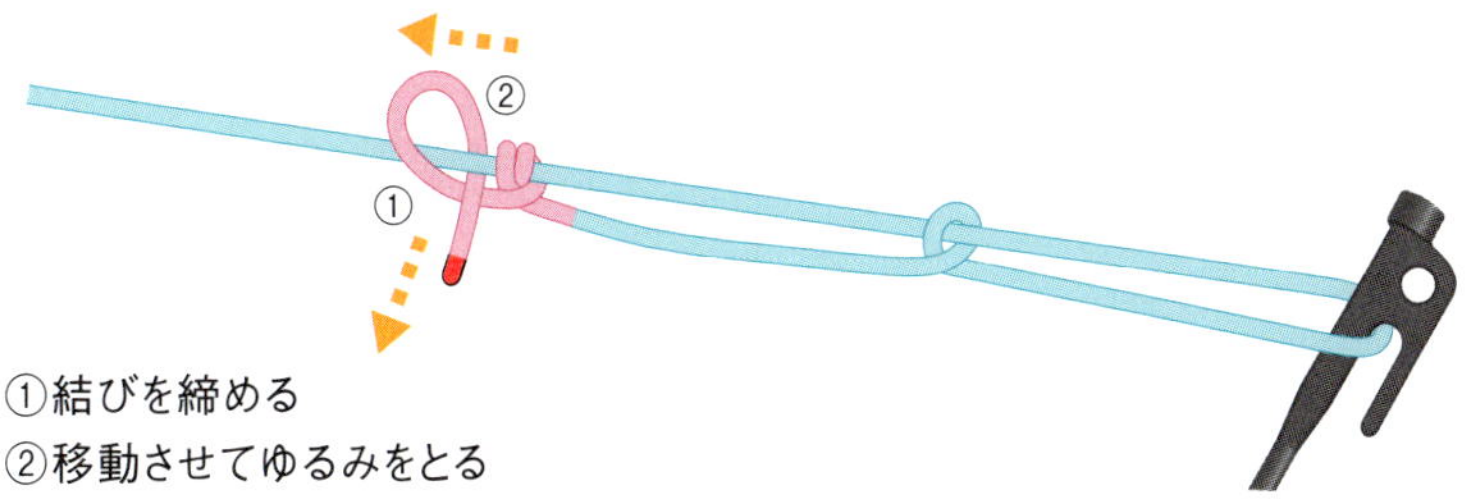

4 ①結びを締める
②移動させてゆるみをとる

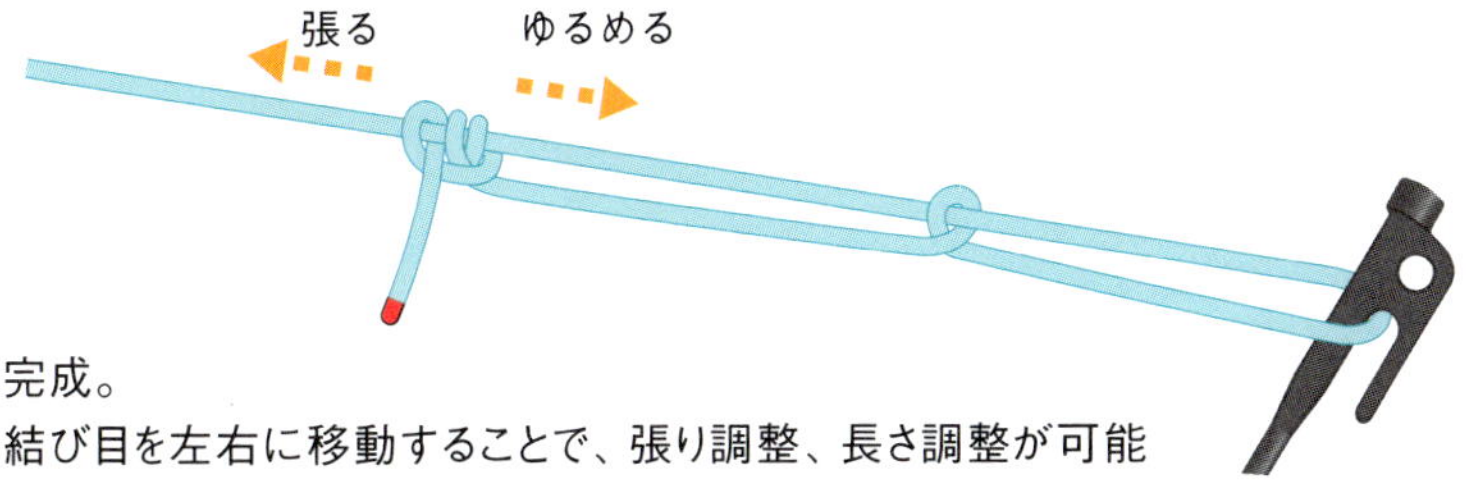

5 完成。
結び目を左右に移動することで、張り調整、長さ調整が可能

ムンター・ヒッチ

初級者をロープで補助したり、下降器（ディバイス）がないときの懸垂下降に用いたりと、登山・クライミングで登場頻度が高い。ロープ同士の摩擦で制動を得るため、ロープが傷みやすいほか、ねじれやすいのが欠点。基本の結び方は簡単だが、シーンごとに使い方を覚える必要があるのでしっかりとトレーニングしてから実践に臨むこと。名称は発案者であるスイス人山岳ガイドの名前から。なお、カラビナはＨＭＳ型（74ページ）を用いる。

分類
ヒッチ

英名
Munter Hitch

別名
イタリアン・ヒッチ／半マスト結び

ロープの重ね方

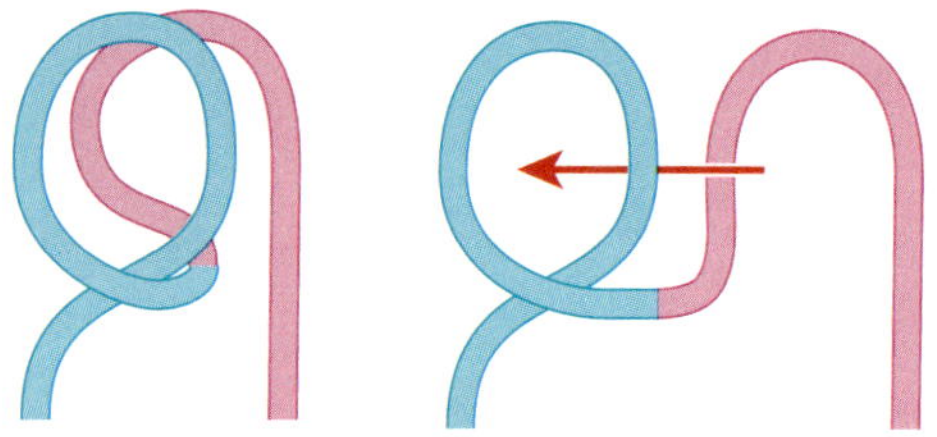

カラビナのゲートの向き、手前側のロープをひねるか後ろ側のロープを引き出すかによって4通りの重ね方がある。右のイラストで解説したゲートが右側、後ろ側のロープを引き出した場合の重なりは上記。

ほかに3通りの巻き方が

※カラビナにかけるロープがピンク色

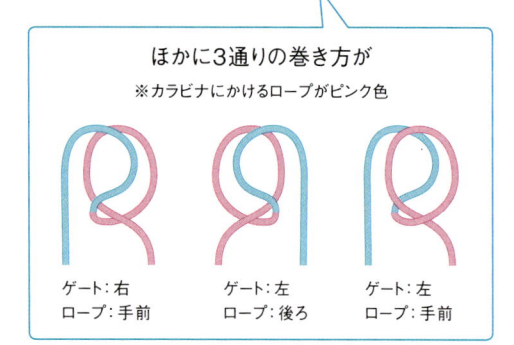

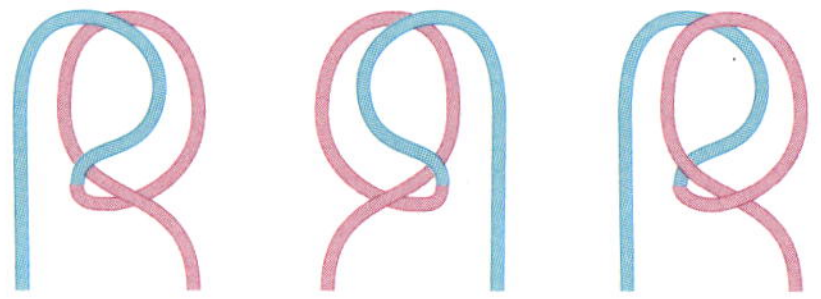

ゲート：右
ロープ：手前
ゲート：左
ロープ：後ろ
ゲート：左
ロープ：手前

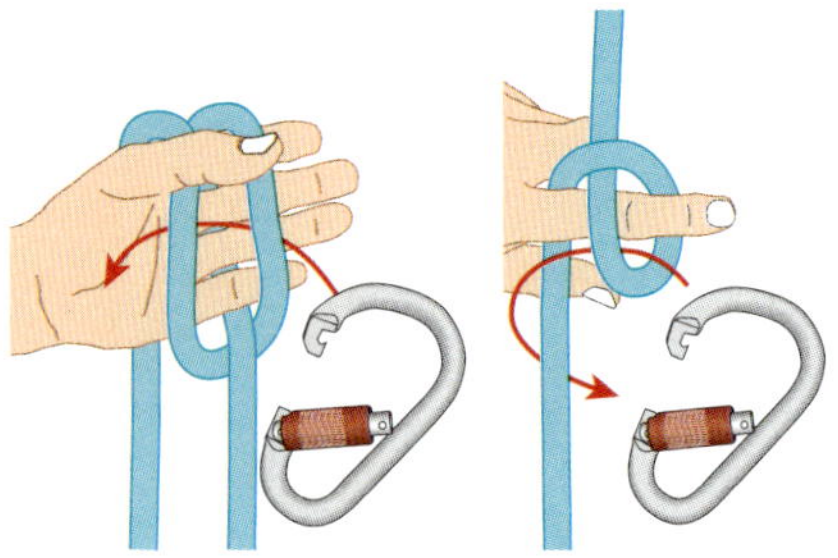

手に巻く、指に巻きカラビナをかけるなど結び方は人それぞれ。自分に合った方法を探してみよう

1 カラビナにかける

2 赤部分を半周ひねってカラビナにかける。左図のように一周ひねってかけるとクローブ・ヒッチに

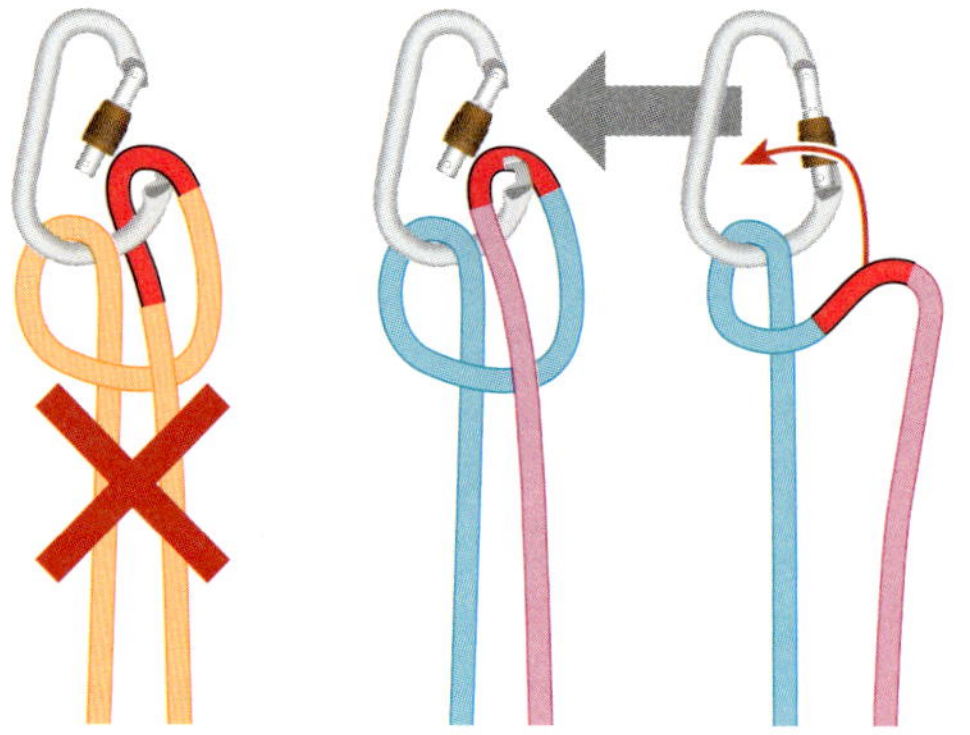

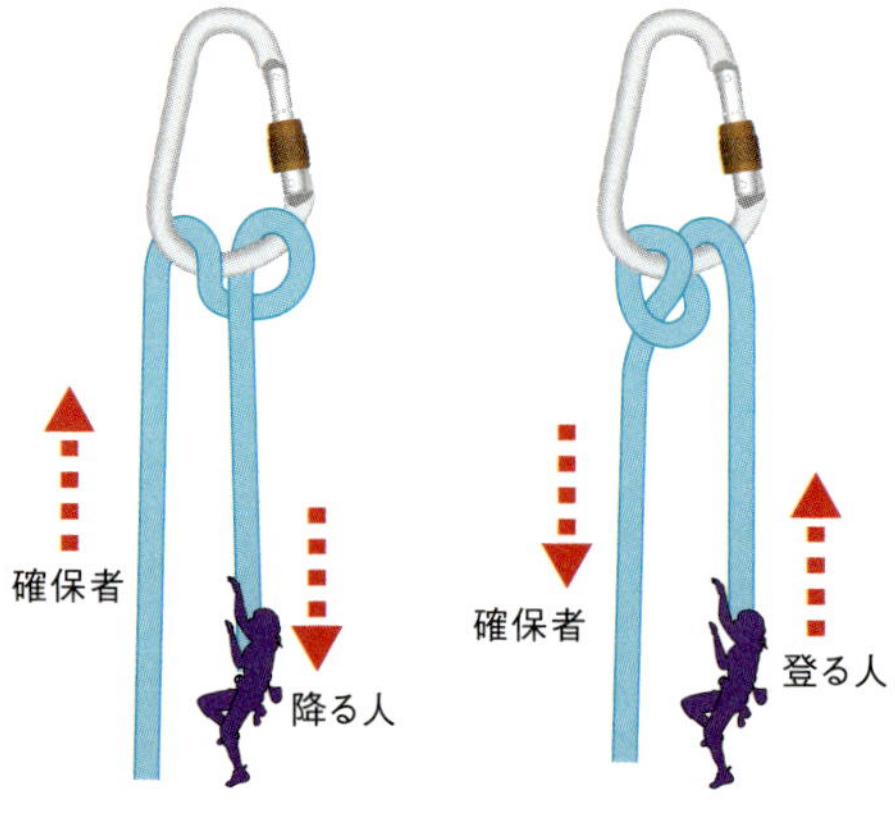

確保者
降る人
確保者
登る人

3 矢印のほうへ引いて確保。下りの場合は結び目を反転させ、確保者側のロープを上へ送り出す

ガルダー・ヒッチ

分類
ヒッチ

英名
Garda Hitch

別名
アルパインクラッチ

ロープが一方向にはスムーズに流れるが、反対方向には動かない「ワンウェイシステム」をつくるための結び方。初級者の登りを補助する際、万一スリップしてもロープが逆戻りしないので、転落を防ぐことができる。バックパックを引き上げる場合にも途中手を離して休むことができるので使いやすい。ただし、一度強くテンションがかかるとゆるめることが難しく、いったん結びを解除する必要がある（85ページ）ため、使用場面には注意が必要。

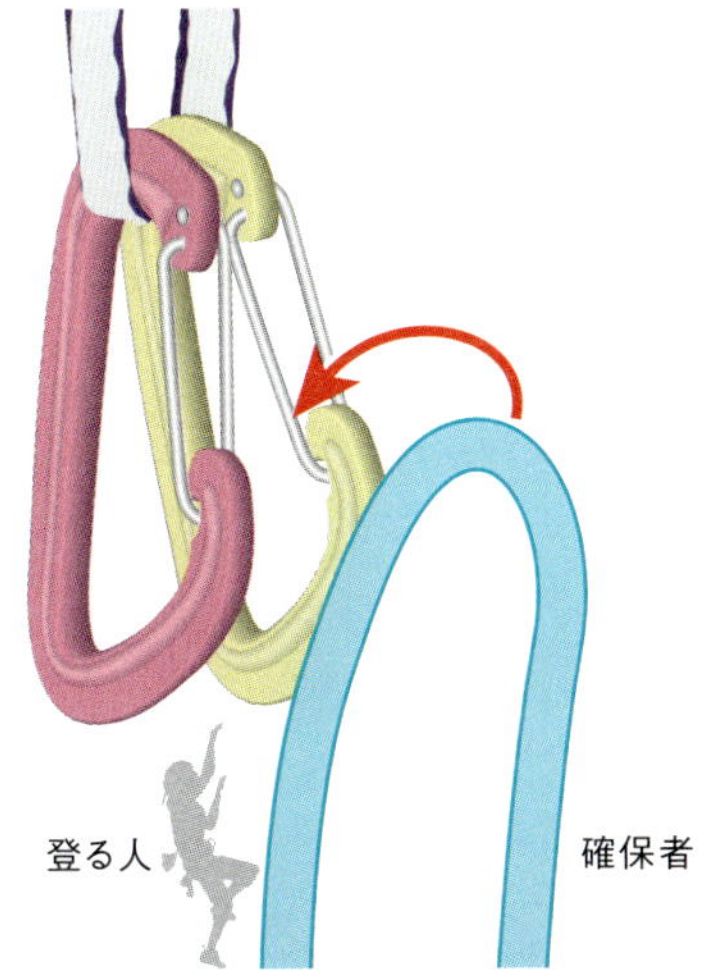

1 同サイズの2枚のカラビナにロープをかける。右に確保者（自分）側のロープ、左に後続者側のロープがくるように

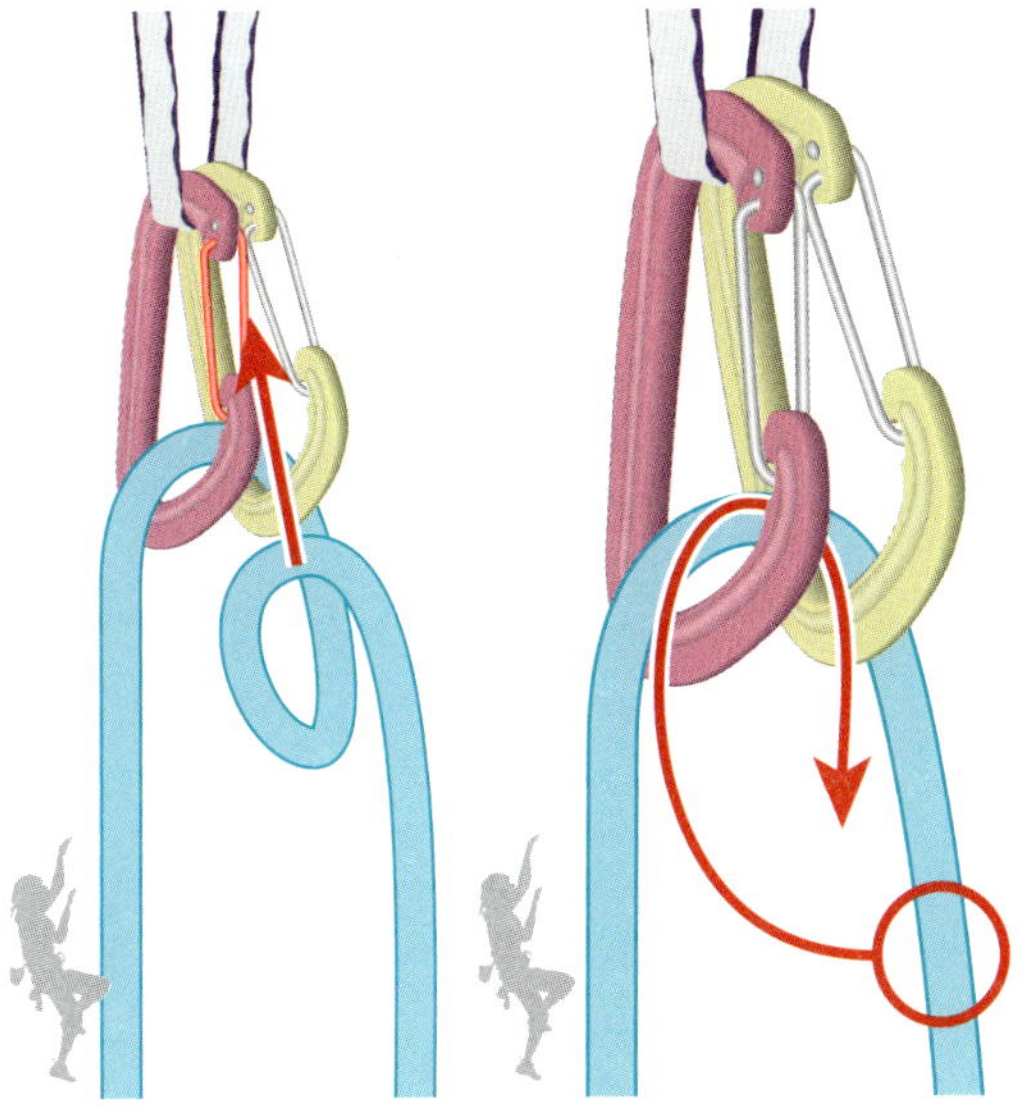

2 自分側のロープをひねりながら左側のカラビナにかける。左図の形をつくってからかけるとわかりやすい

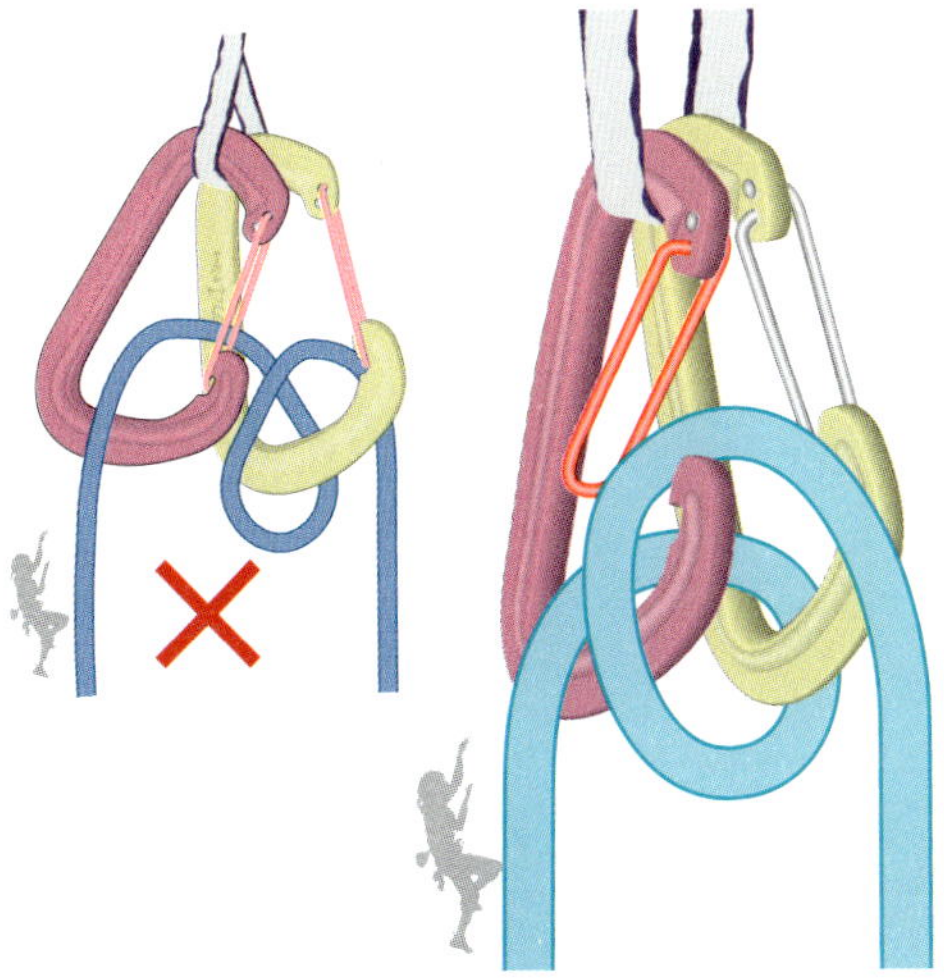

3 自分側のロープが2枚のカラビナの間を通るようにかける。かけ方を間違えやすいので注意

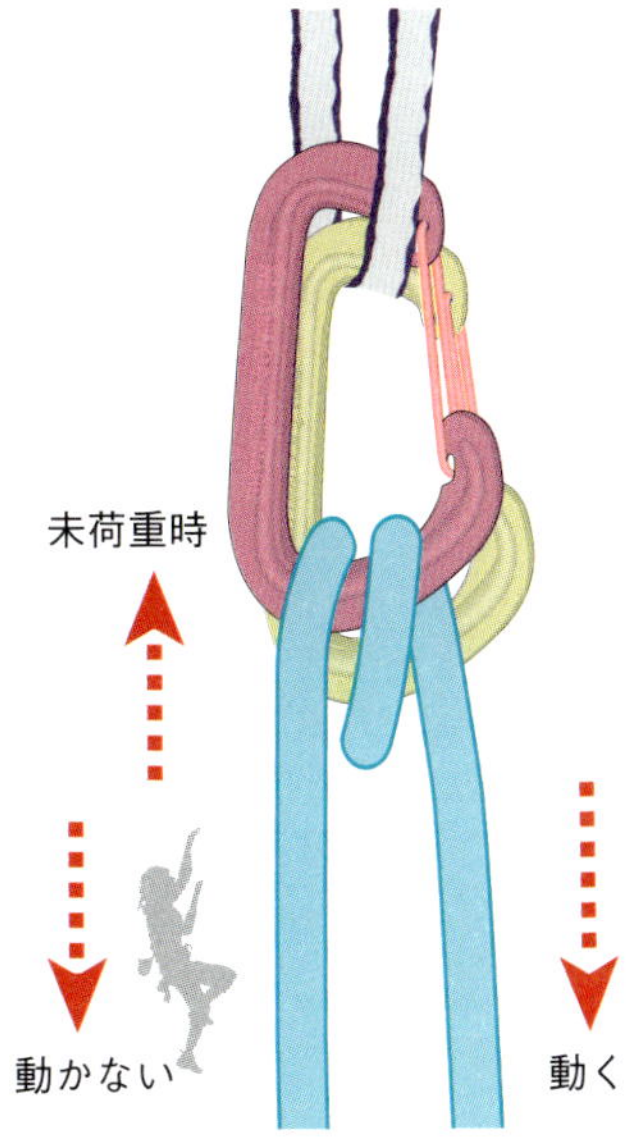

4 完成。
自分側のロープは引くことができるが、後続者側のロープは荷重がかかっても動かない

プルージック・ヒッチ

ロープに別のコードを巻きつけて摩擦を利用する「フリクションヒッチ」の代表格。38ページのクレイムハイストにはやや劣るものの摩擦が強く、練習すれば片手で結べる。懸垂下降中に登り返す際などに使用する。巻きつけ回数は決まっていない。経験を重ねて覚えよう。アクセサリーコードを結んだロープスリングでも行なえるが、登山では極力専用のコードを使用すること。テープのソウンスリングは制動が弱く、クライミングでは不適。

分類
ヒッチ

英名
Prusik Hitch

別名
特になし

外掛け

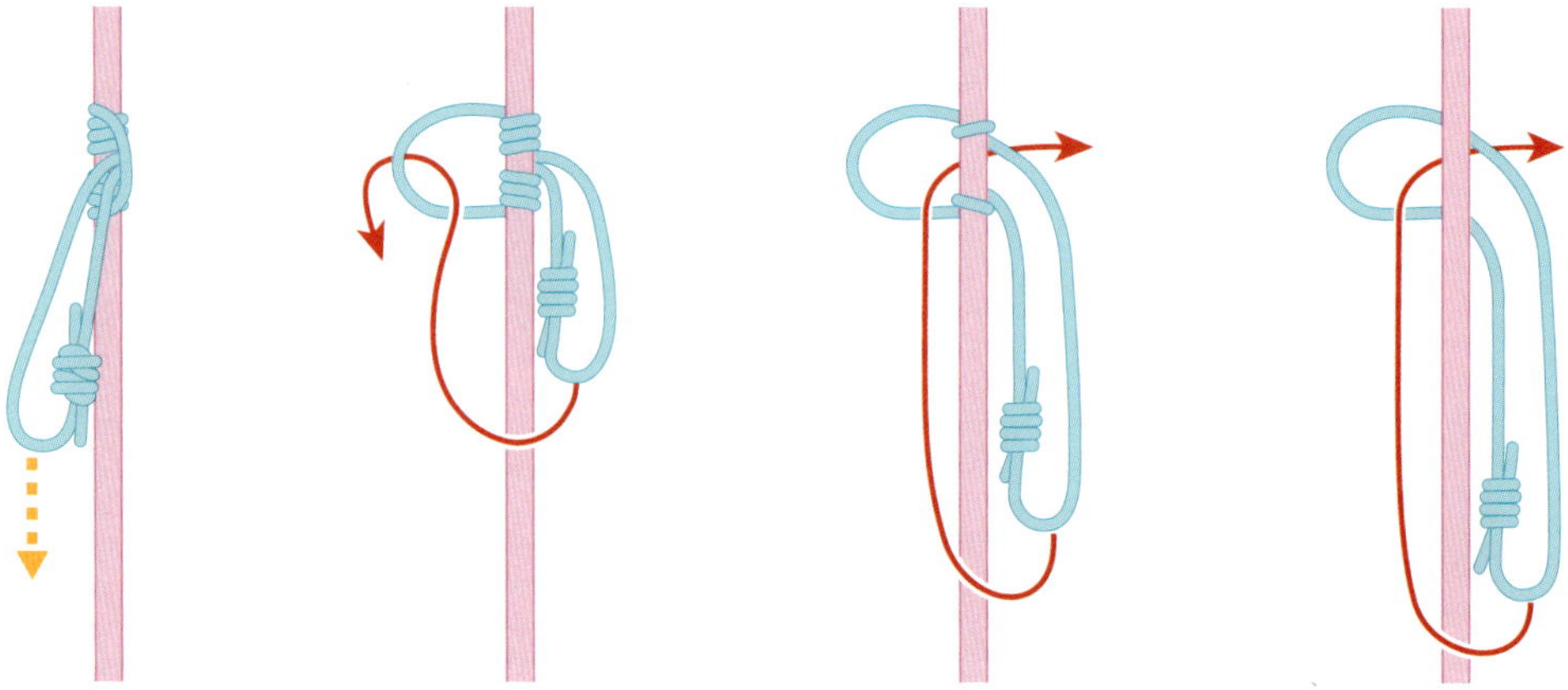

1 矢印のように巻く

2 1を繰り返し、数回巻く。巻きつけ回数は必要に応じて調整

3 矢印のように通す。図は3回巻き

4 結びを締めて完成

内掛け

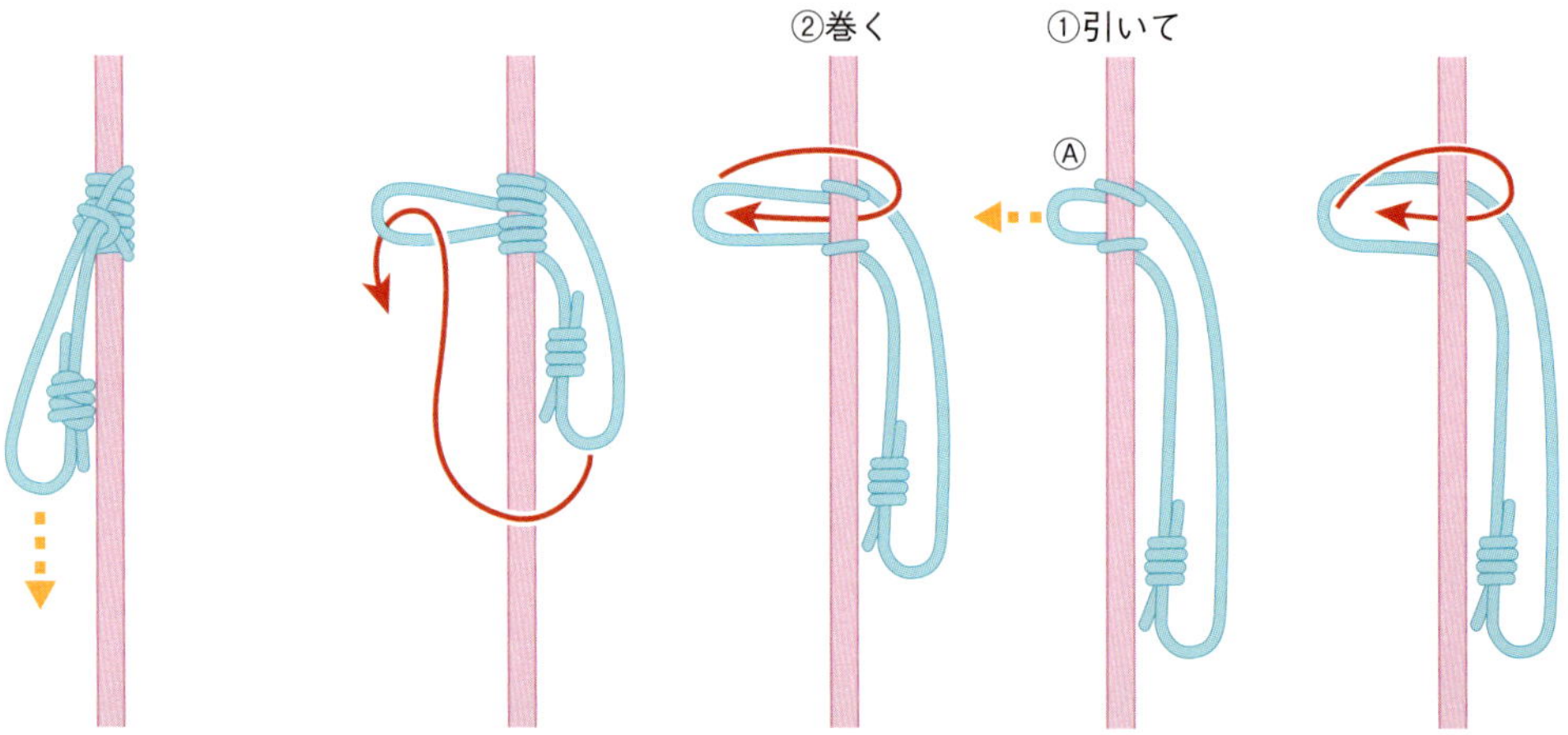

1 矢印のように巻く

2 Ⓐを巻きに必要な分引き出し、矢印のように巻く

3 矢印のように通す。図は3回巻き

4 結びを締めて完成

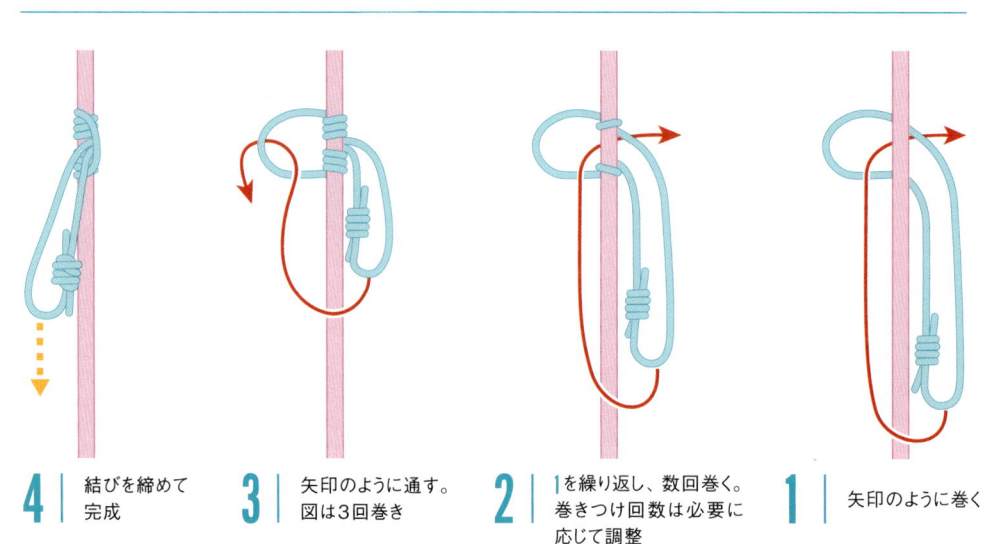

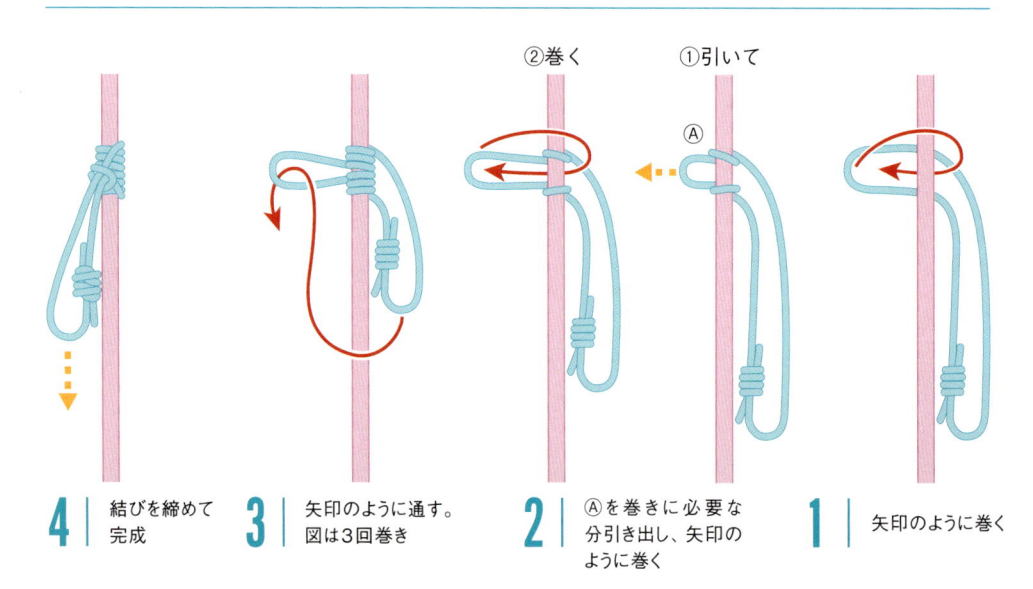

ブリッジプルージック・ヒッチ

分類
ヒッチ

英名
Bridge Prusik Hitch

別名
特になし

36ページで紹介したプルージック・ヒッチのバリエーション。結び方や構造は同じだが、スリングのつなぎ目（結び目）の位置を使いやすく工夫したのがこの結びで、2000年代以降に普及した。スリングのつなぎ目がコードを巻きつける位置にくるので結びをスライドさせやすく、ループ部分にカラビナなどをかける際にもじゃまにならない。プルージック・ヒッチと同様にクライミングではテープのソウンスリングは使用しないこと。

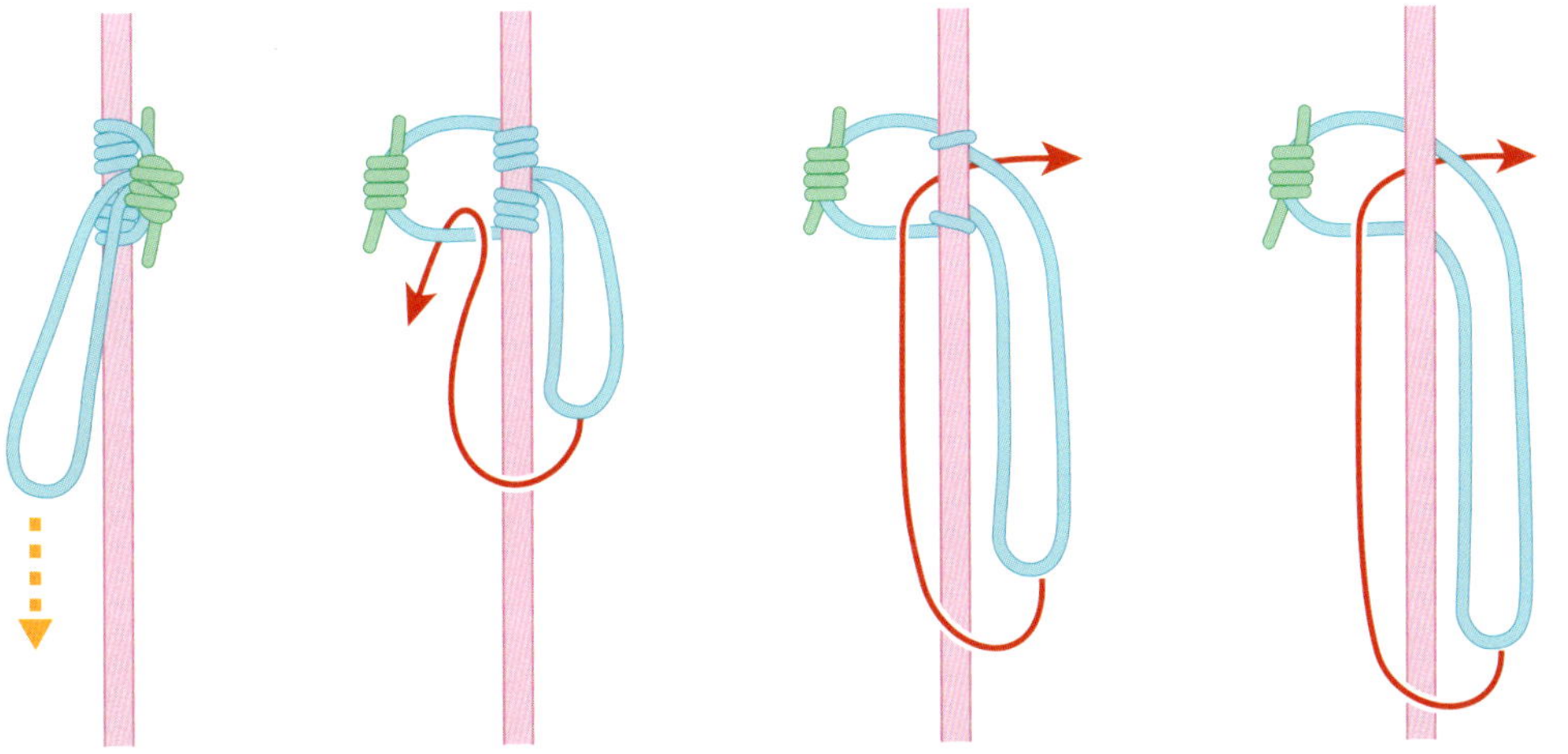

1 矢印のように巻く。ガース・ヒッチと同様

2 矢印のように巻きつけていく。巻きつけ回数は必要に応じて調整

3 矢印のように通す

4 結びを締めて完成

プルージック・ヒッチ（右）と、ブリッジプルージック・ヒッチ（左）の違い

ブリッジプルージック・ヒッチは、スリングのつなぎ目部分の位置を巻きつけ側に限定したプルージック・ヒッチの名称で、つなぎ目をなくした場合、両者に違いはない。使いやすさの追求により、2000年代以降に普及。

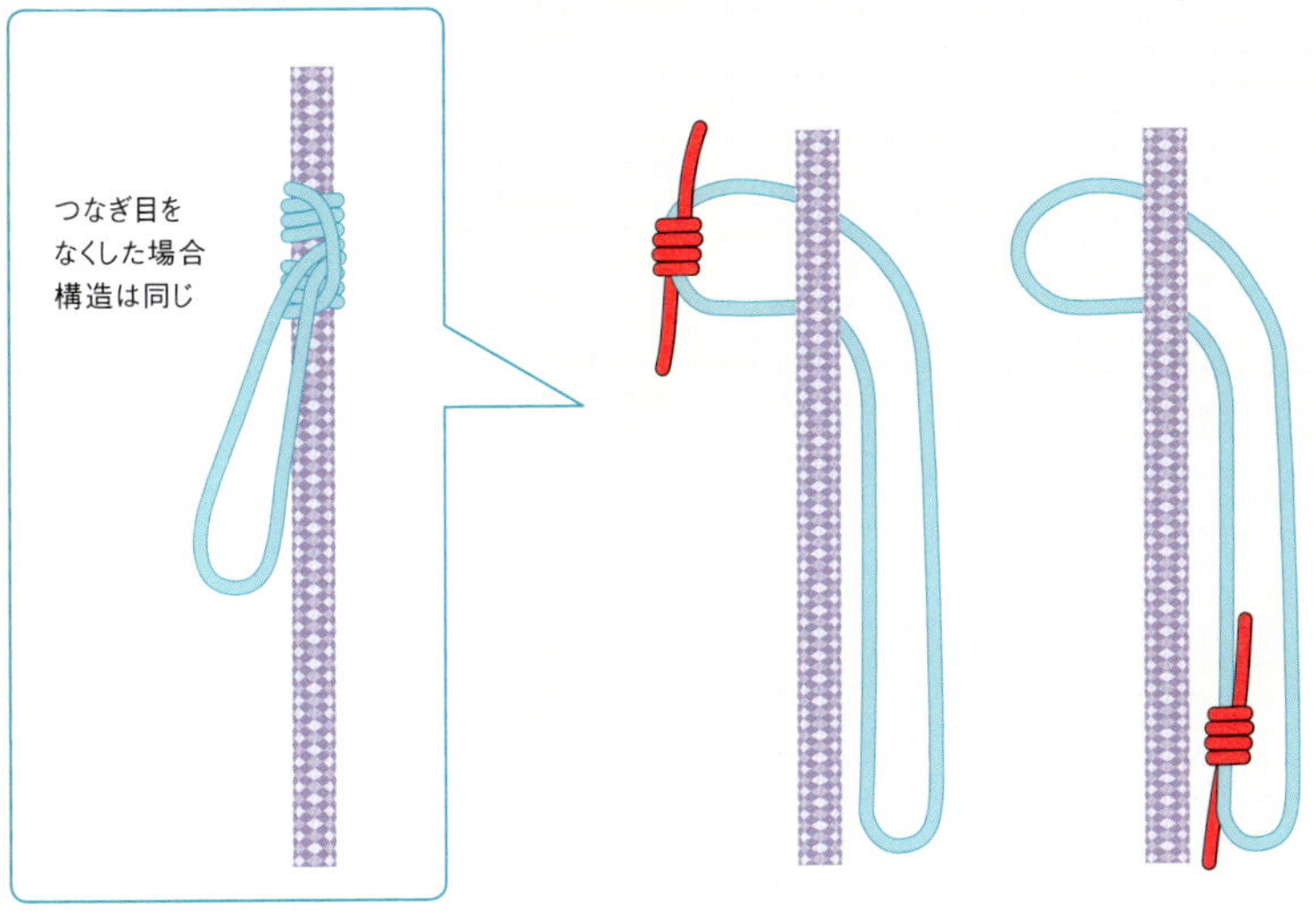

クレイムハイスト

分類
ヒッチ

英名
Klemheist

別名
フレンチ結び／フレンチマッシャー

「フリクションヒッチ」のひとつ。代表的なフリクションヒッチのなかで最も摩擦力が強い。ループに荷重をかければすぐにロックされ、巻きつけ部分を握ればゆるめることができる。本来推奨されないが、テープのソウンスリングをメインロープに巻きつける際などはこの結びを用いるのが比較的安全。また、摩擦の強さを利用して木に電気ランタンを吊るす（65ページ）際などの「固定」の結びにも用いられる。なお、制動するのはループ側の一方向だけ。

固定力重視

1 末端をわずかに出して矢印のように巻く。結び目は図の位置がいい

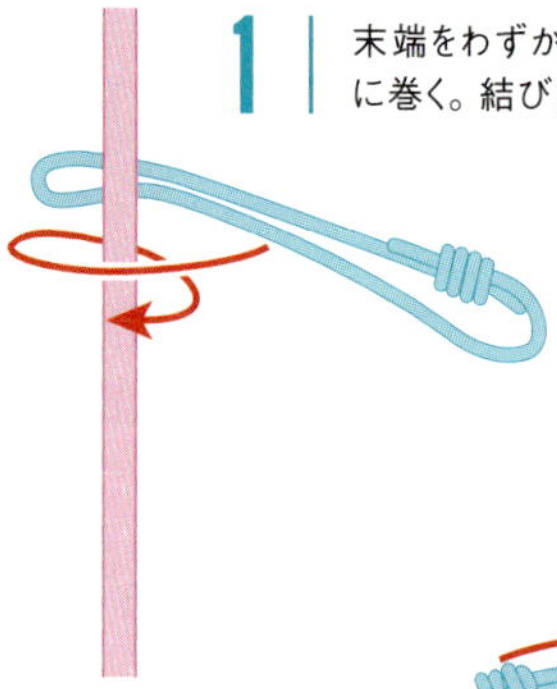

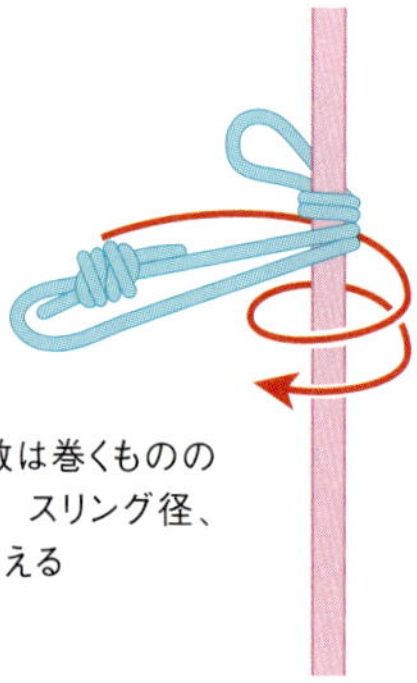

2 数回巻く。巻き数は巻くものの径、滑りやすさ、スリング径、形状などにより変える

3 矢印のように通す

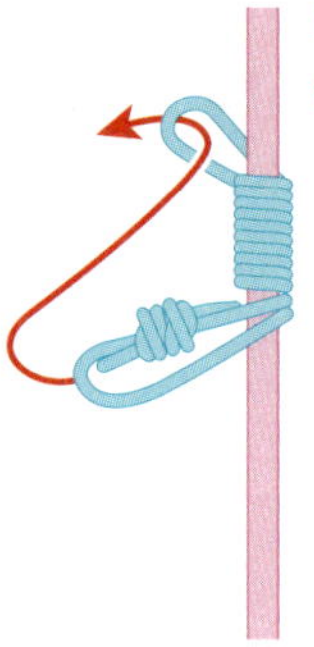

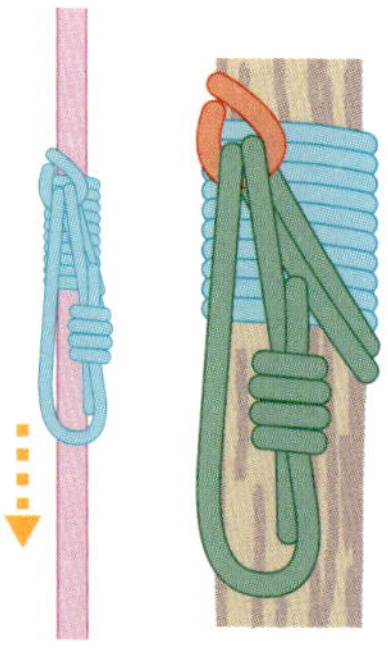

4 引いて締めた完成図。ループが大きく屈曲する分、より摩擦が強まる

動きやすさ重視

1 長めに末端を出して矢印のように巻く。結び目は図の位置に置くと干渉しない

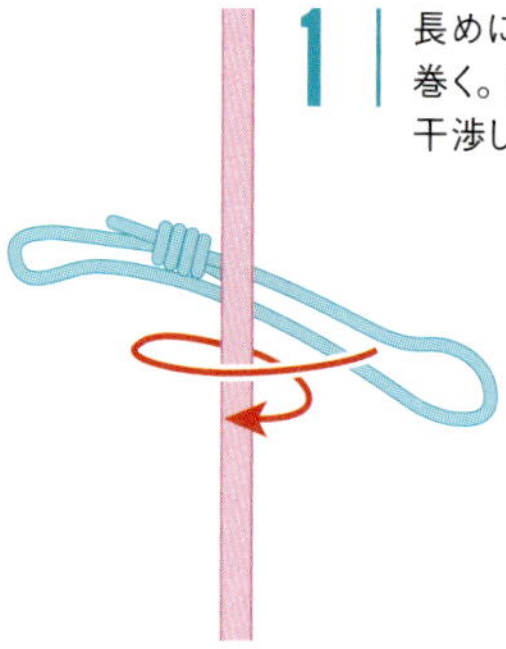

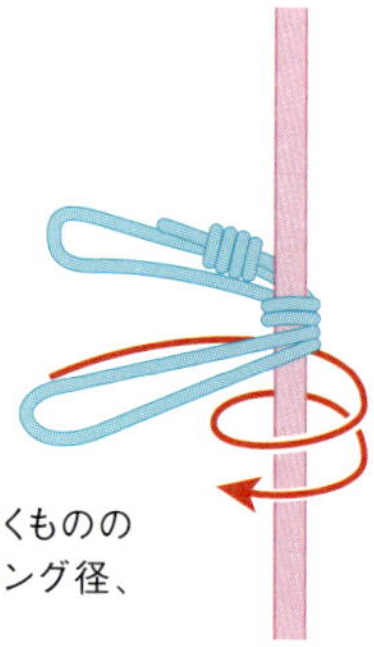

2 数回巻く。巻き数は巻くものの径、滑りやすさ、スリング径、形状などにより変える

3 矢印のように通す

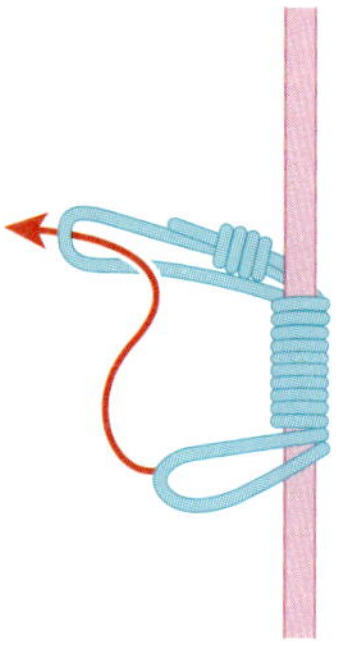

4 完成図

締めた状態ではⒶの巻き部分は動きにくい。動かすときはⒷの荷重を抜きⒶを移動させる

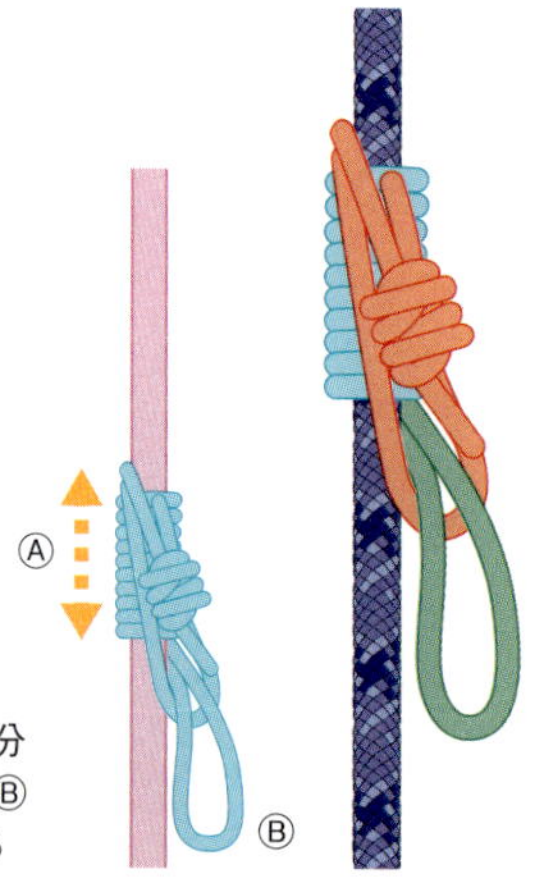

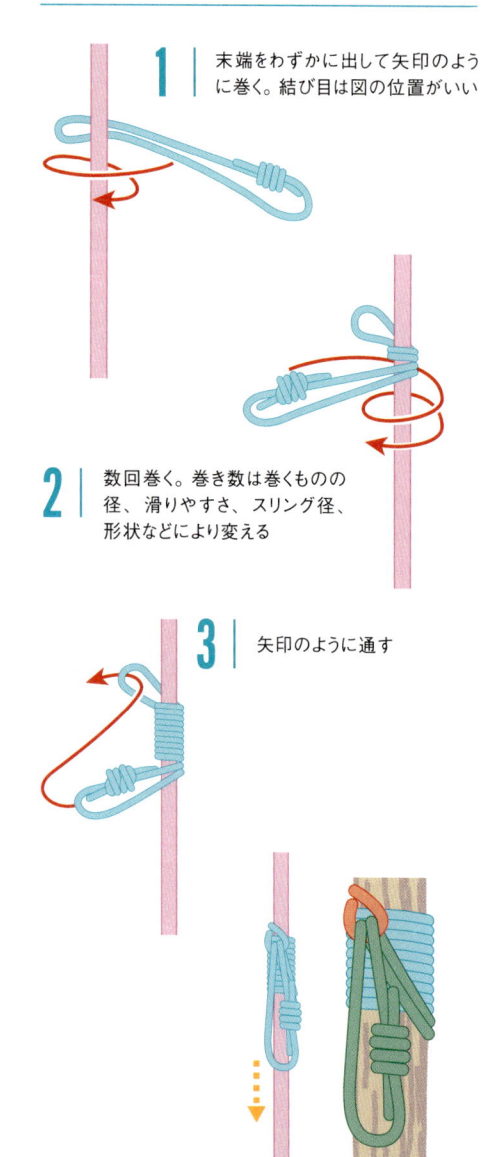

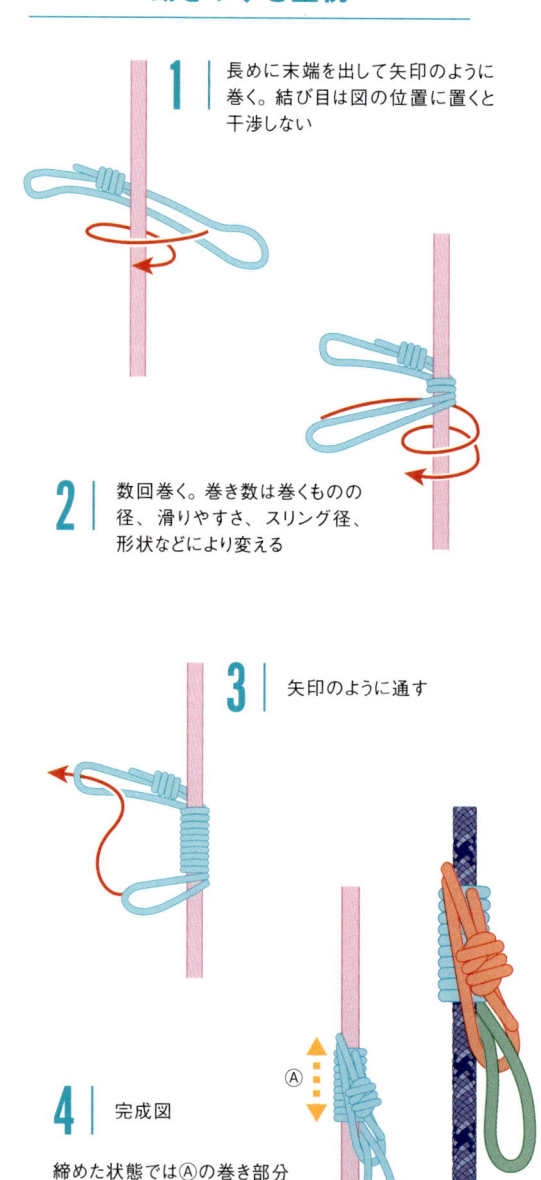

オートブロック・ヒッチ

メインロープに別のコードを巻きつける「フリクションヒッチ」のひとつ。上下のループをカラビナで接続する必要があるが、ただ巻きつけるだけで完成するので非常に簡単。構造がシンプルな分、フリクションヒッチのなかでは可動性が高い（逆に摩擦が弱いので固定力には劣る）。懸垂下降時のバックアップとして用いる場合などはロープがスムーズに流れ、使いやすい。巻きつけの回数を増やせば、その分、固定力も多少改善する。

分類
ヒッチ

英名
Autoblock Hitch

別名
マッシャー結び／フレンチプルージック

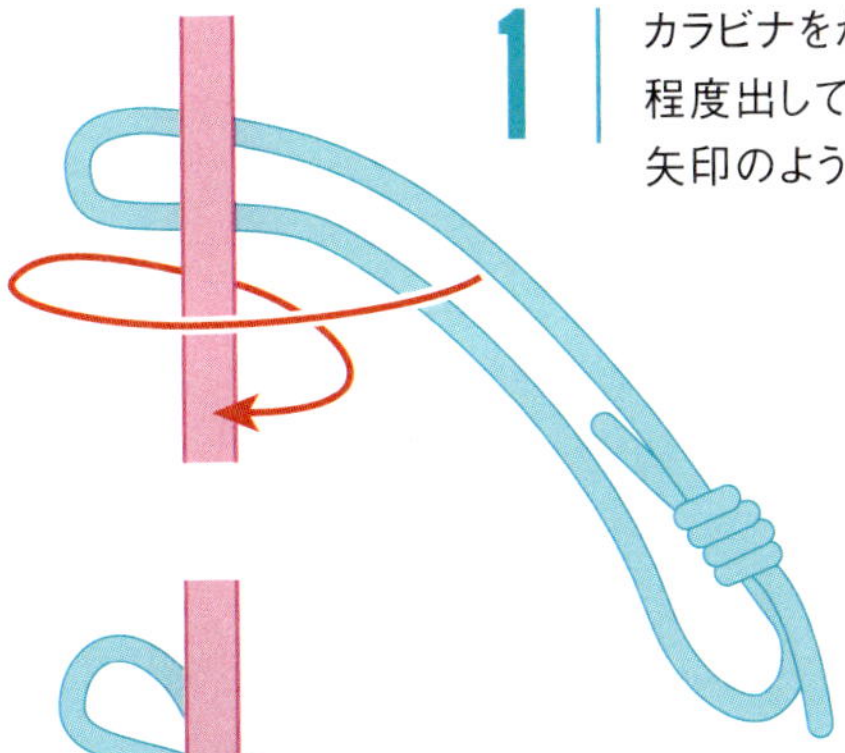

1｜カラビナをかけられる程度出して、矢印のように巻く

2｜数回巻く。巻き数は巻くものの径、滑りやすさ、スリング径、形状などにより変化

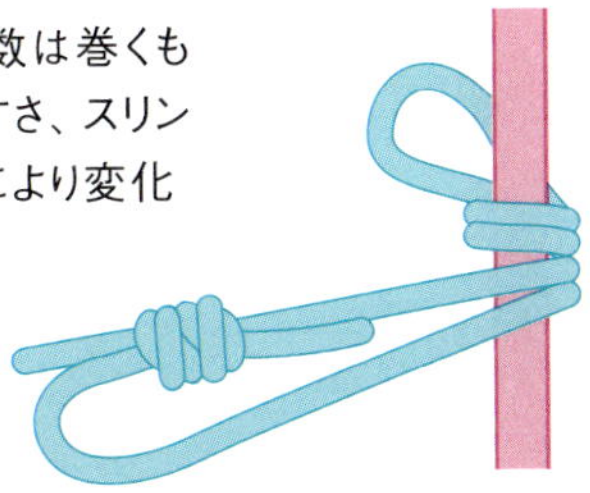

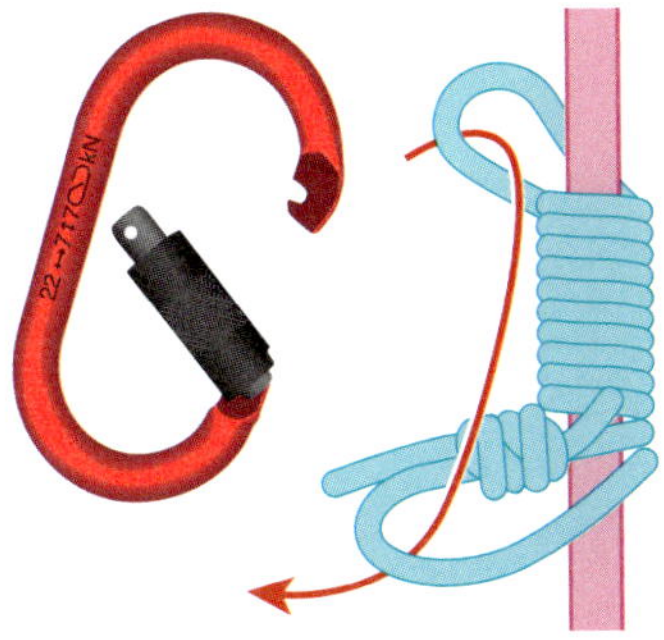

3｜カラビナを矢印のようにかける

4｜完成図。
Ⓐを動かすときは、カラビナの荷重を抜いて動かす

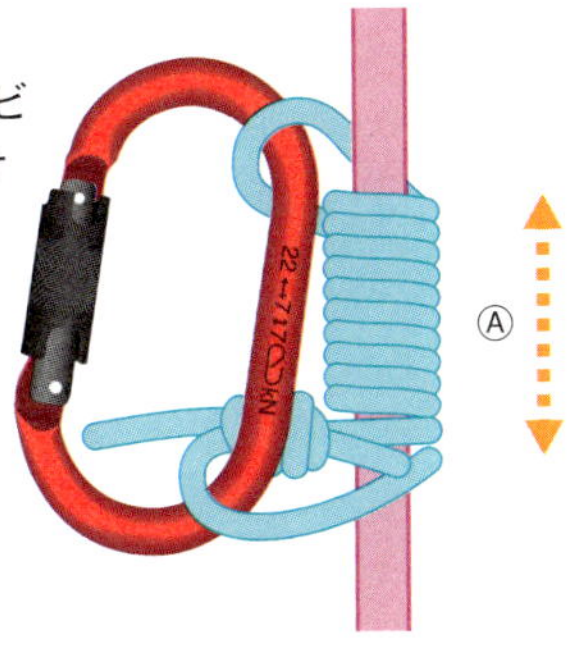

ガース・ヒッチ

ループや柱などにロープ（主に輪になったスリングを使用することが多い）を結びつける結び方。簡単で実用性が高いので、登山以外でも使用したことがあるはず。結び目がずれにくく、ラウンドターンやツーバイト（41ページ）と比べてスリングを長く使用できるが、屈曲部に荷重がかかって摩擦が生じると、スリング本来の強度が最大70％低下するとされる。支点のセットなど命を預けるシーンで使う際は荷重の角度を考え、慎重に検討すること。

分類
ヒッチ

英名
Girth Hitch

別名
ひばり結び／カウ・ヒッチ

結び方１

1　巻きつけるものに、図のように置く

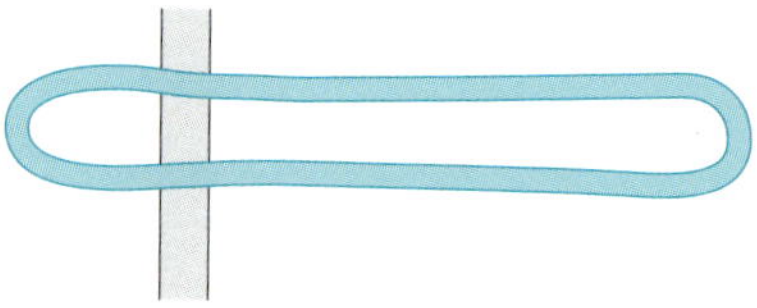

2　矢印のように通す

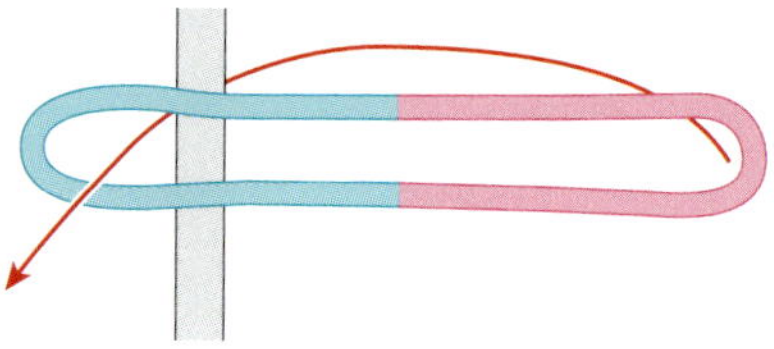

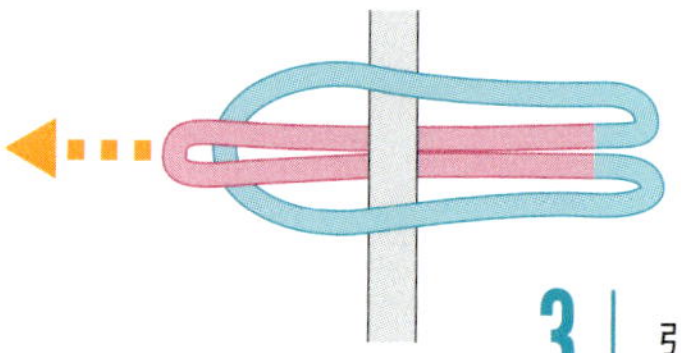

3　引いて締める

4　完成

結び方２

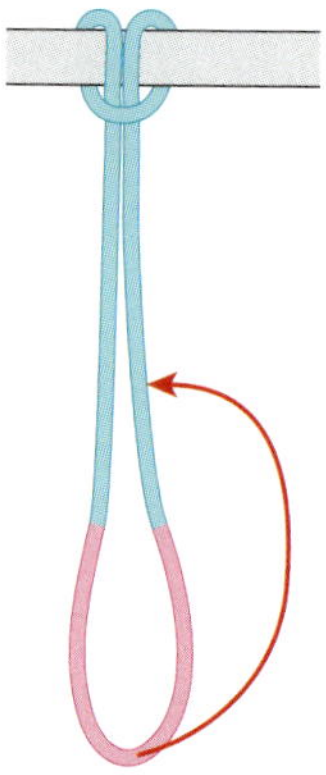

1　赤を青の上にかぶせるように、矢印のほうへ

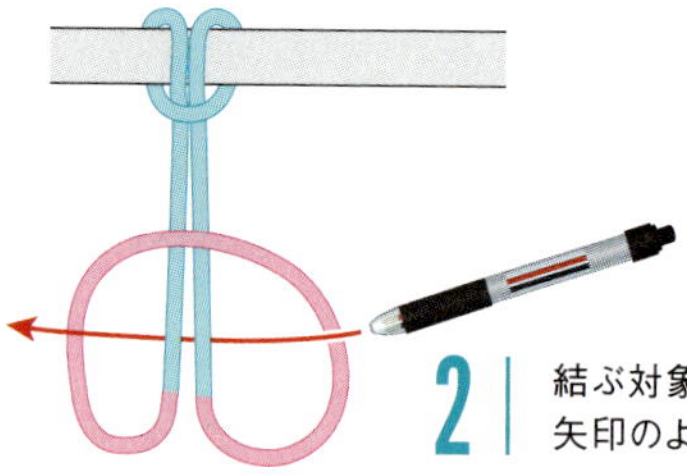

2　結ぶ対象を矢印のように通す

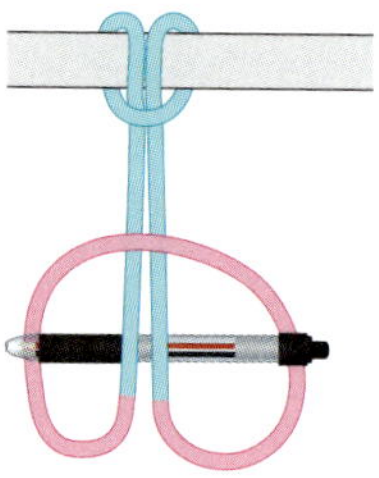

3　結びを締める

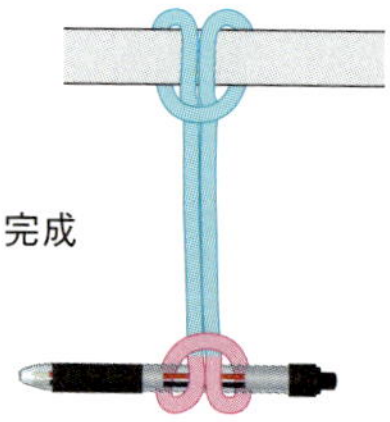

4　完成

ラウンドターン／ツーバイト

分類
ヒッチ

英名
Round Turn / Two Bite

別名
特になし

どちらも、ロープやスリングを柱などに結びつける際に用いる結び方。スリングやロープを対象物に巻きつけるラウンドターンは摩擦力が強く、結び目が上下にずれにくい。ロープやスリングの長さが一定以上必要だが、ガース・ヒッチ（40ページ）よりも強度低下が少ないので非常にバランスのいい結びだ。柱などに二つ折りにしてかけるだけのツーバイトは、ラウンドターンやガース・ヒッチと比べてスリングの強度低下が最も小さいが、上下にずれやすい。

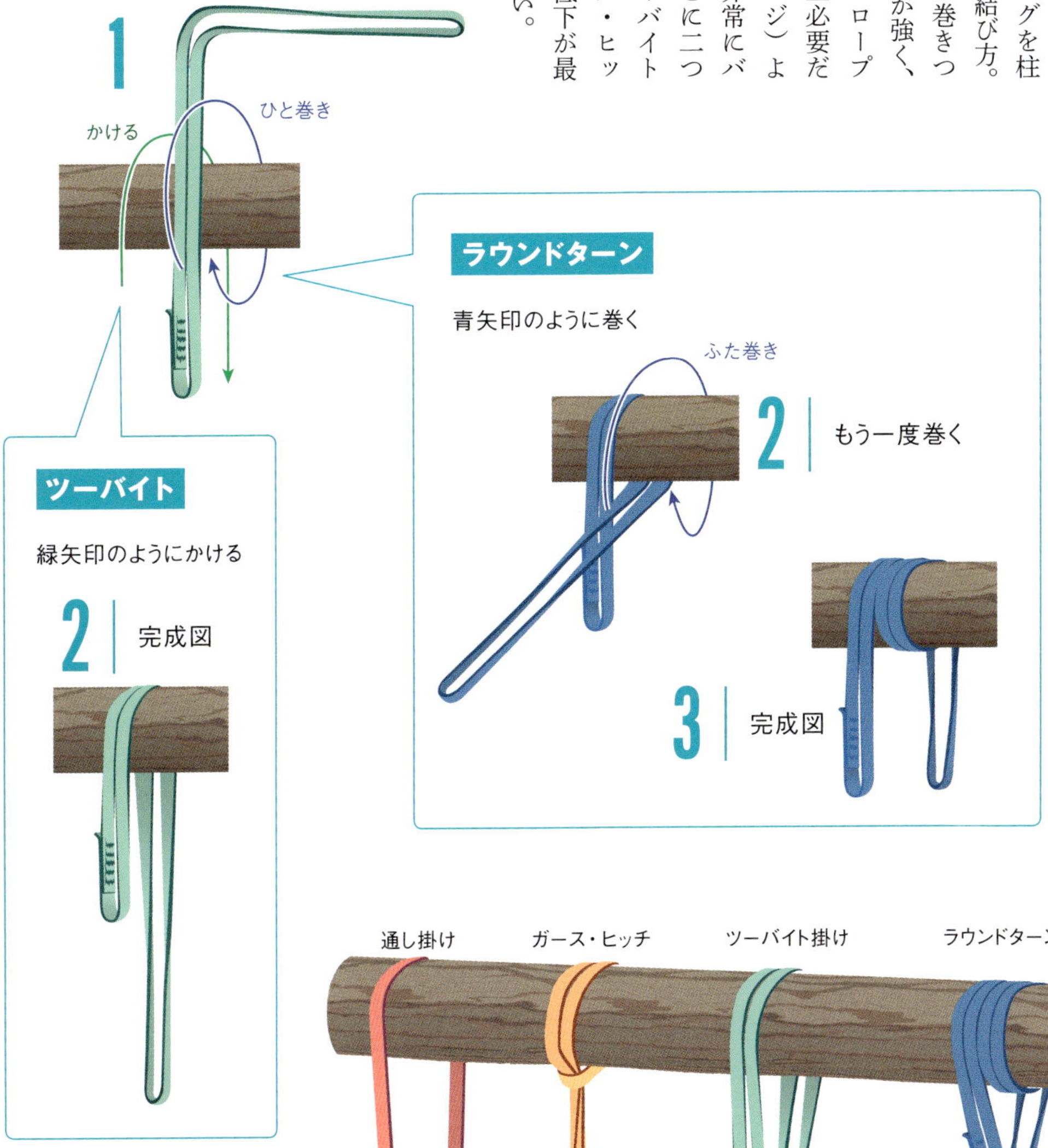
1
かける
ひと巻き
ラウンドターン
青矢印のように巻く
ふた巻き
2 もう一度巻く
3 完成図
ツーバイト
緑矢印のようにかける
2 完成図

通し掛け
ガース・ヒッチ
ツーバイト掛け
ラウンドターン
ラウンドターン
（バリエーション）
ツーバイト
ラウンドターン

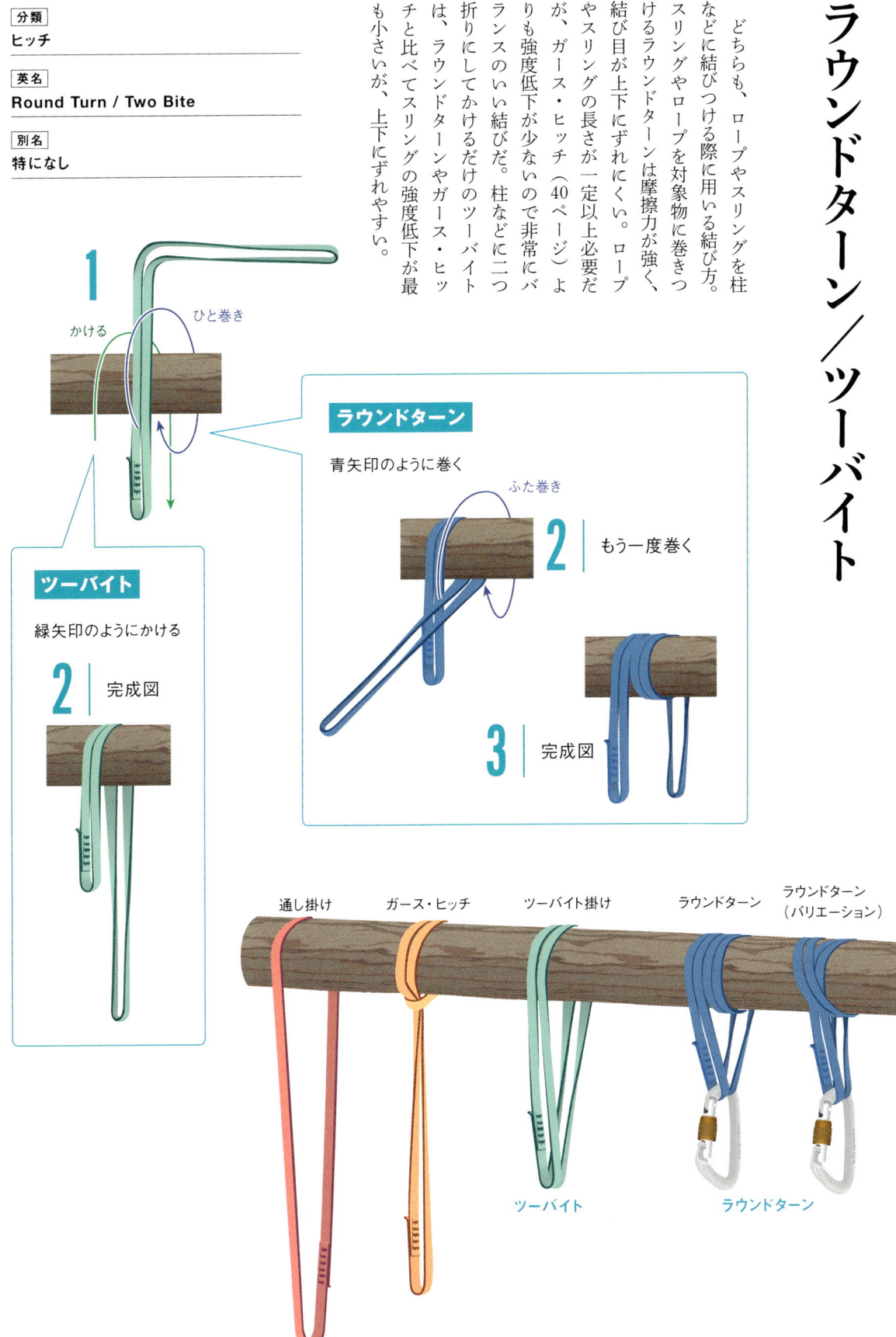

Column 1

結びの名称、統一を

P30で紹介した結び「クローブ・ヒッチ」は「インク・ノット」という別名（誤名）があります。ほかに、「マスト結び」や「まき結び」「とっくり結び」などと呼ばれることもあります。また、P20の「フィギュアエイト・オン・ア・バイト」やP21の「フィギュアエイト・フォロースルー」を、「ダブル・フィギュア・エイトノット（二重8の字結び）」などと呼ぶ人もいます。ロープワークではこのように、同じ結びであるにもかかわらず複数の呼び方をされるものが、実は少なくありません。英語読み、和製英語、ドイツ語やフランス語由来、そして船乗りが使う呼び方などが混在していて、技術書を開いても統一されていないのが現状です。人から習う場合でも、教えてくれる人によって呼び方がまったく違っているのです。

晴天時のキャンプ場など、安全な場所でのんびりアウトドアを楽しむときには、呼び方の違いはあまり問題にならないかもしれません。でも、それが思わぬ危険を招く場合もあるんです。たとえば、山で行動中、急な悪天候に見舞われることがあります。そんな、一刻も早く安全地帯まで移動しなければならないときのロープワークには、確実さとスピーディさが求められます。そこでリーダーから、「クローブ・ヒッチで結んで！」と指示されたとしましょう。でも、あなたが「インク・ノット」と覚えていたらどうでしょう。「クローブ・ヒッチ」が何のことかわからずに、余計な時間がかかってしまいます。あるいは、まったく別の結びと勘違いしてしまうかもしれません。確認作業を怠ったら、それが大事故につながってしまう可能性もあるのです。

そんな危険を防ぐためにも、結びの名前は統一したほうがいいと考えています。日本山岳ガイド協会では、結びの呼び方は英語での呼称で統一することにしています。「インク・ノット」ではなく「クローブ・ヒッチ」、「カウ・ヒッチ」ではなく「ガース・ヒッチ」、「クレムヘイスト」ではなく「クレムハイスト」……。英語でも複数の呼び名がある結びも多いですし、まだまだ完全に統一されるには時間がかかると思いますが、それが安全にもつながるはずです。

本書でも、その基準にのっとって見出しをつけました。各ページの左上には別名として、英語の呼び方以外にもよく使われる名称を入れていますが、これからロープワークを学ぶ皆さんには、ぜひ見出しの呼び方を基本に覚えて、そして使ってほしいと思っています。

（水野隆信）

Part 2

テント場のロープワーク

テント生活を快適に
☞P.52へ
少しの工夫で快適さは大きく変わる
タープを張る
☞P.60へ
アレンジ次第で無数の張り方
テントを立てる
☞P.46へ
アウトドアズマンへの入り口

テント場で役立つロープワーク

結び方がキャンプライフを変える

キャンプ場やテント泊山行中の宿泊場所となるテントサイトには、ロープの使用場面が多くある。テントを立てたり、ツエルトやタープを張ったりするのはもちろん、木々の間やテント内にロープを張って生活しやすくしたり、電気ランタンを木から吊り下げたり、薪を束ねて持ち運んだり。本章では、そんなキャンプシーンでのロープワーク技術について解説する。

実践で学べる技術

ツエルトについては、登山をしない人にとってはなじみが薄いかもしれない。登山の世界では緊急用の装備として一般的だし、テント代わりの軽量装備としてツエルト泊を楽しむ人も大勢いる。しかし、一般的なキャンプ場でツエルトを張る人は多くなく、見たことがないという人もいるだろう。それを、テントやタープと並んでキャンプシーンのロープワークとして紹介するのは違和感があるかもしれない。しかし、今は登

ツエルトを張る
☞P.56へ
アウトドアでの出番は意外と多い
小物にひもを付ける
☞P.64へ
ロープワークの引き出しを
増やす小技集

山をしなくても、いずれさまざまなアウトドアにチャレンジしてほしいという思いを込めて、同じ幕営のためのロープワークとして本章に含めることとした。

さて、本書6ページ（そして3章以降でも）でも書いたように、ロープワークは本で学んだ内容をすぐに実践してしまうと危険を招く場合が多い。登山やクライミングでは、ひとつの失敗が命に関わるからだ。「現場で失敗しながら覚える」ことができない世界だともいえる。一方、本章で紹介するテント場でのロープワークは、3章以降で紹介する内容と異なり、ミスが直ちに事故につながるようなものではない。なので、本章の内容に限っていえば、実際にキャンプに出かけ、「ぶっつけ本番」で試してみるのもいいだろう。

本章を読んで興味をもったロープワークがあれば、ぜひキャンプ場に行って、トライしてみてほしい。ただし、場所や環境には注意すること。穏やかな気候の日、整備されたキャンプ場ならばテントがうまく立たなくても笑い話ですむかもしれないが、山の稜線で、雨風が強い日ならば命取りになりかねない。

テントを立てる

アウトドアの必修科目

ボウリン・ノット
☞ P.17へ
ガース・ヒッチ
☞ P.40へ
ループ・ノット
☞ P.18へ
トートライン・ヒッチ
☞ P.33へ

テントを自分の力で立てられるようになることは、アウトドアを楽しむうえで最も大切なスキルのひとつだ。アウトドアライフのスタート地点といってもいいだろう。キャンプはもちろん、登山など別のアウトドアでも、テントがあれば楽しみ方の幅がグッと広がる。そして、テントを立てるのは簡単そうに見えて、実は非常に奥の深い技術だ。

きれいに立てるにはコツがいる

ひと口にテントといってもさまざまな種類・形状があり、立て方も一様ではないが、キャンプも含めて一般的に広く用いられるのは「自立式」と呼ばれるものだ。ポールを組めば形ができあがり、地面に固定しなくても自立するタイプで、ポールの組み方さえわかれば一応は立てることができる。説明書を読めば、初めてでもさほど難しくないだろう。

しかし、テントをゆるみなく、きれいに立てるためにはコツがいる。きれいに立てたほうが快適性は高まるし、風や雨に対する耐久性も大きく違う。特に、山の稜線にあるテント場では風の影響を受けやすい。風の強い日にそのような場所でテントを張っていると、いくつものテントが風に負けてたわんだり、倒れてしまっているのを目にする。そうならないために重要なのがロープワークだ。テントを立てる際は、ガイライン（張り綱）と呼ばれる細いロープでテントとアンカー（固定のためのペグや石）を結びつけて張力をかける。テントをきれいに、丈夫に立てるには欠かせない作業だが、結び方のコツを知っているとスムーズだ。

このほかにも、ガイラインの長さが足りないときにロープを2本接続したり、フライシートに付いているゴムの輪を細引きに替えたり、覚えておくとテント泊がスムーズになるポイントは少なくない。

本項では、キャンプでも登山でも、テントを使って泊まるならば覚えておきたい、テントのロープワークの基本を紹介する。

ガイラインとテントを結ぶ

テントに張力をかけるためのガイライン（張り綱）を、テントのループに結びつける。さまざまな結び方があるが、状況に応じて最適な方法が異なる。代表的な4パターンを紹介する。

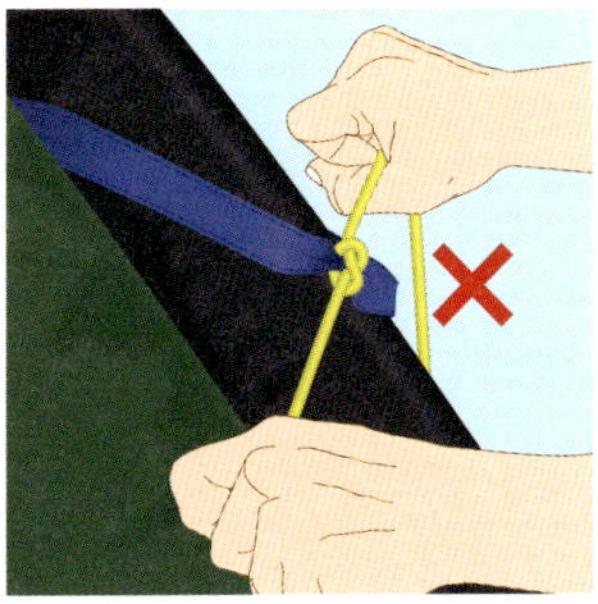

強い締めつけは×

テントのループにガイラインを結ぶ際は、強く締めつけるような結びはすすめない。締めつけによってループが傷むし、傷んでいることにも気づきづらい。

フィギュアエイト・オン・ア・バイト＋ガースヒッチ

P.20、P.40へ

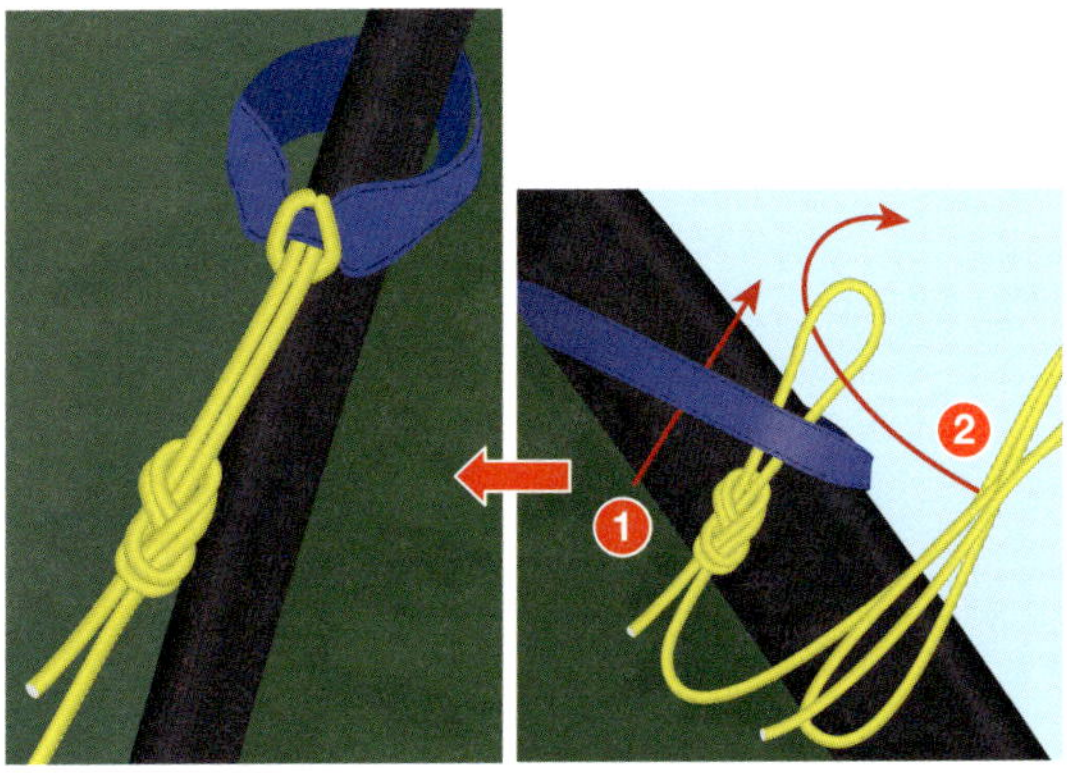

末端でフィギュアエイト・オン・ア・バイトし、ループにガース・ヒッチで結ぶ。結び自体は強固だがループからゆるめるのも簡単。撤収時にガイラインを外す場合に

ループ・ノット＋ガース・ヒッチ

P.18、P.40へ

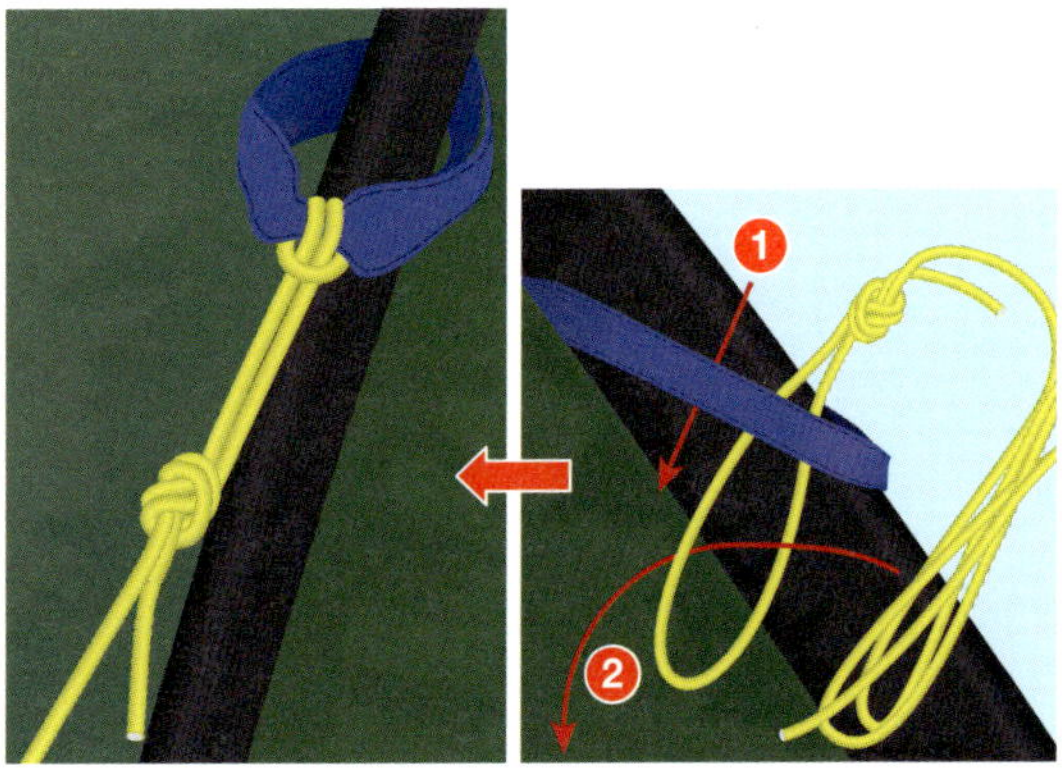

末端を折り返してループ・ノットで輪をつくり、ループにガース・ヒッチで結びつける。結ぶのが簡単で、結び目が小さくコンパクト。素早く結びたい場合などに

ボウリン・ノット

P.17へ

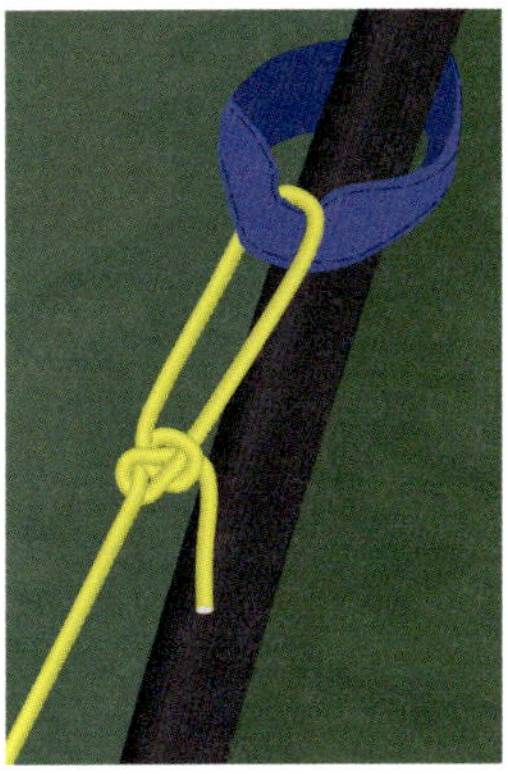

リング荷重に注意

反対の末端を固定していてガース・ヒッチできない際に。ボウリン・ノットのループは荷重をかけるとゆるむ（リング荷重）ので重さのあるものをぶら下げないこと

フィギュアエイト・フォロースルー

P.21へ

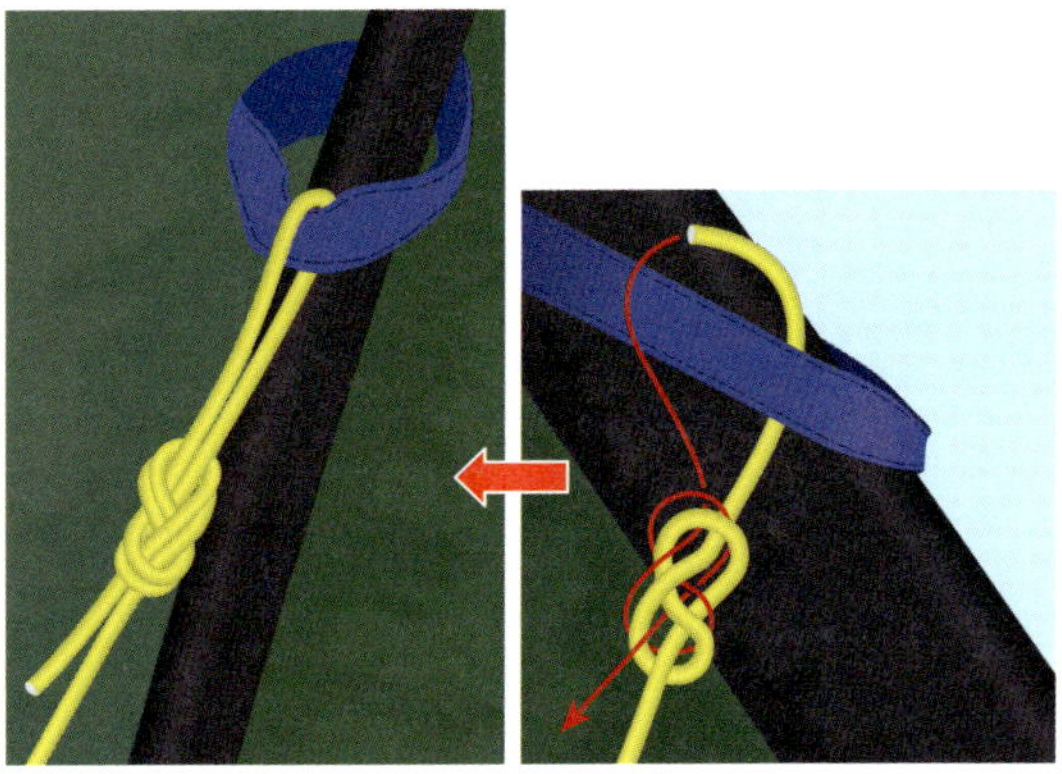

フィギュアエイト・ノットをつくって末端をループに通し、フィギュアエイト・フォロースルーで結ぶ。頑丈に結んで、撤収時もガイラインを付けたままにする場合に

ガイライン同士を結ぶ

ガイラインが切れた場合や、遠い位置のアンカーに固定するときに長さが足りない場合などは2本のガイラインを結んでつなぐ。3通りの方法を紹介する。

サージャンス・ベンド

ダブルフィッシャーマンズ・ベンド並みの強度があり、簡単でスピーディ。ただし、テント側かアンカー側のどちらかは結びを解いた状態にしないと結べない

サージャンス・ベンド

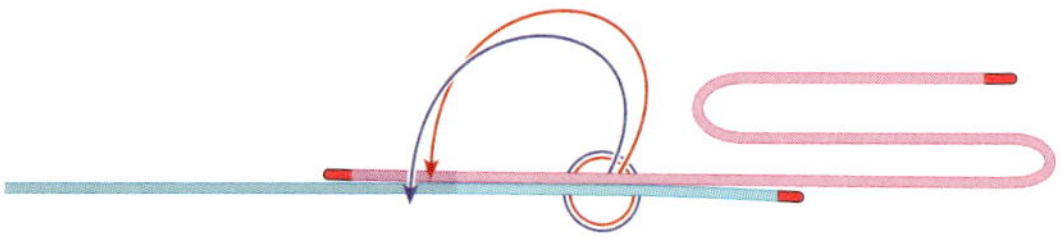

1 | 2本の末端を同じくらいの長さ重ねる

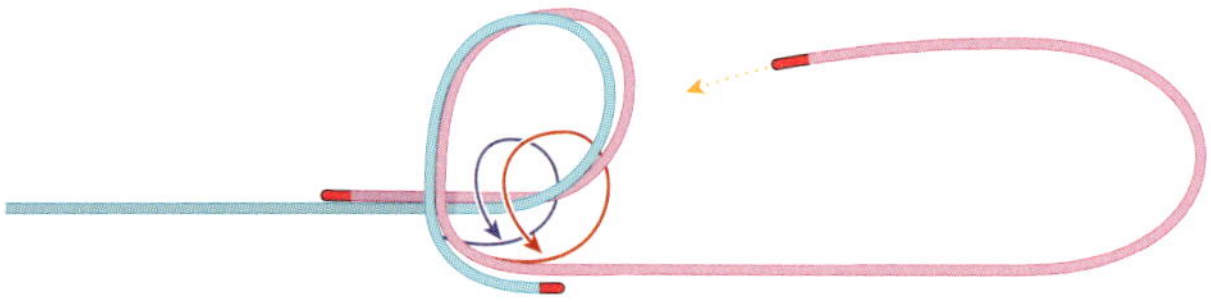

2 | 図のように輪をつくり、両方の末端を巻きつける

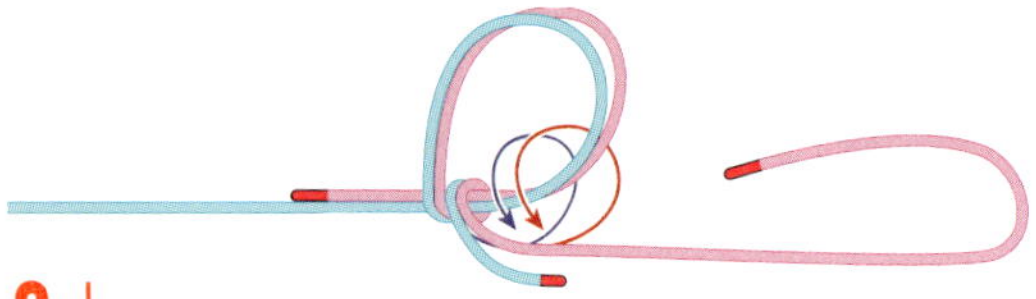

3 | もう一回巻きつける

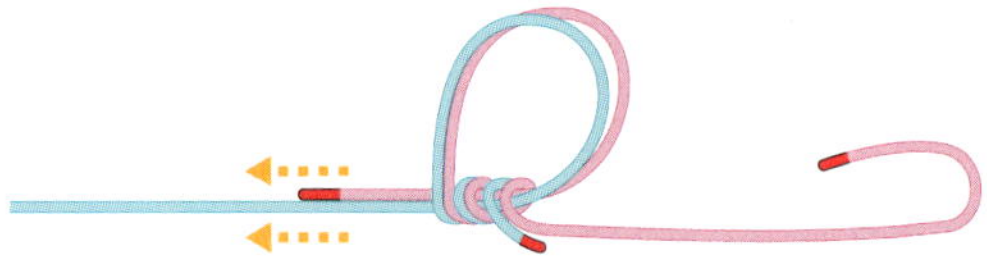

4 | 結び目を締める

5 | 完成

ダブルフィッシャーマンズ・ベンド

☞ P.27へ

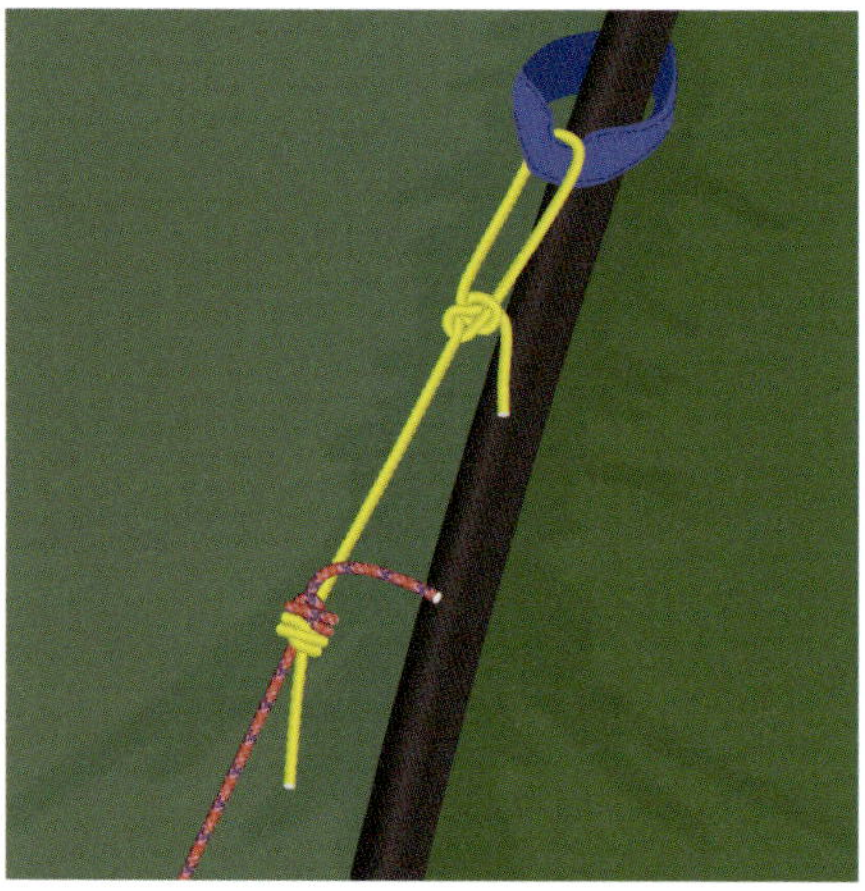

テント側、アンカー側両方を固定した状態でも結べて、結び目も非常に強固。2本のロープを接続する際の最もベーシックな結び方。まずはこれを覚えよう

オーバーハンド・ベンド

☞ P.16へ

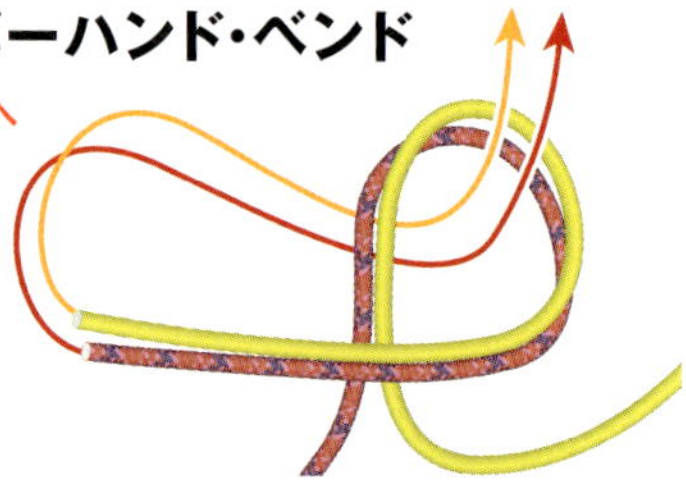

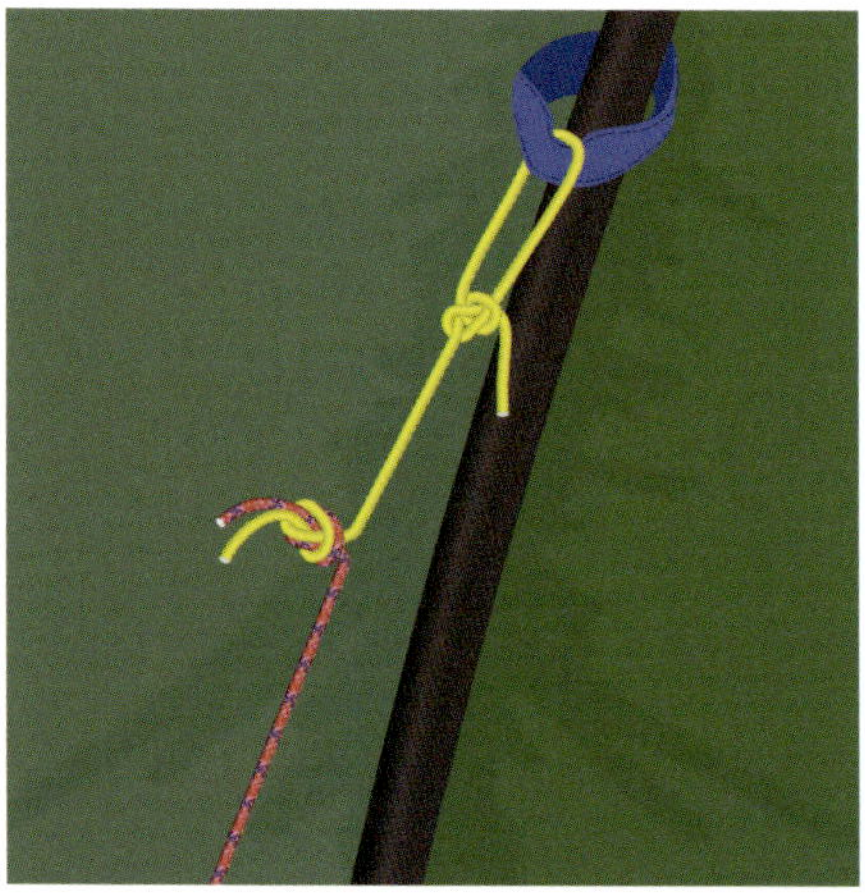

2本を束ねた状態でオーバーハンド・ノットの結び方をする。ほかの方法より結びに使う長さが短くすみ、簡単なのでロープ長に余裕がないときや、急ぎの際に

自在をマスターする

自在（タイトナー）とは、ガイラインの長さを変え、テンションを「自在に」調整するためのパーツ。付属していることが多いが、登山用品店などで使いやすいものを購入してもいい。

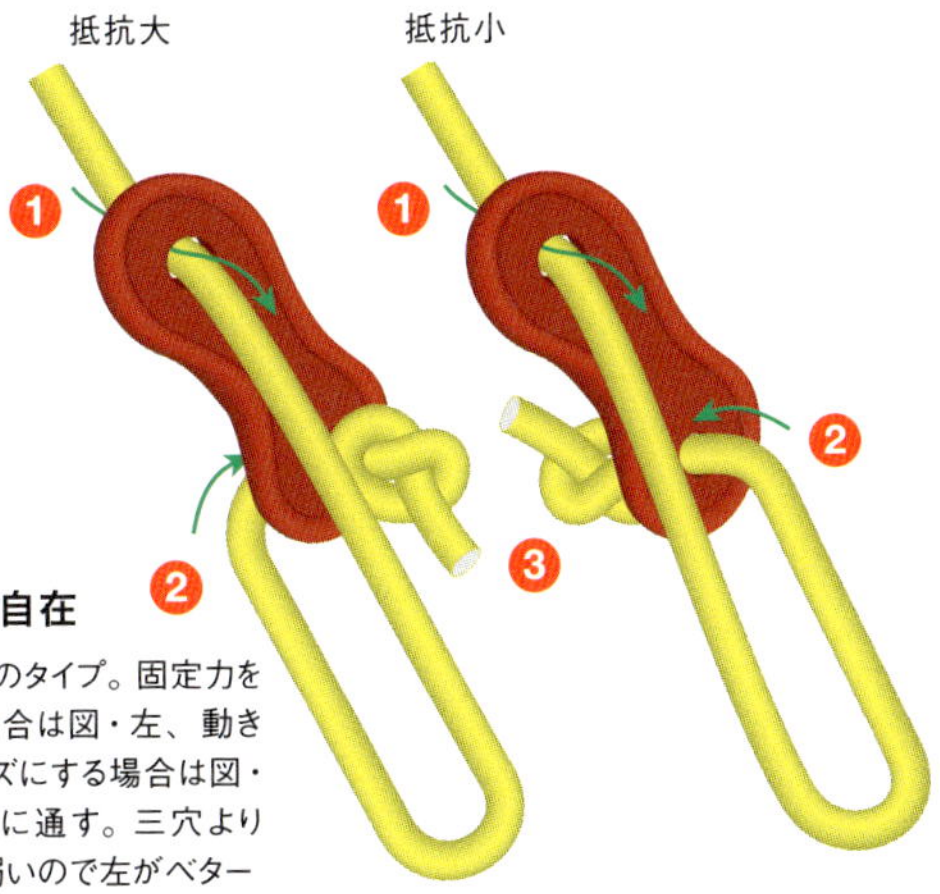

二穴の自在

穴が2つのタイプ。固定力を高める場合は図・左、動きをスムーズにする場合は図・右のように通す。三穴より摩擦が弱いので左がベター

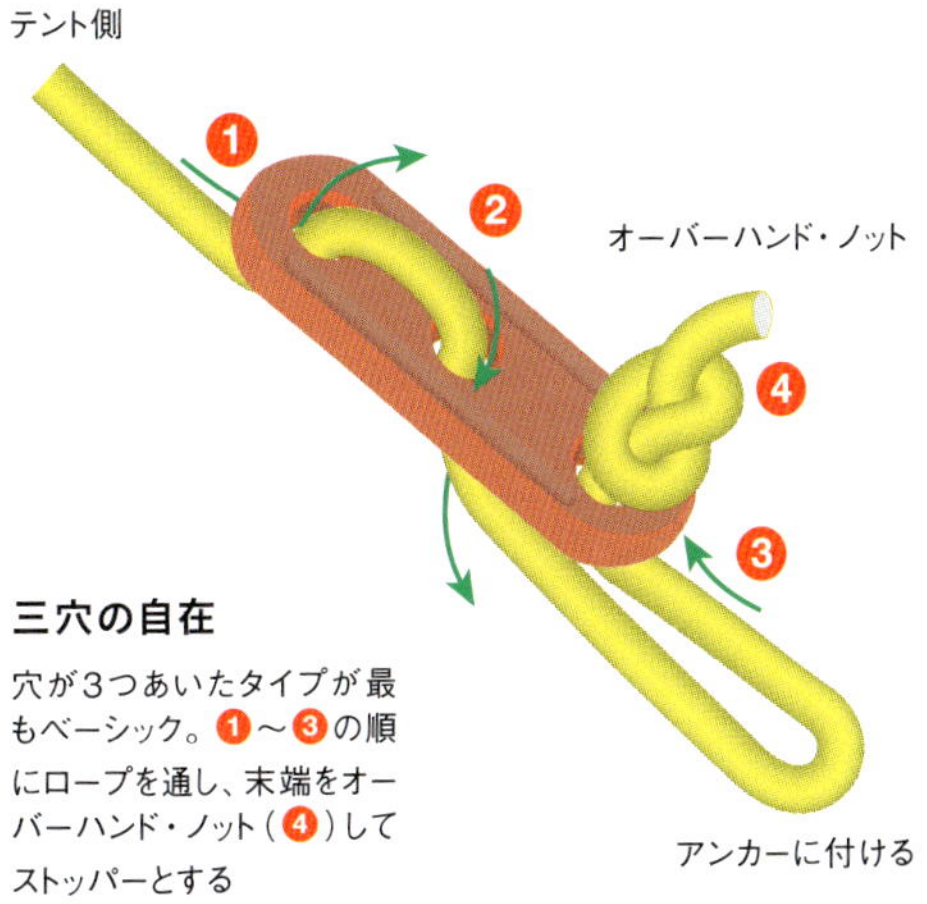

三穴の自在

穴が3つあいたタイプが最もベーシック。❶～❸の順にロープを通し、末端をオーバーハンド・ノット（❹）してストッパーとする

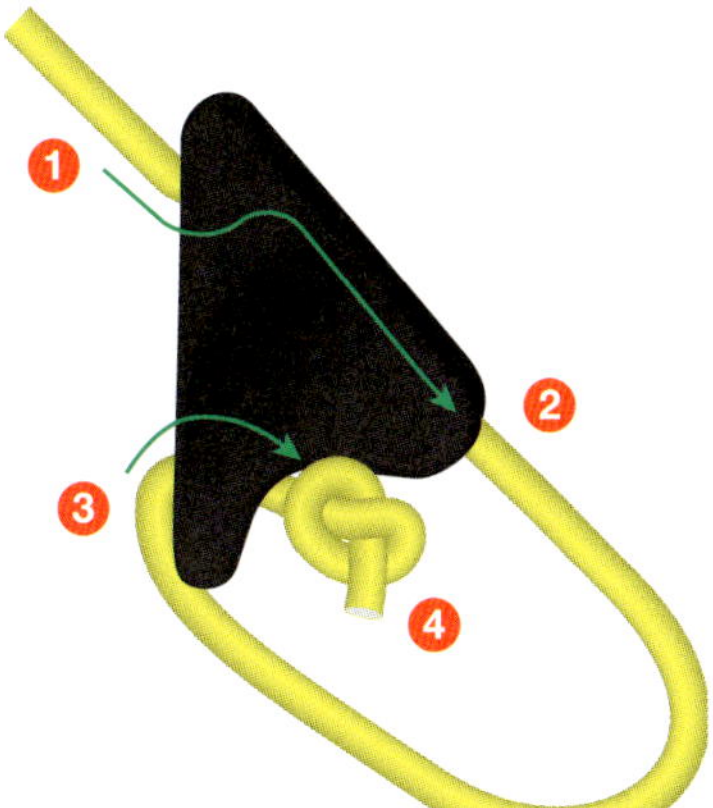

三角の自在

近年増えてきた三角形型。❶～❷のように溝に引っかけ、❸で穴に通してオーバーハンド・ノット（❹）でストッパーに

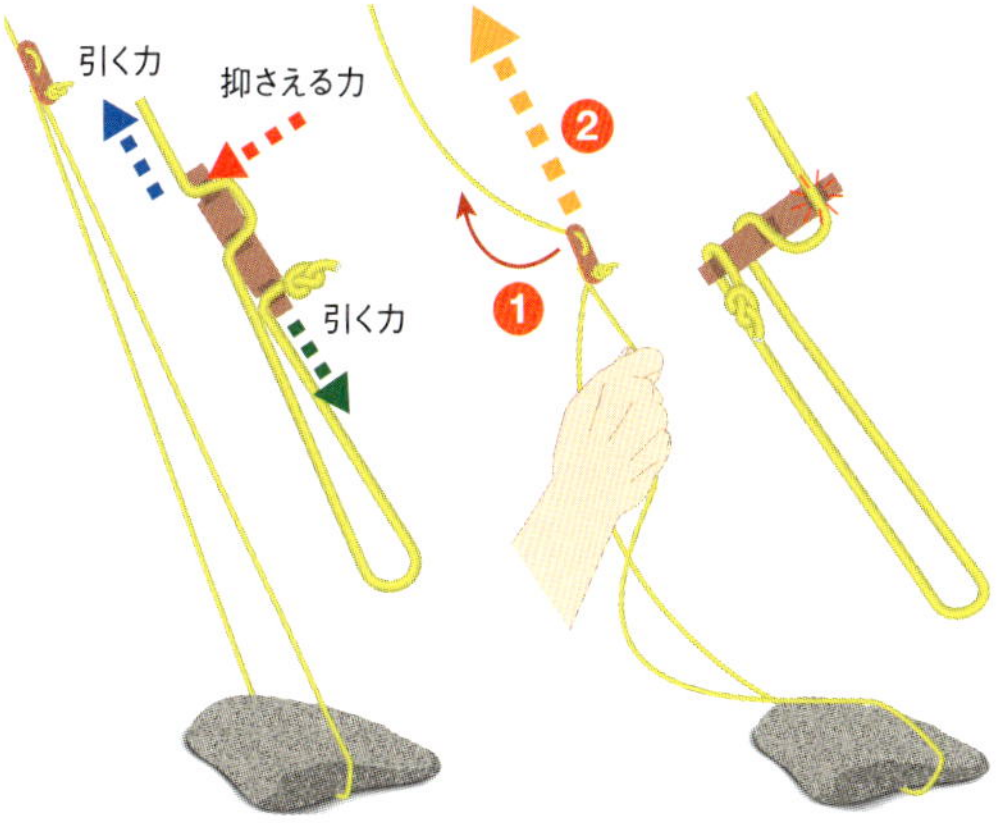

自在を上に引くとテンションがかかる。テンションをかけた状態で自在がロープに対して平行になると（左図）、ロープを抑える力と上下に引く力が働き、固定される。自在をスライドさせる際は右図❶のようにひねって自在を垂直にすると抑える力が弱まる

フライシートのゴムを付け替える

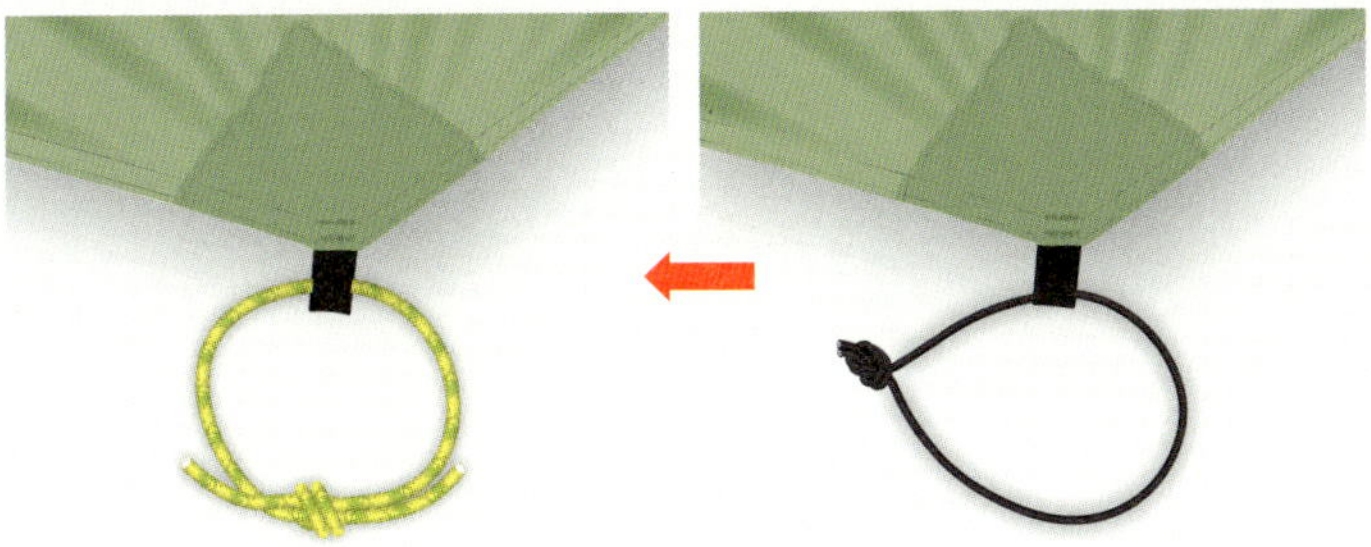

テントのフライシートにはペグを打つためのゴム製のループが付いていることが多いが、伸縮性があるので時間がたつとたるみができる。そこで、短い細引きに付け替えるのもいいアイデアだ。フィッシャーマンズ・ベンドなどで輪にすればいい。

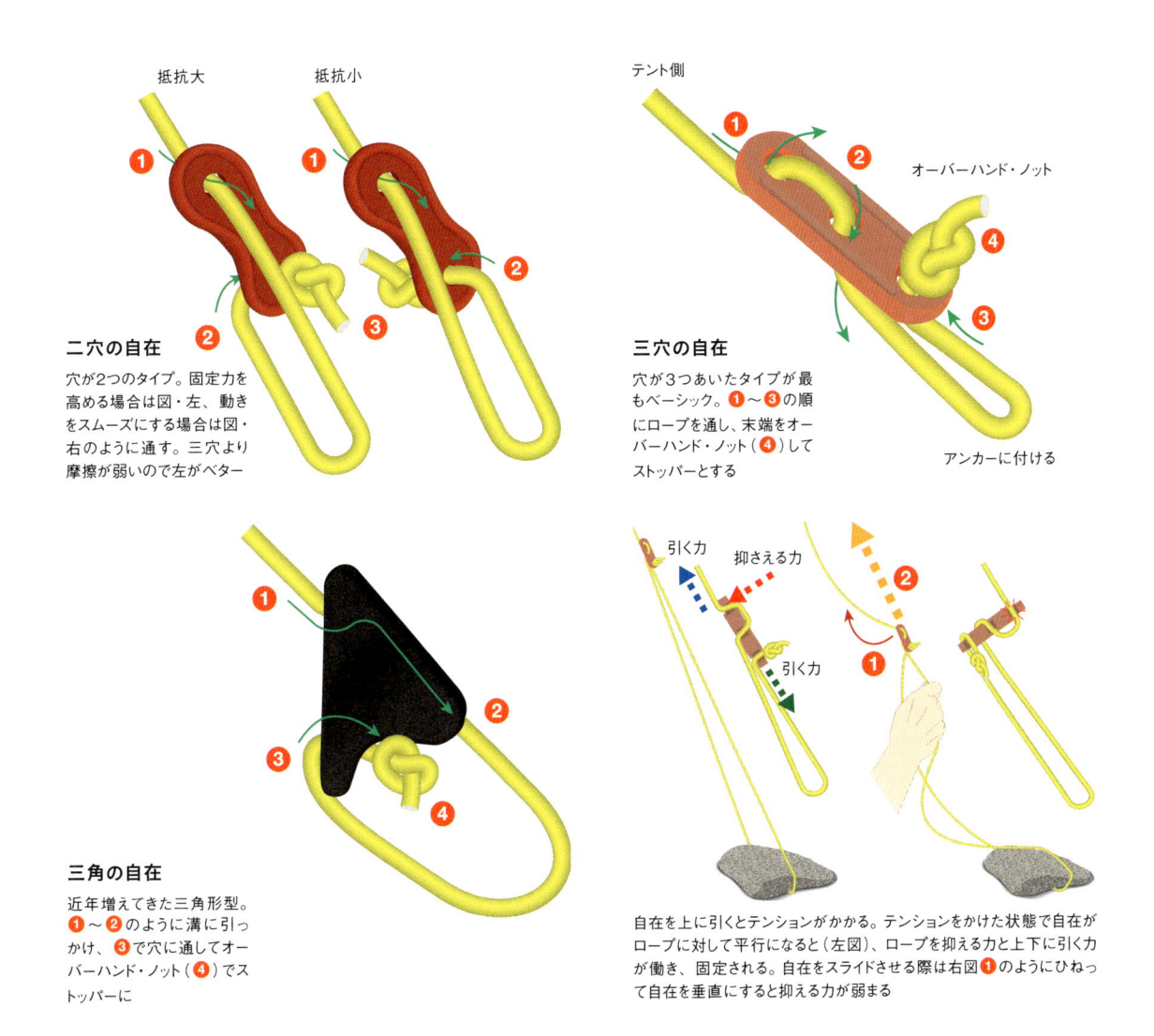

ガイラインとアンカーを結ぶ

自在（タイトナー）があればアンカー（ロープを固定するためのペグや石など）にバイトをかけるだけでテンションを調整できるが、ない場合、アンカーへの結び方にも工夫が必要だ。

石に結ぶ

突起のない石に ツーハーフ・ヒッチ ☞P.32へ

突起のないツルっとした石なら、かけたループが外れないよう石の大きさに合ったループをつくれる結びがいい。ツーハーフ・ヒッチは素早く結べ、強度も高いのでおすすめ。その後、石を動かして調整する

大きくて動かしにくい石に クローブ・ヒッチ ☞P.30へ

大きくて重たい石は一度張るとゆるみにくいが、結んだ後でテンションを調整しにくい。張った状態で結べるクローブ・ヒッチがいい。ガイラインにテンションをかけ、きつく張った状態で石に巻きつける

動かしやすく引っかけやすい石に ループ・ノット ☞P.18へ

石は動かすことでテンションを調整でき、それ自体が自在代わりになる。ループを引っかけられ、動かせる石なら、ループ・ノットで輪をつくり突起に引っかけよう。あとは石を動かして張力をかける

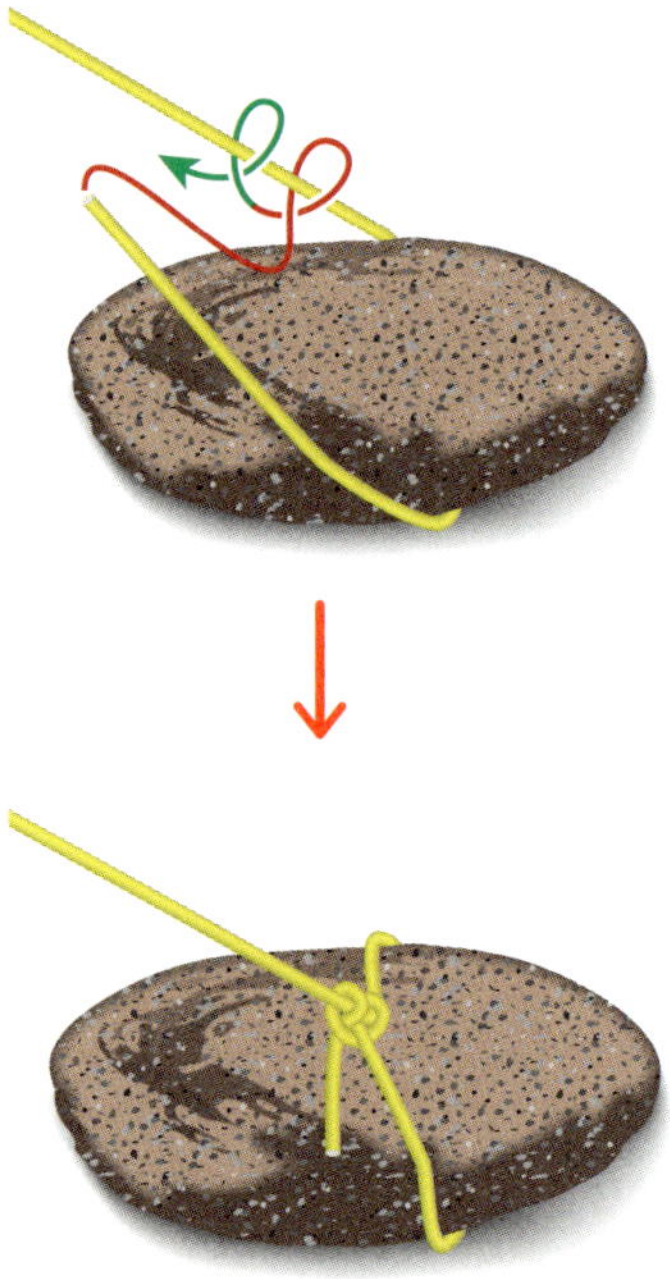

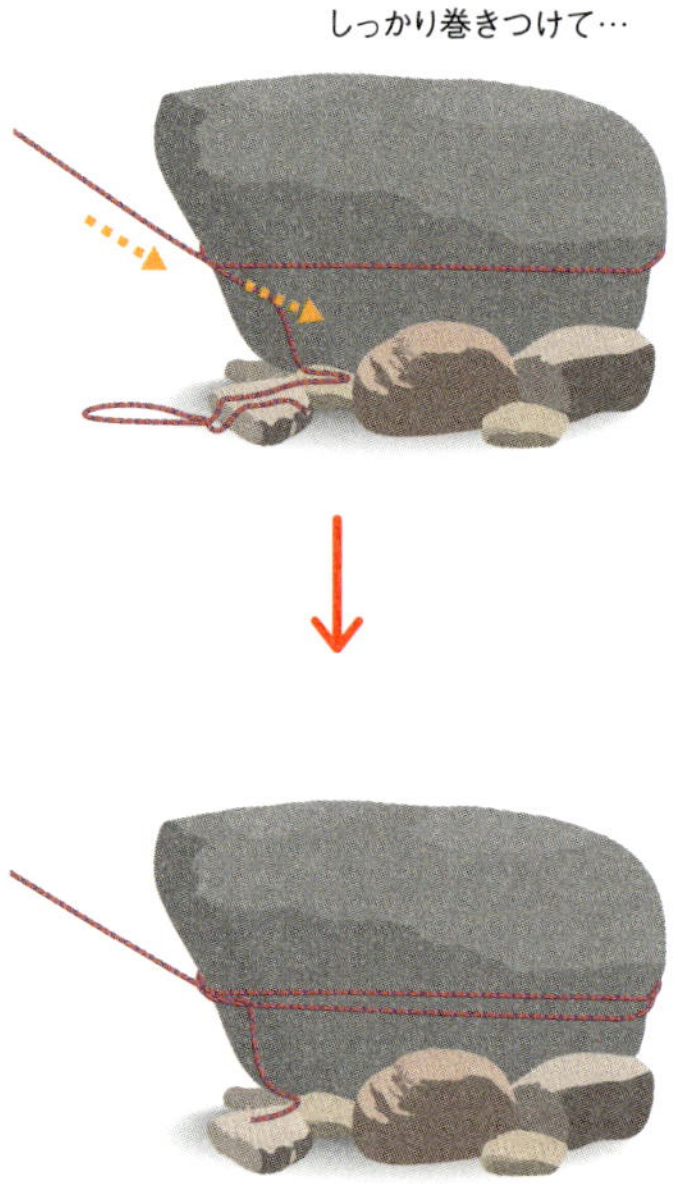

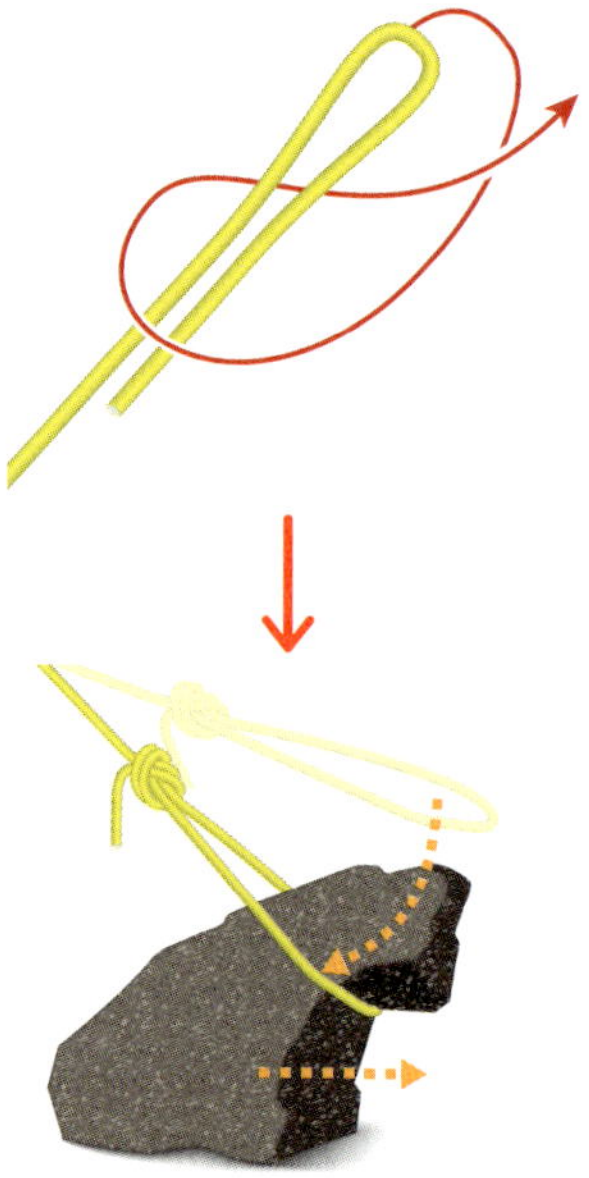

石の積み方

ガイラインを石に結んで固定する際、石ひとつだとずれることがある。どの程度石を積むかは、その後の行動によって変えるといい。設営後、すぐにテントに入って翌朝まで過ごすなら、テントがばたつかない程度の石でいいだろう。仮にガイラインに多少ゆるみが出ても、テント内の自分が重しになって安定する。一方、設営後に出かける場合、テント自体が軽いのでガイラインがゆるむと全体の強度に影響する。強固に積む必要がある。

出かける場合

ゆるんだりずれたりしないよう、厳重に積んでおく

すぐテント内へ入る場合

人が重しになるので、風などでずれない程度に固定されればいい

ペグに結ぶ

トートライン・ヒッチ

☞P.33へ

ペグは石と異なり、一度ペグダウンした後に位置を動かすのが難しい。そこで、結んだ後テンションを調整できると便利。トートライン・ヒッチは自在結びともいわれるように、自在の代わりとしてガイラインの張りを調整できる

クローブ・ヒッチ

☞P.30へ

クローブ・ヒッチは一度テンションをかけて固定するとゆるみづらい。1泊程度の設営で張りの調整が不要そうな場合におすすめ。なお、ツーハーフ・ヒッチはガイラインを張った状態で結んでも若干ゆるみが出るので、ペグに結ぶ場合は不適

雪山で…

雪の上にテントを設営する場合、普通にペグを打ち込んでも固定されない。そこで、竹ペグを十字にし、雪に埋め込むことで固定する方法がある。竹ペグを使うのは、凍結して掘り起こせなくなった場合に残置することによる環境負荷がステンレスやアルミ製よりは小さいため。ちなみに雪に埋め込む場合、自在は逆向き（テント側）に付けておくと便利。

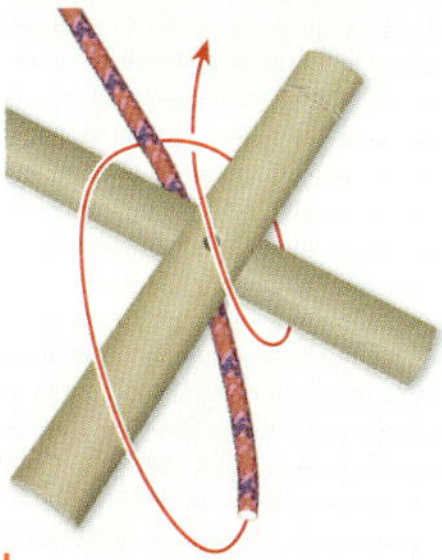

1 竹ペグにクローブ・ヒッチ

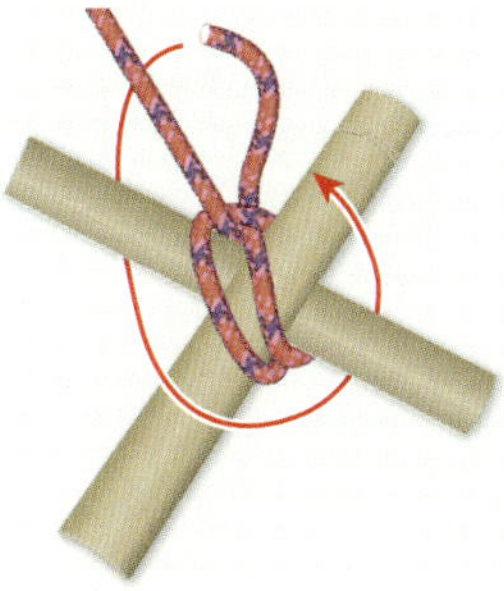

2 ロープを巻きつける

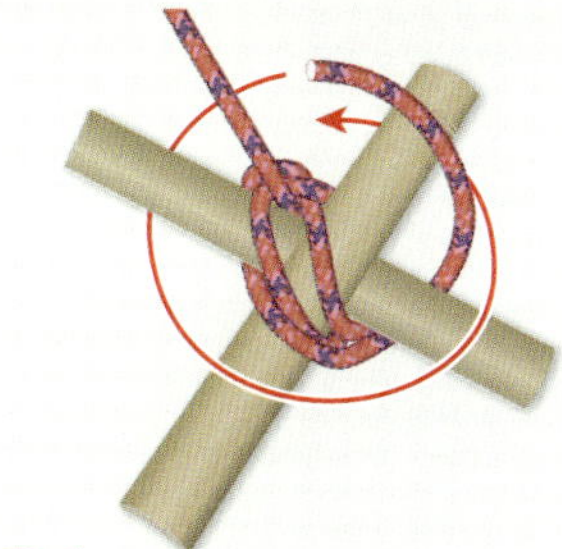

3 矢印のように巻いていく

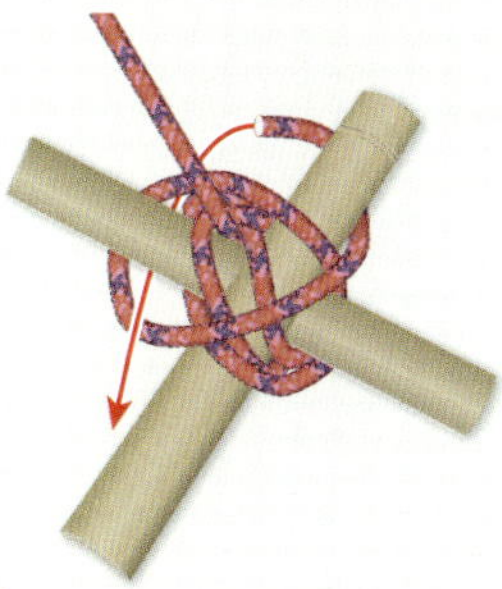

4 末端をループに通し、引き締める

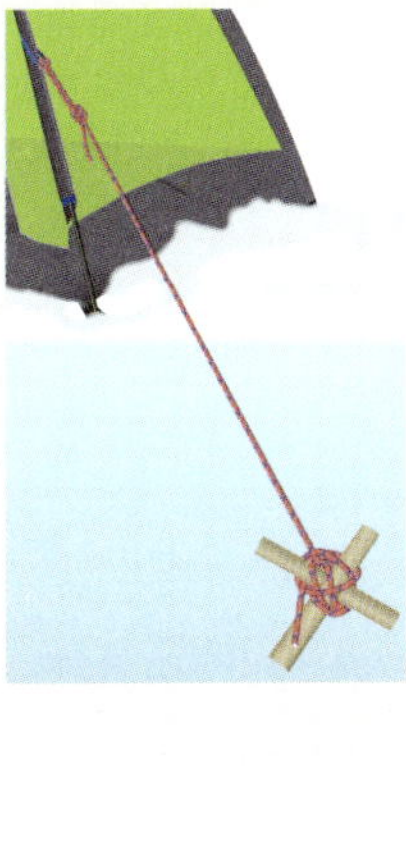

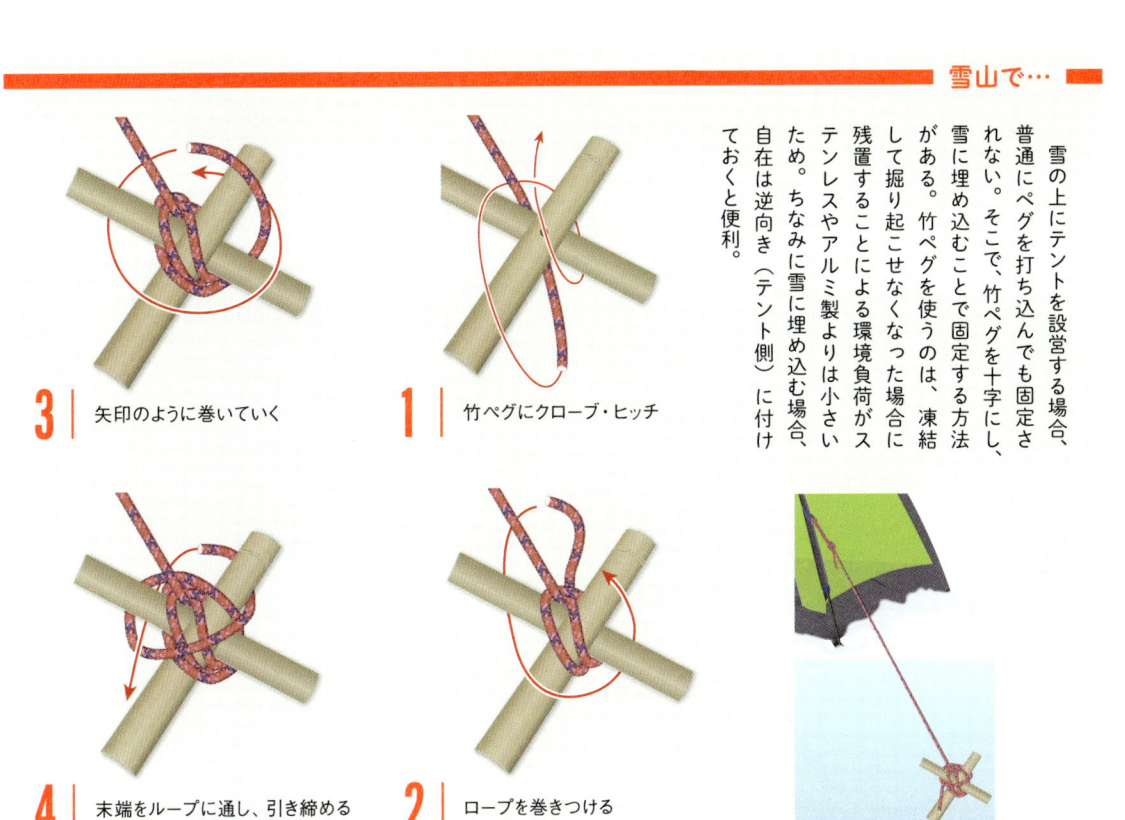

テント生活を快適に

快適キャンプのアイデア

適した結びの引き出しを増やす

少ない道具で、自然のなかでどう快適に過ごすかを工夫するのが、キャンプの楽しみのひとつ。特にロープを使った技術で覚えておくと便利なのが、モノをかけるためのロープを張る方法だ。テント内にロープを張ればヘッドランプやテント内で使うちょっとした小物を吊るしておけるし、木の間にロープを張って調理用具や濡れたウェアなどをかけておくとテント場での生活がグッと快適になる。強度が必要なロープワークではないので、使用するのは3～5㎜程度のアクセサリーコード（細引き）で充分。テントを背負っての登山でも荷物を増やすことなく応用できるので、ぜひ覚えておきたい。

これらの技術は、結び方を誤ったとしても命に関わるリスクは低い。しかし、簡単に結べて使いやすい方法を覚え、ロープワークの引き出しを増やしていけば、別のアウトドア技術にも応用できるだろう。

電気ランタンを木に吊るす

電気ランタンを木に吊るしたい場合、クレイムハイストで結ぶといい。固定力が高く、ずれ落ちる心配が少ない一方、荷重を抜くと上下にスライドさせることもできる。なお、ガス式のランタンは木やロープに燃え移る恐れがあるので吊るさないこと。

クレイムハイスト
☞P.38へ
「固定力重視」の結び方を用いるといい

テント内にロープを張って小物をかける

テントの天井付近には、小さなループが付いていることが多い。ここにアクセサリーコードを結べば、小物をかけられて便利。ループはふたつの場合と四隅にある場合がある。

ループがふたつの場合

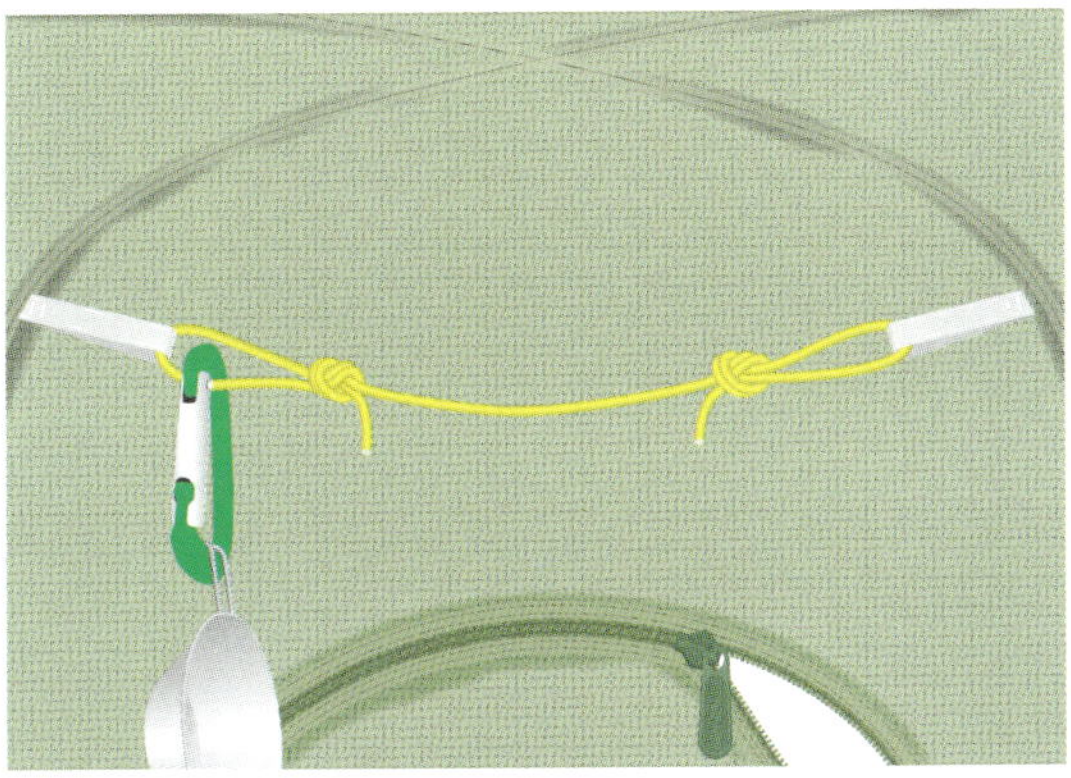

ループ・ノット

☞ P.18へ

ループの部分に小物をかけるとずれなくて便利。ボウリン・ノットでもいいが、その場合、ループにモノをかけると荷重でゆるむ可能性がある

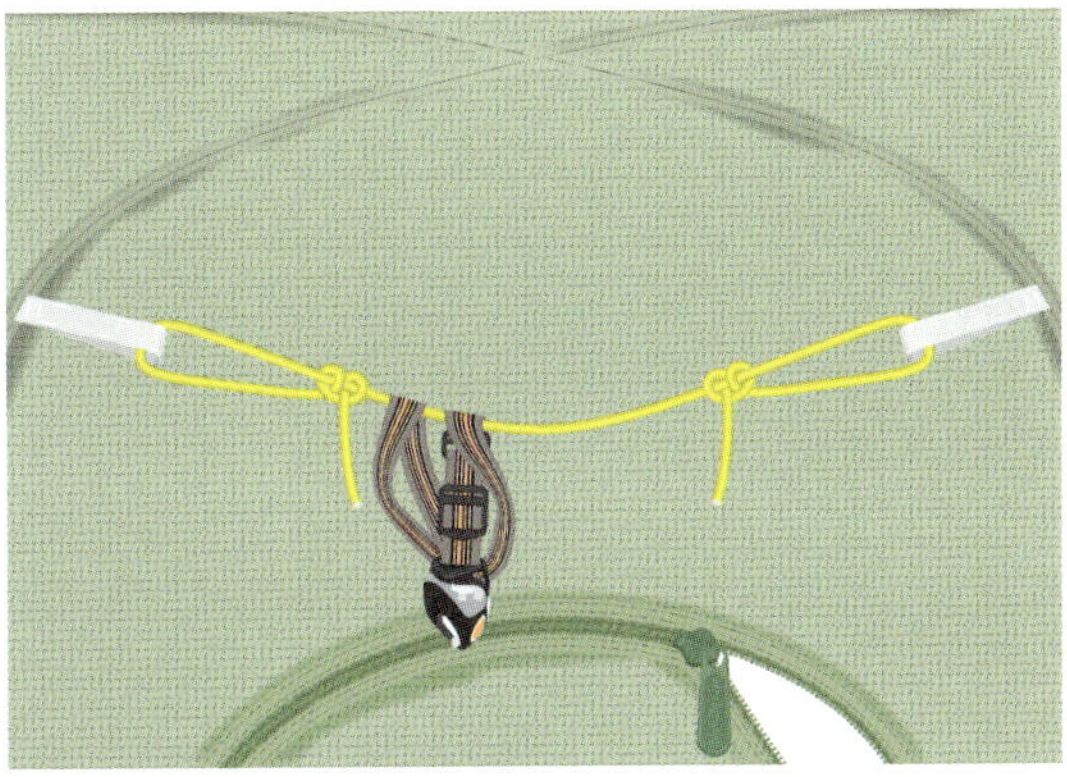

ツーハーフ・ヒッチ

☞ P.32へ

キャンプでロープを張る際には最も頻出する結び方のひとつ。結ぶのが簡単で、構造もシンプルなので解くのもスムーズ

四隅にある場合

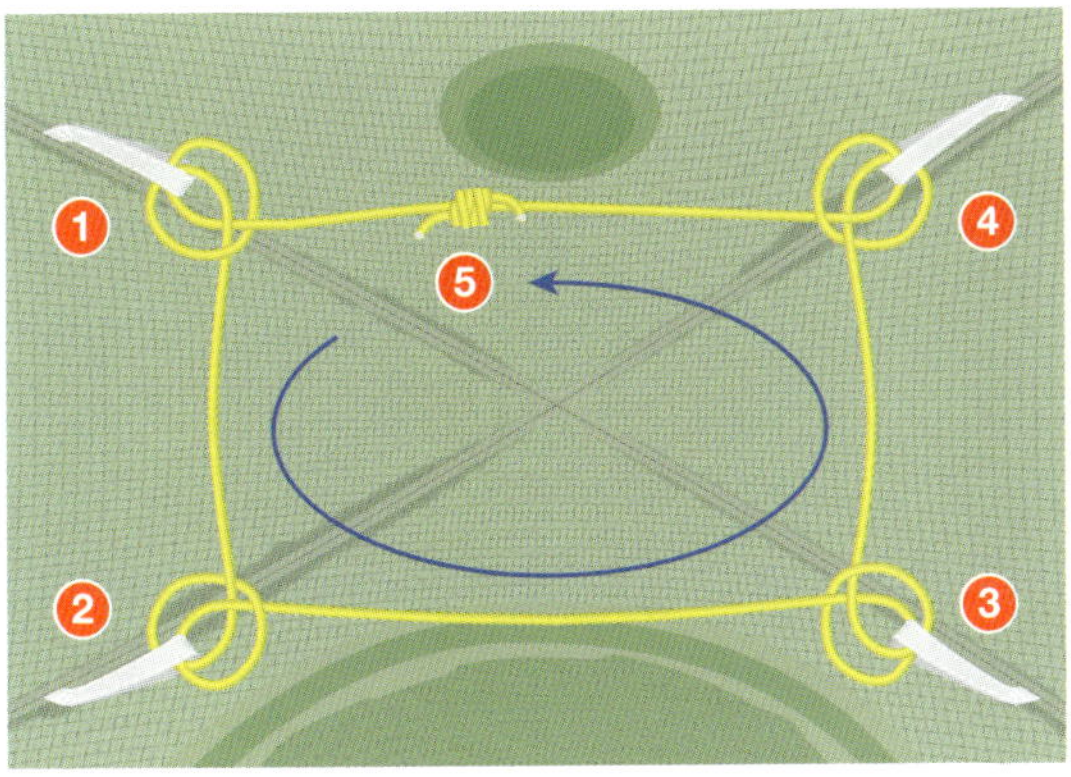

❶～❹…クローブ・ヒッチ

☞ P.30へ

❺…ダブルフィッシャーマンズ・ベンド

☞ P.27へ

すべてのループにクローブ・ヒッチで結び、最後にダブルフィッシャーマンズ・ベンドで両端を結ぶ。途中にコブができるので好みが分かれる

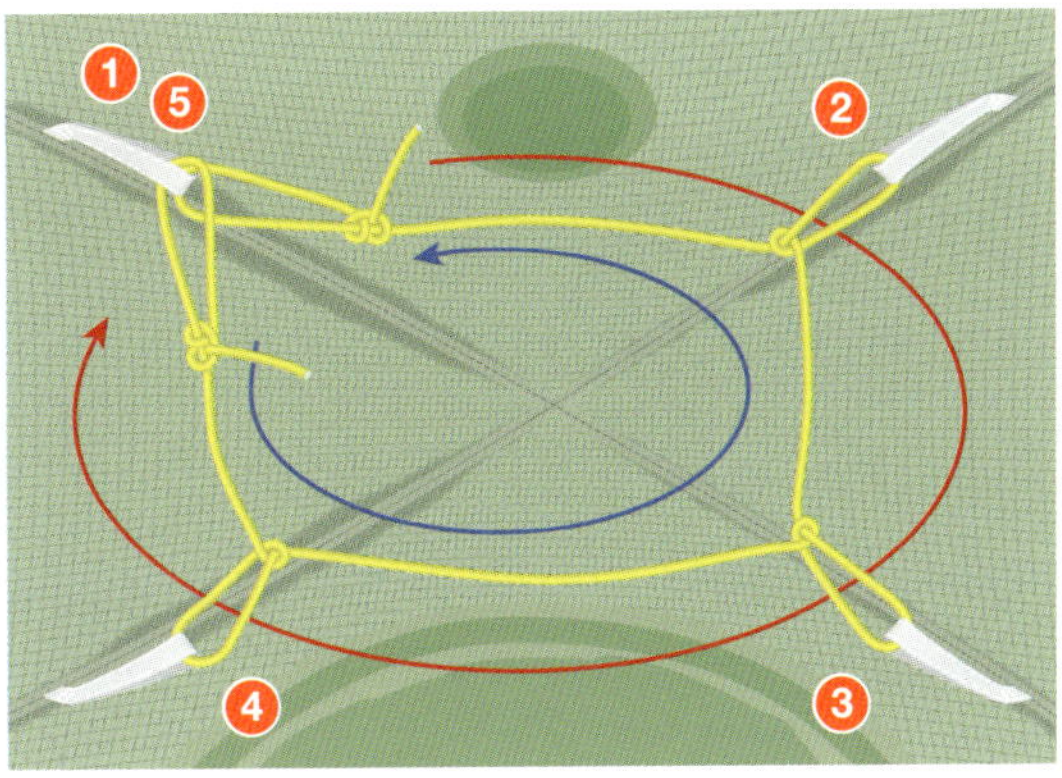

❶❺…ツーハーフ・ヒッチ

☞ P.32へ

❷❸❹…ハーフ・ヒッチ

☞ P.32へ

結び始めはツーハーフ・ヒッチで固定し、途中の3つはより簡単なハーフ・ヒッチで。最後にスタートと同じループにツーハーフ・ヒッチで固定する

木と木の間にロープを張る

キャンプの定番ロープワークのひとつ。木と木の間にロープを張り、途中にループをいくつかつくれば調理器具やハンガーなどをかけられる。自分のテントサイトの整理にぜひ覚えておきたい。

1 片方の木にロープを結ぶ

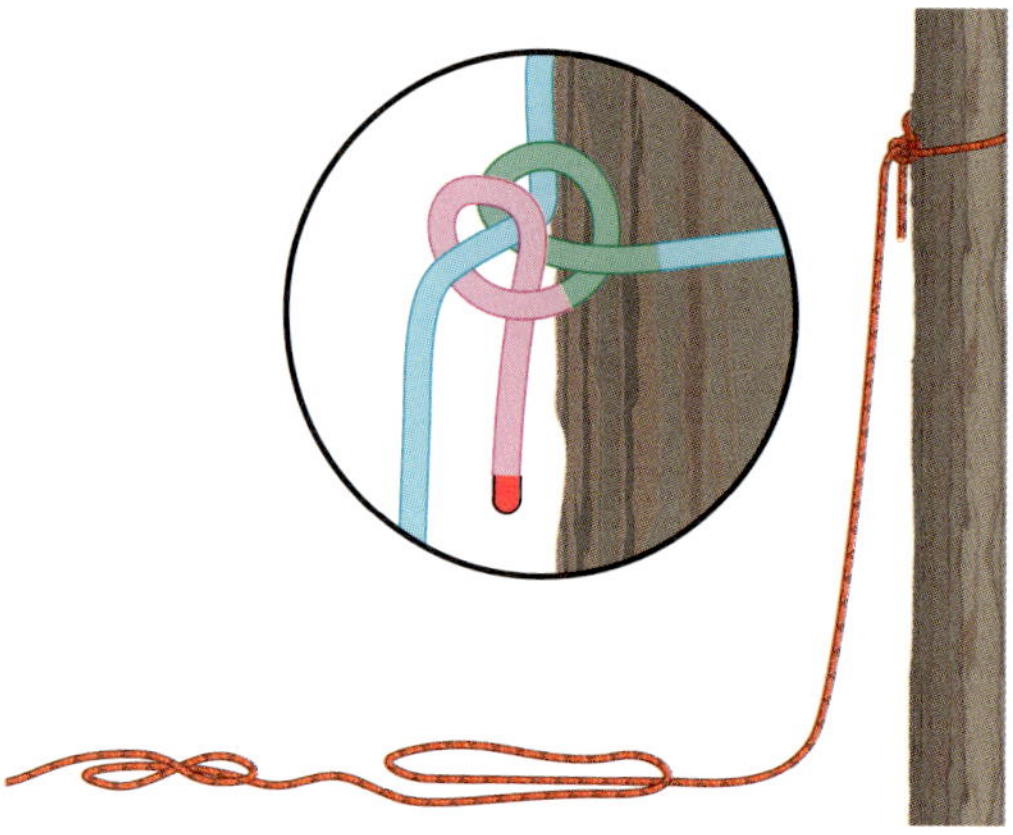

ツーハーフ・ヒッチ ☞P.32へ

まずは片方の木にロープを固定する。素早く結べて固定力もあるツーハーフ・ヒッチがおすすめだが、固定できれば別の結びでもOK

2 ロープの途中にループをつくる

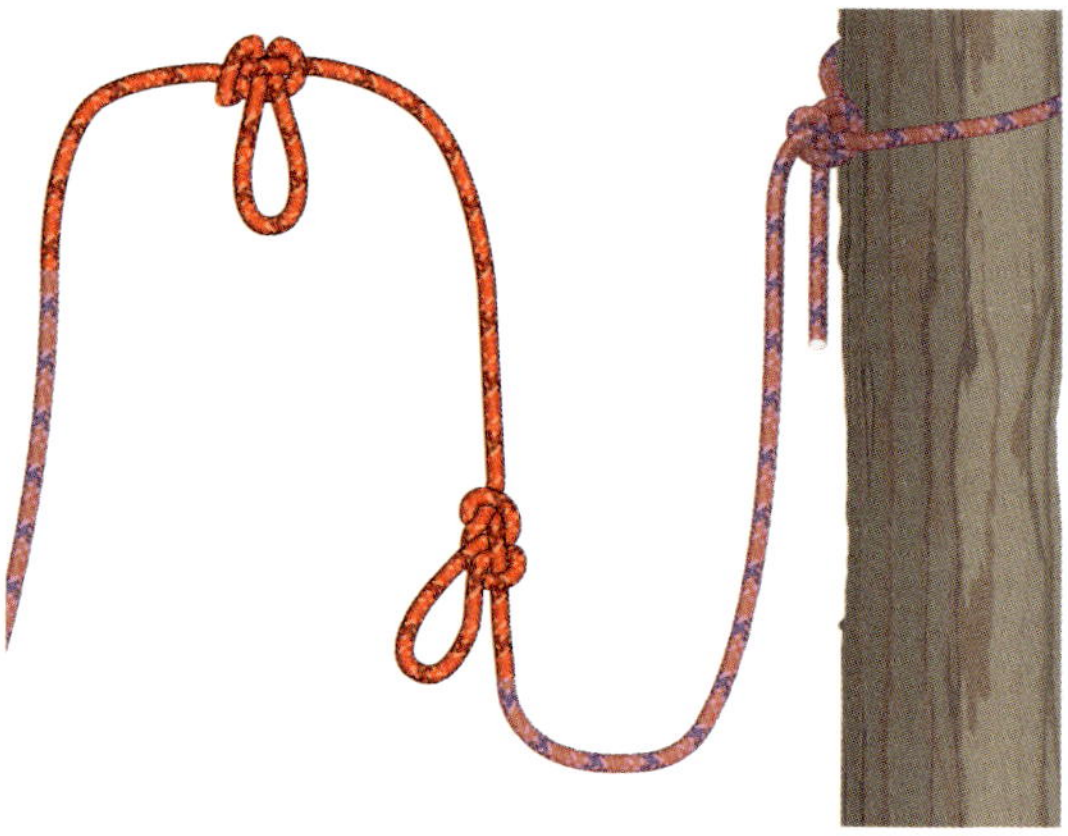

マンハーネス・ノット

途中にいくつかループをつくる。バタフライ・ノット（P25）でもいいが、より簡単で結びに使う長さも短くすむマンハーネス・ノットがベスト

マンハーネス・ノット

簡単でロープ使用量も少ない。ただし、解けやすいので登山・クライミングでは不適。その場合、バタフライ・ノット（P25）を使う。

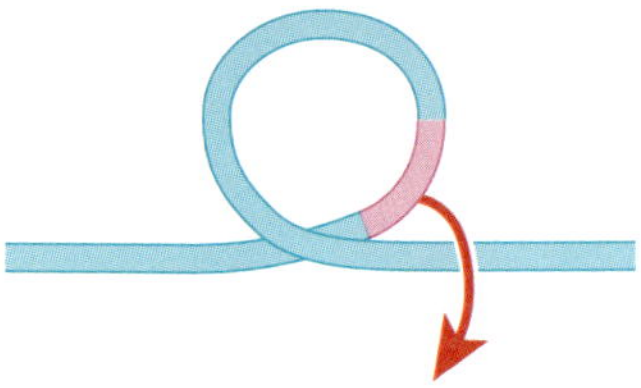

1 輪をつくり、赤の部分を矢印のようにずらす（2の形になる）

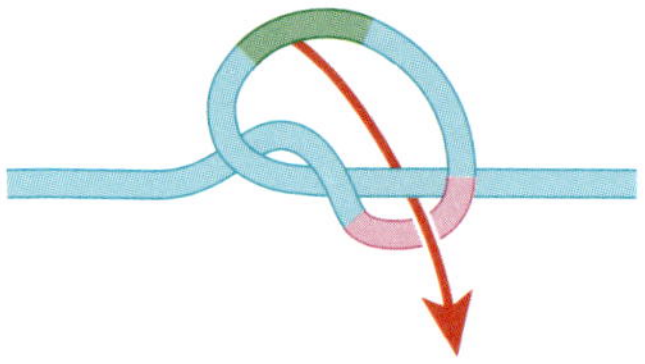

2 緑の部分を矢印のように通す

3 通した部分を引き出す

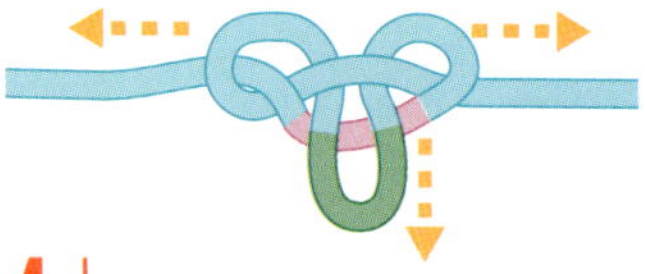

4 結び目を引き締める

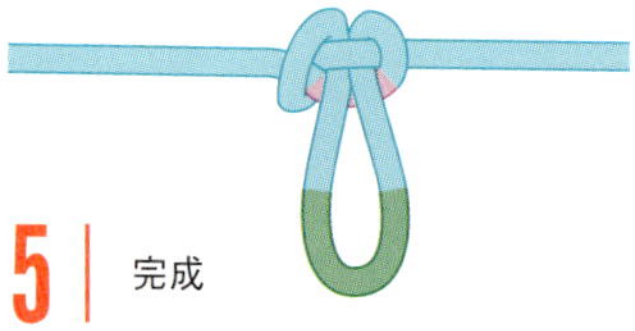

5 完成

3 反対の木に結ぶ

クローブ・ヒッチ＋ハーフ・ヒッチ
☞P.30、P.32へ

ロープを張るもう一方の木にはテンションを調整してクローブ・ヒッチし、ハーフ・ヒッチで固定。ツーハーフ・ヒッチは結ぶ際にややゆるむため張りたいテンションに調整しづらい

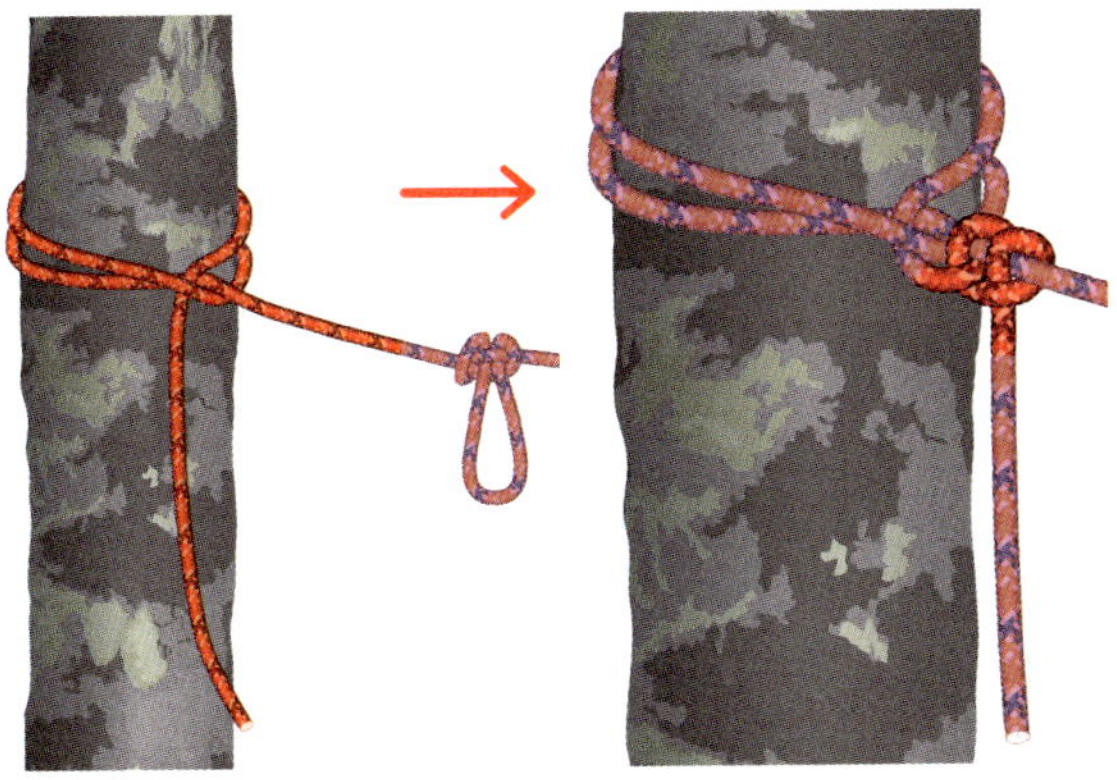

テンションを調整したい場合…

ブレイクス・ヒッチ ☞P.63へ

比較的長時間張りっぱなしにするなど、途中でテンションを調整したい場合、ブレイクス・ヒッチにしておくと結び直さずにすみ、便利

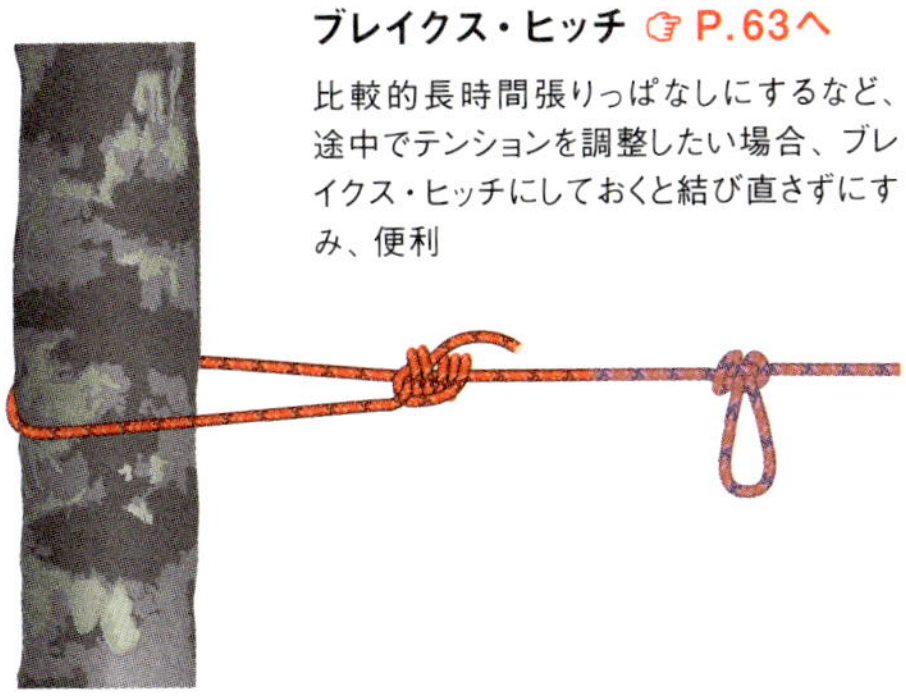

4 完成

完成。調理器具や衣類などをかけておける。張りたい長さにもよるが、5mm×10m程度のロープがあるとちょうどいい

薪を運ぶ

拾い集めた流木や枝木、あるいは受付で購入した薪をテントサイトまで運んだりする際にも、簡単なロープワークを覚えておくとスムーズだ。左の方法で薪を束ねられ、さらに持ち手もできる。

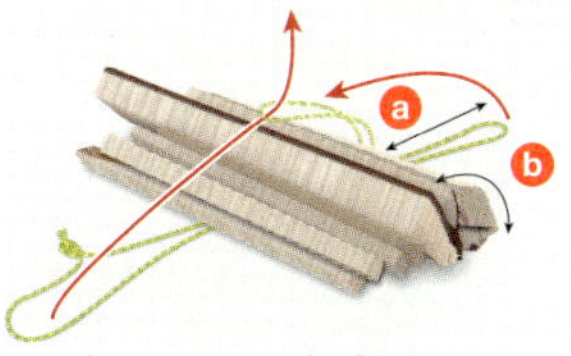

オーバーハンド・ベンドでスリングをつくる

スリングをつくり、薪を載せる。ⓐとⓑの長さが同じだとその後の締め込みがスムーズ

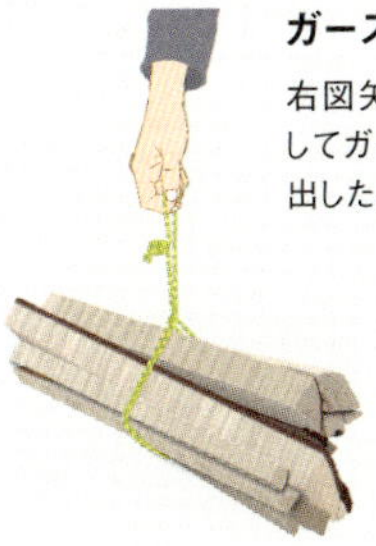

ガース・ヒッチして完成

右図矢印のとおりロープを通してガース・ヒッチする。引き出したループが持ち手になる

ツエルトを張る

軽量化にも緊急用にも

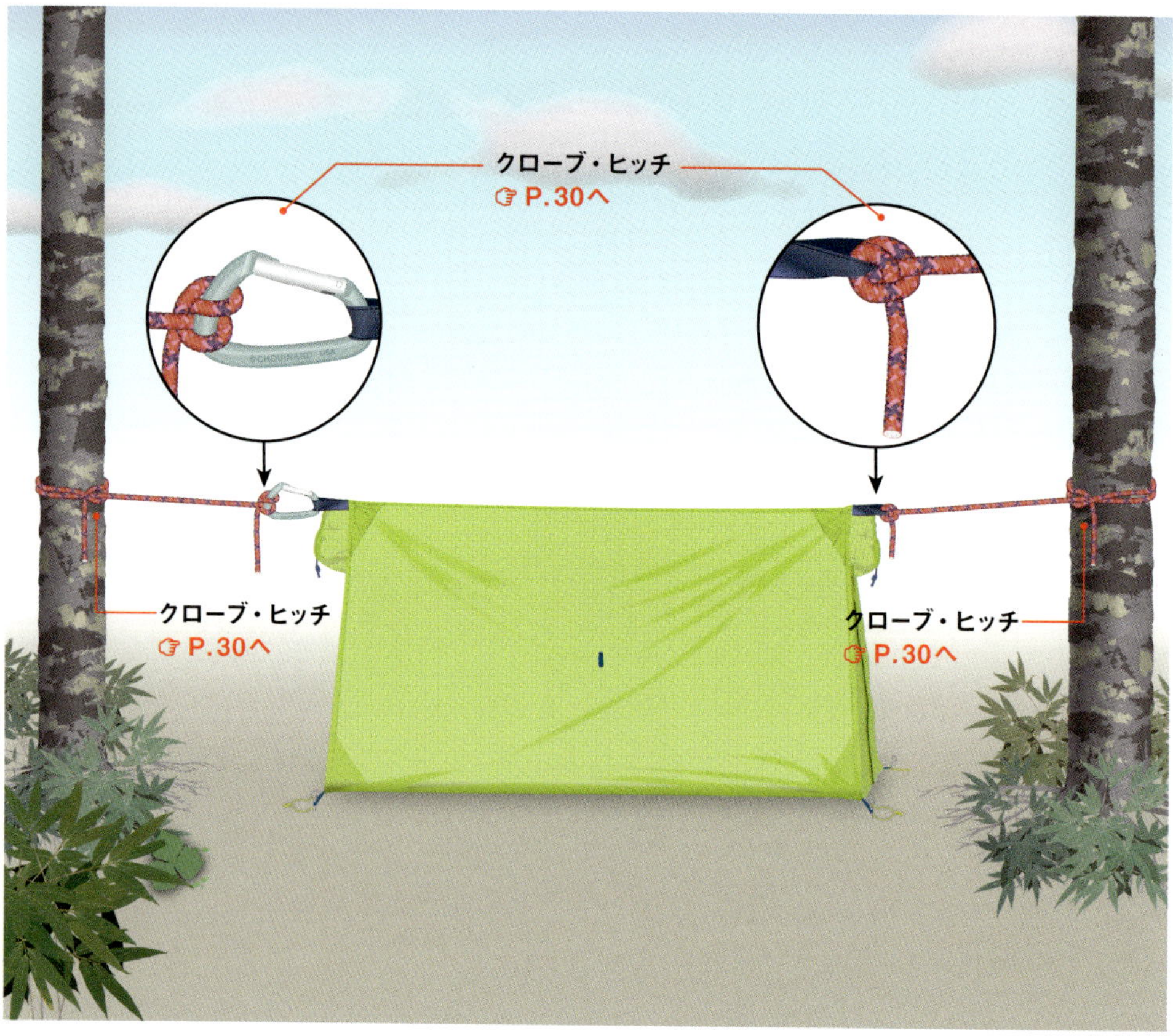

設営には技術が必要

テントの簡易版ともいうべきツエルトは、登山時に万一のアクシデントに備えた緊急用として用意されることが多い。一方、ライト&ファストなスタイルを追い求める層からは、テントに替わるアウトドアの「家」として人気を誇っている。ファミリーキャンプ場ではなかなかツエルト利用者に出会う機会はないが、登山ルート上のテント場で見かけたことがある人も多いだろう。

テントと違って専用のポールがないものが多く、自立もしないツエルトは、設営にロープワーク技術が必要だ。トレッキングポールを支柱代わりにする方法、立ち木を利用する方法などさまざまだが、正しいロープワークを使えば素早く、広い居住空間を確保して設営できるようになる。ここでは応用編も含めて代表的な設営方法を紹介するが、これ以外にも多様なアレンジが可能。

四隅のループを…

ツエルトのグラウンドシート部分の四隅には、小さなループが付いている。この部分にペグを打ち込んでもいいが、3㎜径程度のアクセサリーコードをオーバーハンド・ベンドで輪にして付けておくと便利。石が埋まっているなどしてペグダウンできない場合も位置を調整できるし、傷んでもすぐに替えられる。また、ペグを携行していなければこの部分を石で押さえるだけで居住空間を確保できる。

ポールで張る

トレッキングポール2本を支柱代わりにし、その間に設営する。ポールからロープを振り分け、張力を調整してバランスをとるのがコツ。木がなくても張れるので覚えておきたい。

1 四隅を固定し、ポールを立てる

まずはツエルトの四隅を固定する。その後、ポールのスパイク（石突き）を上にして立て、ツエルト天頂部のループをかける

2 ポールの石突きからロープを振り分ける

クローブ・ヒッチ

☞ P.30へ

ロープはクローブ・ヒッチでかけてもいい。そのほうが撤収がスムーズ。2本のポールから振り分ける計4本のロープでバランスをとる

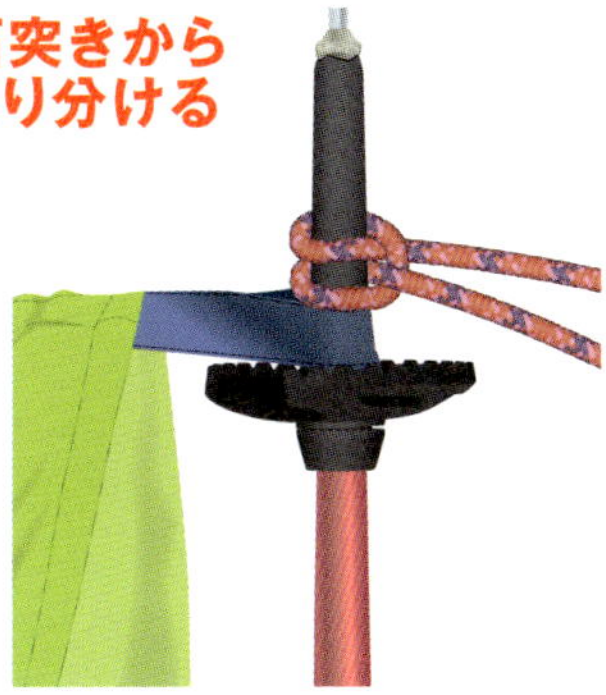

フィギュアエイト・オン・ア・バイト

☞ P.20へ

ロープの中央をフィギュアエイト・オン・ア・バイトで結び、1で立てたポールにループをかけてロープを左右へ振り分ける

3 ロープを張って完成

振り分けたロープがガイライン（張り綱）となる。ペグ（あれば）や石に結んで張力を調整する。石への結び方はP50と同様の方法で

立ち木で張る

立ち木と立ち木の間にツエルトを設営する方法。ロープさえあれば設営できる。立ち木を利用するので風に強く、四隅を固定すれば空間も広くとれる。天頂部のループと木をどう結ぶかが肝。

1 ループと天頂部のロープを結ぶ

まず四隅を固定し、天頂部のループにロープを結ぶ。ツエルトは基本的には簡易的に張るものなので、簡単な結びがいい

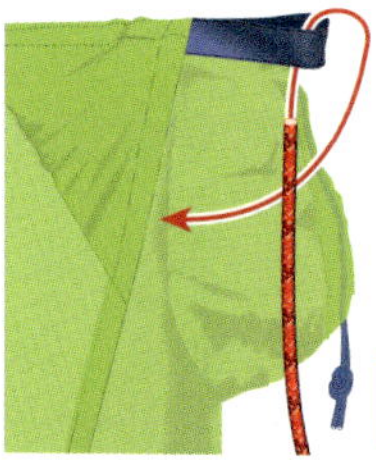

1 図のようにロープを通す

2 矢印のようにもう一周巻く

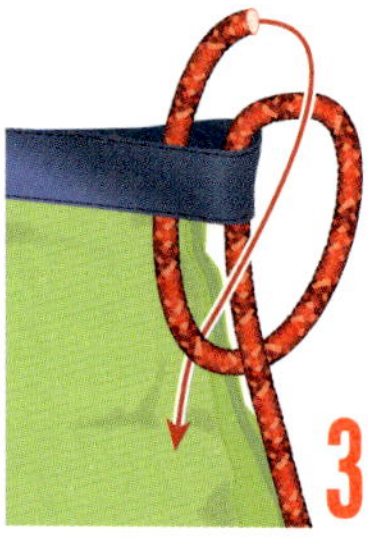

3 矢印のように通す

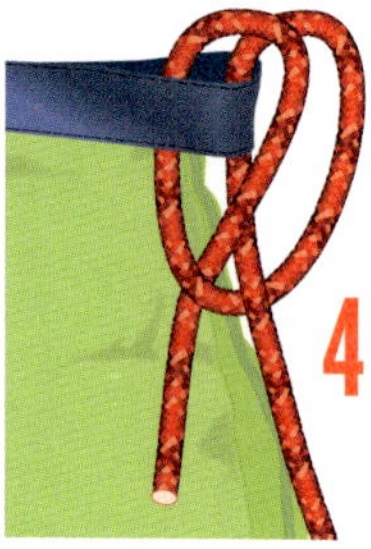

4 締めれば完成

ループにクローブ・ヒッチ

P.30へ

クローブ・ヒッチは結びが簡単で長さの調整もしやすいのでもってこい

カラビナをかけてクローブ・ヒッチ

P.30へ

カラビナをかけてクローブ・ヒッチすればループの擦れ防止になりベター

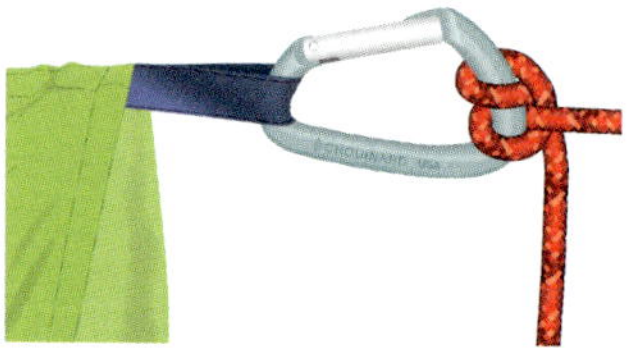

2 ロープと立ち木を結ぶ

天頂部のループに結んだロープを立ち木まで引き、張力をかけて結ぶ。テンションをかけて結びやすい方法で

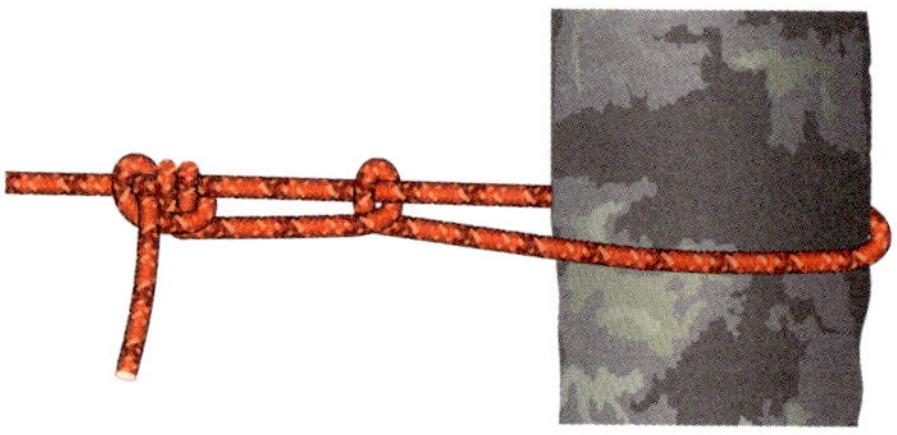

トートライン・ヒッチ

P.33へ

トートライン・ヒッチはテンションを調整できるので、ゆるんだ際に張り直すのが簡単

クローブ・ヒッチ

P.30へ

クローブ・ヒッチは結び方が簡単で素早く結べ、テンションの調整もしやすい

一方はこれでもOK

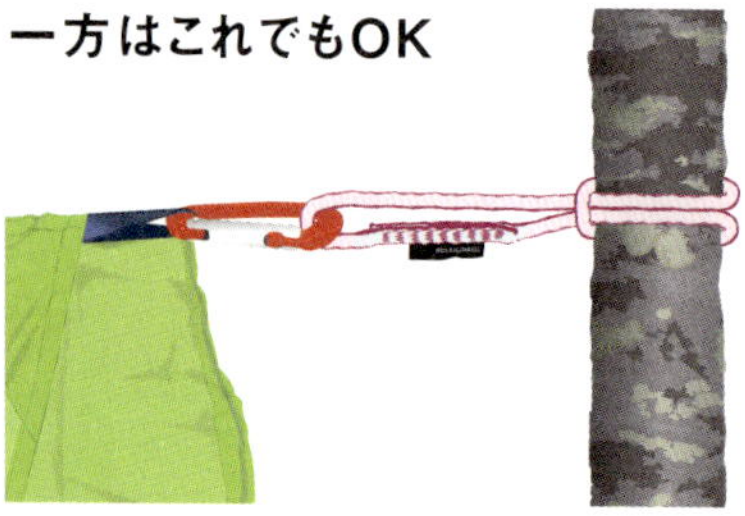

スリングをガース・ヒッチし、カラビナをかける

P.40へ

長さ調整ができないので片側しか使えないが、木にスリングをガース・ヒッチし、ループにかけたカラビナにクリップすると簡単

ラウンドターン＋ツーハーフ・ヒッチ

P.41、P.32へ

シラカバの木などは滑りやすいのでラウンドターンできつく巻きつけ、ツーハーフ・ヒッチで固定

3 完成

完成図の例はP56。ループ・立ち木ともすべてクローブ・ヒッチで結ぶと最もスピーディ

応用 1本の長いロープで張る

極力荷物を減らしたい登山時などは、ほかの用途にも使用できる長いロープ1本でツエルトを張る方法を覚えておくと便利。3章・4章で登場する補助ロープなどを流用できる。

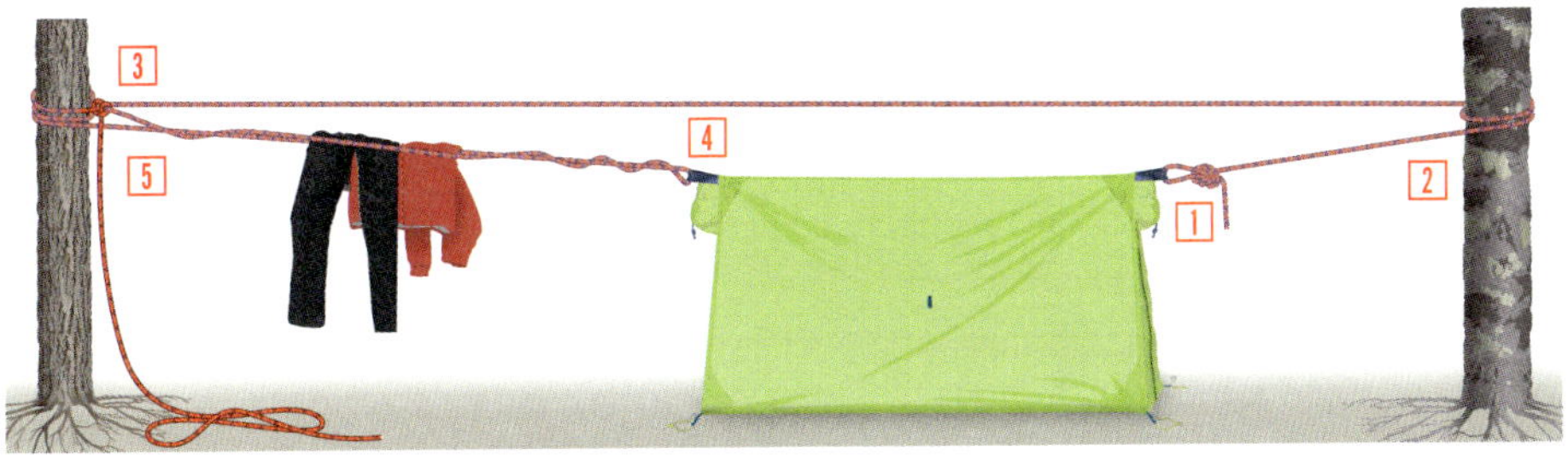

1 ループにロープを結ぶ

ループ・ノット

☞P.18へ

天頂部のループにロープを結ぶ。クローブ・ヒッチでもいいが、ここでは固定力のあるループ・ノットで

2 立ち木にロープを固定する

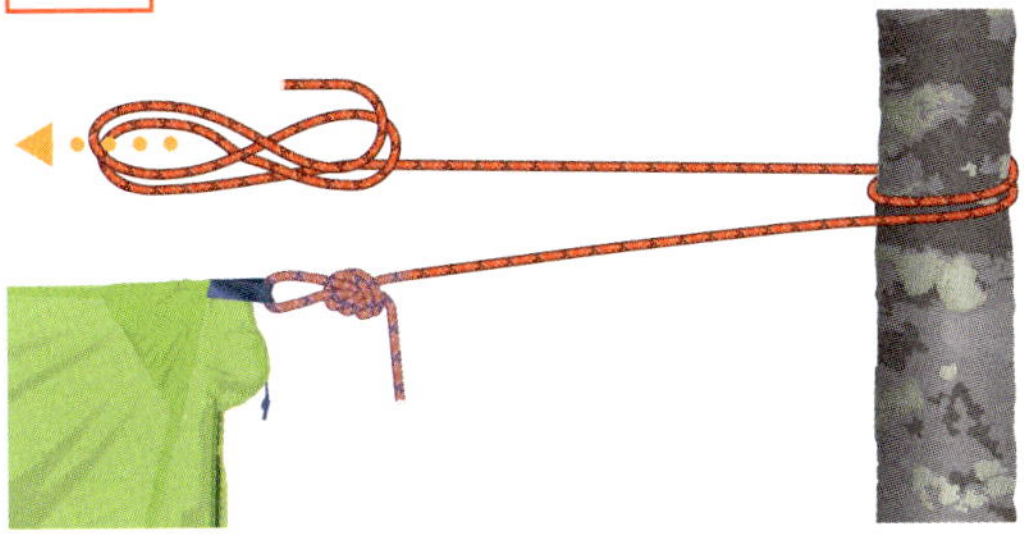

ラウンドターン

☞P.41へ

立ち木にラウンドターンしてロープを固定し、折り返す。滑りやすい木は巻き数を増やす

3 反対側の木にロープを固定

ラウンドターン

☞P.41へ

2で折り返したロープをツエルトをはさんで反対側の立ち木にラウンドターンする

4 ツエルトのループを通して、ロープを絡める

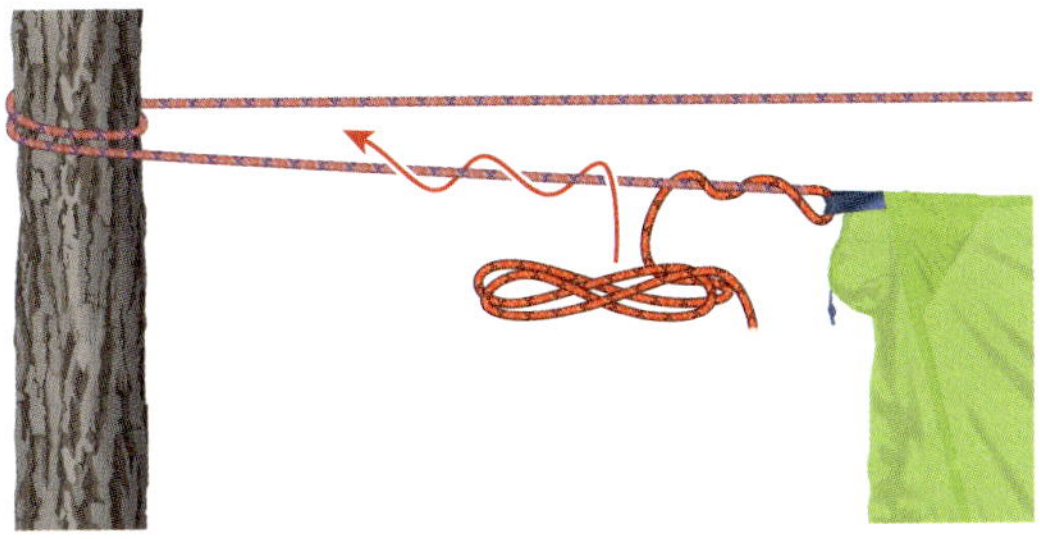

固定したロープをツエルトのループへ。ロープ長が足りない場合、ここでロープを固定してもいいが、余裕があればループを通し、再び立ち木まで伸ばす。洗濯物などを干しやすいよう、ロープを絡めながら伸ばしてもいい

5 木にロープを固定する

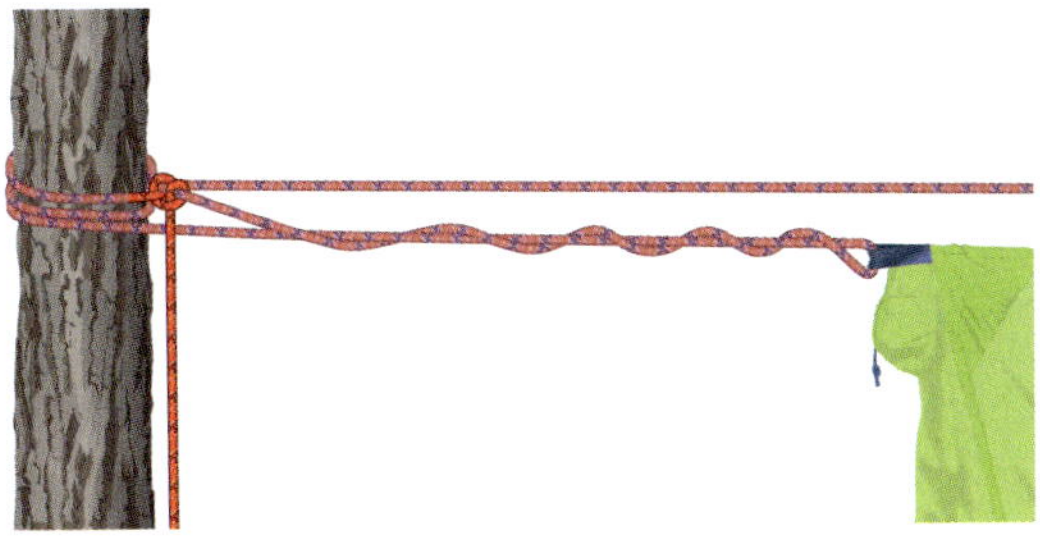

ツーハーフ・ヒッチ

☞P.32へ

最後に3でラウンドターンしたのと同じ木にツーハーフ・ヒッチなどでロープを固定する

6 完成

完成図の例は上。4で絡めたロープに洗濯物などを挟むと落ちにくい

タープを張る

日差しと雨を遮る

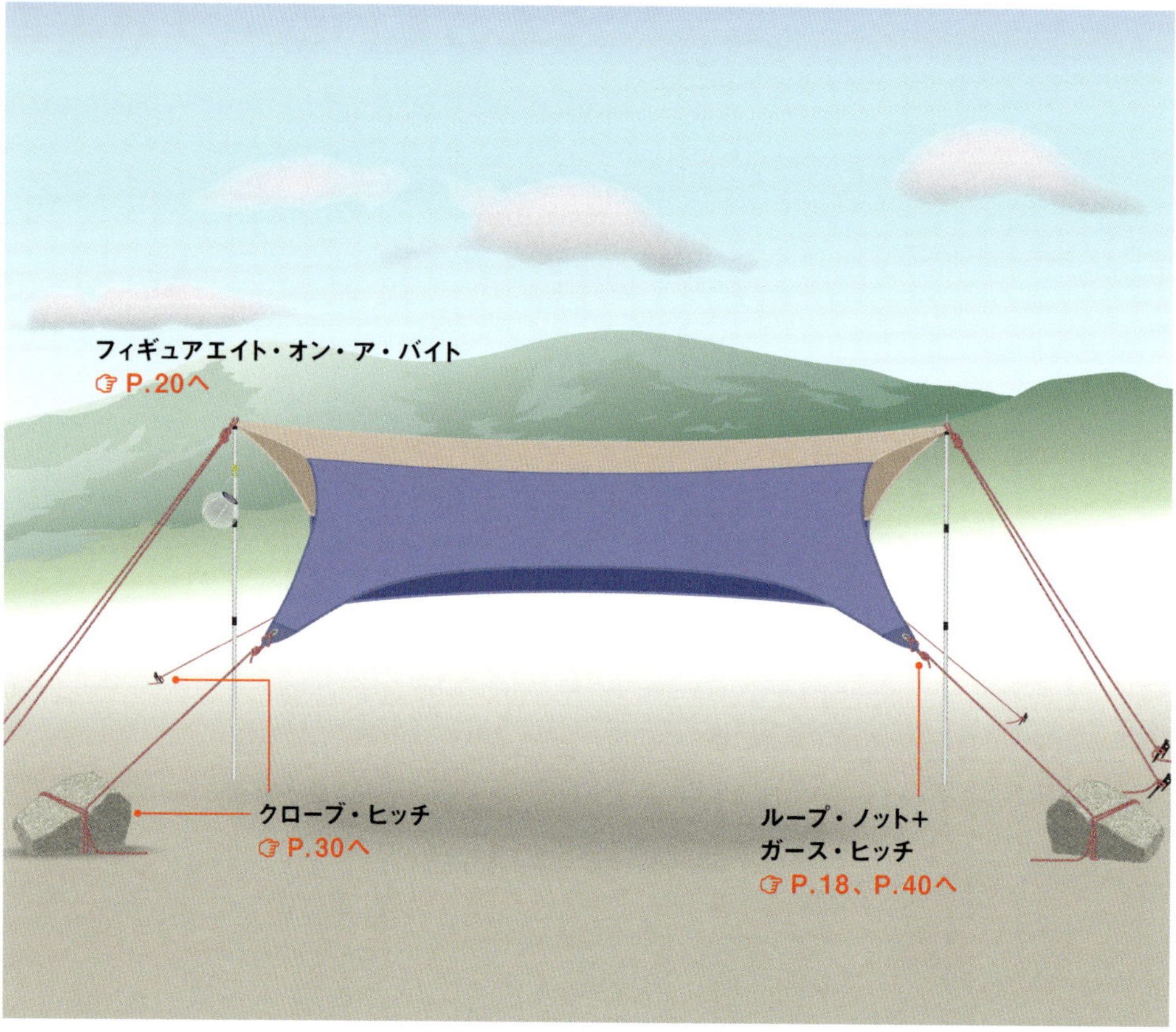
フィギュアエイト・オン・ア・バイト
P.20へ
クローブ・ヒッチ
P.30へ
ループ・ノット＋
ガース・ヒッチ
P.18、P.40へ

テント代わりの宿泊にも

タープは、キャンプにおいて日差しや雨を防ぎ、リビングスペースの快適さを高めるために使われるアイテムだが、張り方の工夫次第で、沢登りなどの際のフロアレス宿泊スペースとして活用する人もいる。テントよりも軽く、一枚でさまざまな張り方ができるので、テントを立てるだけの整地されたスペースがない場所でもある程度快適な寝床をつくることが可能だ。虫や寒さは避けられないが、自然に近く、一体感を得やすいのも人気のポイントだろう。

形状やタイプは各種あるが、大きく分けるとシートが長方形のもの（スクエアタープ）と六角形のもの（ヘキサタープ）が一般的。また、ツエルトもジッパーをフルオープンすればタープ代わりに使用できる。

キャンプシーンでの基本的な設営は、シートの天頂部2カ所をポールで立ち上げ、四隅を張るタイプが多い。2本のポールからもそれぞれ2方向にロープを振り分けるので、計8本のロープを地面に固定する。

ここでもベーシックな設営方法を中心に解説するが、タープは場所や状況に応じて無数の張り方ができる。アレンジを加えつつ、いろいろと試してみてほしい。

雨天時には素早くタープを

雨天時のキャンプでは、まず素早くタープを張って、その下でテントを立てる（自立式の場合、設営後に移動も可能）と濡れずにすむ。タープの設営には多少慣れが必要だが、スピーディに張れると雨でも快適だ。

基本の張り方

先述したようにタープの張り方はアレンジ次第で無数にあるが、基本は2本のポールでシートの天頂部を立ち上げ、四隅を張る。中央部分が高くなる構造がスタンダードだ。

1 グロメットにロープを結ぶ

タープの四隅には小さな穴があり、そこにグロメットと呼ばれる金属製の環が付けられている。四隅を張るためのロープをグロメットに結ぶのが第一段階だ。これは家で済ませておくといい。

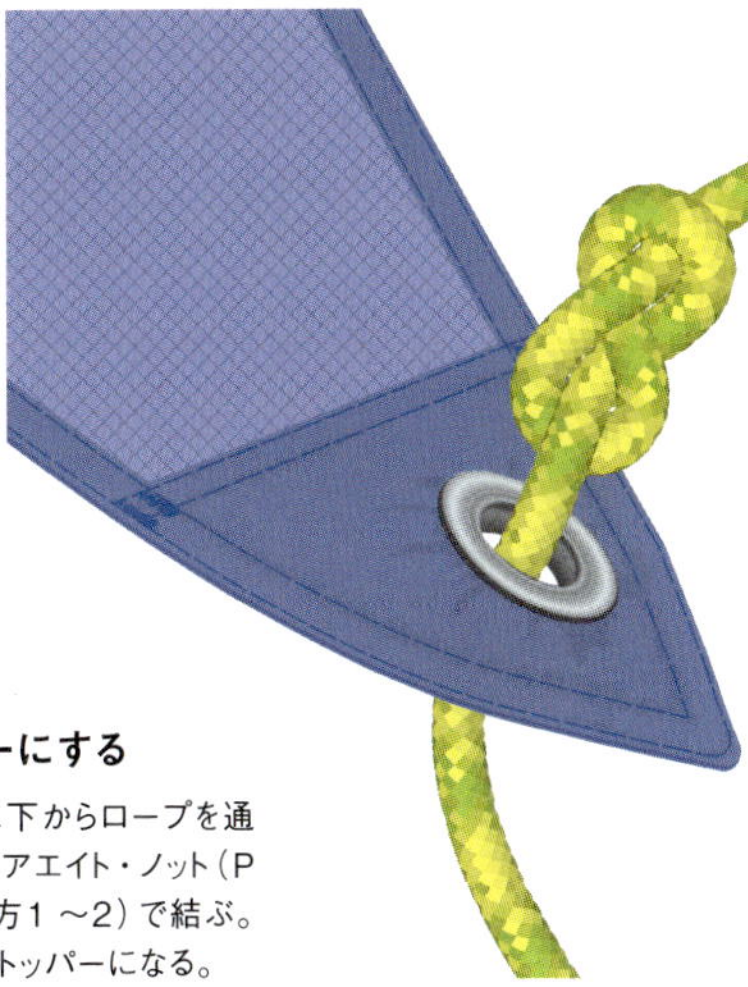

ストッパーにする

グロメットに下からロープを通し、フィギュアエイト・ノット（P21の結び方1～2）で結ぶ。結び目がストッパーになる。

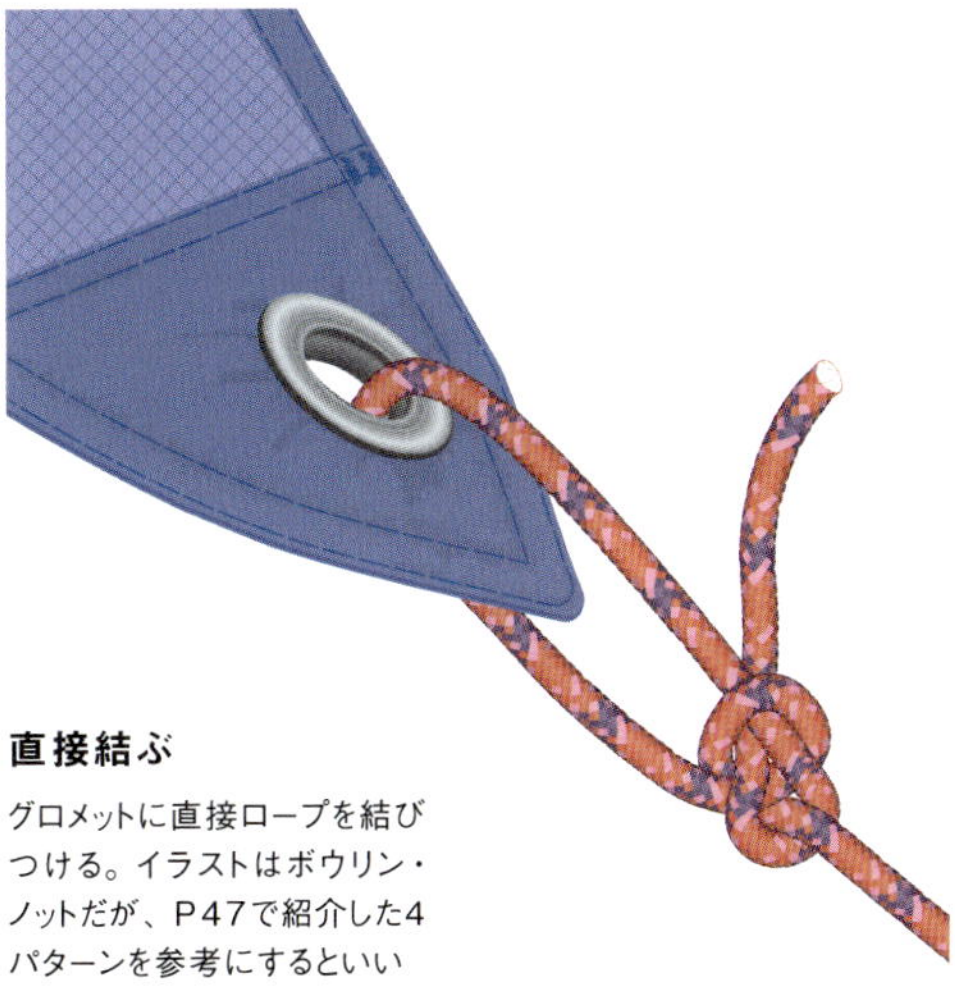

直接結ぶ

グロメットに直接ロープを結びつける。イラストはボウリン・ノットだが、P47で紹介した4パターンを参考にするといい

グロメットが破損したら

タープを何度も使用していると、グロメットが破損して生地が裂け、ロープが結べなくなってしまうことがある。現場でそんなトラブルに見舞われたときの代替手段として、小石などをタープ生地で包み、そこにロープを結びつける方法がある。

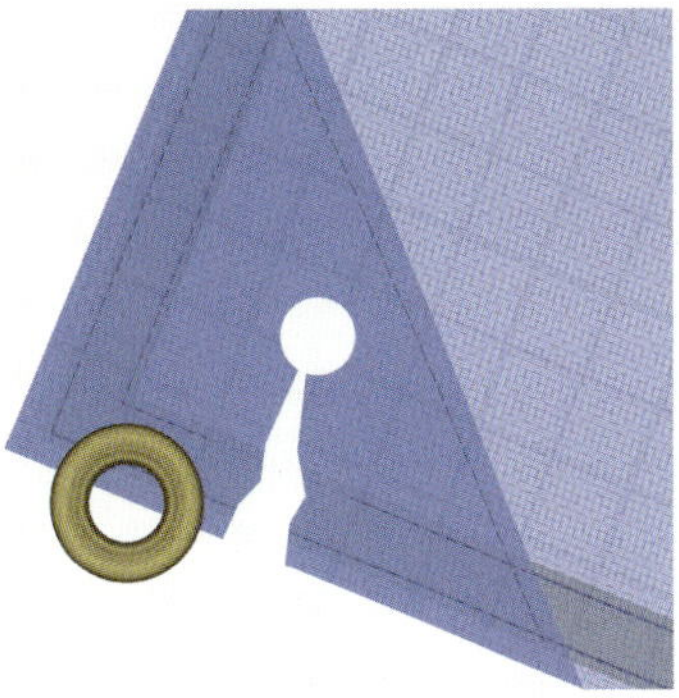

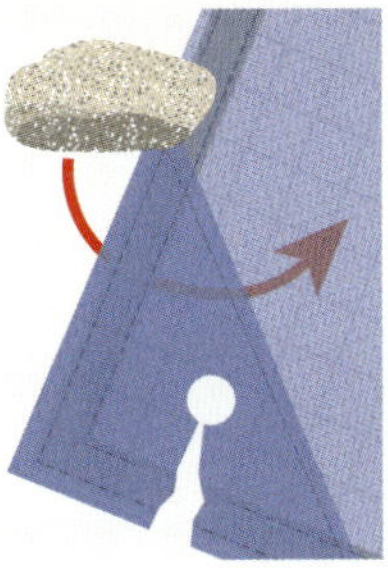

丸い小石を裏から当てる。バンダナなど布で包むとタープ生地が傷まない

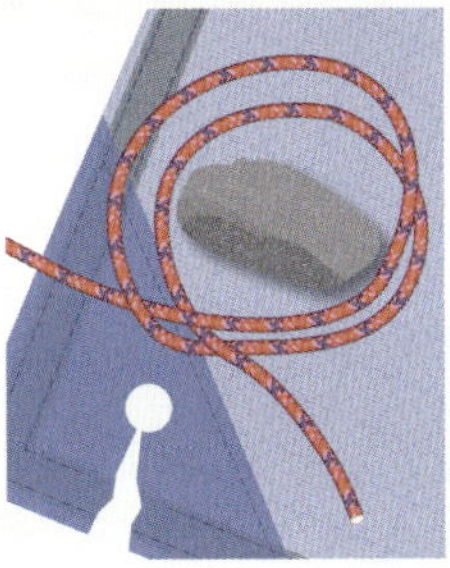

張り綱をクローブ・ヒッチで石に結びつける

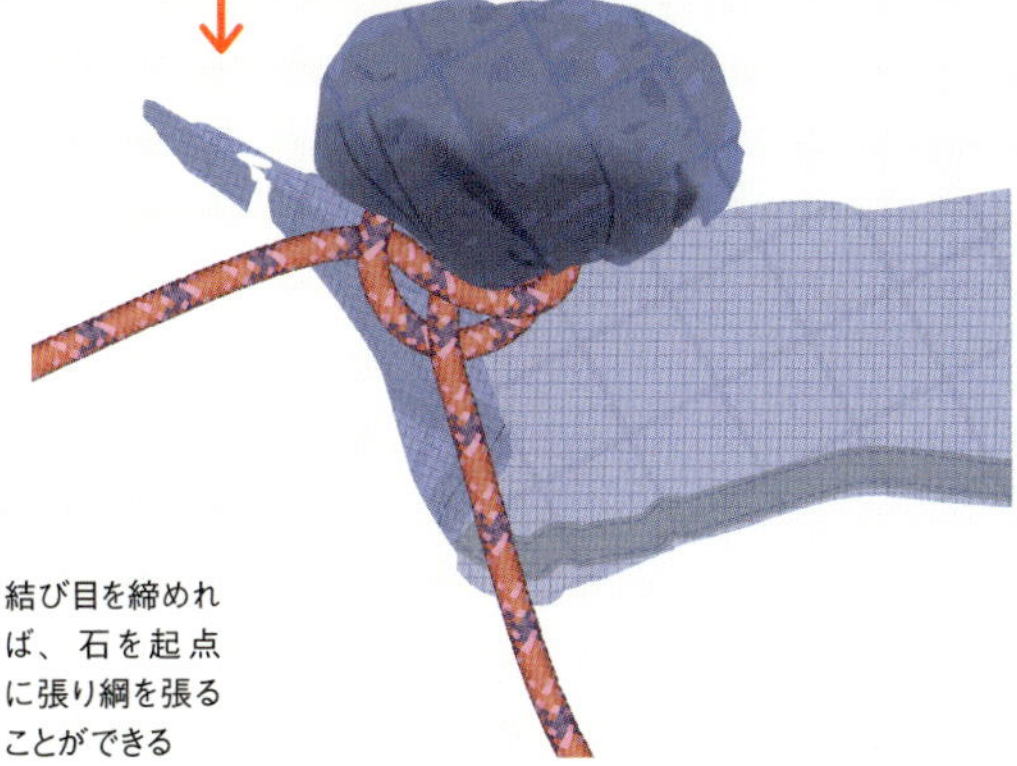

結び目を締めれば、石を起点に張り綱を張ることができる

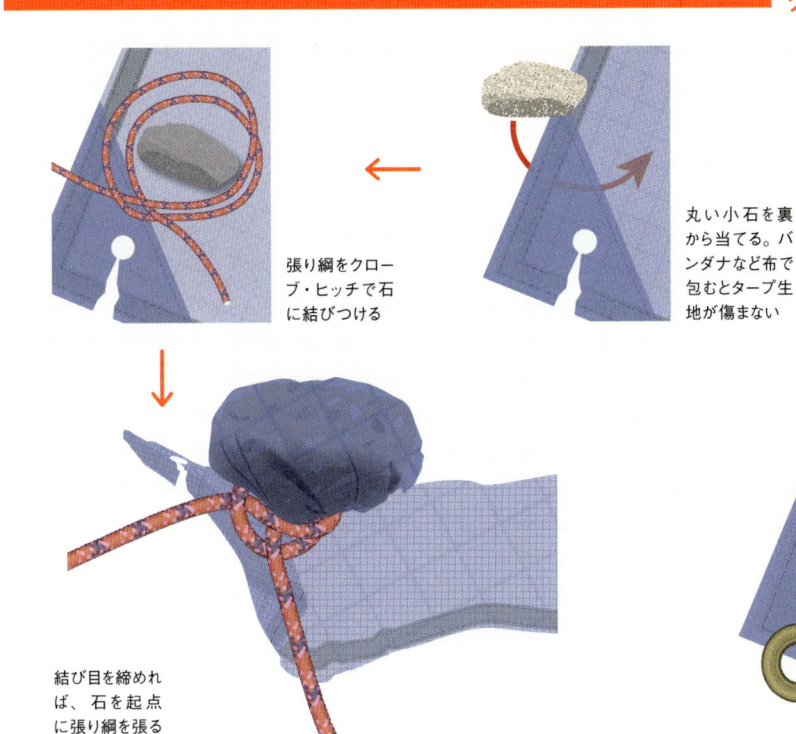

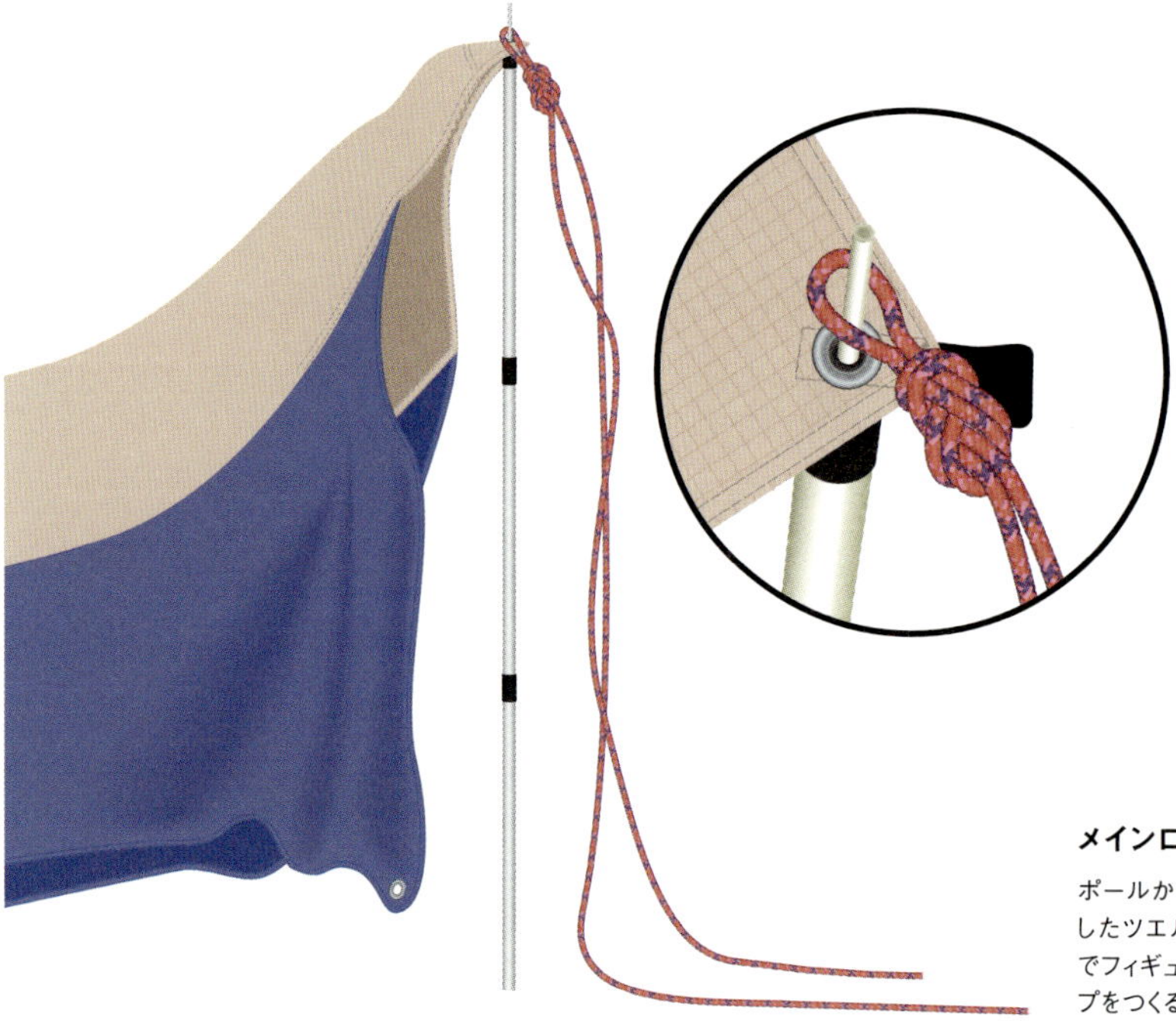

2 ポールを立てる

天頂部に付いたグロメットにポールの先端を差し、立ち上げる。その後、ロープを天頂部、ポールの先端にかけ、2方向へ振り分ける

メインロープをポールから振り分け

ポールからのロープの振り分けはP57で紹介したツエルトの場合と同様。ロープの中心部でフィギュアエイト・オン・ア・バイトを結びループをつくるか、クローブ・ヒッチして締め込む

3 アンカーに固定する

最後に、ポールから振り分けたメインロープ、四隅に結んだロープの計8本をアンカーに固定する。バランスよく張力をかけて張るのがコツ。アンカーはペグや石などテントの場合と同様

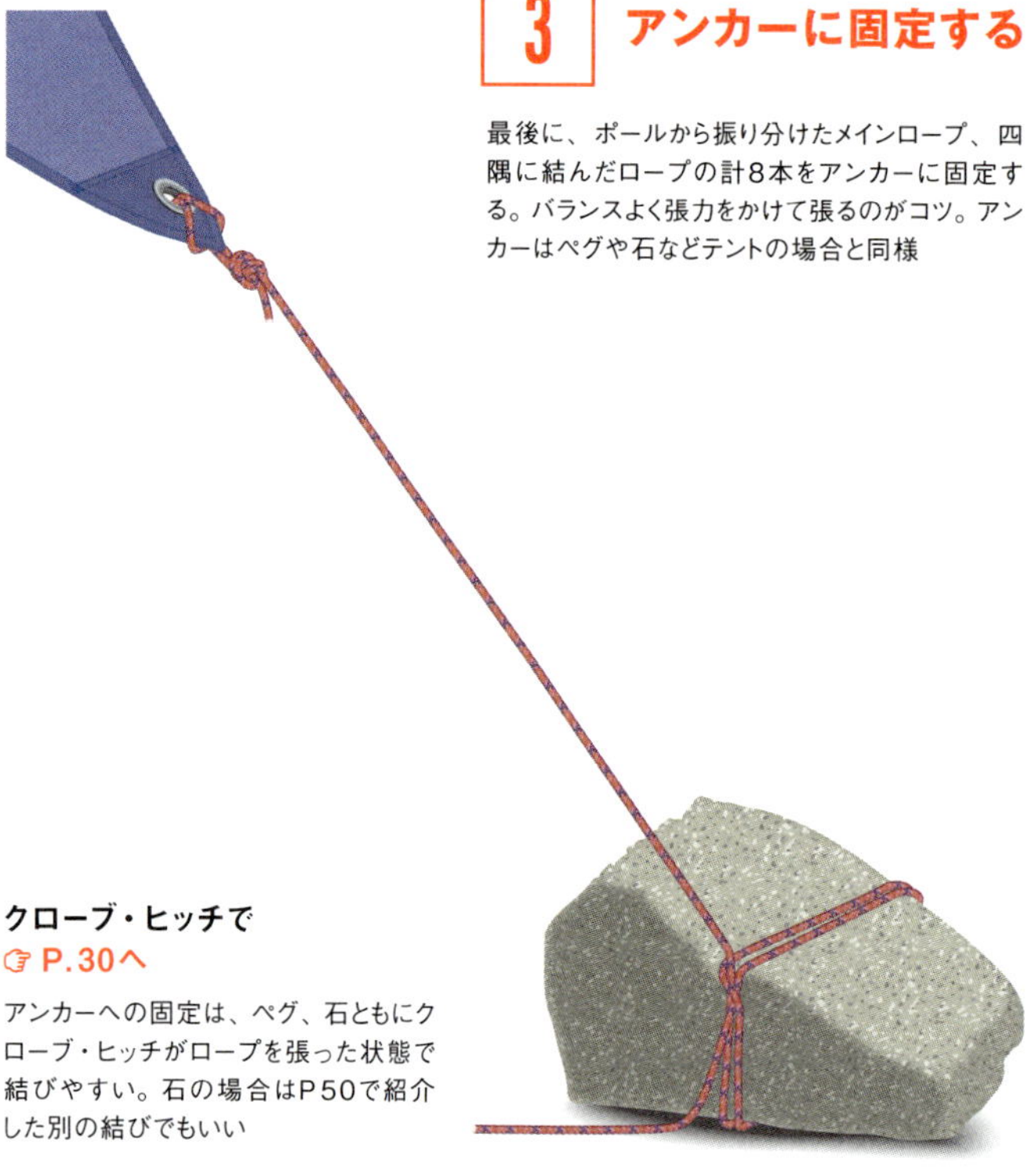

クローブ・ヒッチで
☞P.30へ

アンカーへの固定は、ペグ、石ともにクローブ・ヒッチがロープを張った状態で結びやすい。石の場合はP50で紹介した別の結びでもいい

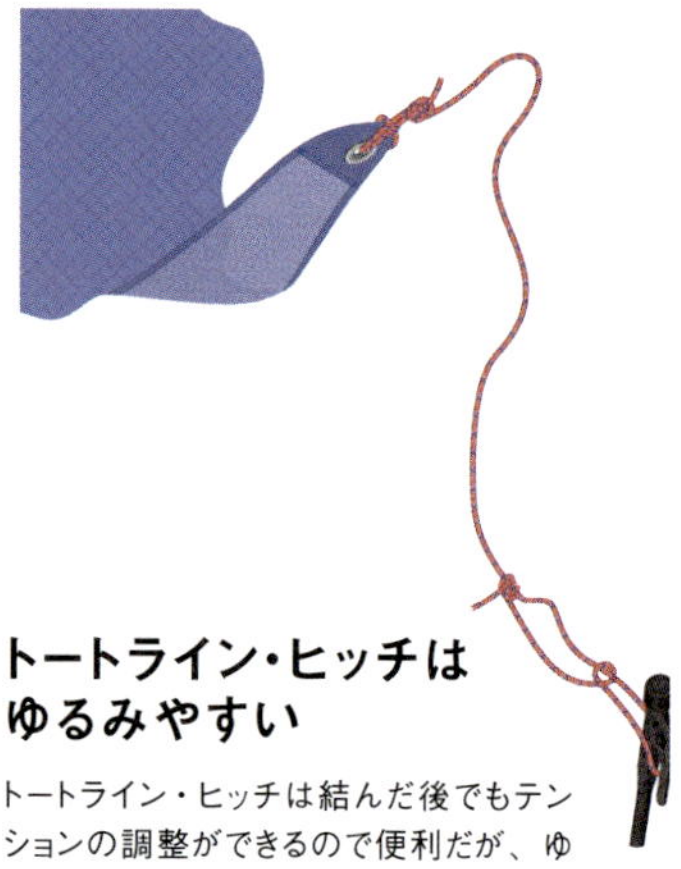

トートライン・ヒッチはゆるみやすい

トートライン・ヒッチは結んだ後でもテンションの調整ができるので便利だが、ゆるみやすい。タープはテント以上に風の影響を受けやすく、トートライン・ヒッチは頻繁にゆるんでしまうので不適。

4 完成

テンションを調整し、アンカーに固定したら完成。完成図はP60参照

応用 ポールなしでタープを張る

持っていける荷物が限られる登山などでも応用できるよう、ポールを使わずに2本の立ち木を使ってタープを設営する方法を紹介する。これは一例なので、経験を積んで引き出しを増やしていこう。

1 2本の木にロープを張る

タープを張る位置の両側にある2本の木にロープを結ぶ。P54～55やP58～59などで紹介した張り方と同じ結び方でもOKだが、新しい結びも紹介する

エバンス・ノットなど

☞ P.24へ

エバンス・ノットはテンションを調整できる結びだが、巻きつけ回数を増やせば固定力も高まる

ブレイクス・ヒッチなど

トートライン・ヒッチより簡単でずれにくい。テンションを調整する結びとして非常に優れている

ブレイクス・ヒッチ

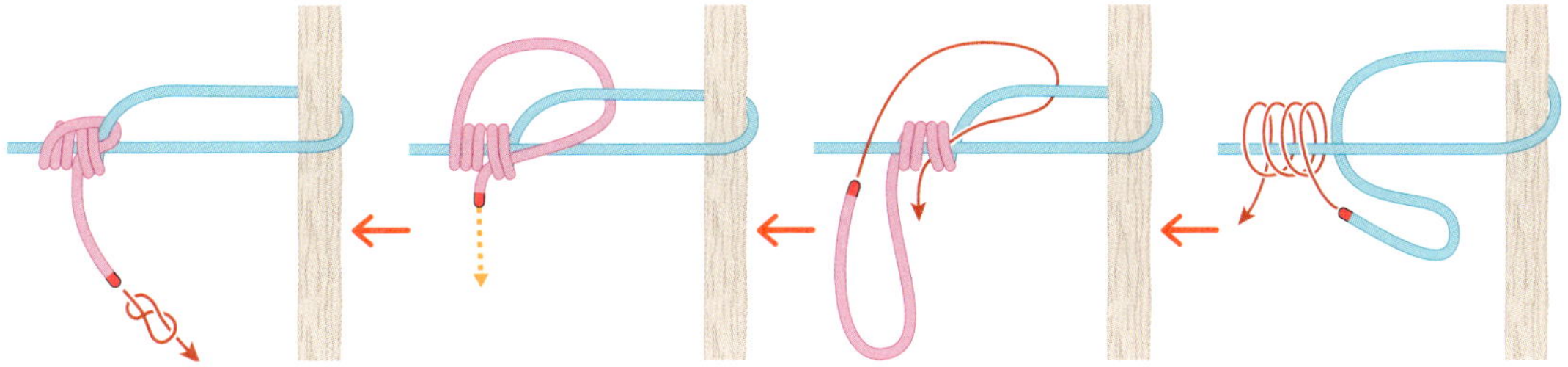

1 | 矢印のように4周以上巻きつける

2 | 巻きつけたのち、末端を矢印のように通す

3 | 末端を通しているところ

4 | 末端を引き出し、エイトノットで末端処理する

2 タープをのせる

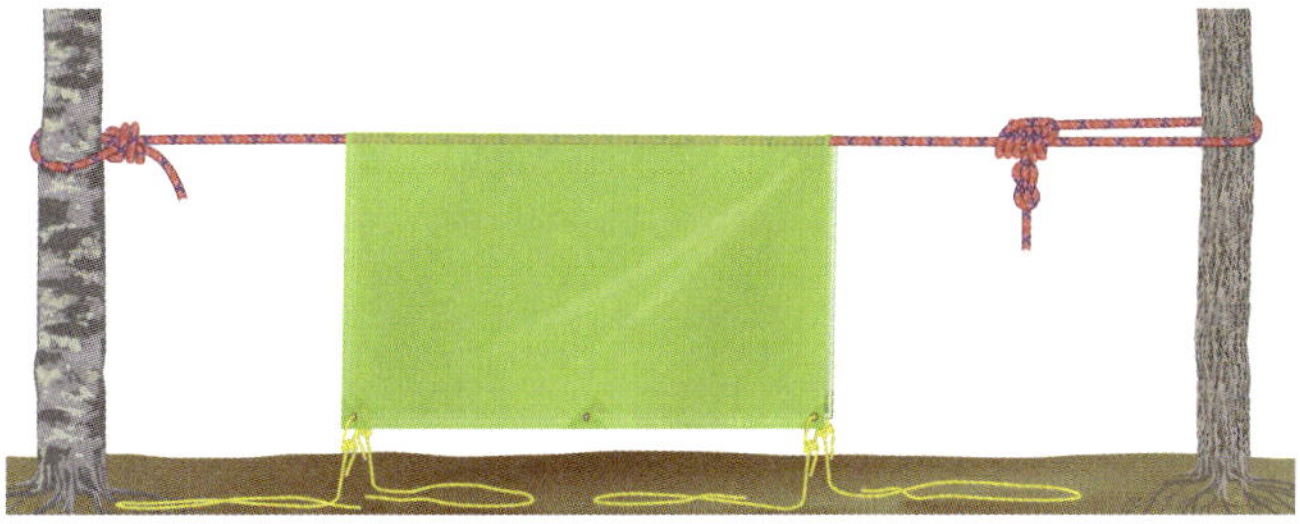

張ったロープの上にタープをのせる。ずれやすいので、ロープをグロメットに通してから木に張ってもいい

3 四隅を張って完成

四隅を張って完成。マットとスリーピングバッグを敷けば、自然と一体になって眠れる宿泊スペースに

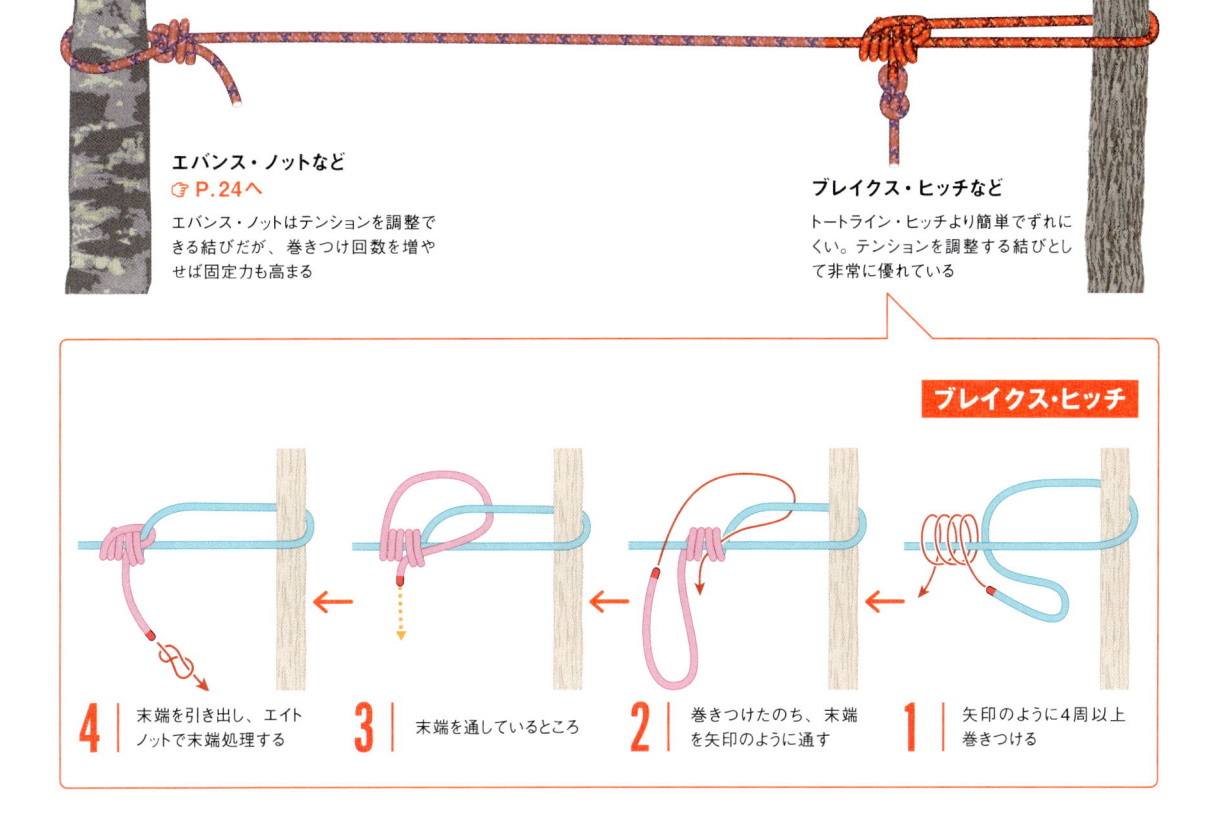

小物にひもを付ける

自分流にアレンジも

場面ごとに最適な結びを

キャンプに限らず、アウトドアシーンではモノにロープを結びつける場面が非常に多い。これらのほとんどは命に関わるようなケースではないので、結べさえすれば大きな問題は起きないが、それでもシチュエーションに応じた最適な結びを覚えておくと便利だ。

　コンパスを首からぶら下げる場合のように小物を留めておくだけなら、結び方が簡単で使用するアクセサリーコードが短くてすみ、結び目が小さいものがいい。逆に、電気ランタンを吊るす場合など荷重がかかるなら、ほどけづらく、使用後にゆるめるのも簡単な結びがいいだろう。

　本項ではアウトドアで頻出するシチュエーションごとに、多様な結び方を紹介する。これらはあくまで一例なので、参考にしつつ現場で試し、「自分流」をアレンジしていくといいだろう。

ファスナーにタブを付ける

ファスナーに短いひもを付けてタブにすると開閉が楽に。ひもを通してオーバーハンド・ベンドで結ぶか、先にループをつくりガース・ヒッチする

ガース・ヒッチ

☞P.40へ

オーバーハンド・ベンド

☞P.16へ

短いひもで小物を付ける

ポーチやカバンにキーホルダーを付ける際など、ループをつくる必要がない場合、小物側、ポーチ側どちらもボウリン・ノットで結ぶと簡単

ボウリン・ノット

☞P.17へ

小物に輪を付ける

ナイフやホイッスルに輪を付けて首からぶら下げられるようにする。小物に付いている穴にひもを通し、左記の方法で結ぶ

フィッシャーマンズ・ベンドなら結びをずらして長さを調整できる。ネックレスにもいい

フィッシャーマンズ・ベンド
☞P.26へ

オーバーハンド・ベンド
☞P.16へ

小物を固定する

上記の方法では小物が固定されず、ひもの動きに合わせて小物もスライドするが、動かないよう固定する方法もある。

ハーフ・ヒッチ
☞P.32へ

ひもをループに通してハーフ・ヒッチで固定し、最後に末端を結んで輪にする

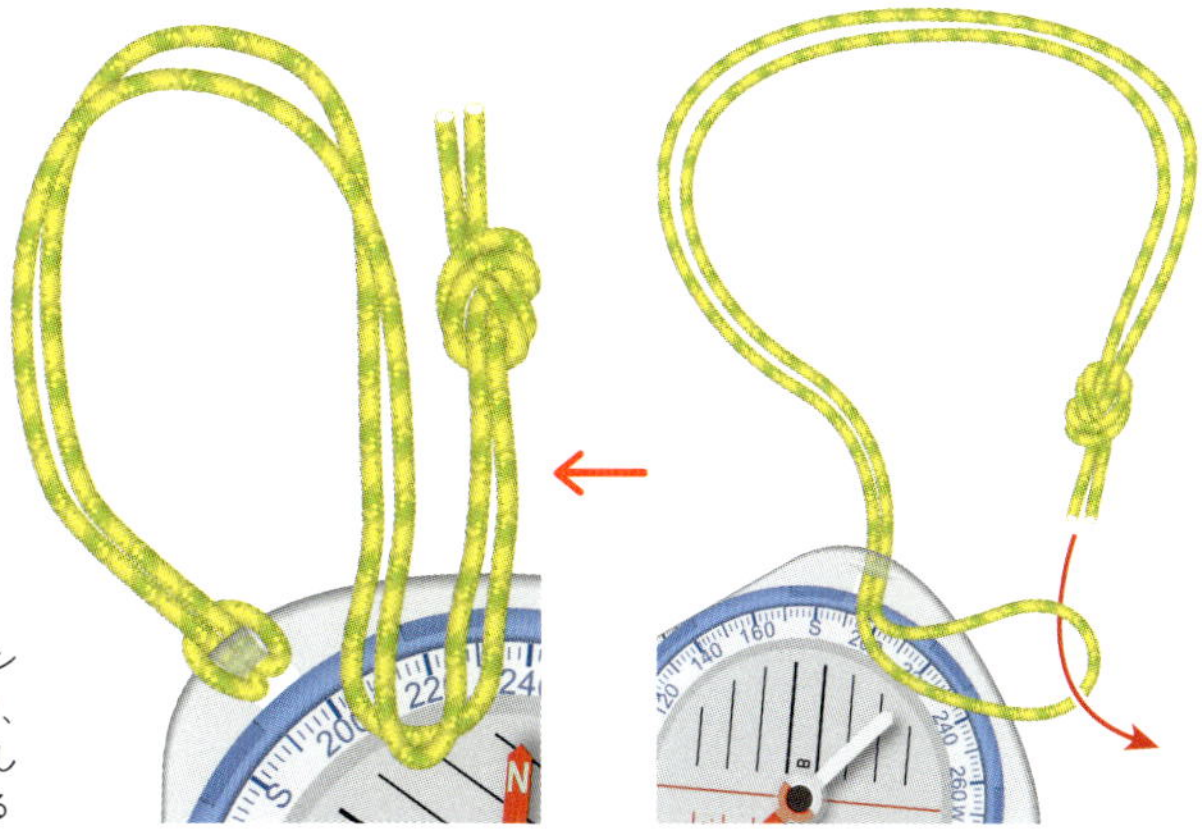

輪をつくる→ガース・ヒッチ
☞P.40へ

オーバーハンド・ベンドなどで輪をつくり、小物のループに通してガース・ヒッチする

バケツを吊るして水を汲む

タール・ノットは荷重がかかっても結びが締め込まれて解けないが、ゆるめるのも簡単なので、バケツでの水汲みの際などは最適

タール・ノット
☞P.19へ

小物を吊るす

電気ランタンなどを上から吊るす場合、ブレイクス・ヒッチにする。荷重がかかると結びが締め込まれ、解ける心配がない

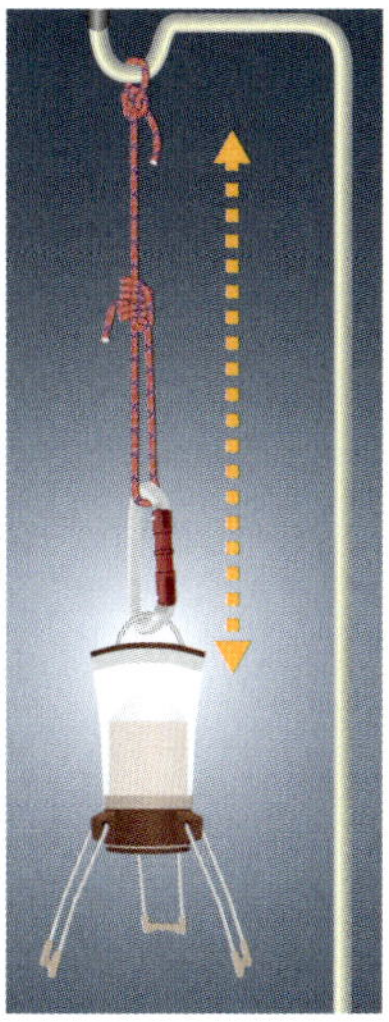

ブレイクス・ヒッチ
☞P.63へ

サコッシュのひもを調整できるようにする

肩ひもの片側をエバンス・ノットで結んでおくと、ひもの長さを変えられて便利。調整できる側を体の前側にするか、後ろ側にするかは好みによる

エバンス・ノット
☞P.24へ

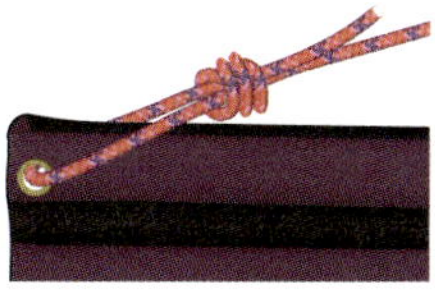

Column 2

スピードか、快適か

ここまで20ページ以上にわたって、キャンプで役立つロープワークを紹介してきました。これらのロープワークは多くの場合、失敗が大事故につながるようなシビアな場面で使うものではありません。身も蓋もない話ですが、どんな結び方でも結ぶことさえできればなんとかなるともいえます。

とはいえ、シチュエーションによって最適な結びが変わってくるのも事実です。雨をしのぐために一時的にツエルトを張るのか、テントやタープを1週間張りっぱなしにして、そこを拠点にアウトドアを楽しむのかで、ベストな結びは当然違います。

たとえばスピード勝負でツエルトを張るならば、58ページで紹介したように、すべての結びをクローブ・ヒッチで完結すると設営が簡単です。一方で、テントを数日間張りっぱなしにするとしたら、大切なのは快適性でしょう。テントの本体やガイラインは、湿度を含むと伸びる性質があります。初日、どんなにピンと張ったとしても、雨や朝露によって湿気を含むと、たるんでしまいます。たるんだ部分に水がたまると不快なばかりか、そこが劣化して破損してしまう可能性もあるのです。でも、たるみが出るたびにいちいちほどいて、再度結び直すのは面倒くさい。だから、簡単にテンションを調整できるような結び方（トートライン・ヒッチやブレイクス・ヒッチなど）がよさそうですね。状況に合わせて、自分の引き出しから最適な結びをチョイスできるようにしておきましょう。

快適なキャンプ生活を送るために、ロープワーク以上に大切なこともあります。それは「準備」です。48ページで紹介した短いガイラインを2本つなぐ方法や、61ページのグロメットが破損したときの対処法などは確かに便利ですが、いちばんいいのはこのロープワークを使う必要がないことです。アウトドアに出かける前には、それぞれの装備に破損がないかをしっかり確認しておくのが鉄則です。備えあれば憂いなし。アクシデントに対するロープワークは、あくまで、いざというときの備えとして覚えておきましょう。

テントやタープをバックパックから取り出す前に、設営をイメージすることも大切です。張ってからアンカーを探すのは、実は大変。まずはあたりを見渡して、「この木を使おう」「ここはペグだな」「あの石がよさそうだ」とイメージをつけてから設営に取りかかりましょう。

ロープワークはもちろん大切ですが、事前の準備とイメージが快適なキャンプ生活をもたらしてくれることを忘れないでください。

（水野隆信）

河原でのキャンプ。テントスタイルのメンバーもいれば、ツエルトやタープを使う人もいる

Part 3

登山のロープワーク

安全登山のためのロープワーク

バリエーションルートへの第一歩

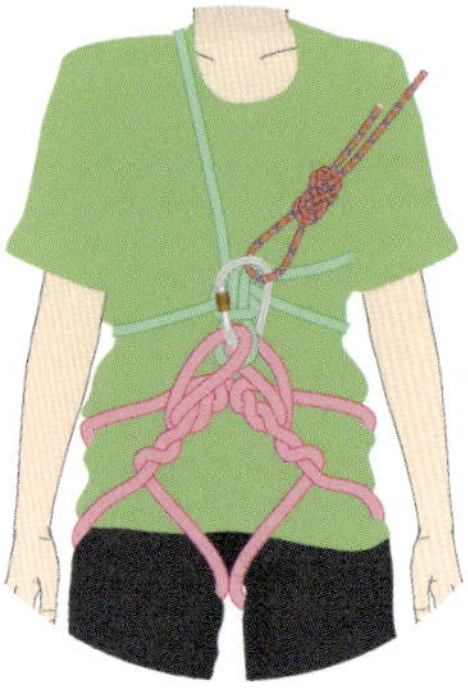

簡易ハーネスをつくる
P.78へ
緊急時にも焦らぬために
覚えておきたい技術

危険地帯通過のための道具
P.72へ
ロープと合わせて用意する、多様な道具

セルフビレイをセットする
P.80へ
登山・クライミングのロープ
ワークのスタート地点

手がかり・足がかりをつくる
P.76へ
どうしても越えられない
一手を乗り越える小技

靴ひもを正しく締める
P.70へ
快適・安全な登山は靴ひもから始まる

登山で用いるロープワークには、自分自身の安全を確保するためのものと、チームのメンバーをサポートしたり、チームの総合力を高めるためのものがある。本章では登山のロープワークの第一段階として、自分自身の安全性を高めるための技術を紹介する。

確実な技術をスピーディに

バリエーションルートではない一般登山道なら、基本的にはロープなしで歩けるようクサリなどが整備されていることが多い。それでも、どうしても不安な岩場に出くわしたり、道を誤って危険地帯に迷い込んだりしてしまうことがある。あるいは、バリエーションルートに挑戦するためには基本的なロープワークを学んでおいたほうがいい。本章では、そんな人たちに向け、ぜひ覚えてほしい技術をチョイスした。ひとりでも実践できるものだが、グループ山行でも使えるし、4章や5章で紹介するロープワークの基礎ともなる内容

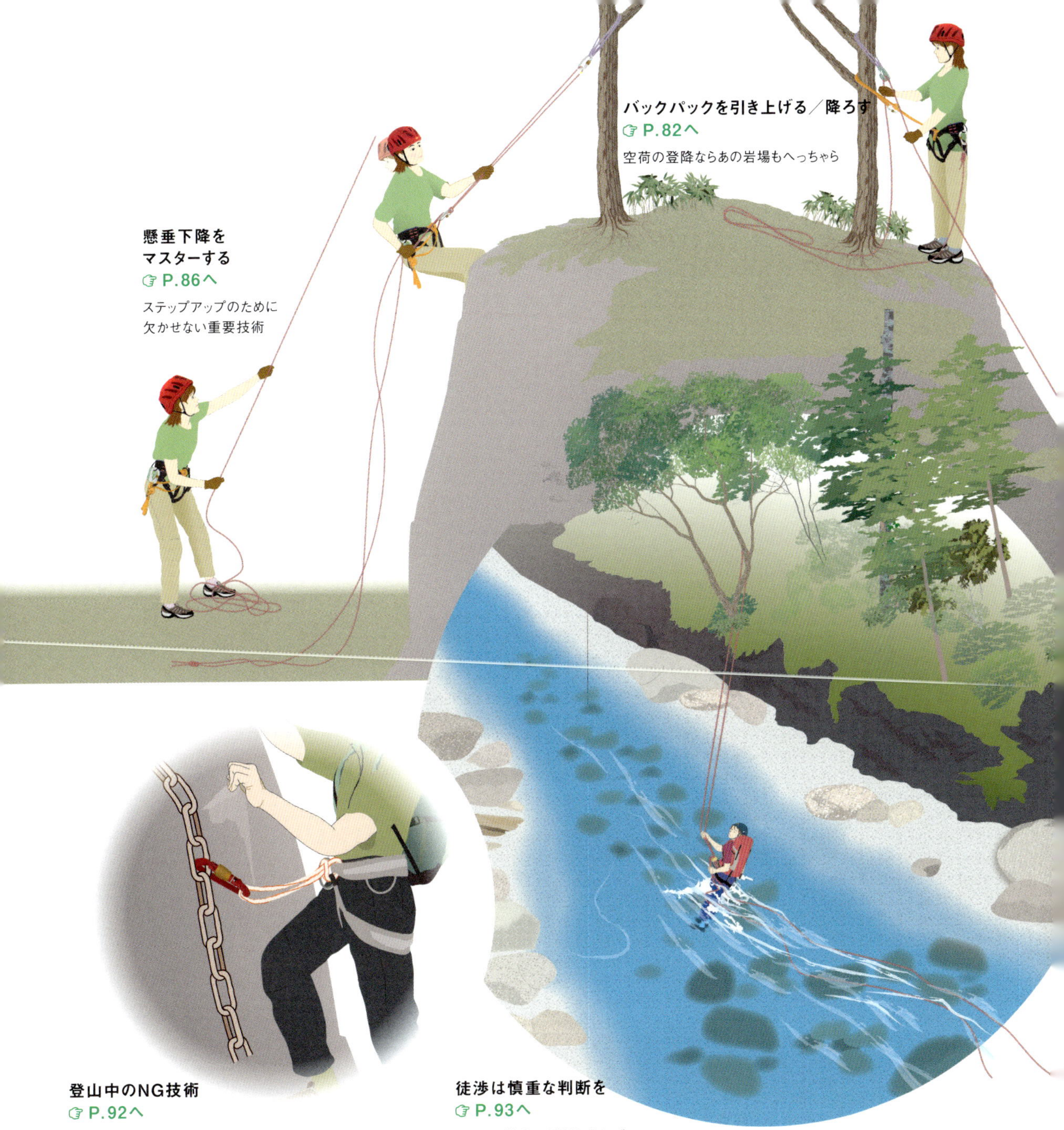

バックパックを引き上げる／降ろす
☞P.82へ
空荷の登降ならあの岩場もへっちゃら

懸垂下降をマスターする
☞P.86へ
ステップアップのために欠かせない重要技術

登山中のNG技術
☞P.92へ
不完全なロープワークはむしろ自身を危険にさらす

徒渉は慎重な判断を
☞P.93へ
ときには撤退の判断も忘れずに

だ。80～81ページのセルフビレイは、登山やクライミングでのロープワークすべてのスタートになる技術だし、86～91ページの懸垂下降も、クライミングなどへとステップアップしていくうえで重要な技術である。

さて、登山のロープワークで欠かせないのが、「確固たる技術」と「スピード」だ。未熟な技術でのロープワークは大きな危険を招く。見よう見まねでロープを使ったり、書籍で学んだだけの技術をいきなり現場で実践してはいけない。有資格者による講習に参加するなど、プロセスを踏まえ、確実に理解し、使用できるようになってから実践に挑むこと。

また、安全登山には「スピード」も欠かせない大切な要素だ。危険地帯での行動の鉄則は、安全を確保したうえで、できるだけスピーディに通過すること。むやみにロープを使って他パーティを待たせたり、自分のスピードを大きく奪ってしまうようなら、それはむしろ安全を阻害しているともいえる。

それらを理解したうえで、登山におけるロープワークの基礎を学ぶ入り口として、次ページからの内容を存分に活用してほしい。

靴ひもを正しく締める

まずは安全登山のために

正しい結びを意識する

靴ひもは、安全な登山のためには大切な要素。正しく結べば足の負担が軽減され、ケガ予防にも役立つ。一方、ゆるんでいると捻挫や靴擦れの原因になるし、ほどけたひもを踏んで転倒する事故も起こっている。

最も一般的な結び方は「蝶結び」だろう。ロープワークではボウ・ノット（単にボウとも）と呼ばれることが多いが、米国などでは靴ひもに用いる場合、特別にシューレース・ノットと表記される。結びが簡単で、末端を引くと解ける便利な結びだが、長時間歩いているとゆるんでしまう。シューレース・ノットのループ同士をさらにオーバーハンド・ノットで結ぶとほどけにくいが、結び直しやほどくのに時間がかかる。そこでおすすめしたいのが、左ページで紹介するベターボウ・ノットと呼ばれる結びだ。起伏のある山道を一日歩いてもゆるみづらいし、解くのも簡単。ぜひ覚えておきたい。

靴ひものかけ方・締め方

靴ひもは結び方だけでなく、通し方・締め方も重要だ。上から通し、均一に締めあげるのが基本。スタート時にしっかり締め込んでおけば、一日の行動中結び直す必要はない。

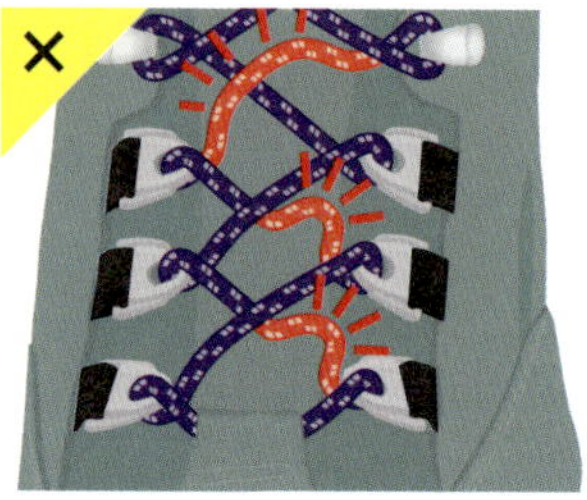

均一に締める

靴ひもは下からしっかり均一に締めあげていく。ゆるみがあると歩きにくい

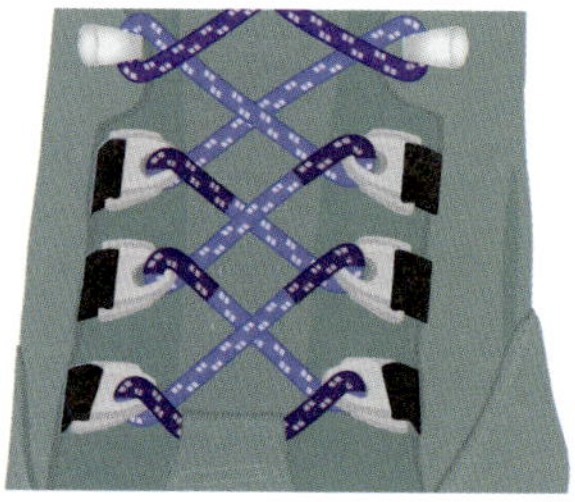

上から通す

靴ひもを通すリングや穴へは上から通したほうが締め込みやすく、ゆるまない

靴ひもを解けないように結ぶ

片方の末端で輪をつくり、もう一方の末端を2回巻いてから輪を通すベターボウ・ノットを紹介する。スタートを通常より1回多く巻くことで摩擦が増え、よりほどけにくい。

ベターボウ・ノット

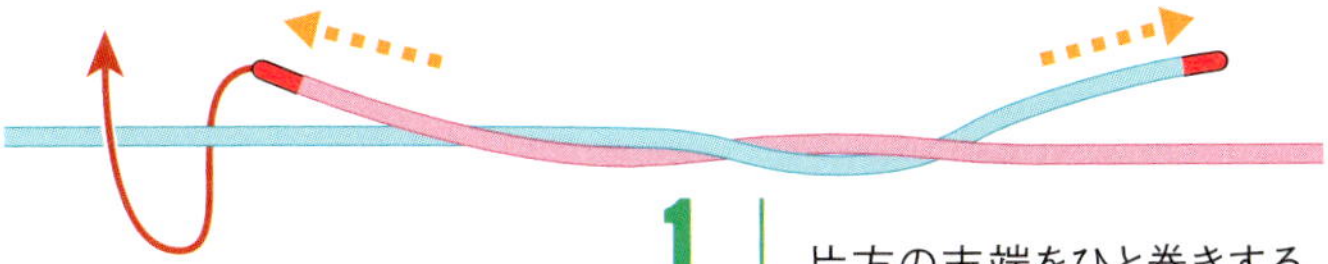

1 片方の末端をひと巻きする

2 1で巻いたのと同じ側の末端をもうひと巻きし、両側を締める

3 片方の末端を折る

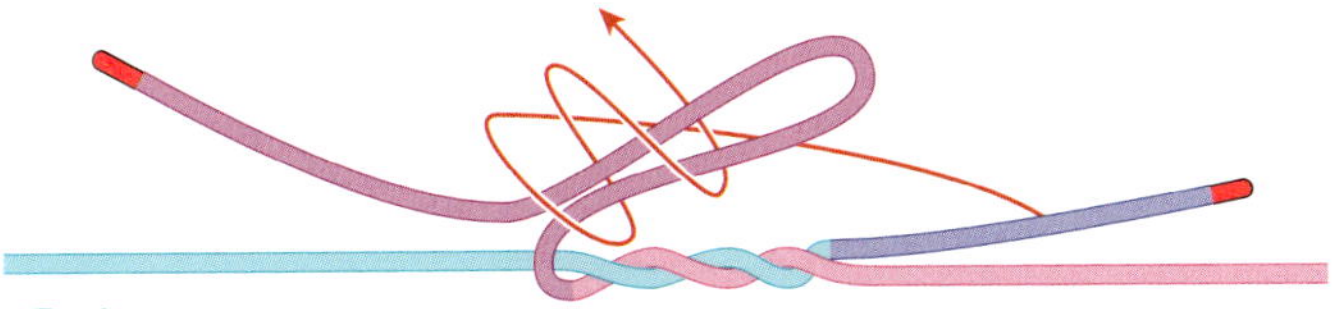

4 折り返したバイトに反対の末端をふた巻きする

5 矢印のように通し、6の形に

6 両側のループをしっかりと締め込む

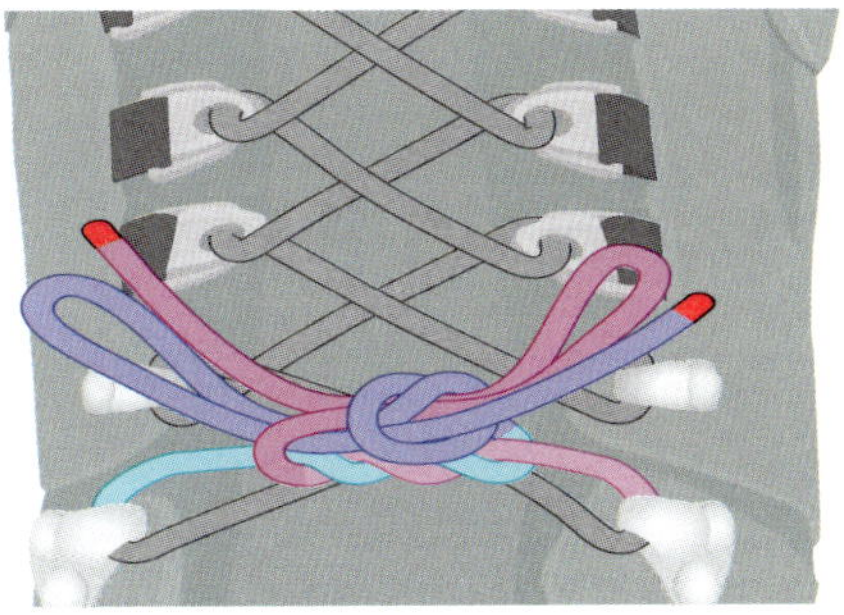

7 完成

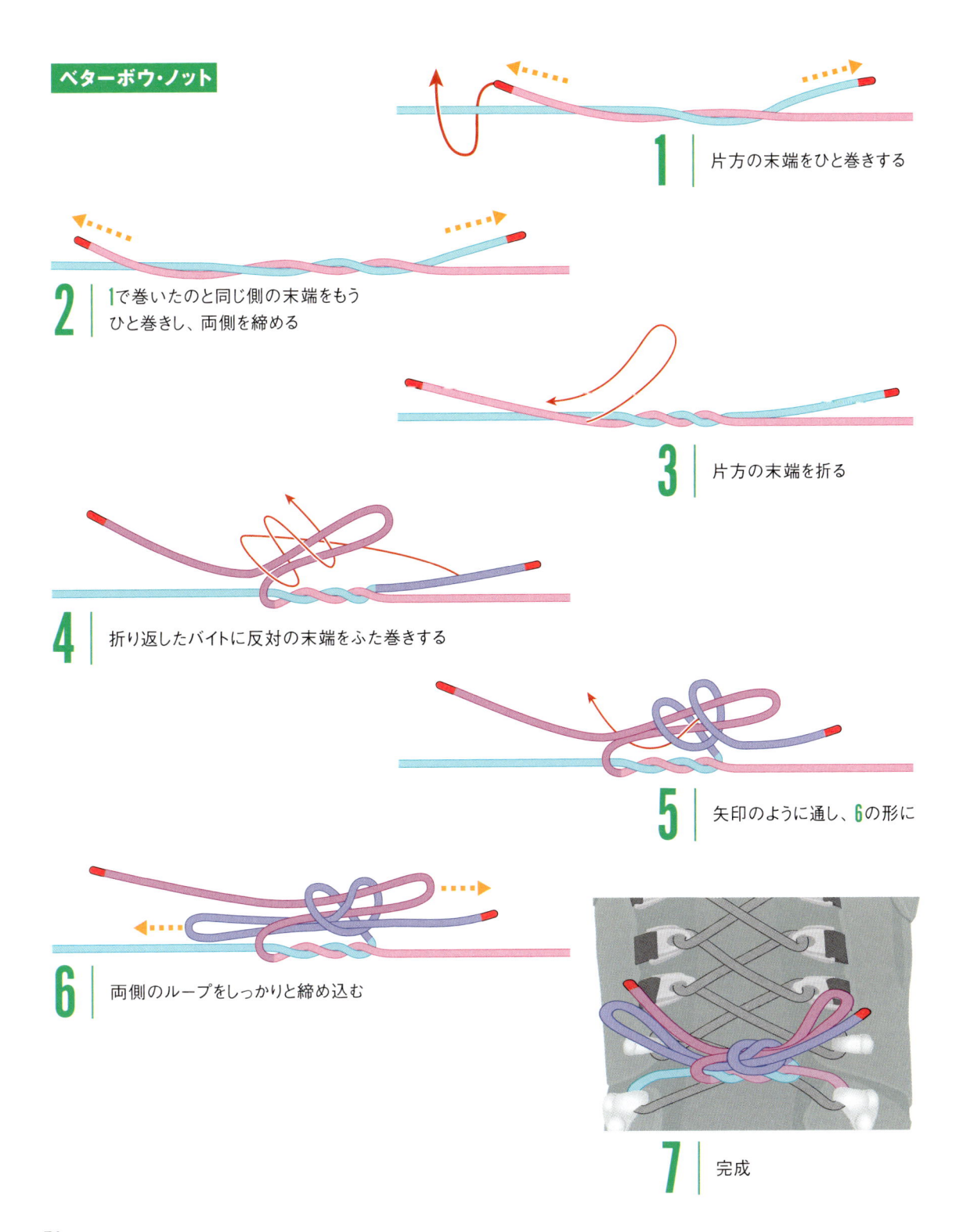

危険地帯通過のための道具

ロープと合わせて用意する

革グローブ

ロープ操作時の手の保護に。化繊は滑りやすく、ゴムはグリップが効きすぎるので革製を

ヘルメット

岩場歩きの際は必須。インモールドタイプと呼ばれる軽量のものがおすすめ

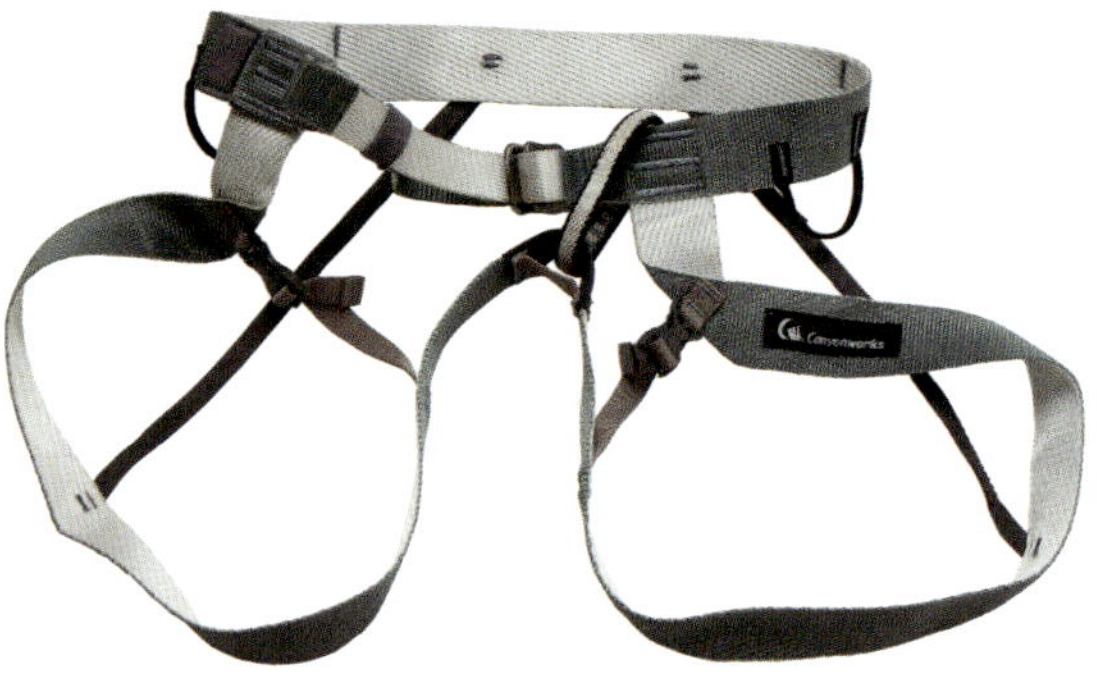

ハーネス（ダイアパー）

クライミング用も使えるが、登山ではレッグ部分をバックルで開閉できるものが便利

ハーネスの部位

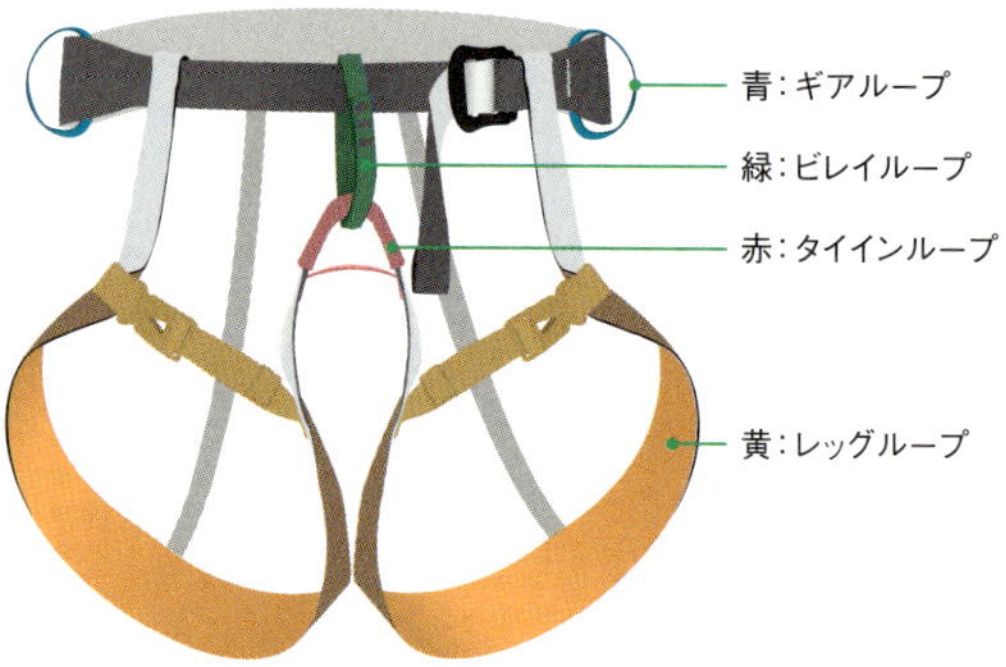
青：ギアループ
緑：ビレイループ
赤：タイインループ
黄：レッグループ

ロープ以外にも必須道具が

登山中の難所をより安全・確実に通過するのに役立つロープだが、ロープ1本あれば事足りるわけではない。自らにロープを結ぶにはハーネスが必要だし、どこかにロープを結ぶならスリングがあると便利。バックパックの引き上げ（82ページ〜）や懸垂下降（86ページ〜）など、カラビナと組み合わせて使う技術も多い。岩場を歩くなら、ヘルメットも必ず用意したい。ロープを操作するために必要なもの、ロープと組み合わせて使うものなどさまざまだが、多くの道具が必要だ。

　ここでは、危険地帯通過の際に使う道具を一覧で紹介する。これは基本形で、経験を積めば、めざすルートに合わせて適切な装備をチョイスできるようになるだろう。スリングやカラビナなどは数を増やせば便利になるが、その分、重いし、応用力が身につかない。最低限の装備でこなせるようになることも大切だ。

カラビナの部位

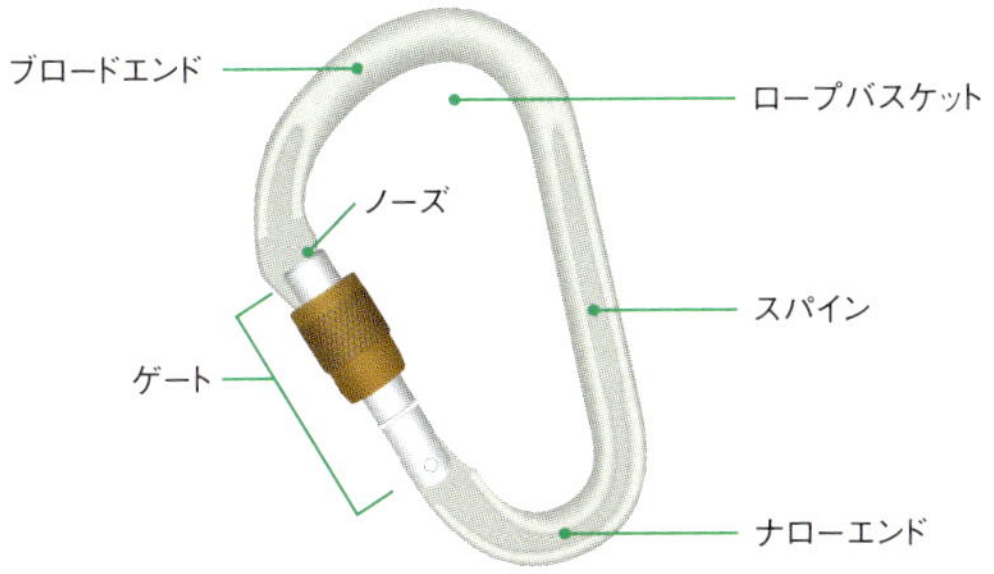

ロックカラビナ（HMS）

懸垂下降時やセルフビレイのセット時に幅広く使える。スクリューロック式のHMSを

ワイヤーゲットカラビナ（オフセットD）

ガルダー・ヒッチのセットなどで使用する。スリングと組み合わせて持っておくと便利

スリング

セルフビレイや支点のセットに頻出。120㎝が汎用性が高い。ナイロン製を最低2本用意

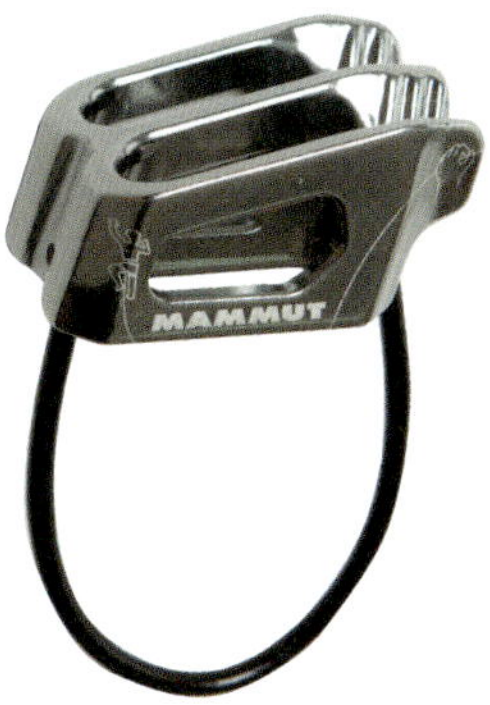

下降器（チューブ型）

懸垂下降で使用。カラビナでも代用できるが、カラビナよりもロープを傷めにくい

ロープ（8㎜×20m）

折り返して使うことも考えて7～8㎜がバランスがいい。長さは20～30mを

クイックドロー

スリングとカラビナでも代用できるが、ロープの操作をしやすく、便利

カラビナの分類

形状やゲートによって多くの種類がある。最近はあまり使わないタイプもあるが、覚えておくと便利。下記以外に、ノーズにも「キーロック」と「ピン」の2種類がある。

ゲートによる分類

ロックなし

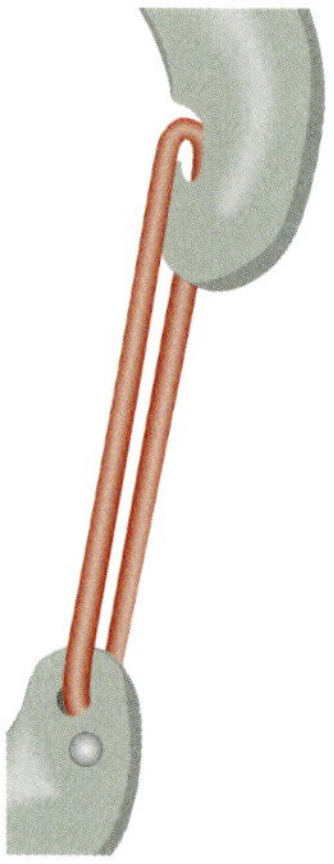

ワイヤーゲート

軽く、クリップもしやすいが、ボルトや岩との干渉には注意が必要

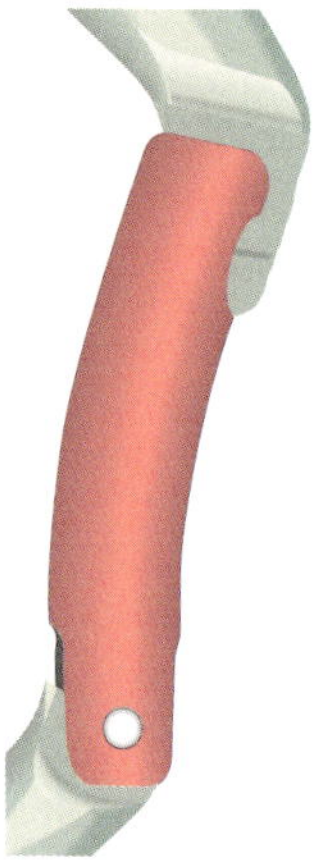

ベントゲート

ロープをかけやすいが、向きを誤るとロープの動きでゲートが開く危険が

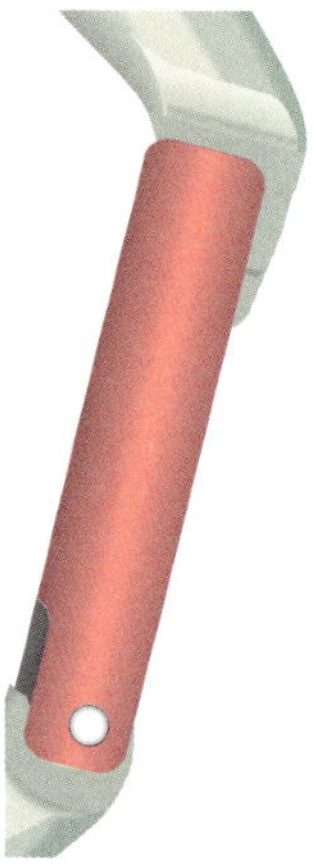

ストレートゲート

オールラウンドに使える。ベントゲートよりミスオープンしにくい

ロックあり

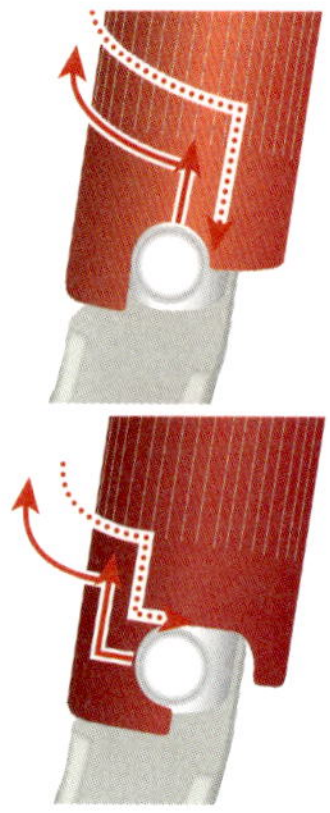

ツイストプラス

ツイストにワンアクション加えたタイプ。救助などで使うことが多い

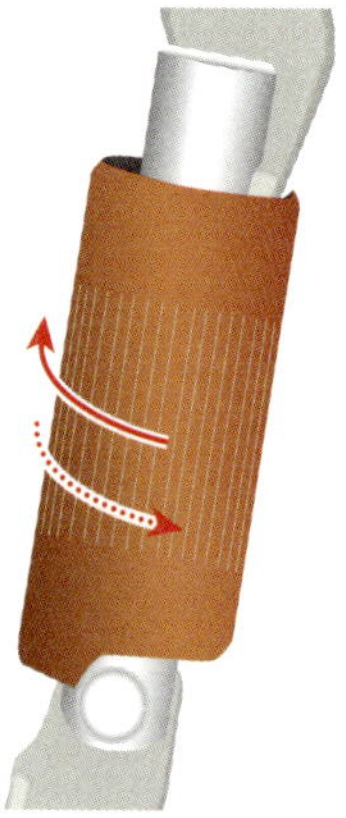

ツイスト

ひねって押せば開き、離せばロックされる。ロープの流れで開く危険も

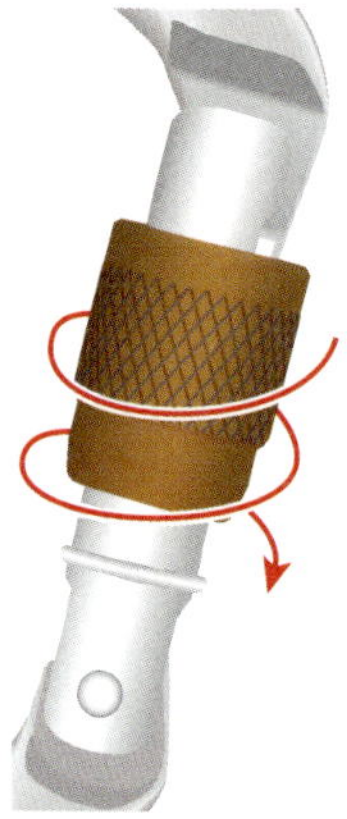

スクリュー

スクリューを回してロックする。ミスオープンの危険が少ない

形状による分類

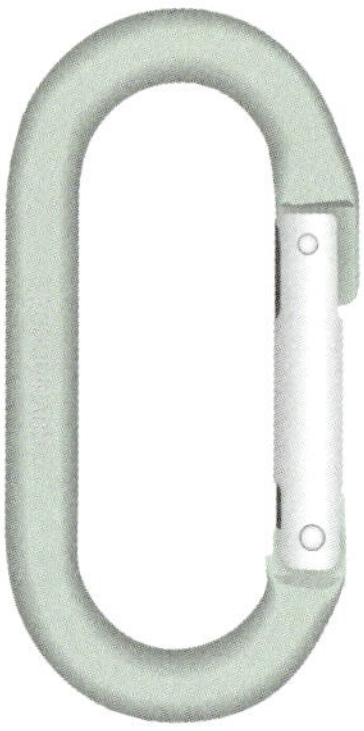

オーバル

アルファベットの「O」型。カラビナの元祖で、当初は物をかけるために使われた

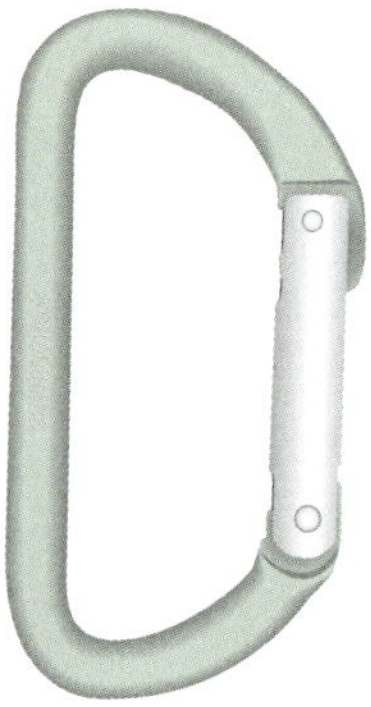

スタンダードD

アルファベットの「D」型。オーバルに比べ、より大きな力を支えられる

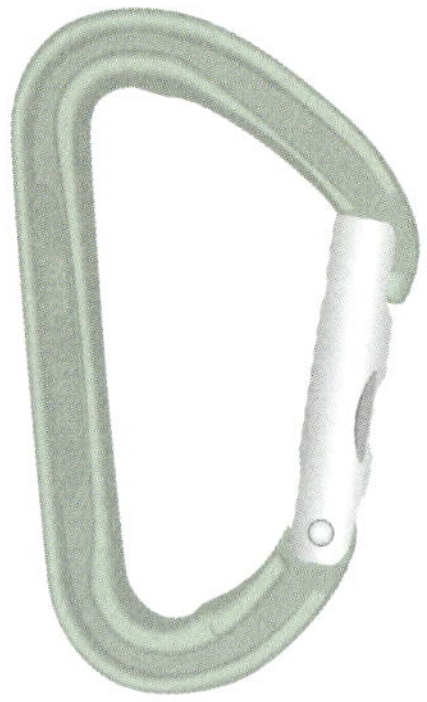

オフセットD

ゲートの根元を狭くしたD型の変形版。操作性が向上しクライミングで頻出

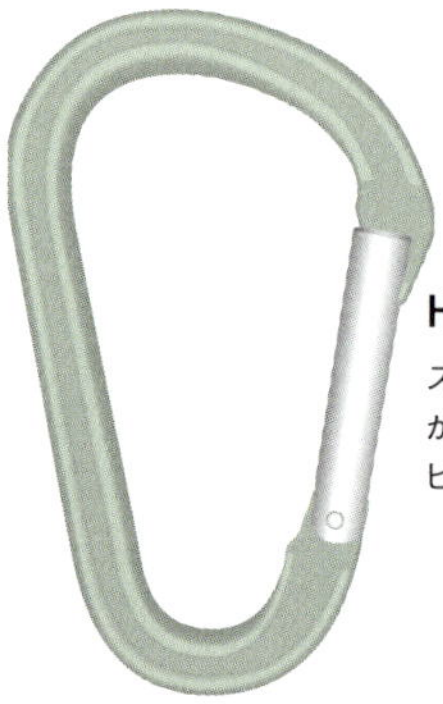

HMS

スパインからノーズのカーブがゆるやか。元はムンター・ヒッチのために開発

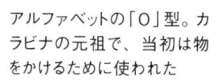

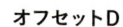

アルパインクイックドローをつくる

スリングとカラビナを組み合わせ、長さ調整可能なクイックドローをつくることができる。長くして使用する際はカラビナにかかった3つのループのうち、必ず2つを外して引き抜く。

60cmスリング

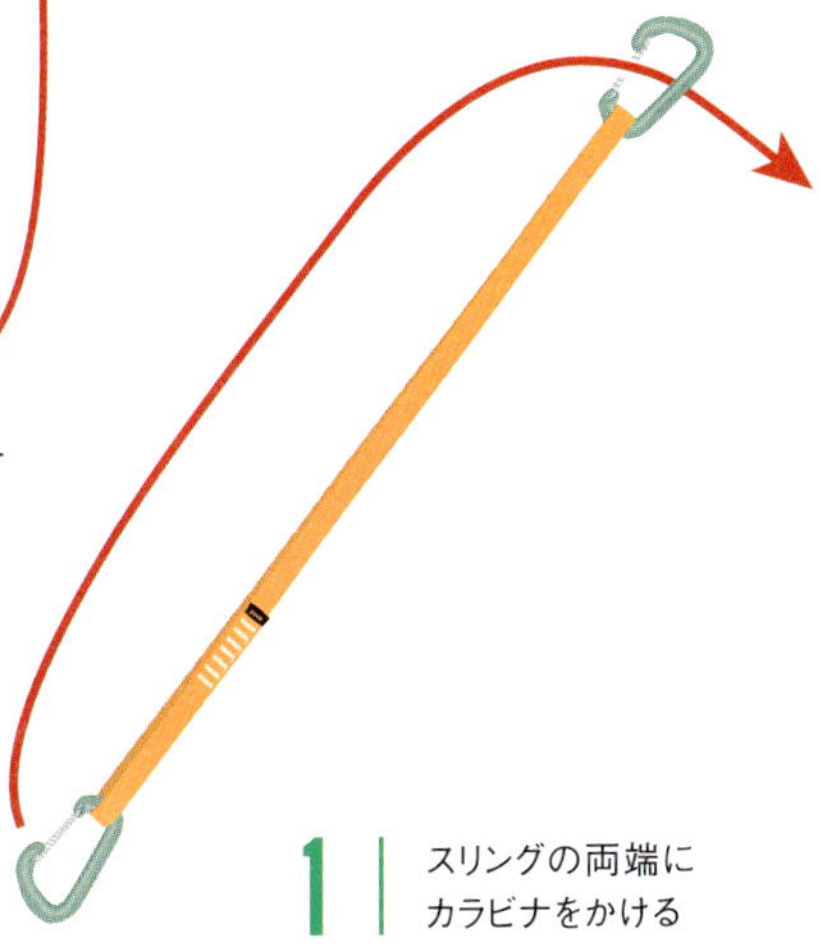

1 スリングの両端にカラビナをかける

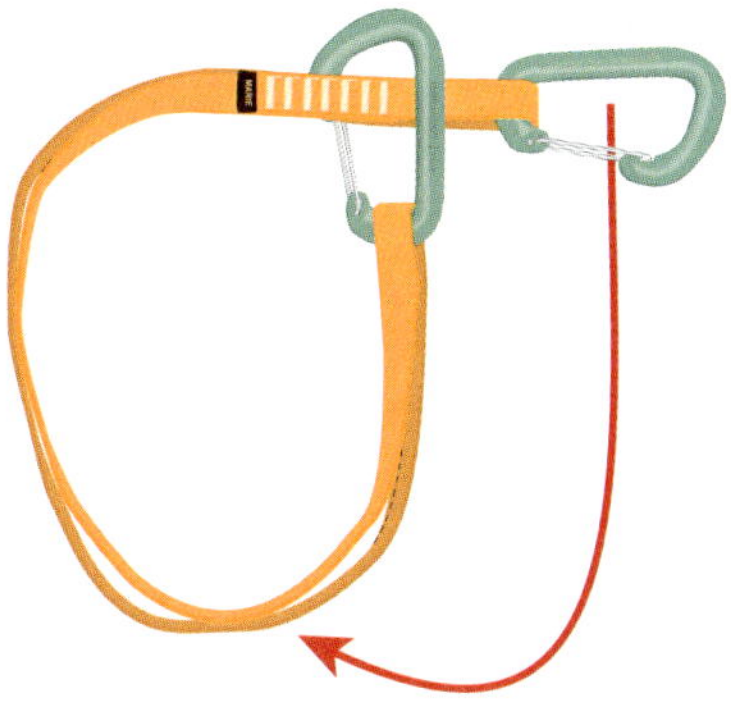

2 一方のカラビナにもう一方のカラビナを通す

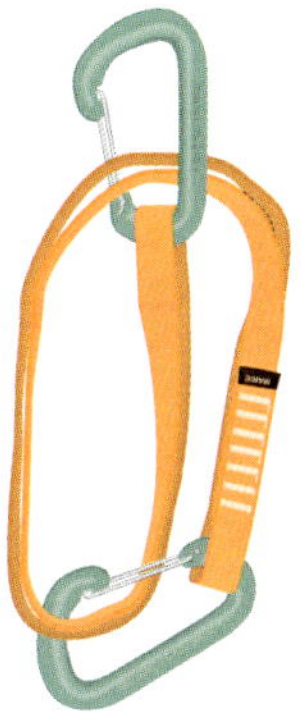

3 図のようにカラビナをクリップ

4 完成

120cmスリング

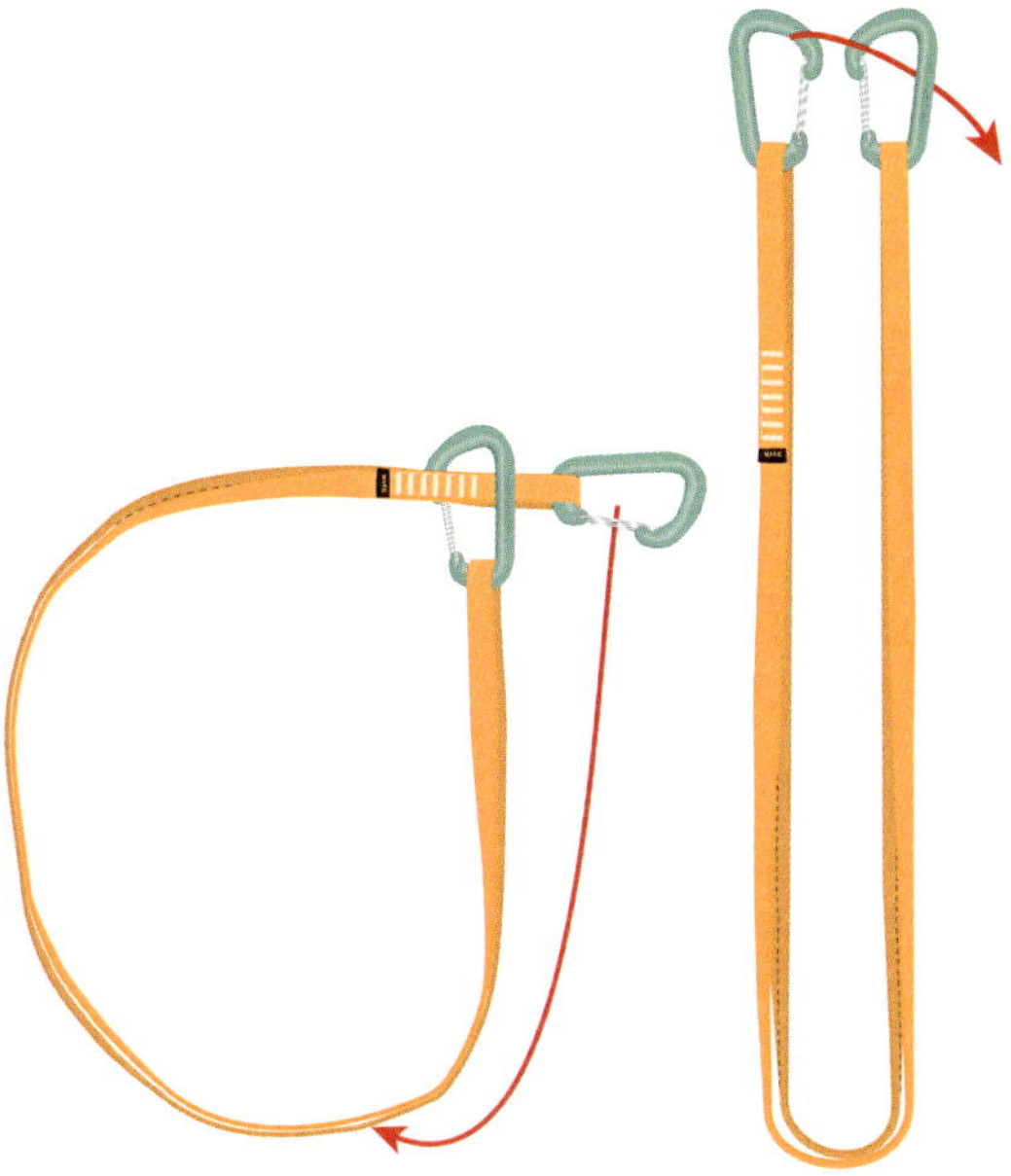

1 スリングの両端にカラビナをかけ、一方のカラビナをもう一方のカラビナに通す

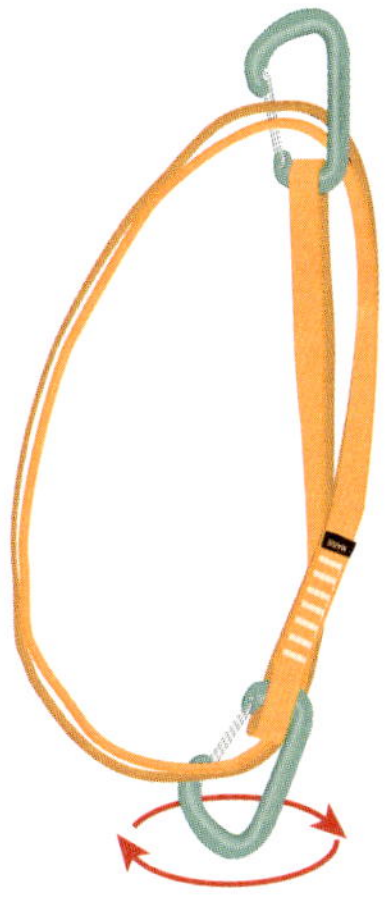

2 図のようにカラビナをかけ、数回ねじる

3 持ち運びやすいよう、一方のカラビナをもう一方にクリップして完成

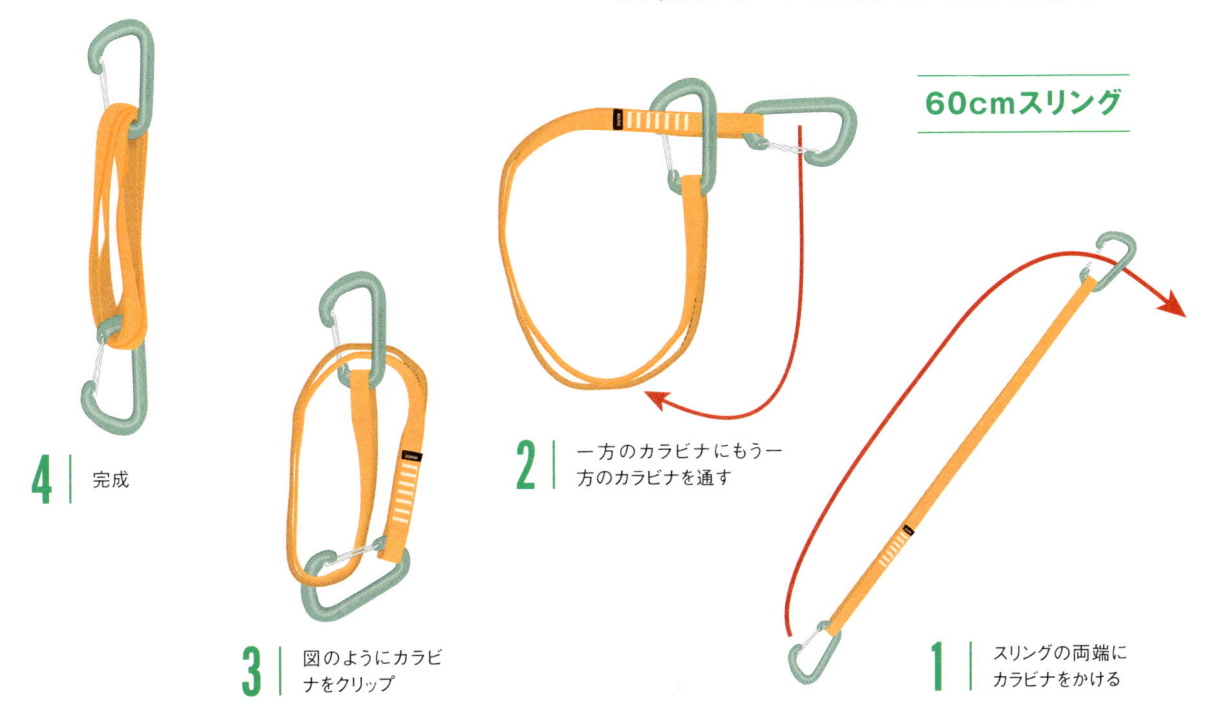

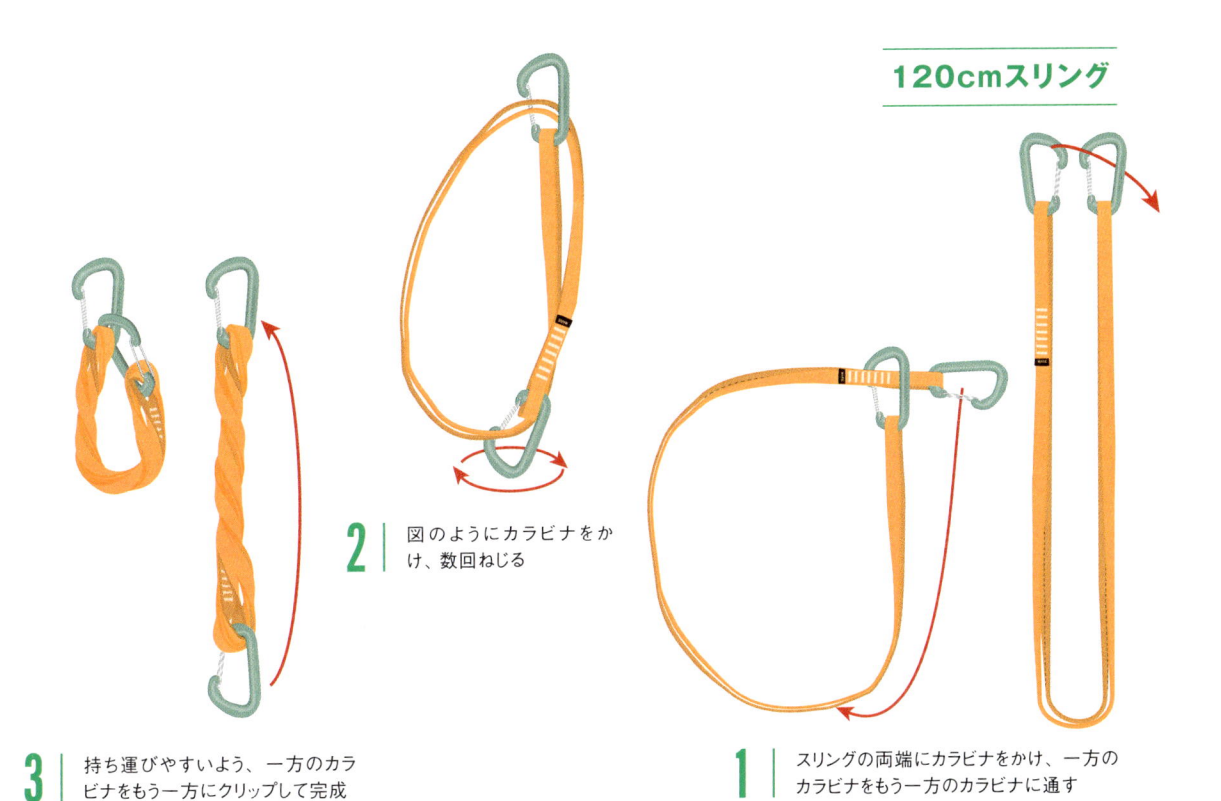

手がかり・足がかりをつくる

不安な一手を乗り越える

スリング1本で

急なトラバースを渡る際、補助となる手がかりが欲しいと思ったことはないだろうか。あるいは、急斜面を登り下りする際、「1カ所手がかりがあれば楽なのに……」と感じたことがあるかもしれない。「危険箇所」とまではいわないけれど、ちょっとした不安がある。そんなときは、木などにスリングをかけることで登下降の補助とすることができる。

登下降の補助とする場合、全体重を預ける可能性もある。強固で信頼できる支点を選ぼう。支点となる木などにスリングを巻きつけてそこに手や足を通すのがベーシック。120㎝スリングだと長く使えるし、短く調整もできて便利。当然ながら、無理にスリングをかけようとしてバランスを崩しては元も子もない。安定した足場を確保すること。

複数人で登山する際も、リーダーがスリングをかけることで後続者のサポートとすることもできる。

木への結び方

ガース・ヒッチ

☞ P.40へ

最大のメリットはスリングを長く使えること。荷重がかかる角度によっては強度が最大70%損なわれるので、極力結び目が屈折しないように

ツーバイト

☞ P.41へ

二つ折りにして木にかける。上下にずれやすいので幹の部分にかけるか、枝などの付け根に。スリングの強度を損なわず、回収も容易

使い方

手首を通して握る

ループに手首を通して握ると、力を込めて体を引き上げやすいし、下りの場合も手を離してしまうことによる事故の防止になる

足をかける

主に登りの補助として足がかりに。ループが靴の土踏まずのあたりにしっかりかかったことを確認してから荷重をかける

ガース・ヒッチして下った場合、降りた後にスリングを回収できなくなる。捨て縄を用いよう

ツーバイトは必ずふたつのループ同時に荷重をかける。足を入れる場合、手を使って確実に

スリングの使い分け

ソウンスリング

強度は充分。欠点はノットスリングより高価で捨て縄にしづらいことくらい。あらゆる場面で使用できる。長さは状況に応じてチョイス

ノットスリング

ダブルフィッシャーマンズ・ベンド

☞ P.27へ

手がかりにして体を引き上げる際など、強い荷重がかかる場合でノットスリングを使うならこれがベター。末端は径の10倍の長さを出しておく

オーバーハンド・ベンド

☞ P.16へ

簡単につくれてスピーディ。すっぽ抜けないよう、末端は長めにとること。足がかりにするなど全体重を預ける際は要注意

簡易ハーネスをつくる

緊急時のロープ使用に

ロープを使用する可能性があるなら必ずハーネスも用意するのが原則だが、緊急時にはスリングで簡易的に作成できる。チェストタイプとシットタイプのどちらも、１２０cmのソウンスリング１本を使用し、カラビナをかける。ただし、あくまで緊急時用で、万一滑落すると細いスリングが体に食い込み非常に痛い。結び方を誤ると逆に事故の危険もあるので、結びは繰り返し練習を。

チェストハーネスの使い方

主に緩傾斜の場面で用いる。上体が反らないので楽。急傾斜だと首が締まりかねず、危険なので使用しない。到着地点が安定しており、かつ行動範囲の傾斜が緩い場合に。

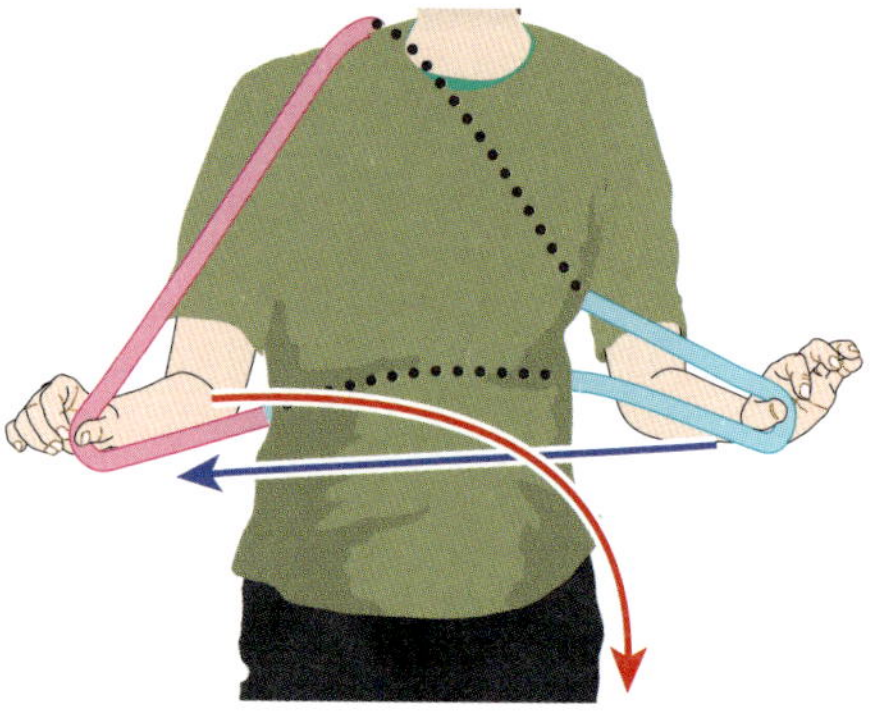

1 スリングを片方の肩にかけ、背中側を通して脇下から引き出す

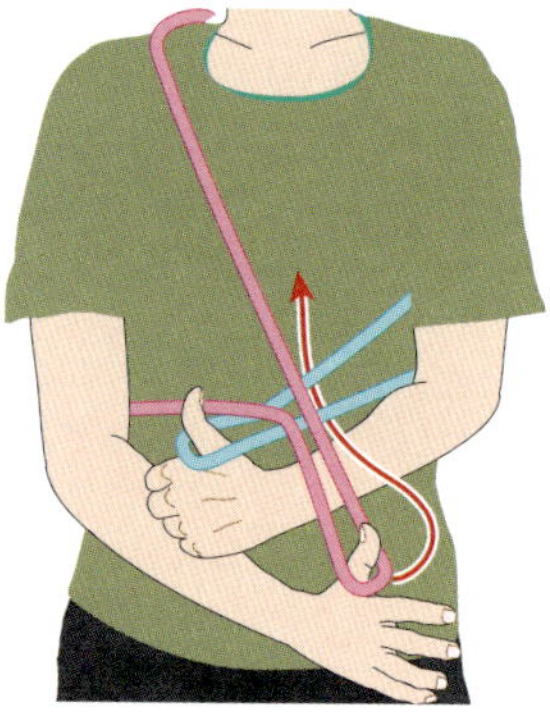

2 左右の手を持ち替え、両手を胸の前で交差させて矢印のように巻きつける

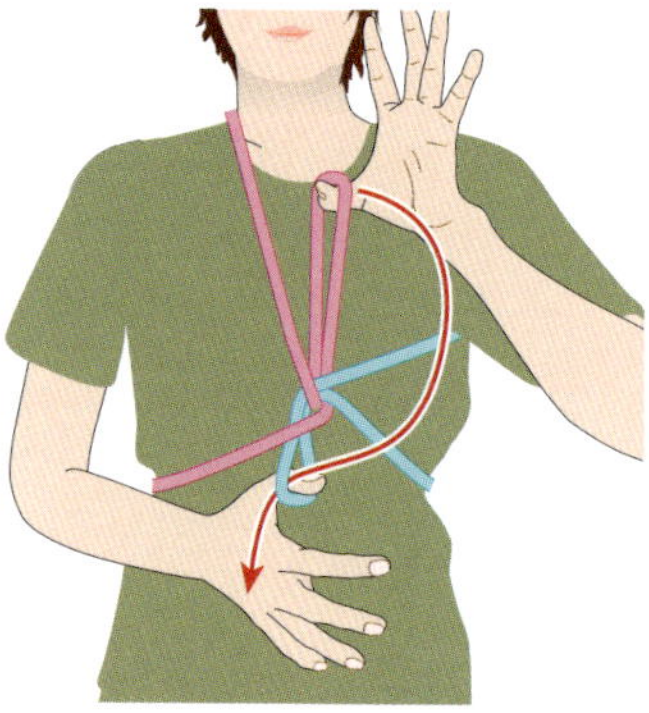

3 胸の前でしっかり締めて、巻きつけた側の端を矢印のように輪に通す

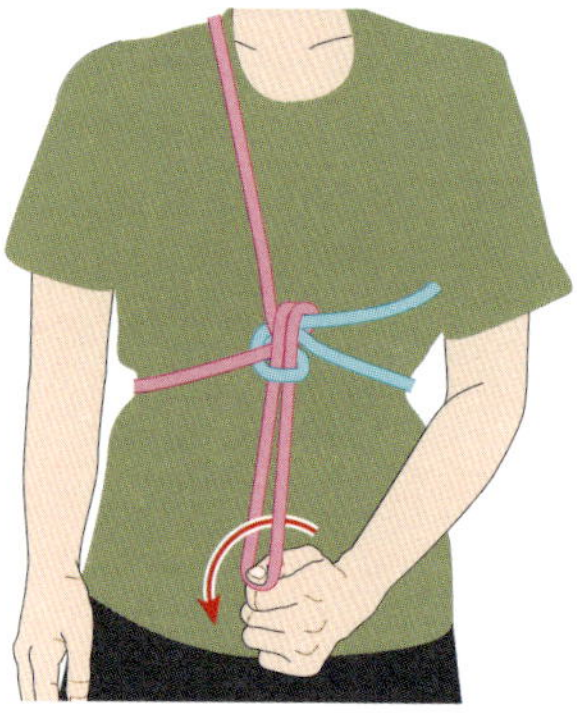

4 結び目を締め込んでロックカラビナを矢印のようにかける

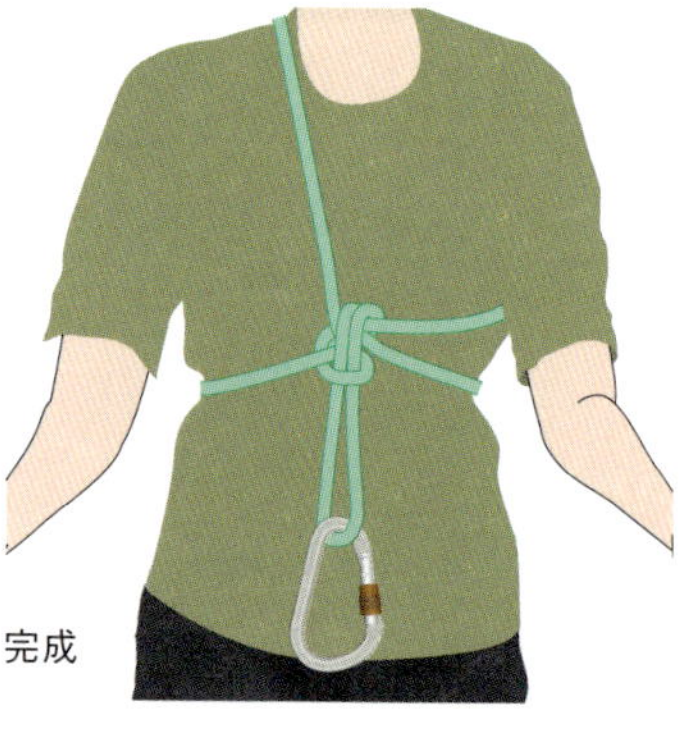

5 完成

注意

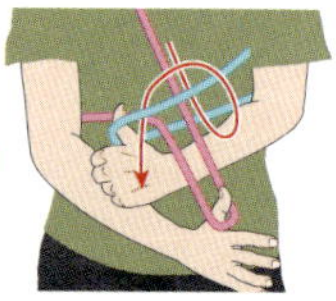

片方の端をもう一方の輪に通して結ぶと…

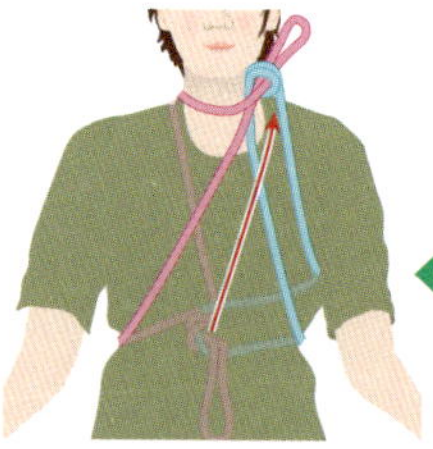

結び目がズレて首が締まる

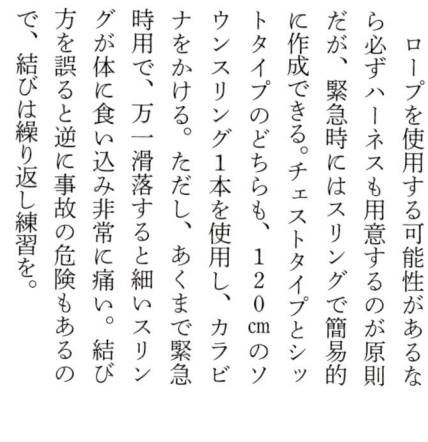

連結してフルボディに

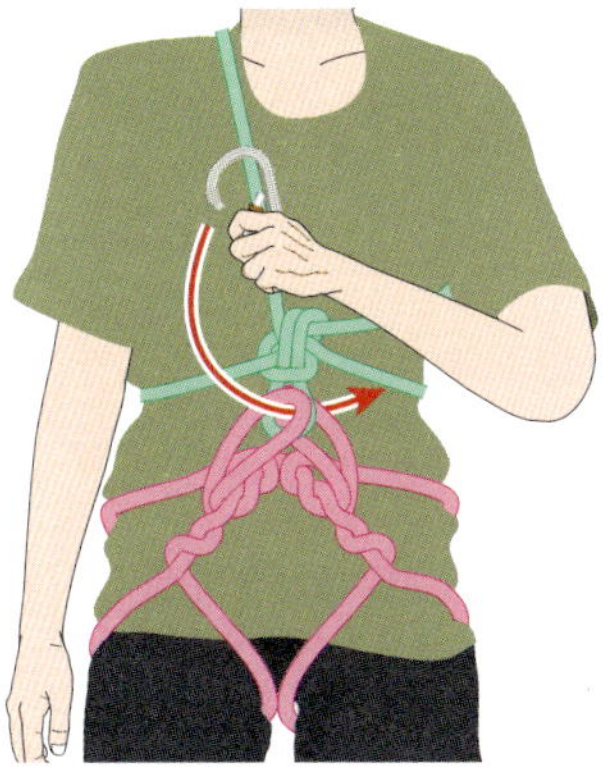

チェストハーネスとシットハーネス両方をつくり、カラビナで連結することでフルボディハーネスとすることも可能。体があおられにくく、安定する。

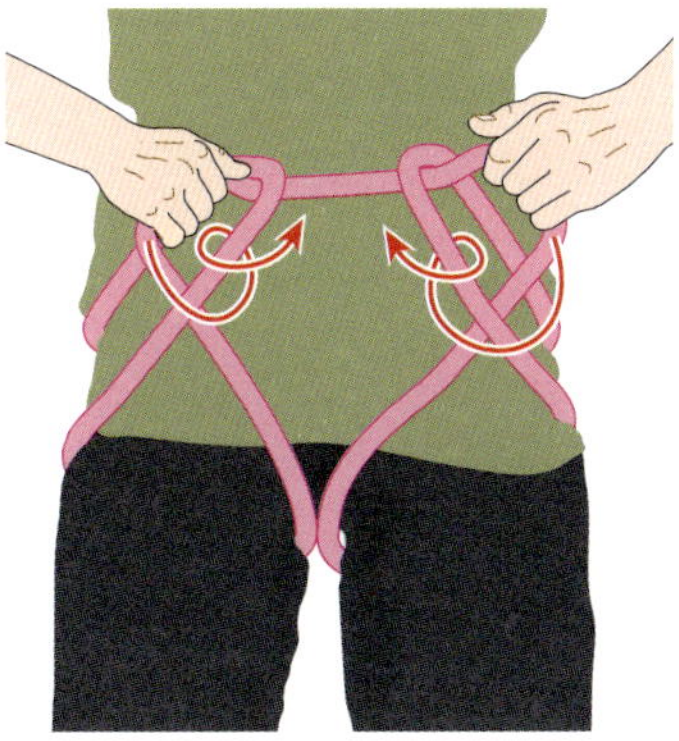

4 長さ調整のため、数回ねじる

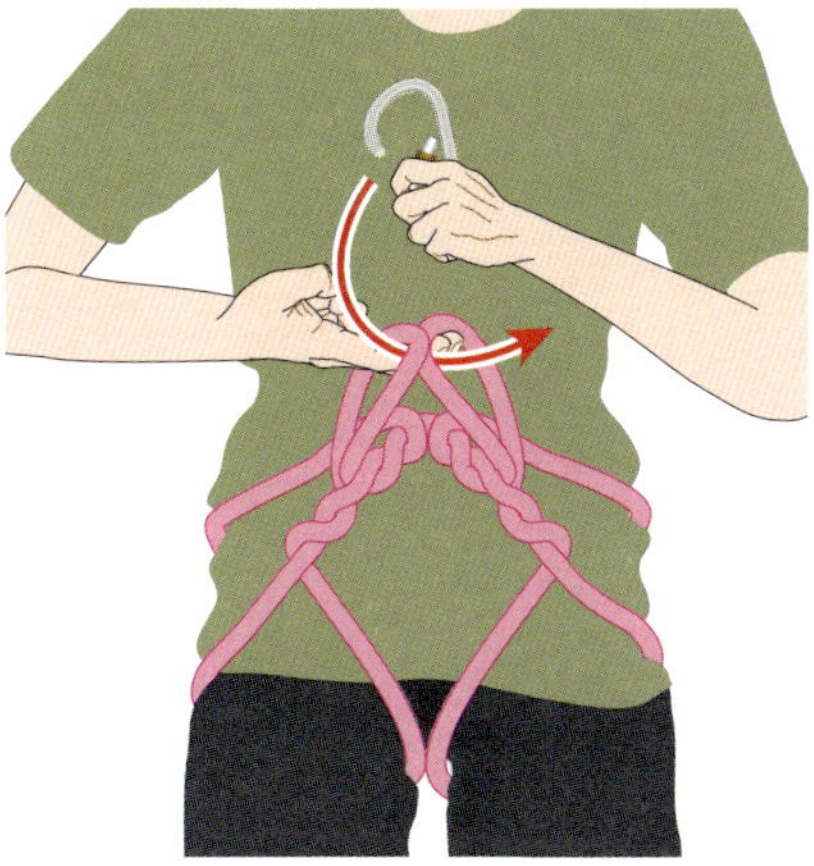

5 ねじって小さくした両方の輪にロックカラビナをかけて完成

シットハーネスの使い方

急傾斜だったり、行動範囲は緩傾斜でも到着地点の足場が不安定でセルフビレイが必要な場合は、シットハーネスがいい。ただし、簡易的なシットハーネスは体があおられやすい。

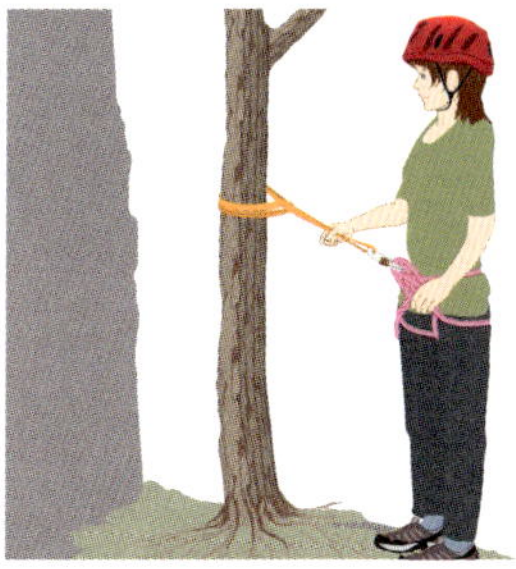

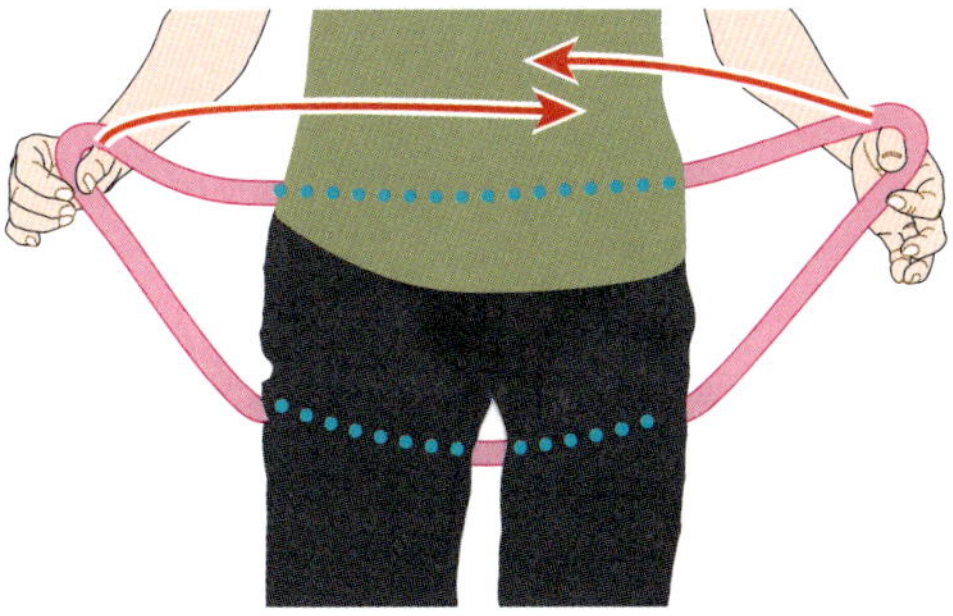

1 スリングをお尻にまわし、左右の手で持って腰の両側から前方へ

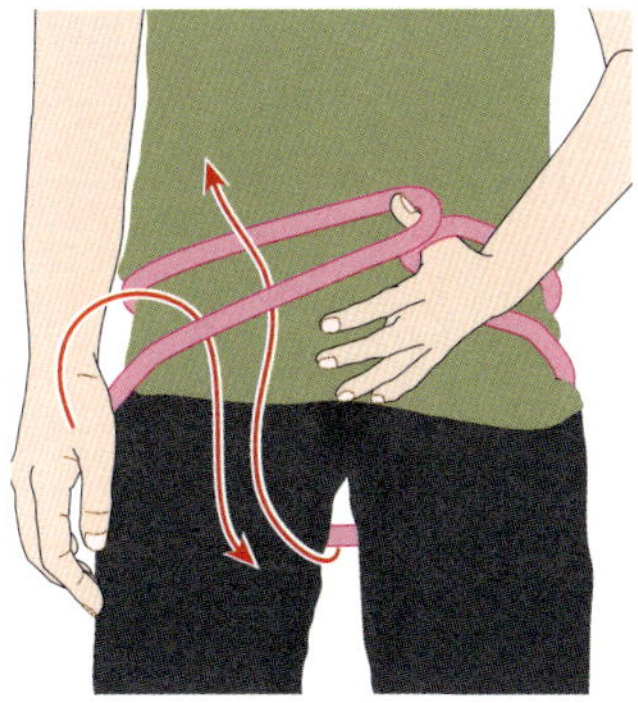

2 両端を片手で持ち、もう片方の手で股下からスリングの一部を引き出す

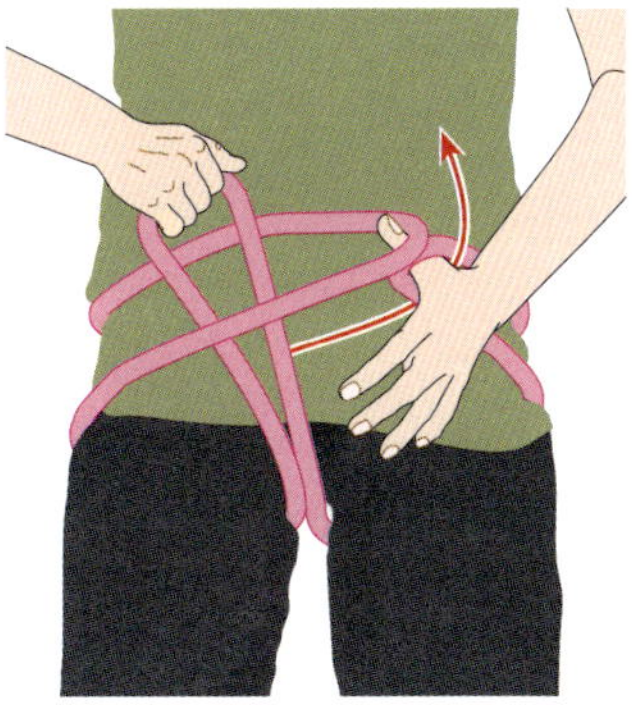

3 引き出した輪の片側を矢印のように通す

セルフビレイをセットする

安全確保の基本

すべての技術に通じる

セルフビレイとは、言葉どおり自分の安全を確保すること。登山・クライミングのロープワークは、自身に危険がない状態で行なうことが絶対条件。足場が不安定だったり、バランスを崩すと転落の恐れがあるような場所では、転・滑落を防ぐシステムをつくる必要がある。そのシステムをセルフビレイという。また、急斜面や険しい岩場で小休止する場合なども、セルフビレイをセットすることがある。

基本は自身のハーネスと木や岩などの対象物を結びつける。対象物やシチュエーションによって方法はさまざまだが、絶対的な条件として自身の体重がかかっても壊れない強度があること。ここでは基本的な対象物とセット法を紹介する。

なお、セルフビレイのセットを「セルフビレイを取る」と表現することがある。しかし、「解除する」と勘違いする恐れがあるので、「セットする」という表現を使うようにしたい。

ハーネスにスリングをセット

素早く確実にセルフビレイをセットするため、セルフビレイ用のスリングを用意しておくといい。120㎝程度のスリングをオーバーハンド・ノットしてたるまないようにし、ハーネスのタインループとウエストベルトを通してガース・ヒッチする。先端とノットの手前にカラビナをかけ、ギアループにクリップする。なお、セルフビレイ専用のコードも売られている。

支点の種類とセルフビレイのセット法

シチュエーションによりセット法は千差万別。スリングをしっかり張ること、落下時の衝撃を小さくするため水平より上からセットすることが基本だが、状況に応じて臨機応変に。

ツーバイト（応用） ☞ P.41へ

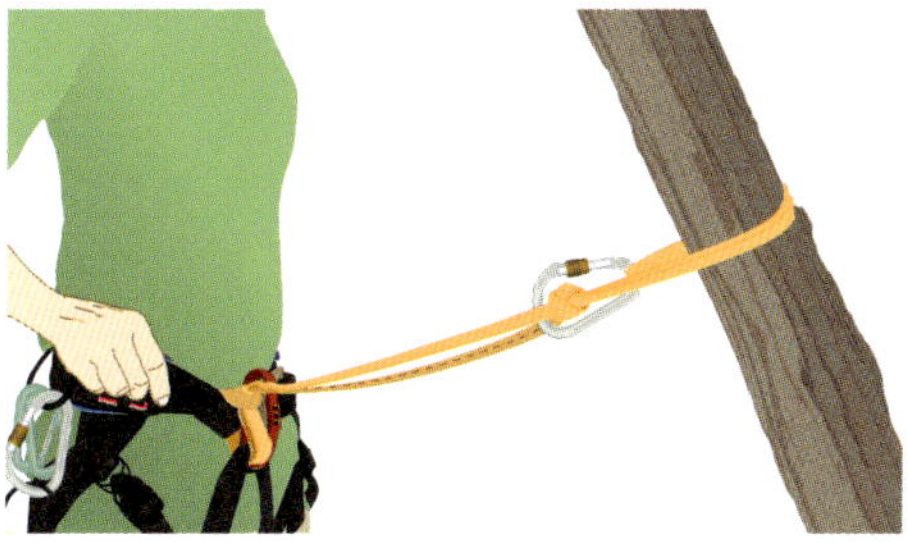

セルフビレイコードを木にかけてクリップ。最低限の道具でできる

ガース・ヒッチ ☞ P.40へ

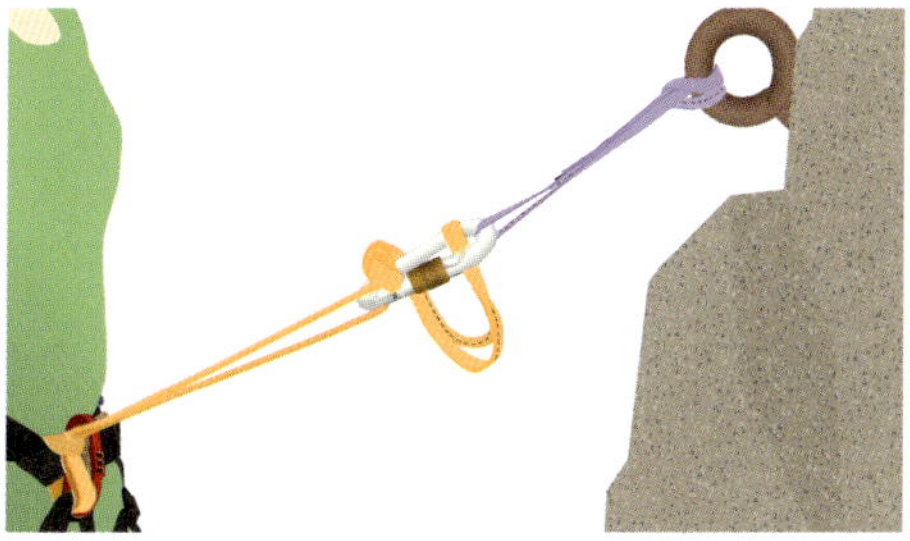

スリングを長く使える。結び目が屈曲すると強度が低下するので注意

杭・クサリにカラビナは？

金属製の杭やクサリは、セルフビレイをセットする対象として一見優れている。しかし、強度が充分かは要チェックだ。腐食するなどして強度が低下しているものが少なくない。さらに大切なのは、「テコの原理」に注意すること。杭やクサリに金属製のカラビナを直接クリップすると、角度によってはテコの原理が働いてカラビナが破断する。心配なときはツーバイトなどでスリングをかけてからセットしよう。

ツーバイト ☞ P.41へ

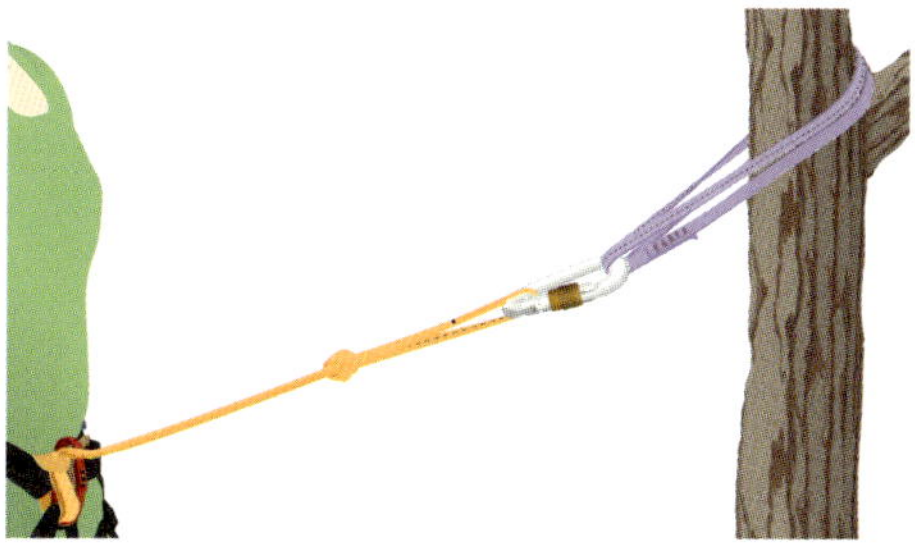

スリングをツーバイトしてかけ、コードのカラビナをクリップ

ラウンドターン ☞ P.41へ

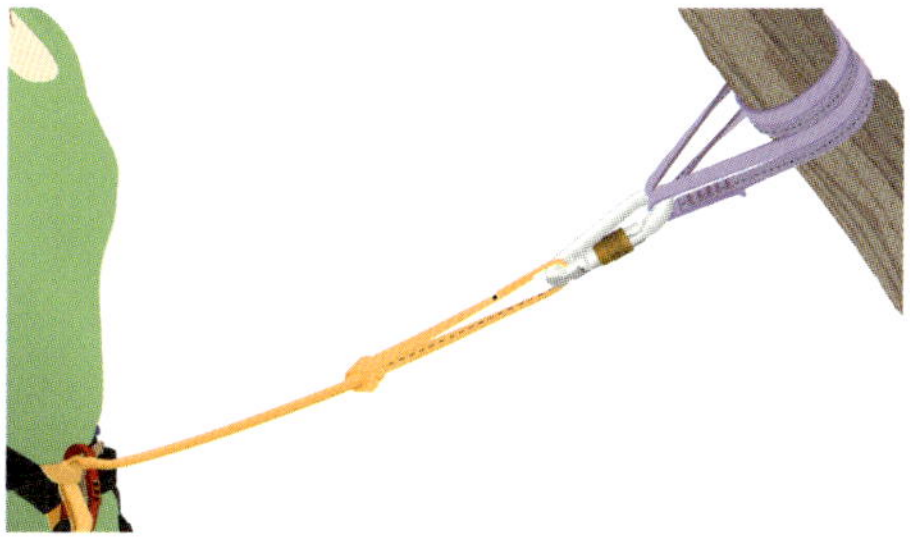

ラウンドターンしてかける。ツーバイトよりずれにくい

通し掛け ☞ P.41へ

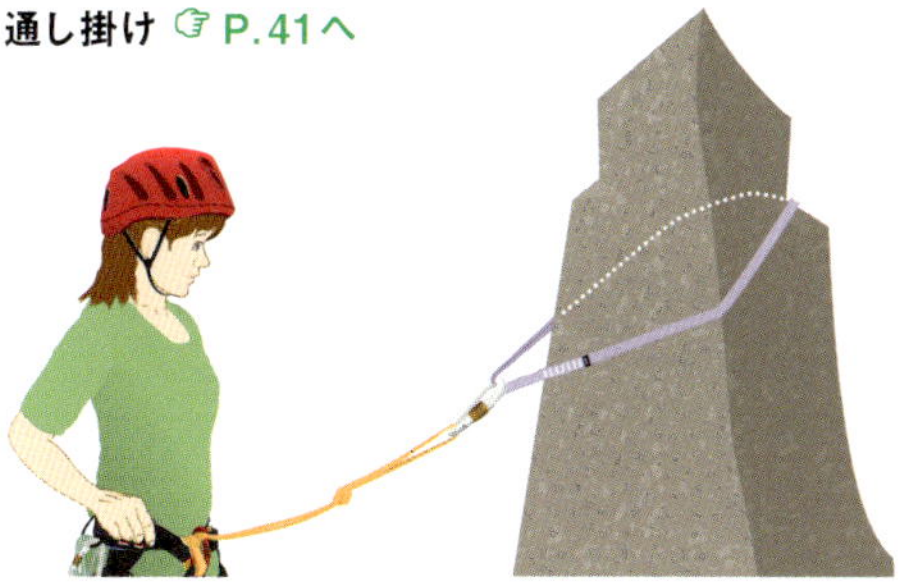

上からかけられる岩や切り株に。大型の対象物にセットできる

クローブ・ヒッチ ☞ P.30へ

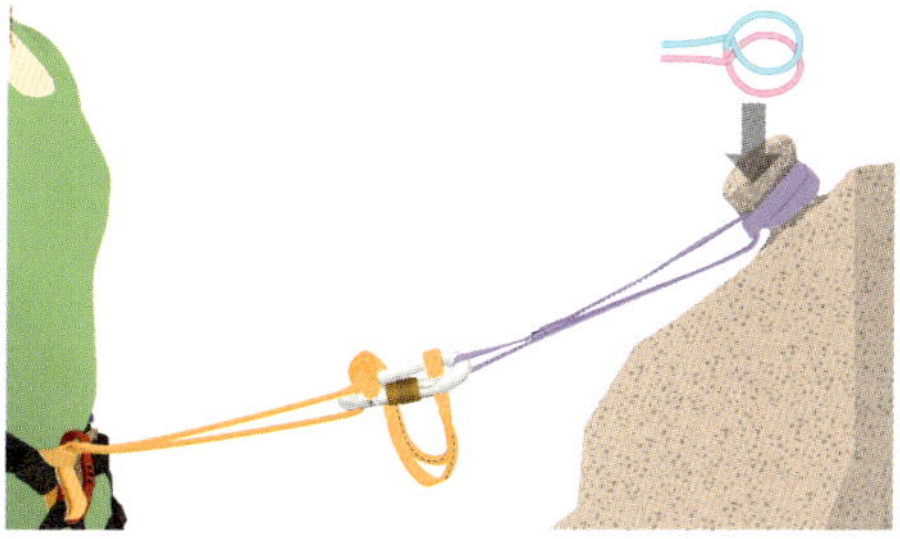

対象物を締め込むのでずれる心配が少ない

バックパックを引き上げる／降ろす

空荷で登降するために

パフォーマンスを上げる技術

登山中、バックパックさえなければもっと安全に岩場を越えられるのに……と思ったことはないだろうか。特にテント泊のような重たい荷物を背負っての岩場の登降には危険がつきまとう。安全面はもちろん、パフォーマンスも荷物のあるなしでは大きく変わる。アルパインクライミングなどでは、そもそもバックパックを背負っていては登れない岩場に出くわすかもしれない。そんなときは、荷物を置いて登って、あとからバックパックを引き上げる、あるいはバックパックだけ先に降ろし、自分は空荷でクライムダウンする、という方法がある。もちろん、ほかの登山者が多数いるような一般登山道の岩場ではなかなか難しいが、バリエーションルートなどに挑む際はぜひ覚えておきたい技術だ。

荷物が重ければ重いほど引き上げにパワーが必要だが、技術的には決して難しくない。

引き上げの手順

システム自体は、バックパックにロープを結んで登り、その後バックパックを引き上げるというシンプルなもの。途中力をゆるめてもバックパックが落下しないよう、ガルダー・ヒッチを用いるといい。

1 グラブループにロープを結ぶ

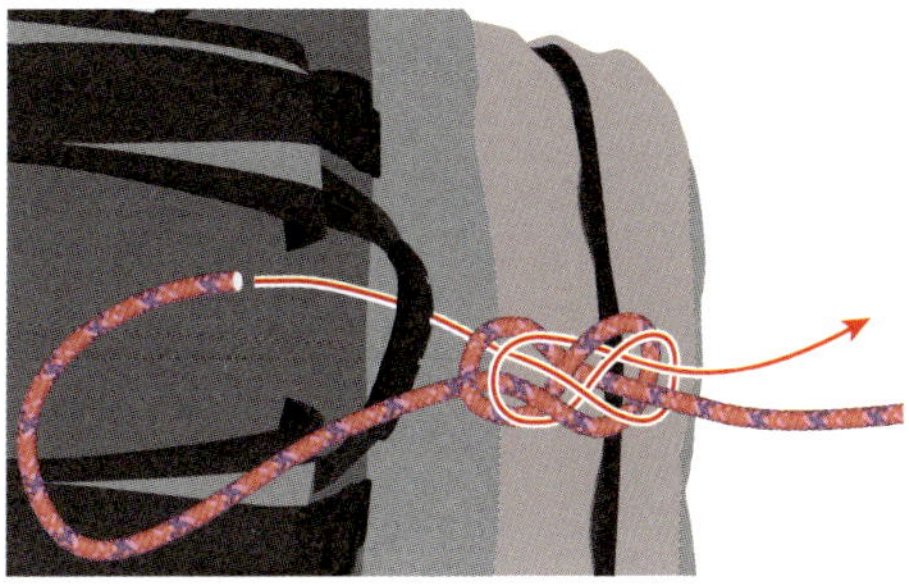

バックパックのグラブループ（上部の持ち手）にフィギュアエイト・フォロースルー（P21）でロープの末端を結ぶ

2 ロープを整える

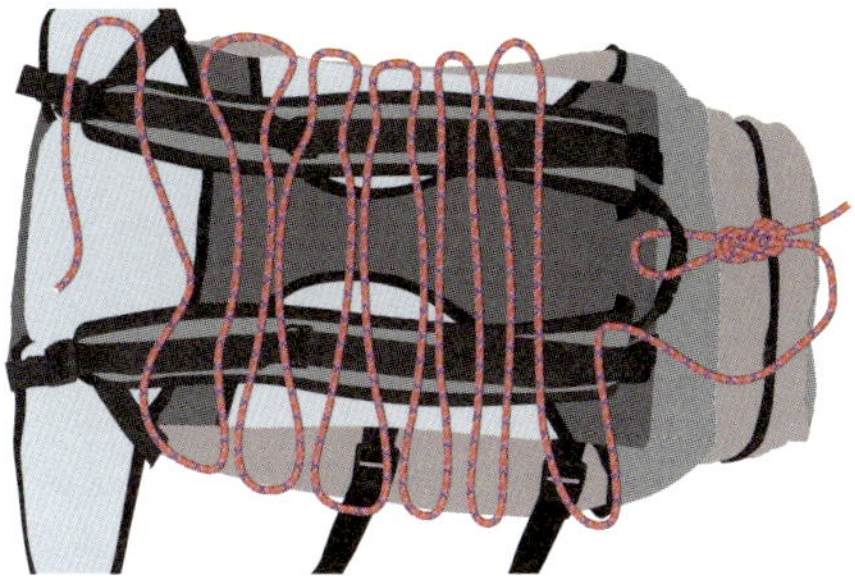

引き上げる際にロープが絡まないよう、丁寧に整える。バックパックの上に重ねていくといい

3 末端にカラビナをセット

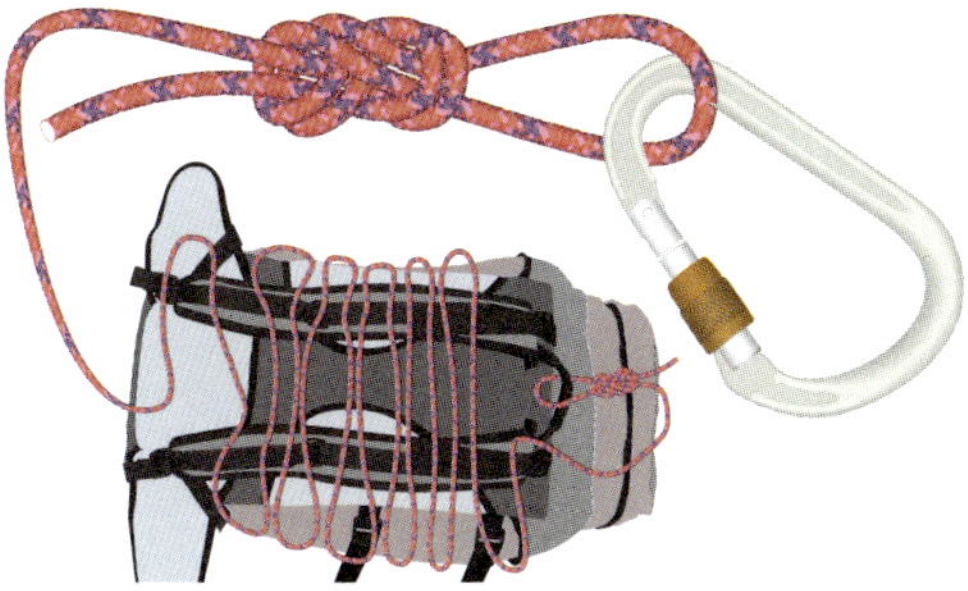

ロープを整えたら、末端をフィギュアエイト・オン・ア・バイト（P20）で結び、カラビナをセットする

4 ギアループにかける

3 でセットしたカラビナを、ハーネスのギアループにクリップする。セルフビレイ用のスリングも用意しておく

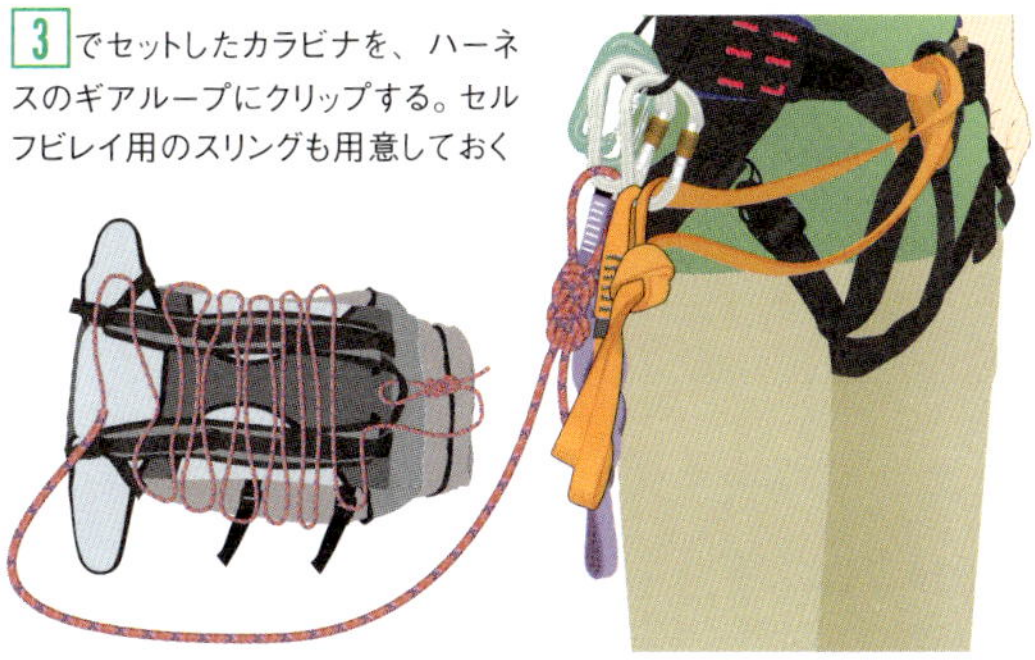

5 登る

空荷で登る。バックパックがない分スムーズに登れるが、ロープが途中の岩角などに引っかからないよう注意

6 セルフビレイ

バックパック引き上げ時はバランスを崩しやすい。岩場を登り終えたら、まずはセルフビレイをセットする

7 スリングにカラビナをセット

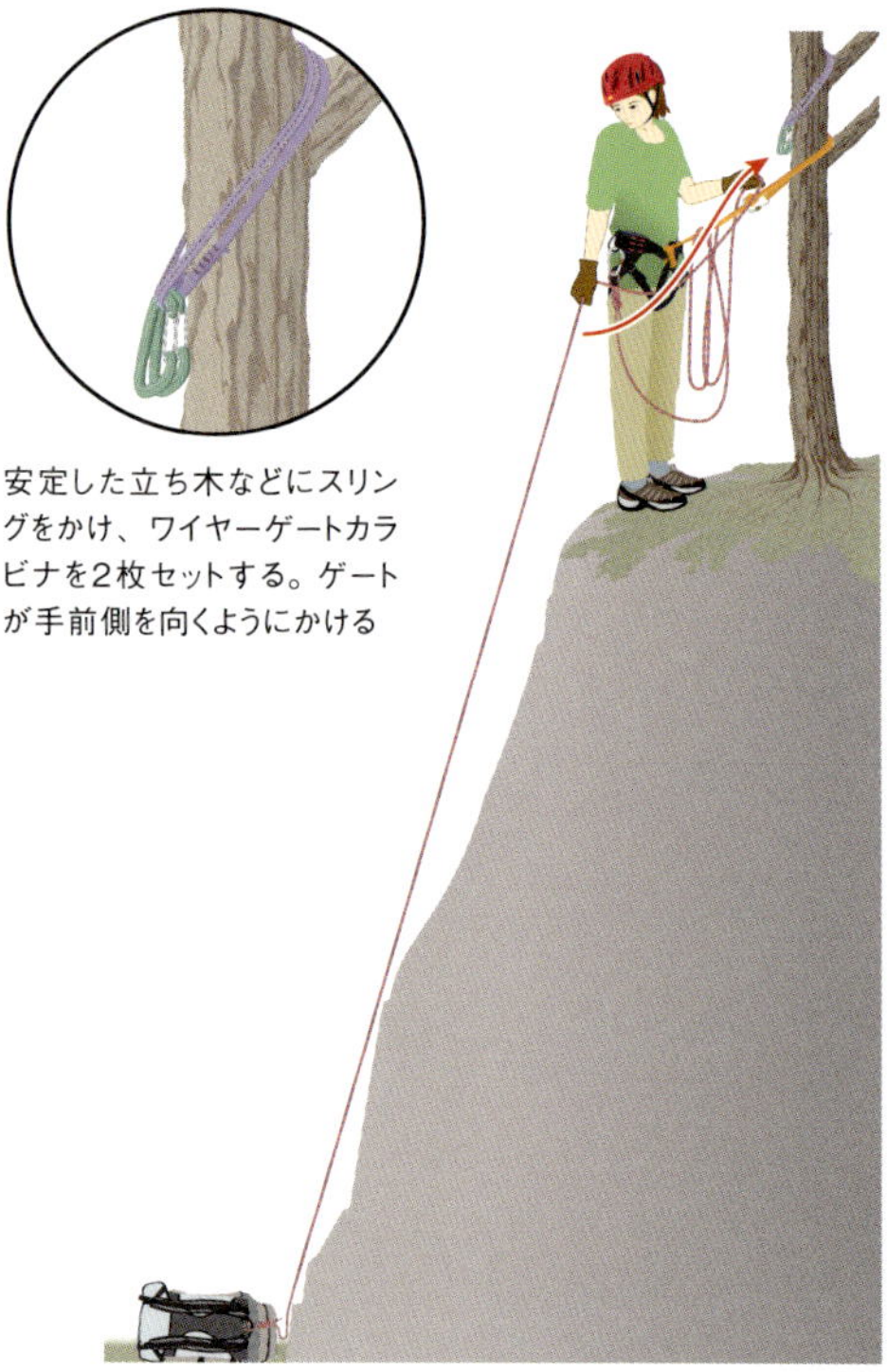

安定した立ち木などにスリングをかけ、ワイヤーゲートカラビナを2枚セットする。ゲートが手前側を向くようにかける

8 ガルダー・ヒッチで引き上げる

7でかけたカラビナに、引き上げたメインロープでガルダー・ヒッチ（P35）をセットし、図のようにロープを引く

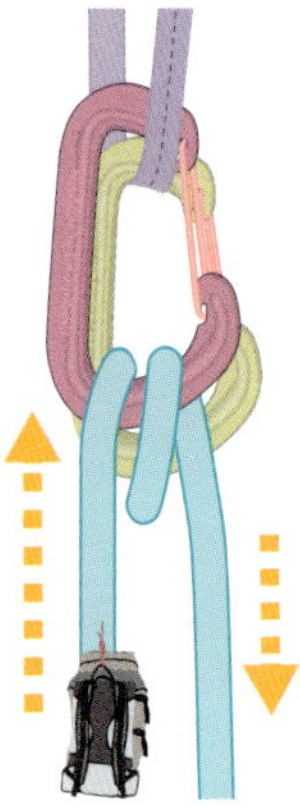

バックパックが軽い場合

ガルダー・ヒッチは荷重がかかってもロープがロックされるので休み休み引き上げられるメリットがあるが、バックパックが軽い場合は必ずしもセットしなくていい。

カラビナにかけて引く

カラビナにロープをかけて引く方法。こちらも途中で手を離して休むことはできないが、直接引っ張り上げるのと比べてずいぶん楽

そのまま引き上げ

バックパックが軽い場合、手順6の後そのままロープを引き上げてもいい。ただし、当然手を離せば落下するので一気に引き上げる必要が

ガルダー・ヒッチの解除法

ガルダー・ヒッチは荷重方向にロープが動かないが、逆に、ロープをゆるめたい場合も簡単には戻せない。途中でバックパックが引っかかるなどした場合、少しゆるめてから再度引き上げる必要がある。そんなときはいったんガルダー・ヒッチを解除する。

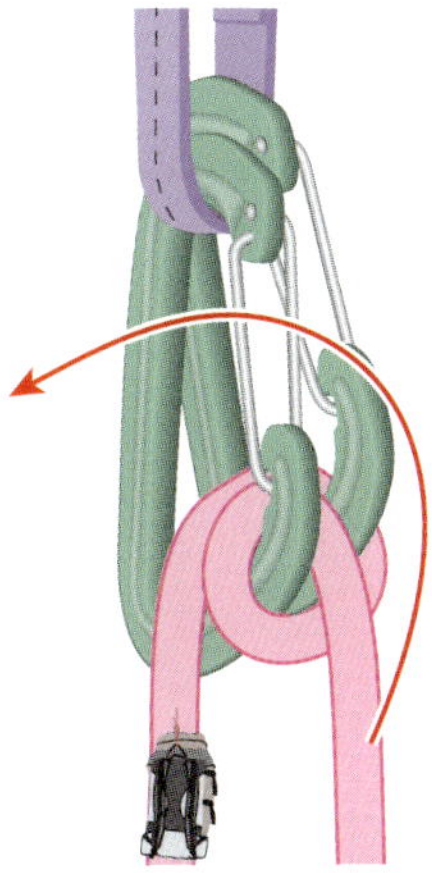

1 自分（確保者）側のロープを矢印のように上へ

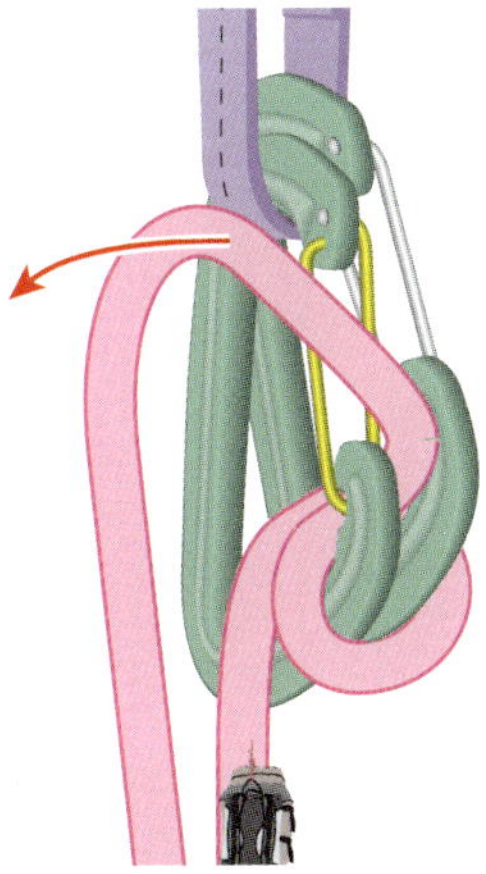

2 図のように手前側のカラビナのゲートを押す

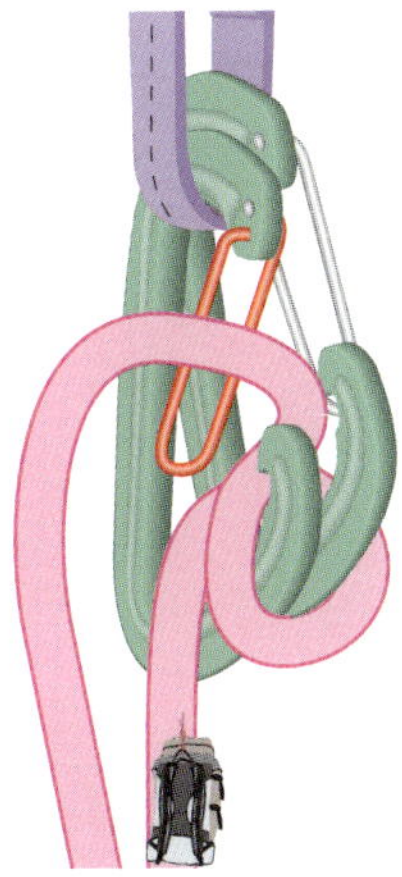

3 ゲートを開け、ロープをクリップする

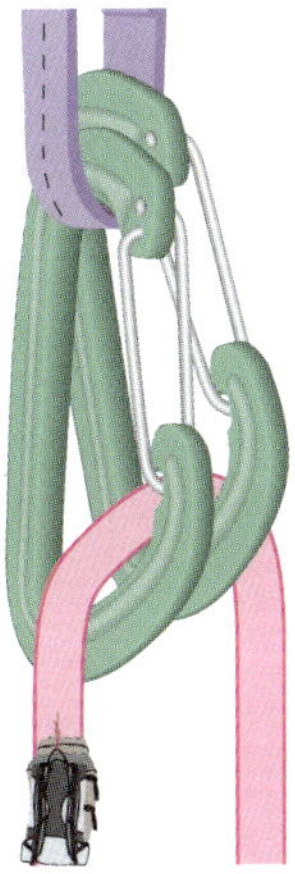

4 ガルダー・ヒッチが解除される。急に荷重がかかるので注意

降ろすとき

空荷で降りたい場合、登りとは逆にバックパックを先に降ろす。登り同様システム自体は非常にシンプル。下にいる登山者にぶつけてしまうことがないよう注意すること。

バックパックが重い場合

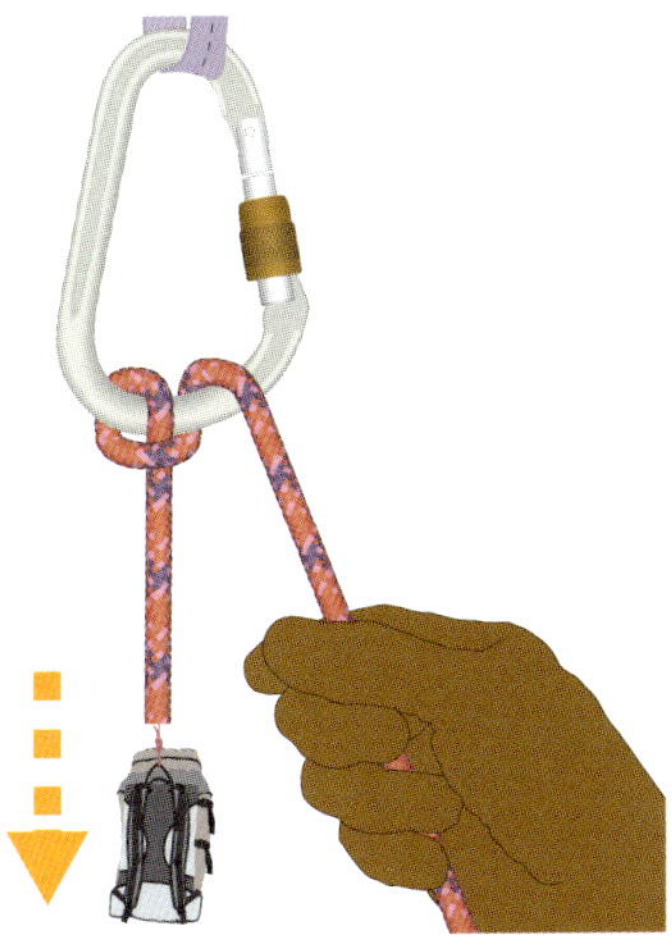

バックパックが重い場合、ムンター・ヒッチ（P34）でバックパックを「確保」する。ブレーキ側のロープをゆるめれば、その分バックパックが下へ

バックパックが軽い場合

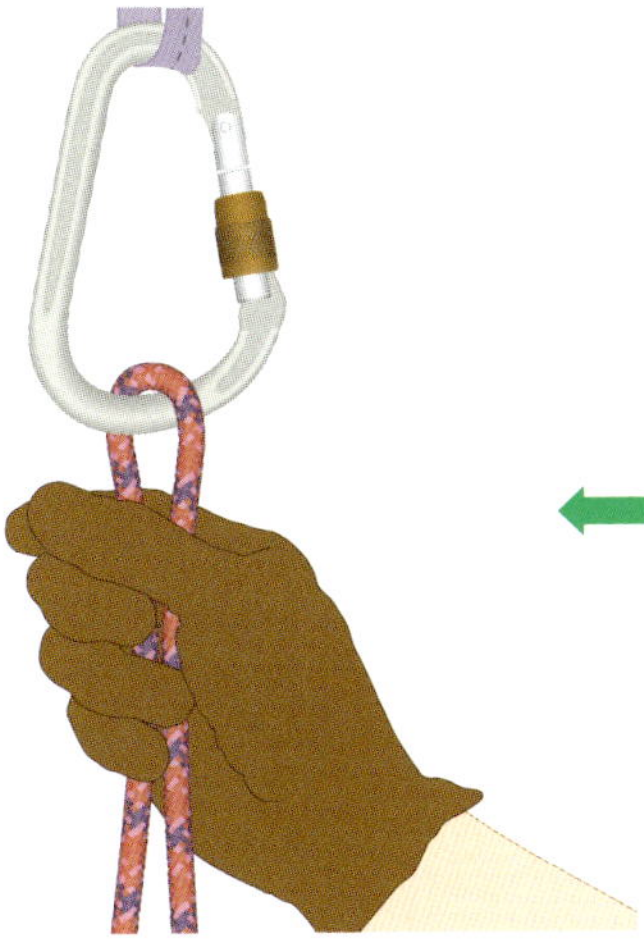

バックパックが軽ければ、カラビナにロープをかけてダブルストランドで握り、少しずつロープを出していく。荷重によって自然と落下する

まず自身のセルフビレイをセットし、ロープの末端をバックパックのグラブループに結ぶ。反対の末端はカラビナにかけておく

懸垂下降をマスターする

最重要技術のひとつ

岩場を安全に下降する

岩場などの危険地帯は、登りより下りが難しい。前ページでバックパックを先に降ろす方法を紹介したが、それでも手足で下るクライムダウンが難しい場合、ロープを使った懸垂下降（ラペル）という技術で安全に下ることができる。バリエーションルートなどでは必須の技術だし、一般登山道でも、ルートを誤って引き返したいが、登ってきた場所を下れない、というケースも考えられる。

懸垂下降は、支点となる木や人工物にロープをかけ、それを伝って降りていく技術。下降器（ラペルディバイス）と呼ばれる器具を使う方法と、カラビナで下る方法がある。どちらも自身のハーネスに下降器（またはカラビナ）を付け、そこにロープをセットして、ブレーキをかけながら下っていく。下降器のほうがスムーズだしロープも傷めないが、登山では持っているとは限らないので、どちらも覚えておこう。

カラビナへのロープのセット

ムンター・ヒッチ

カラビナへロープを結ぶ際は、ダブルストランドのムンター・ヒッチを用いる。P34で紹介した基本形とは違う手順を覚えると便利。

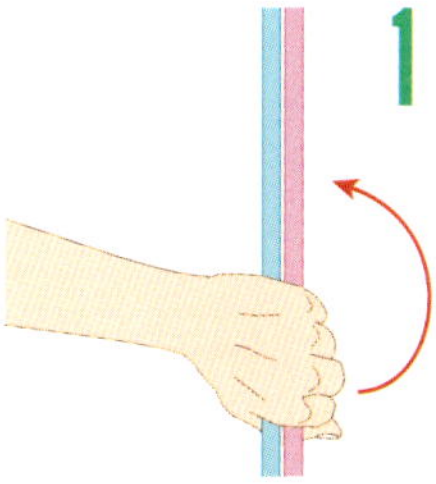

1 ロープを握り、矢印のようにひねって**2**の形にする

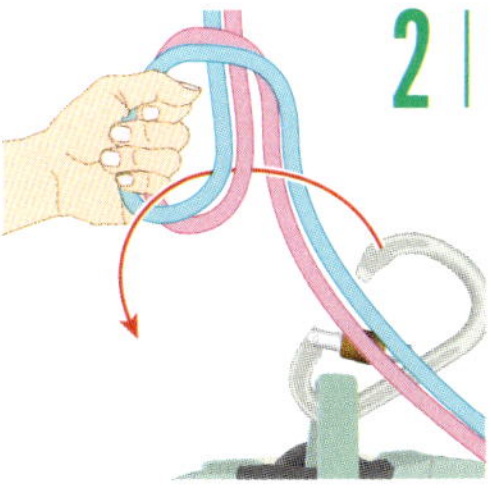

2 矢印のように下側のロープにカラビナをかける

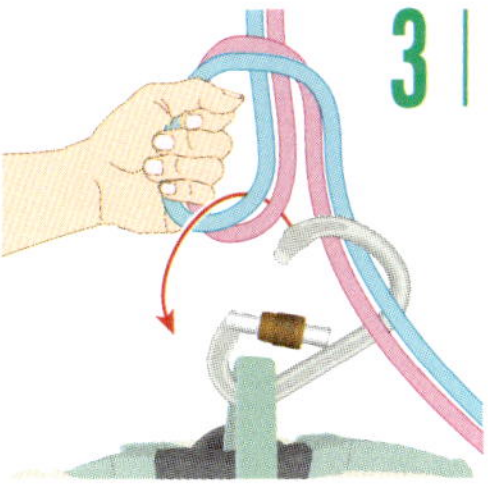

3 下側のロープにかけたのち、ループにかける

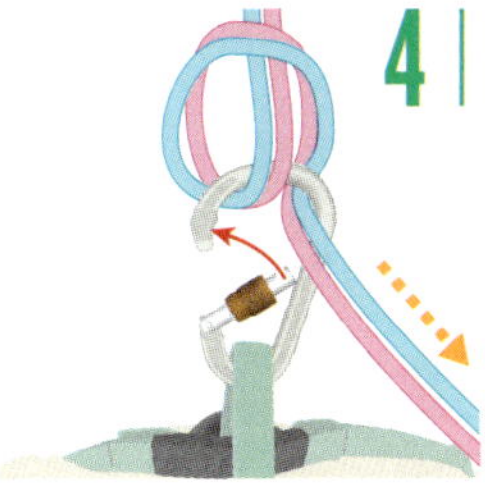

4 カラビナのゲートを閉じ、ブレーキストランド側のロープを引いて結びを締める

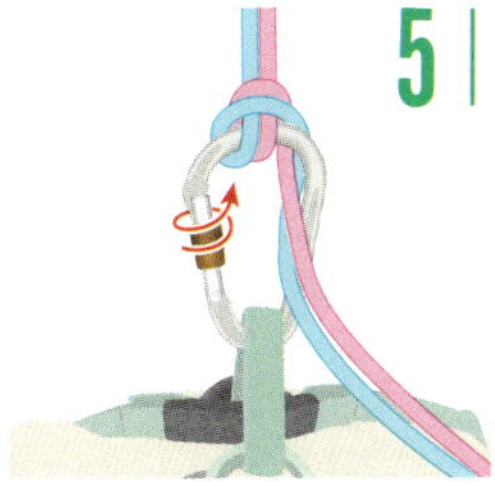

5 カラビナをロックして完成

カラビナで懸垂下降する

1 セルフビレイをセット

支点とする木や人工物に、安全な場所でセルフビレイをセットする。自分の全体重以上の負荷がかかるので強固な支点を探すこと

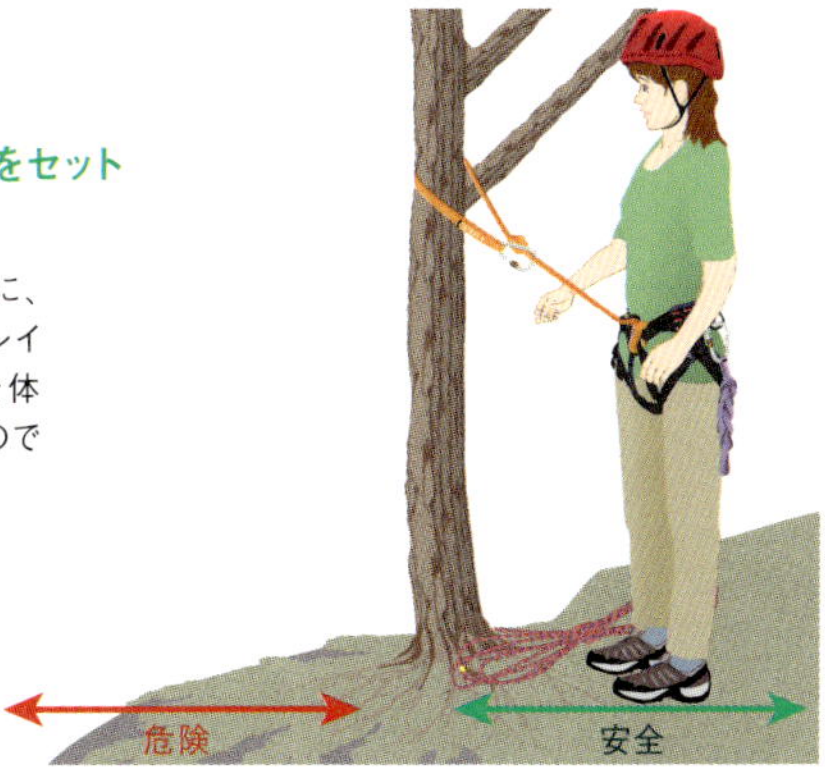

2 支点にロープをかける

支点をセットし二つ折りにしたロープをかける。直接木にかける方法もあるが、摩擦で傷む。スリング・カラビナを使用するのがベター(回収できないので残置)。ノットスリングを捨て縄にし、そこにロープをかけてもいい。両端はダブルストランドのフィギュアエイト・ノットで結ぶ

3 ロープを下ろし、カラビナにセット

❶ロープを末端から徐々に下ろし、カラビナのすぐ下を握る　❷着地点までロープが届いているか、引っかかっていないかを目視で確認する　❸ビレイループにカラビナをセットし、ロープを結ぶ（左参照）

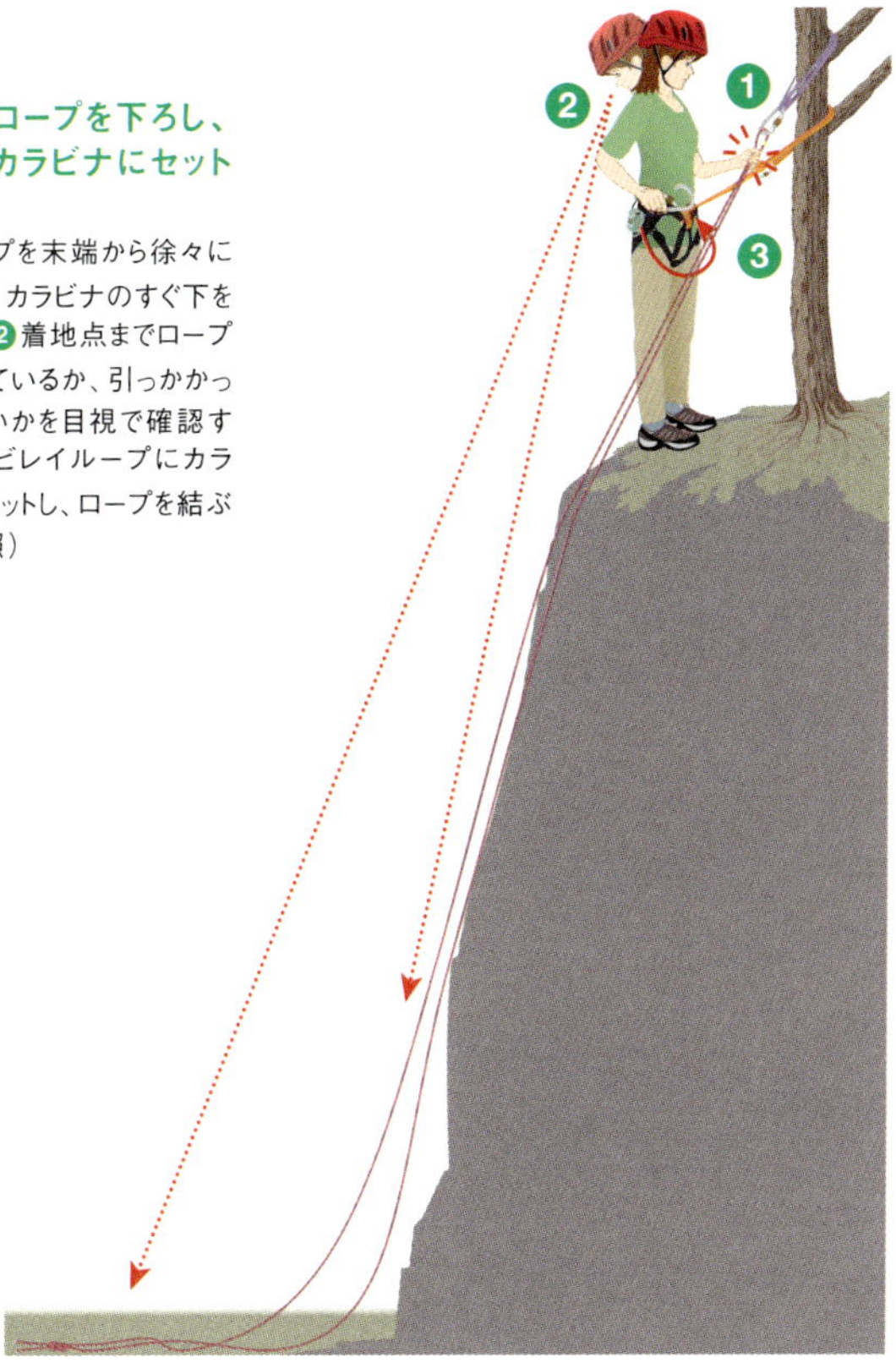

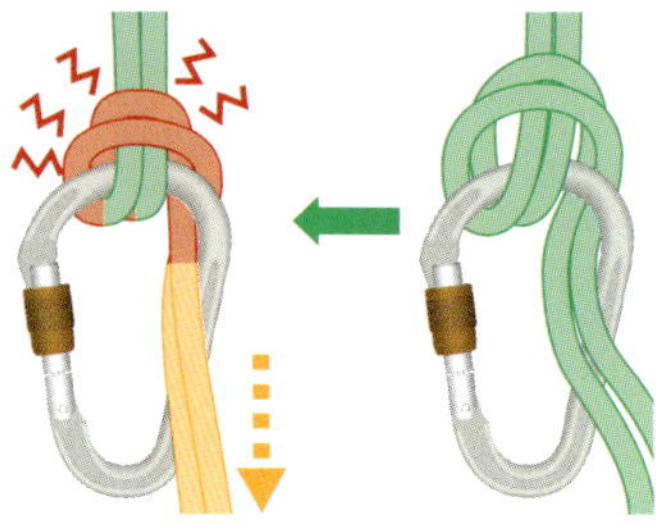

ムンター・ヒッチの仕組み

ブレーキストランド側のロープを引くとカラビナにセットした結び目が締まり、ブレーキがかかる。

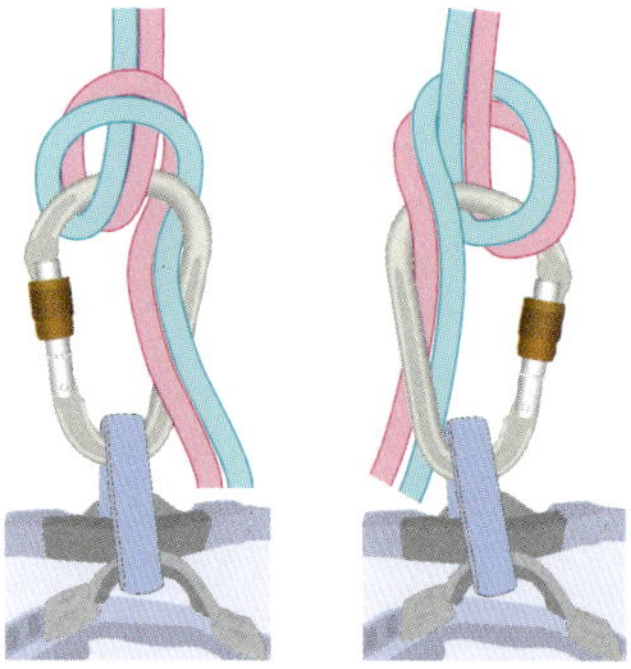

ムンター・ヒッチのバリエーション

結びの向きなどでいくつかのバリエーションがある。利き腕などに合わせ、使いやすいものを見つけよう。ロープはカラビナのゲートと干渉しないよう、スパイン側に通すのが原則。イラスト左は右利き、右は左利きの人が使いやすいパターンだ。

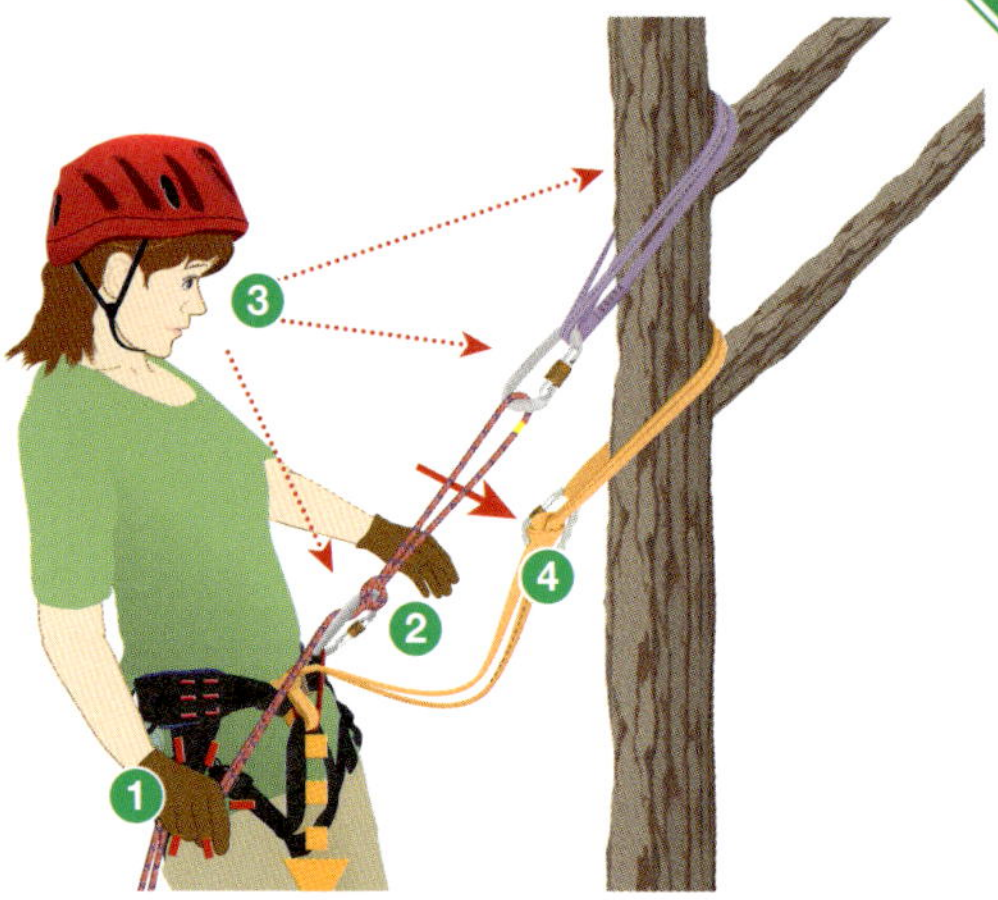

4　結びをチェックし、セルフビレイを解除

❶ブレーキ側のロープを腰あたりで握り、ムンター・ヒッチのブレーキをかける　❷セルフビレイをややゆるめ、ビレイループに荷重をかけてブレーキされるか確認　❸支点・結び目を目視して確認　❹セルフビレイを解除

5　下降する

❶ブレーキ側は少しずつゆるめ、決して手を離さない　❷反対の手でロードストランド側を持ち、バランスをとってもいい。手がカラビナに巻き込まれないよう注意　❸着地点を確認しながら下降する　❹足で立つイメージで。跳ねるように降りるのはNG。支点に衝撃荷重をかけないよう静かに下降する

6　ロープを回収

着地点に着いたら、❶カラビナからロープを外す　❷末端を解く　❸ロープの絡まりを取る　❹ロープを引いて回収する。このとき、周りに人がいる場合、ロープが落ちる旨を伝える

下降器で懸垂下降する

下降器はロープに摩擦を生むことで落下を防ぐ器具で、クライミングのビレイ（5章参照）にも用いるタイプが多い。チューブ型と呼ばれるもので解説する。

下降器へのセット

1 ハーネスのビレイループにカラビナと下降器をセットする

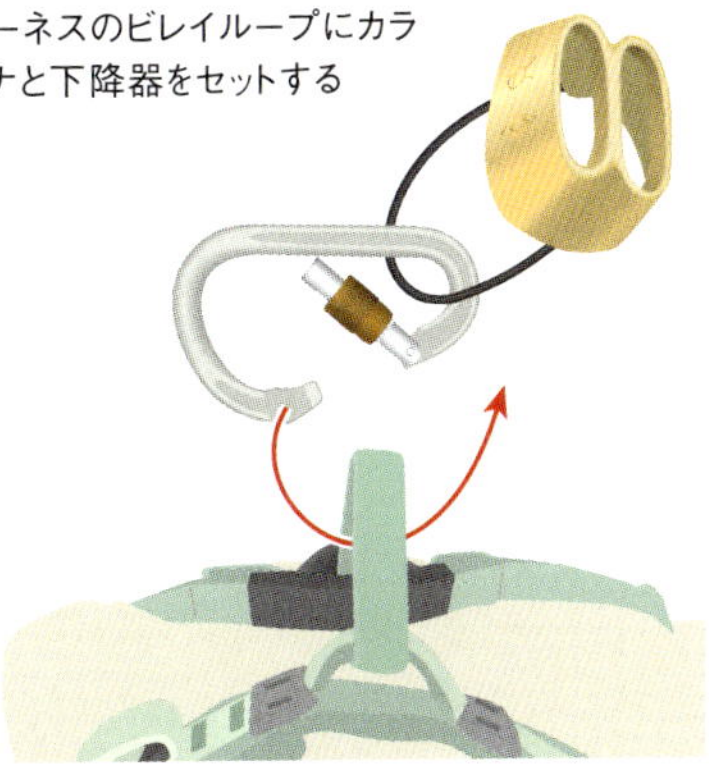

2 下降器のふたつの穴にロープを下から1本ずつ通す

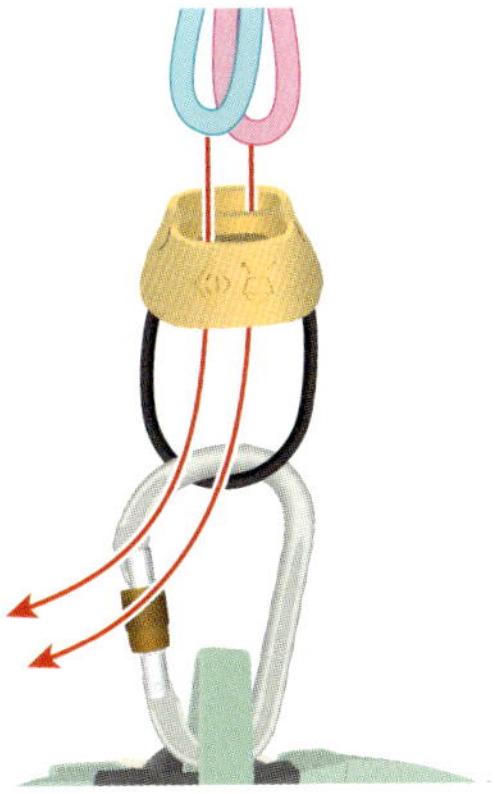

3 通したロープをワイヤーの中から引き出してカラビナにかける。下降器はカラビナから外さないこと

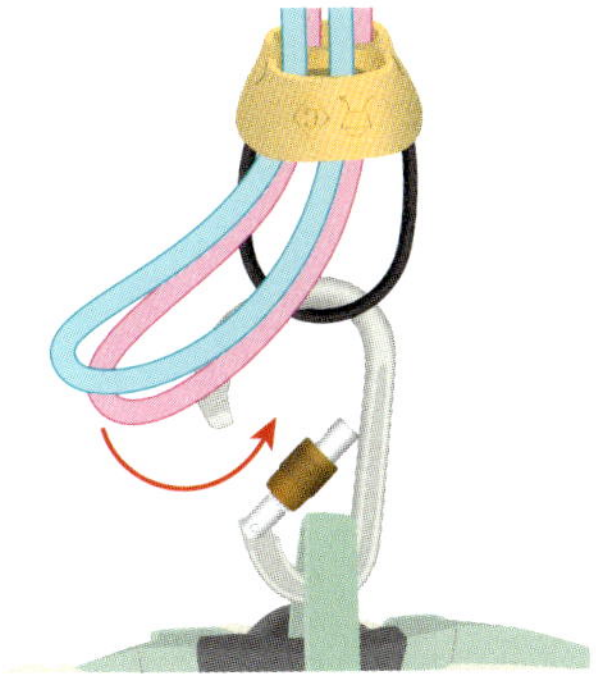

4 ロープをカラビナにかけたら、ゲートをロックする

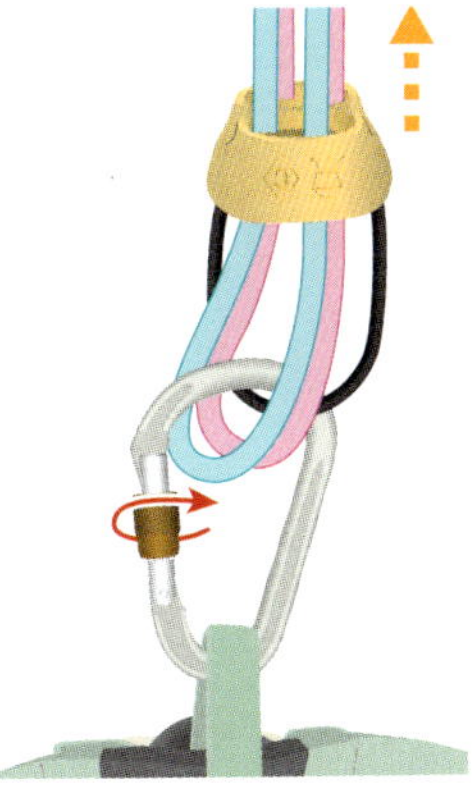

5 ロープのうち1本（図のピンク）を再びワイヤーの中を通し、元の位置に戻して完成。イラストではブレーキ側のロープを右に出しているが、左に出す場合、カラビナのゲートは逆になる

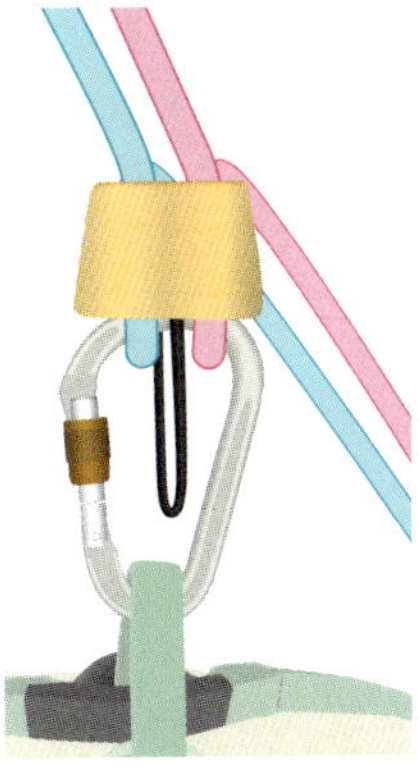

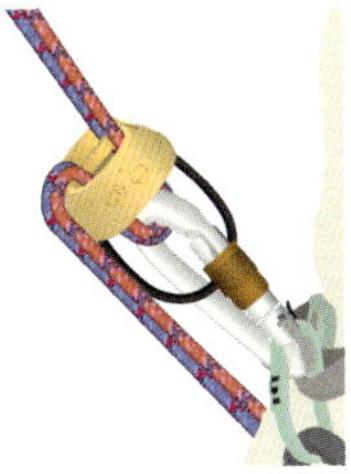

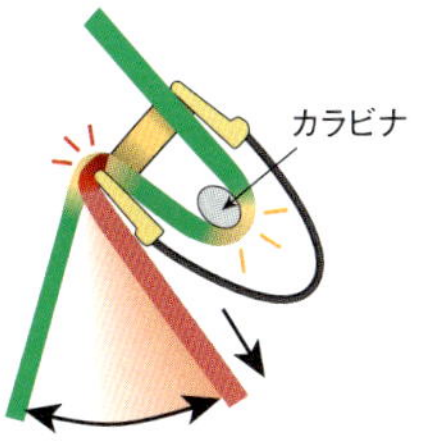

横から見た図。ブレーキストランド側（下側）のロープを強く引けば摩擦がかかって動かず（赤）、ゆるめれば下降できる（緑）

下降器の種類

下降器（ラペルディバイス）の多くはクライミングのビレイにも使用することから、ビレイディバイスとも呼ばれる。ATCという商品に代表されるチューブ型が使いやすくシェアも獲得しているが、ほかにもさまざまな種類がある。

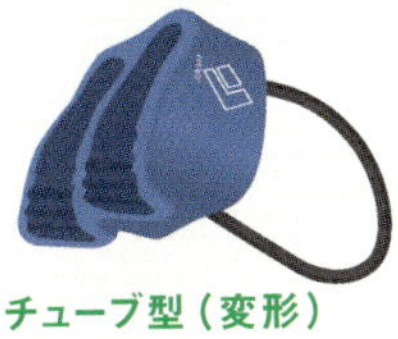

チューブ型（変形）

上下を反転させることで摩擦の強さを変えられる。図の下側を使うと摩擦が強い

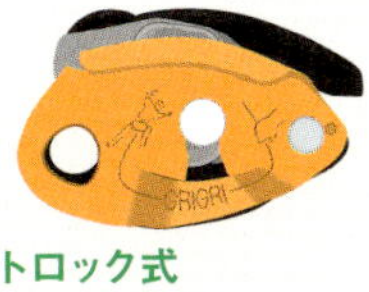

オートロック式

クライミングでの確保に強い。懸垂下降はシングルストランド（本書では未解説）で行なう

エイト環

「8」の字型のディバイス。初めて開発された下降器とされ、長く下降器の代表格だった

懸垂下降中に停止する

ロープが岩角などに引っかかり、それを解く必要があったり、下る場所を間違えて登り返す場合（P130参照）など、懸垂下降途中で両手を離して作業したいケースがある。その際は、この方法を使っていったん停止する。

カラビナの場合

ミュール・ノット

ロープを仮固定するための結び。ムンター・ヒッチと組み合わせるため、ムンター・ミュール・ノットと呼ばれることもある。

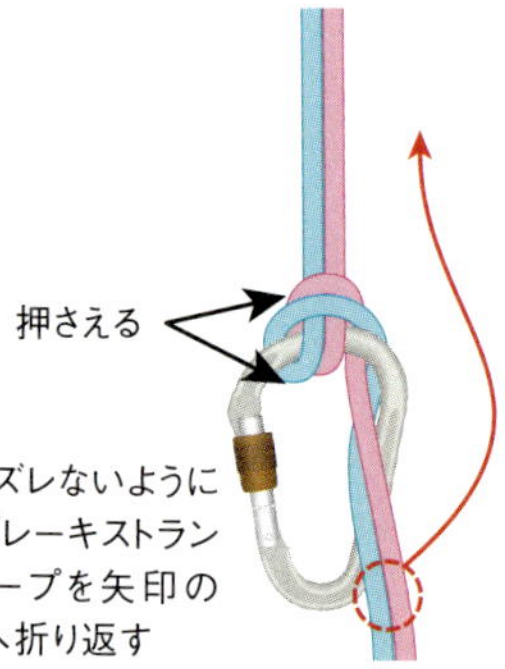

1 結び目がズレないように押さえ、ブレーキストランド側のロープを矢印のように上へ折り返す

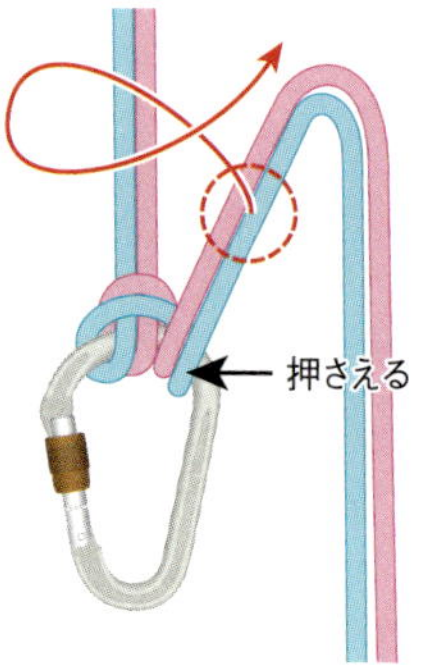

2 折り返した部分を押さえ、矢印のようにひねってループをつくる

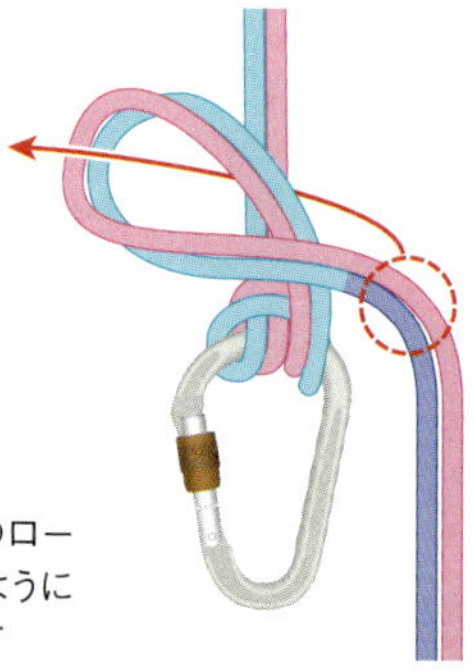

3 ブレーキ側のロープを矢印のようにループに通す

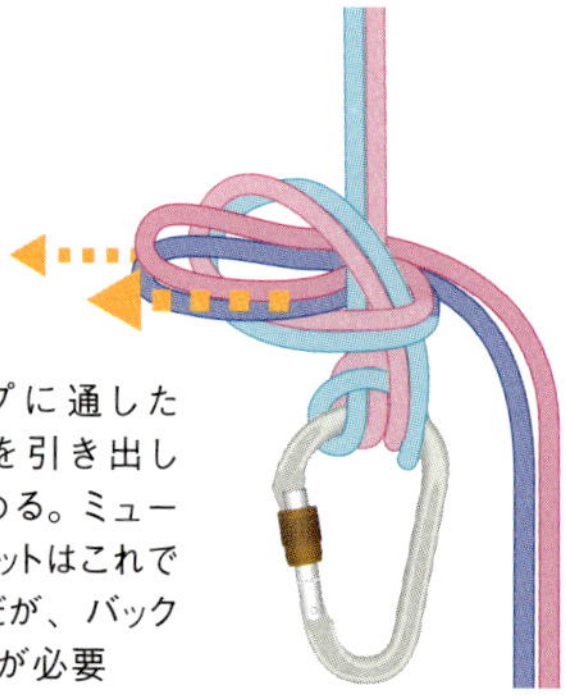

4 ループに通した部分を引き出して締める。ミュール・ノットはこれで完成だが、バックアップが必要

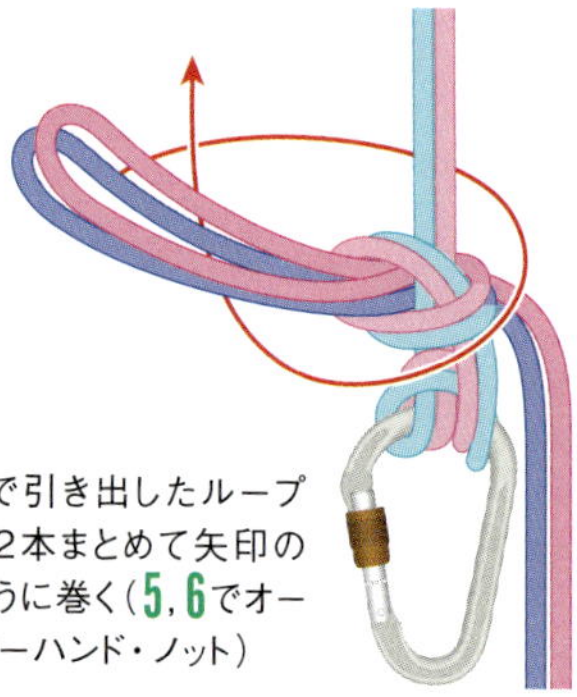

5 **4**で引き出したループを2本まとめて矢印のように巻く（**5**、**6**でオーバーハンド・ノット）

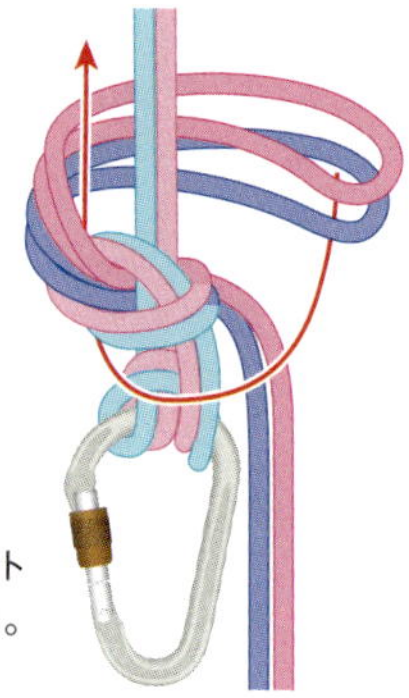

6 オーバーハンド・ノットしている途中の図。矢印のように通す

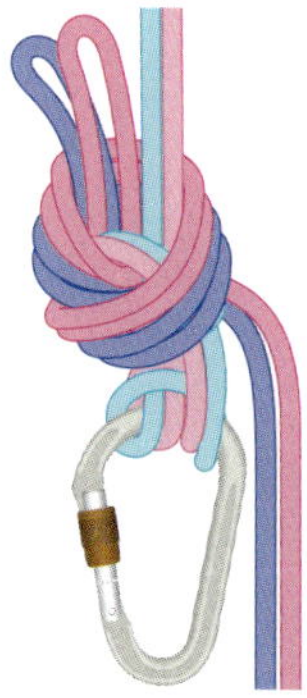

7 完成

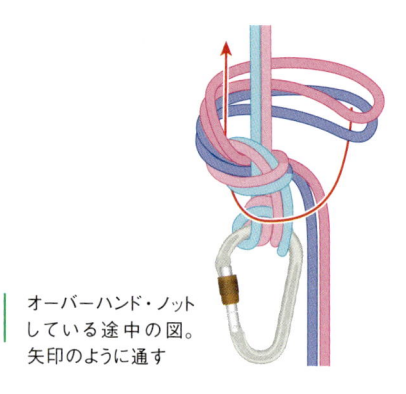

下降器の場合

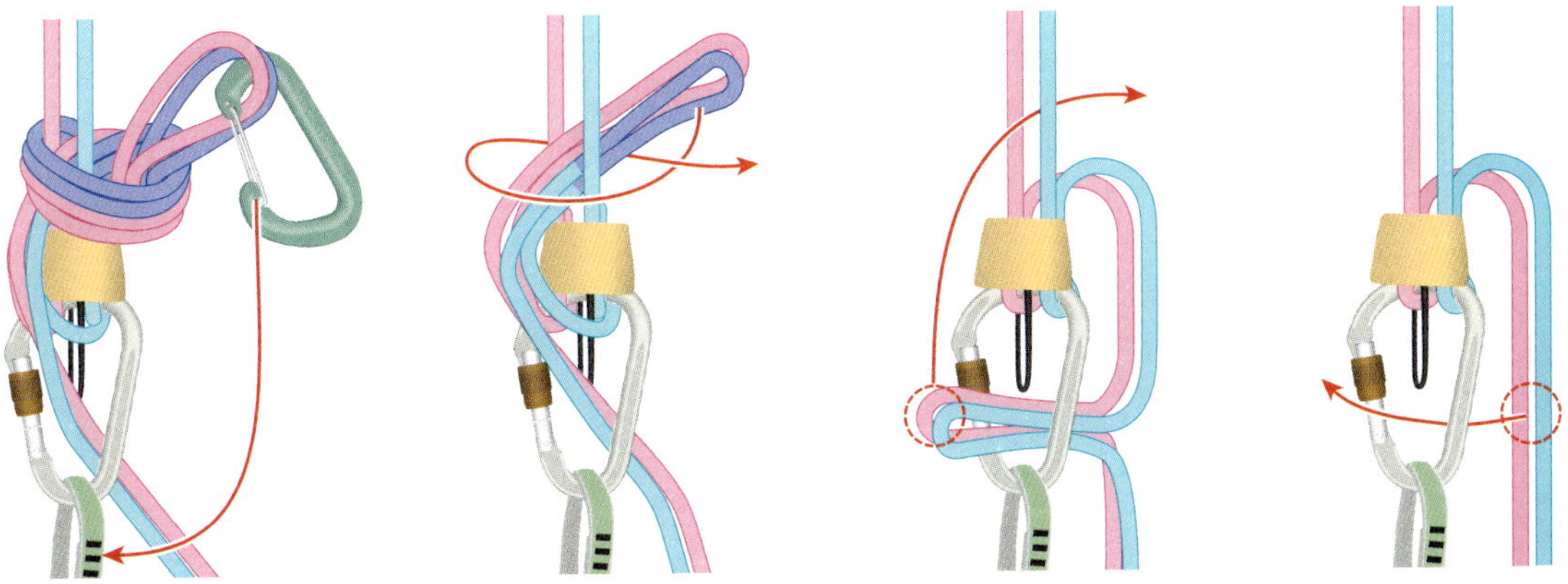

1 ブレーキストランド側のロープを2本まとめて矢印のようにカラビナへ通す

2 カラビナから引き出したバイトをロードストランド側の2本のロープの間を通す

3 通したバイトを矢印のように巻きつける（オーバーハンド・ノット）

4 ループにカラビナをかけ、ビレイループにクリップ

懸垂下降中の事故

懸垂下降は登山の幅を広げるためにはぜひ覚えておきたい技術で、正しく行なえば安全・確実に下降できる。一方で、ひとつのミスが大事故につながってしまうのも事実。残念ながら、これまでに多くの登山者やクライマーが懸垂下降中の事故で命を落としている。そして、その多くは「うっかりミス」といえるレベルのものだ。

ここではしばしば起こってしまう懸垂下降中のミスを紹介するが、これに限らず、安全を最優先に実践してほしい。

支点が壊れる

全体重を預けられる確実な支点を探すことが大原則。しかし、木が折れた、岩が割れた、安全だと思ったクサリが腐食していたなど、支点が壊れて落下してしまう事故が少なくない

シングルストランドで下降器にセット

クライミングのビレイ（5章参照）の癖か、折り返したロープのうちの1本だけをデバイスにセットしてしまうことが。体重を預けた瞬間に地面まで落下する

末端を結んでおらず、すっぽ抜け

地面まで届くだろうと思い込み、末端を結ばずに懸垂下降する人がいる。もしロープの長さが足りていなかった場合、ロープが下降器やカラビナからすっぽ抜けて転落する

登山中のNG技術

実は危険なロープワーク

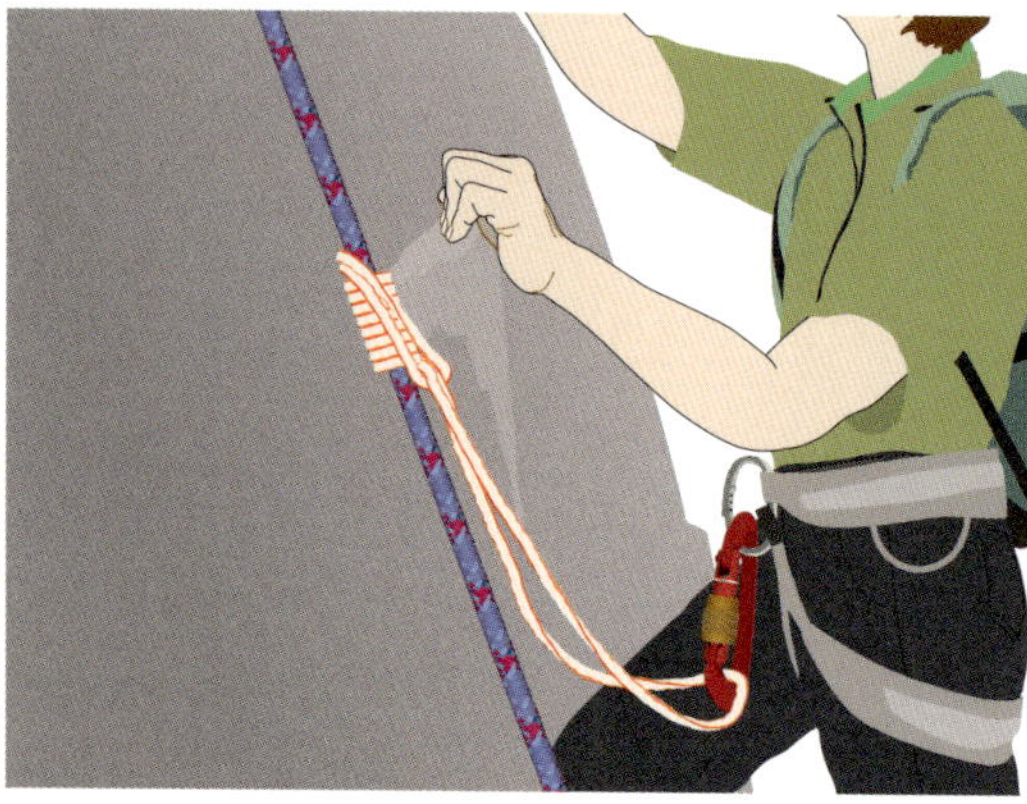

×

固定ロープにフリクションヒッチで…

斜面のロープにフリクションヒッチでスリングを巻きつけて登る方法。荷重がかかると結び目がロックされて落下を防ぐ仕組みだが、スリップなどで衝撃荷重がかかることは想定されていない。スリングやロープが切れる恐れがある

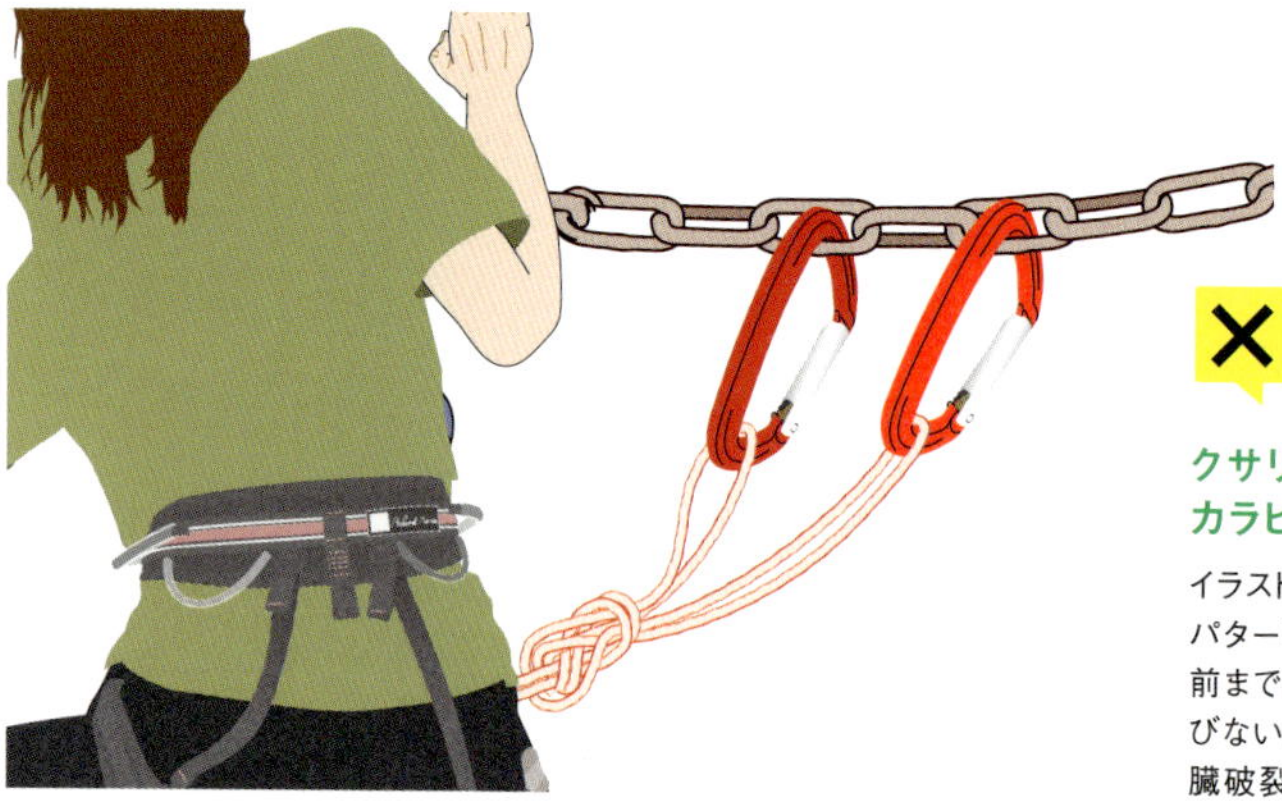

×

クサリのトラバースをスリング＋カラビナで

イラストのようにクサリの輪の中にカラビナをかけるパターンのほか、クサリ全体にかける例も。数年前まで山岳書でも紹介されていたが、クサリは伸びないため、滑落したときに衝撃が吸収されず内臓破裂などの危険がある

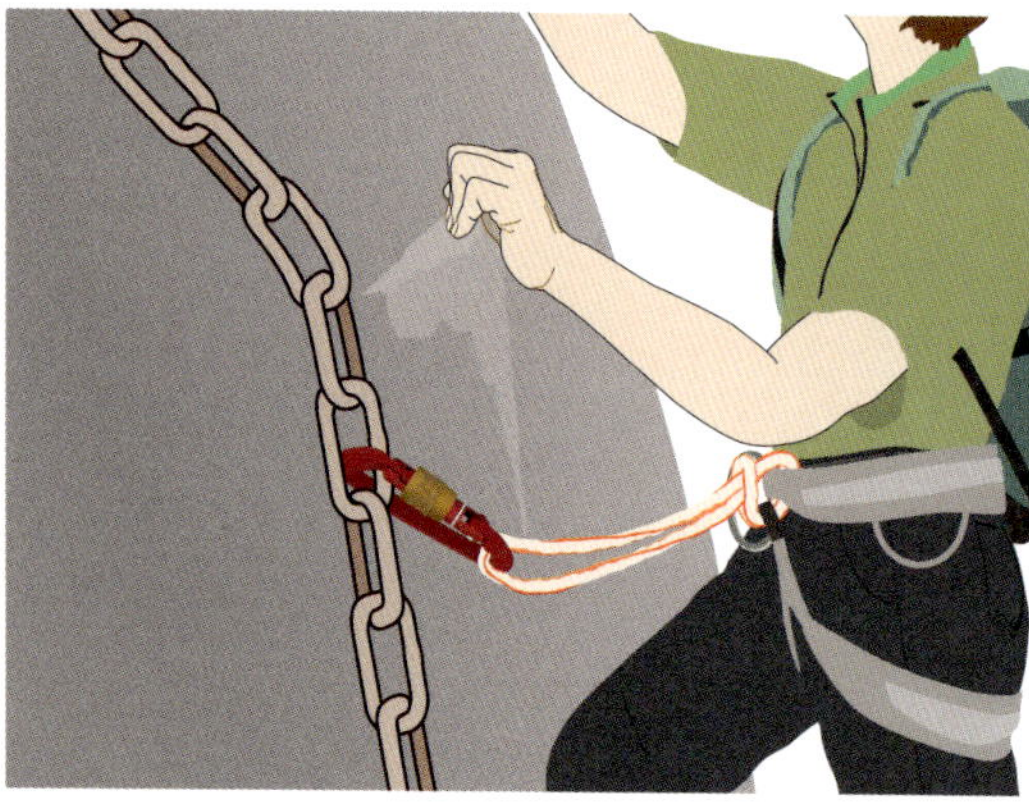

×

クサリにカラビナをかけて登降

上記の登降パターン。これも滑落時に衝撃が吸収されず、大ダメージ。クサリの輪の中にかけるのではなく、クサリ全体に通すパターンもある。その場合、上から垂れているだけのクサリなら当然ながらそのまま滑落する

危険性が明らかになる例も

ロープは正しく使えばより安全に登山を楽しめるが、残念ながら、不充分な技術や知識のまま実践し、大事故を起こす例も散見される。

本項では、登山道などで実践している登山者をよく見かけるものの、山岳ガイドとして危険だと考える3つのNG技術を紹介する。

登山技術は日々進化していて、かつては山岳書などで紹介されていた技術でも、近年その危険性が明らかになってきた例もある。上記2番目のクサリのトラバースの通過法は剱岳などでも多数見かけるが、危険なので絶対に行なわないこと。どうしても岩場が不安なら行くのを諦めるか、山岳ガイドに同行を依頼しよう。

登山でのロープワークを実践するには、本書などで学んだ後は山岳ガイドら有資格者による講習会などで充分な経験を積むのはもちろん、その後も定期的に技術のブラッシュアップ、知識の更新が必要だ。

徒渉は慎重な判断を

長雨の後の登山では、普段は苦労なく渡れる沢が増水して容易に渡れなくなっている場合がある。バリエーションルートなどでは、橋などが整備されていない急流を渡る場合も。そんなとき、ロープを使うとある程度の水量がある沢でも比較的安全に徒渉することができる。

ソロ山行の場合、支点をセットして懸垂下降の要領で徒渉するといい。万一、途中で流されてしまったとしても、理論的には徒渉点側の岸に戻り着ける（小イラスト）。とはいえ、水の力は想像以上に強く、少ない水量でも場合によっては簡単に流されてしまう。少しでも危ないと思ったなら、撤退をベースに考えるべきだ。

また、徒渉技術は登山技術のなかでも理論の確立がされておらず、個々人の経験の蓄積に左右される面が大きい。懸垂下降の要領で徒渉する方法も、場合によってはロープが離れずにおぼれる危険を高めてしまう。水量や流れの強さ、状況で徒渉の難易度も大きく変わる。個人の経験をもとに判断できるようにならなければならない。

流されても…

1 水量

明確な基準はないが、水量、流れの強さを総合的に判断し、徒渉するか、引き返すか決断を

2 支点

徒渉点より上流に支点をつくる。支点と徒渉点の距離が遠いほど、ロープの効果は高まる

3 角度

受ける流れの強さと徒渉距離の関係から、斜め45度くらいの角度で徒渉するのがベスト

4 末端

ロープの末端は結ばない。結んでいた場合、万一流された際に脱出できずおぼれる恐れが

Column3

ロープワークとの出会いと学び

初めてロープワークを意識したのは、中学生のころでした。小学校時代から親に連れられてよくキャンプしていましたが、中学生になると友人同士で出かけるように。でも、中学生がハイスペックなテントやおしゃれなタープを買うことはできません。だから、古いテントや、タープ代わりにブルーシートなどを使っていました。なんとかテントを立て、ブルーシートを張りますが、適当に結んでいるとほどけるし、雨や風に負けて倒れてしまうし、快適とはいえないキャンプが続きました。道具が高性能でない分、なおさら結びが大切だと子どもながらに気づいたのです。

本を買ったり、周りの大人に聞いてまわったり、キャンプのロープワークを学び始めました。

そのころ、登山も始めました。近所の山に登って、テントで泊まって、という程度でしたが、あたりを見渡すとロープをつなぎ、クライミングをする人たちの姿があります。いつかあんな世界に飛び込んでみたいと漠然と考えていました。

それでも実際にクライミングを始めたのは、専門学校を卒業し登山用品店に就職してからです。周りのスタッフや店で販売する書籍から山岳ガイドという存在を知り、門を叩きました。3人ほどの師匠について、クライミングを学び、山でのロープ技術を学びました。自分が学ぶうえで大切にしていたのは、人に説明できるようになることです。「わかった気がする」と「わかった」の違いは、人に正しく説明できるかどうか。私は習った技術を持ち帰り、今度は職場のメンバーとクライミングに行って説明するようにしていました。そうするうち、自分もガイドになりたいと思うようになったのです。

25歳のとき、現在の山岳ガイドステージIIにあたる資格を取りました。ガイド資格を取得したということは、一応は山やクライミングで必要なロープワークは習熟したということです。とはいえ、もちろんゴールではありません。ガイドに限ったことではありませんが、アウトドアでは同じシチュエーションは存在しません。だから、自分の引き出しを常に増やしていく必要があるんです。どの引き出しを開けるか、どれを組み合わせるかの判断も、経験がものをいいます。だから、ロープワークは学び続けなければいけません。

山岳ガイドの資格試験を担当するような立場も経験しました。それでも日々、学びです。よりスピーディでシンプルな技術はないか、こんな場面ではどちらが適しているのか。ガイド同士で研究を常に続けています。これからロープワークを学ぶ皆さんも、ぜひ、ひと通りマスターした後も学び続け、引き出しを増やしていってほしいと思います。

（水野隆信）

ガイド資格を取得して間もないころ。このころと現在では自分のロープ技術も大きく変わっている

Part 4

登山のロープワーク ペア・グループ編

Part 4

安全登山のためのロープワーク

ペア・グループ山行で役立つ技術

急斜面にロープを張る
☞P.102へ
1本のロープが登り下りをスムーズに
確保して登らせる／降ろす
☞P.98へ
子ども連れでの登山なら、ぜひ覚えて
おきたい技術

3章で紹介した自分自身の安全性を高めるためのロープワーク技術に続き、本章ではチームメンバーのサポートをしたり、チーム全体の行動をスムーズにするためのロープワークを紹介する。

ひとつのミスが大事故にも

登山中の危険地帯で登降に不安のあるメンバーが滑落しないよう確保したり、急斜面やトラバースにロープを張って、不安なメンバーの手がかりとしてもらったり、はたまた負傷者をできるだけ早く救助隊に引き渡すために搬送したり。本章で紹介するロープワークはいずれも、マスターしておくといざというときの助けになるものばかりだ。ただし注意も必要で、ひとつのミスがチームメンバーの命に関わることもある。特に98～101ページで紹介した確保による登降などは、確保者がロープ操作を誤るとメンバーが滑落するなど大事故につながる可能性が高い。これらは、たとえば家族登山で、ロー

トラバースにロープを張る
☞P.104へ
ロープの張り方にも、使い方にも少しの工夫が

傷病者を搬送する
☞P.110へ
細心の注意を払い、救助組織へ引き渡す

徒渉する
☞P.107へ
チームの総合力が試される技術

プワークをマスターした大人が子どもを確保する場合などには積極的に使っていいだろう。しかし、友人同士など事故に責任をとれない関係性のグループでは、安易な使用はおすすめしない。ガイド資格の有無や職務での引率中かどうかに関わらず、友人同士のグループであっても、万一事故があるとリーダーは責任（刑事・民事ともに）を追及される恐れがある。ロープワークにミスがあった場合などはなおさらだ。深い信頼関係と確固たる技術がある場合を除いて、初級者の友人を難易度が高い場所へ連れていくのは避けたほうが無難だ。

それでも、たとえばチームメンバーが負傷し、自力歩行はできるもののサポートが必要な場合など、この技術が備えとして有用な場面は無数に存在する。また、今後のステップアップに向けても決して無駄にはならない技術だ。

確かなロープワークがあれば、より安全に山を楽しめるようになるのはもちろん、山の世界を広げてくれるツールにもなる。本章を入り口にロープワークを深く学んで、さらに山の世界を広げてほしい。

確保して登らせる／降ろす

岩場の登下降を安全に

パートナーをフォローする

岩場などでの登降に不安のあるメンバーがいる場合、カラビナにロープで制動をかけるムンター・ヒッチ（34ページ）を使って安全に登り降りさせる方法がある。このように、ロープを使って仲間の転・滑落を防ぐことを「確保」という。

リーダーはソロで登降できる前提で解説する。登りなら、ロープをつないだ状態でまずリーダーが登ってセルフビレイ。その後ムンター・ヒッチをセットし、ロープを手繰ってメンバー（フォロワー）の登りをフォローする。下りならその逆で、リーダーがムンター・ヒッチでロープを送り出し、フォロワーが下降。その後、リーダーが下降する。途中でスリップしても、ブレーキ側のロープを抑えれば滑落を防ぐことができる。

実践には訓練が必要だが、正確に行なえば確実性が高い技術だ。特に、子どもを連れた登山などでは、使いこなせると安全性が大きく上がる。

フィギュアエイト・フォロースルーの正しい結び方

ハーネスにロープを結ぶフィギュアエイト・フォロースルーは岩場歩きやクライミングに必須だが、正しくできるようになるにはかなりのトレーニングが必要な、奥が深い結びだ。

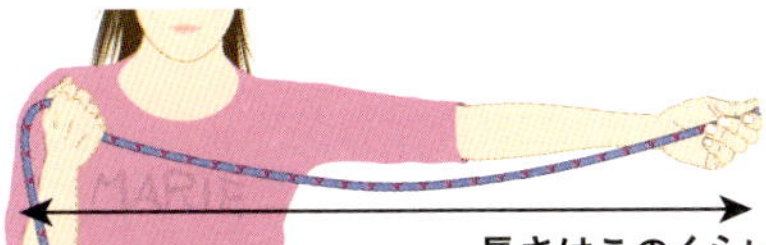

長さはこのくらい

末端を持った腕を水平に伸ばし、反対の手でロープをたるまないように手繰る。肩先くらいまで伸ばしたところで結ぶとちょうどいいことが多いが、個人差もあるので何度も練習を

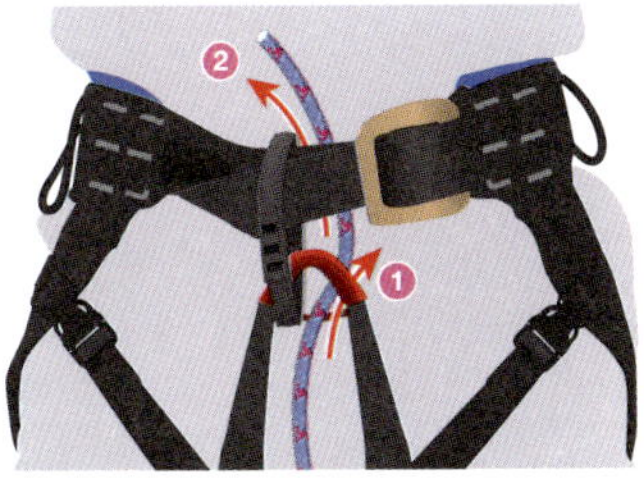

タイインループを通す

定めた長さの位置でP21の1〜2を結ぶ。その後、末端をハーネスのタイインループとウエストベルトの裏側（タイインループが上下にある場合、ふたつのタイインループ）に下から通す

失敗例

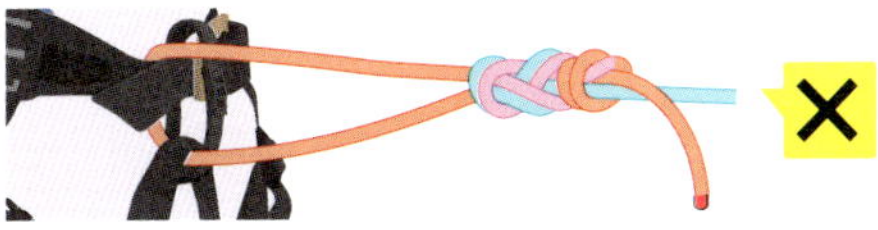

1 ループが大きすぎる。結び目が肋骨に当たり、ケガの原因に。ビレイループくらいの大きさが適切

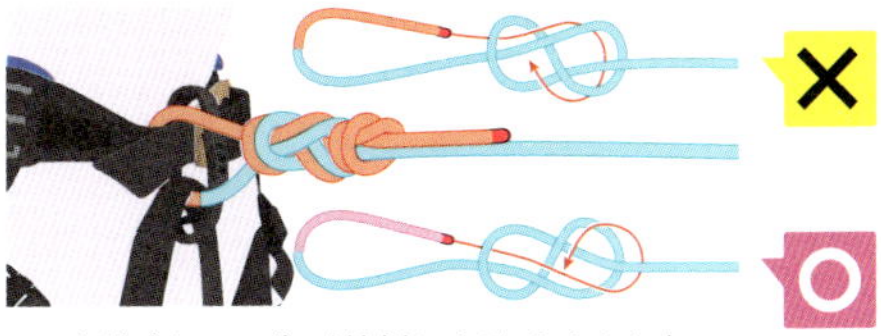

2 末端（オレンジ）が外側にくるとゆるみやすい。メインロープ側が外になるように結ぶ

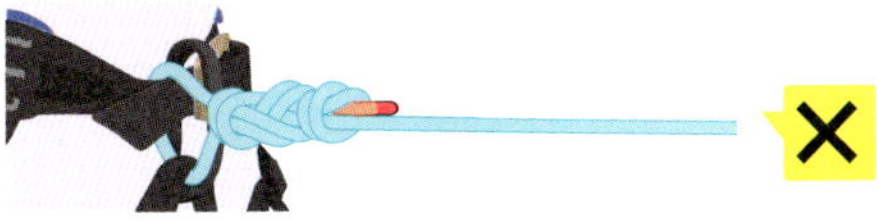

3 末端が短すぎる。末端処理をしたうえで径の10倍程度残す。ただし、長すぎてもじゃま

確保して登らせる

リーダーが登り、セルフビレイをしてムンター・ヒッチをセット。フォロワーの登りに合わせてロープを手繰る。

1 お互いのハーネスにロープを結ぶ

フィギュアエイト・フォロースルー ☞P.21へ

お互いのハーネスにフィギュアエイト・フォロースルーでロープを接続し、ダブルフィッシャーマンズ・ノット（オレンジ部分／P27参照）で末端処理（抜け落ちを防ぐ処置）をする。お互いに相手の結びが正しいかをチェックする。特にリーダーは要確認

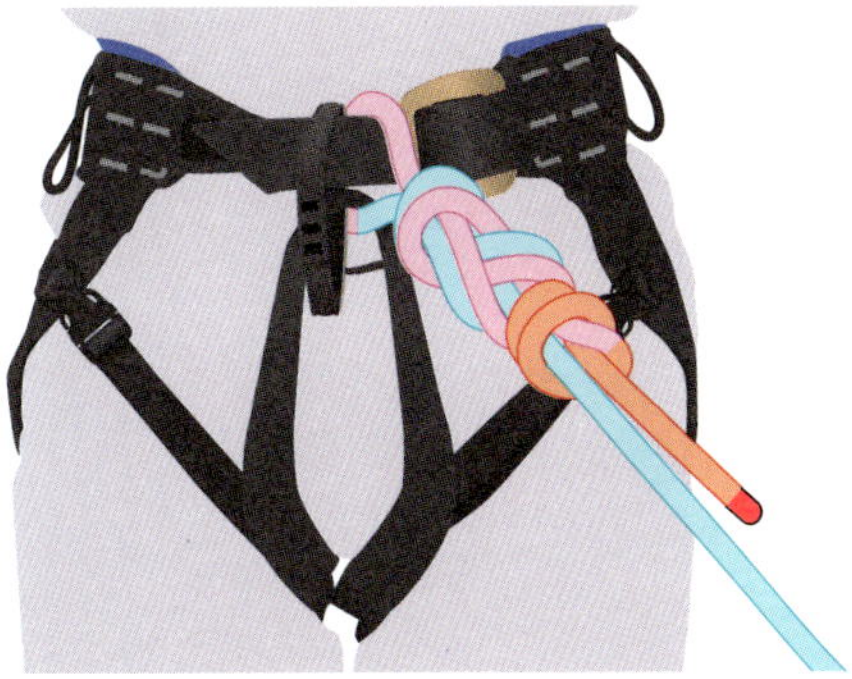

2 リーダーが登る

リーダーがロープを伸ばしながら登る。ロープは絡まないよう取付付近に丁寧に置いておく。フォロワーは落石・転落の危険がない場所で待機。足場が不安定ならセルフビレイをセットする

落石がないかなど、常に周囲の状況を注視する

ガース・ヒッチ、ラウンドターン、ツーバイトなどを状況に応じて使い分ける
❷
❶
❸

3 確保のシステムをつくり、登らせる

❶リーダーは登り終わったら自分の転・滑落を防ぐセルフビレイをセット。メインロープからセットする場合はクローブ・ヒッチ（P31）でカラビナと結ぶ ❷その後、ムンター・ヒッチ（P34）をセット　❸メンバーの登りに合わせて矢印のようにロープを手繰っていく。支点が強固なら❶と❷は同じスリングにふたつカラビナをかけてセットしてもいい

確保して降ろす

リーダーはセルフビレイ（❶）と確保のためのムンター・ヒッチ（❷）をセットする。ムンター・ヒッチの結び目は登りとは逆になる。メンバーの下りに合わせてロープを矢印のように送り出す。

❷
❶

フォロワーは自分でクライムダウンしてもよいが、図のように完全に体重を預け、リーダーのロープ操作で降ろしてもらうこともできる

ムンター・ヒッチはHMSカラビナで

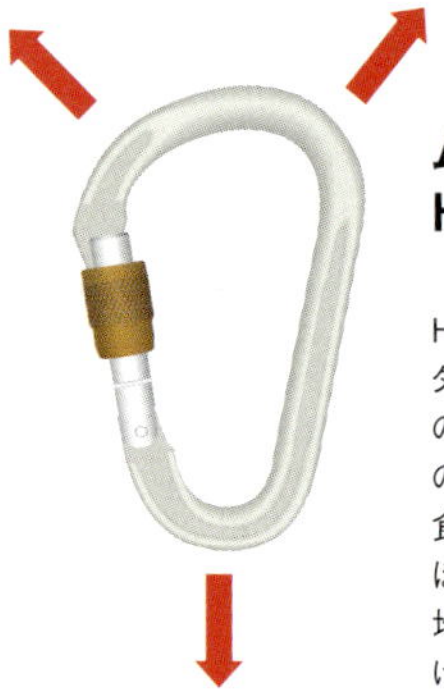

HMSカラビナはもともとムンター・ヒッチ用に開発されたもの。スパインからノーズにかけてのカーブがゆるやかでロープが食い込まず、流れがスムーズなほか、ブロードエンド側の強度が均一でどの方向にでも負荷がかけられる。

トラバースを含むライン取り

上部からの確保は直線的なラインでは安全だが、トラバースライン上で滑落すると大きく振られる。ランニングビレイ（振られ止め）を効果的にセットしよう。

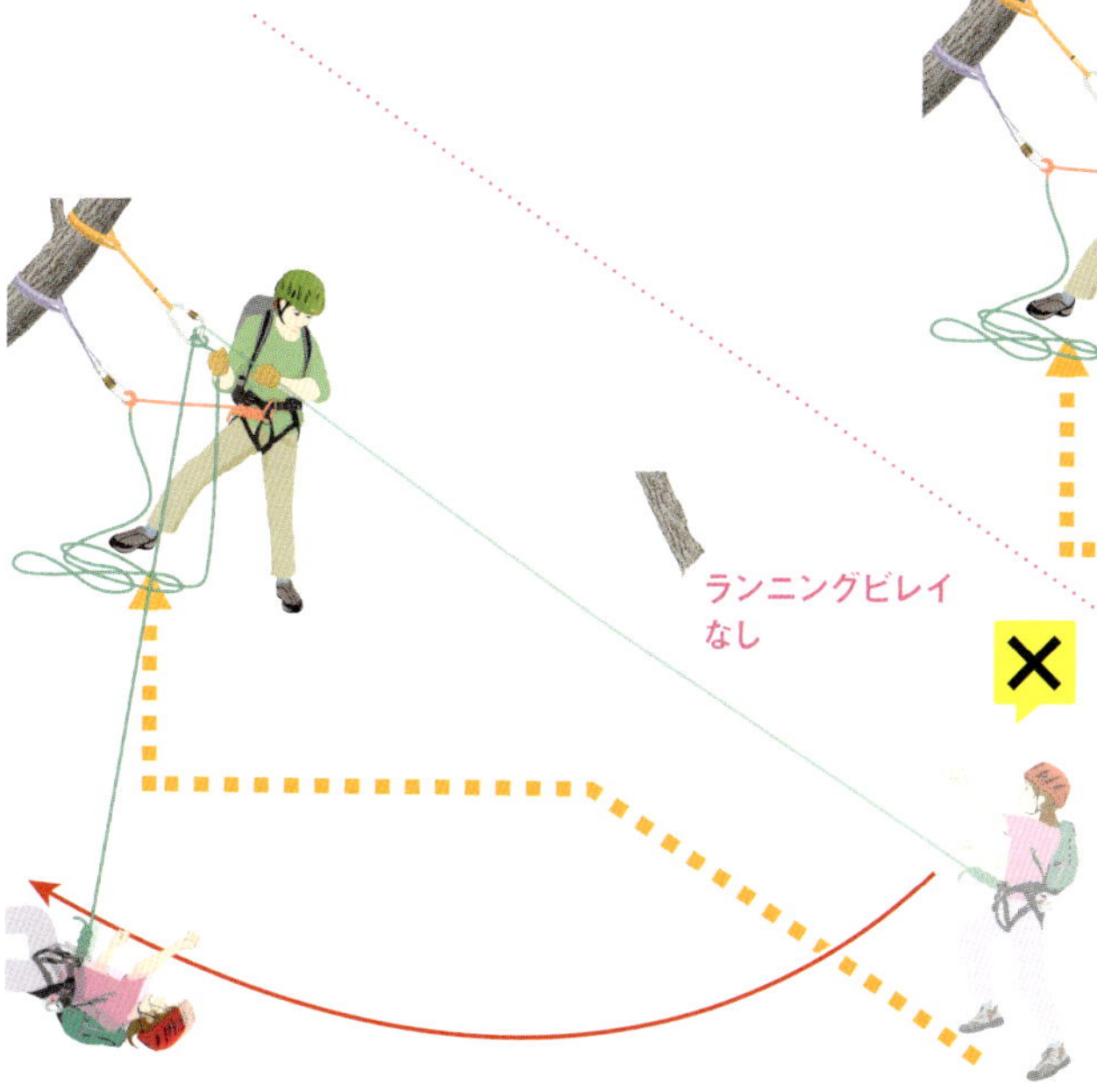

ランニングビレイがない状態で滑落すると、リーダーの真下まで大きく振られてしまう。ガケなどに激突する危険も

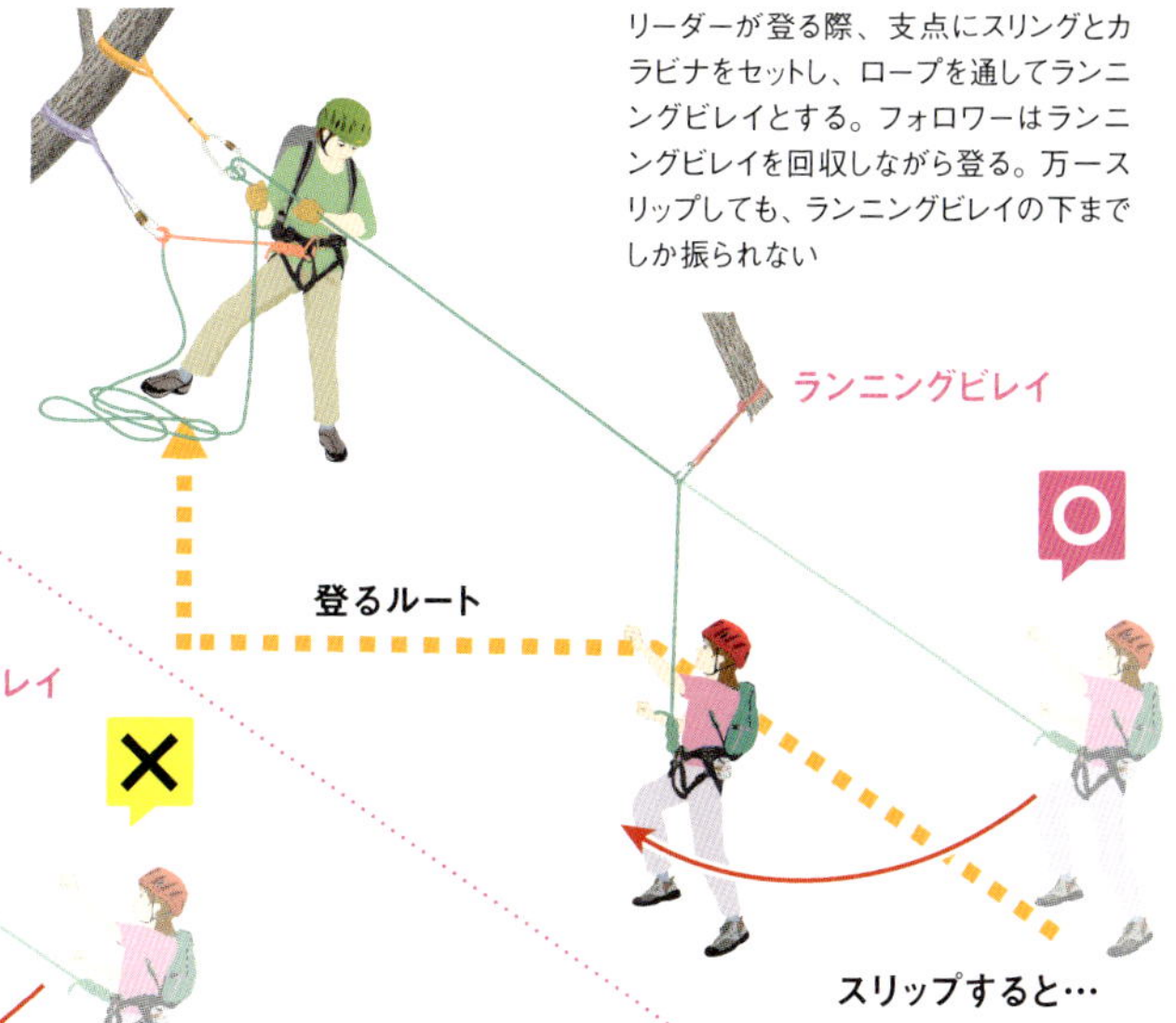

リーダーが登る際、支点にスリングとカラビナをセットし、ロープを通してランニングビレイとする。フォロワーはランニングビレイを回収しながら登る。万一スリップしても、ランニングビレイの下までしか振られない

トップも空荷で登る

トップの登りにも多少不安がある場合、バックパックを取付に置いて空荷で登り、ガルダー・ヒッチで引き上げてから、ムンター・ヒッチでフォロワーを確保するといい。

1 P82～と同様の方法でリーダーが登り、自身のバックパックを引き上げる。引き上げ終わったらバックパックを背負い、グラブループからロープを外す

2 バックパックから外したロープを崖下のフォロワーへ。末端をフィギュアエイト・オン・ア・バイトで結んで末端処理をし、カラビナを付けて降ろすといい。フォロワーはカラビナをハーネスのビレイループにクリップする

途中でピッチを切る

岩場の長さに対してロープが足りない場合、途中まで登っていったん確保システムをつくり、フォロワーを登らせる。これをピッチといい、複数ピッチ繰り返して岩場を抜ける。

1 リーダーは岩場の途中でいったんセルフビレイ（①）とムンター・ヒッチ（②）をセットし、フォロワーを登らせる。リーダーの位置までフォロワーが登ったら、フォロワーのセルフビレイ（③）をセットする

①～③は支点が強固なら、同じスリングにカラビナを3つかけてセットしてもいい

2 フォロワーのセルフビレイを確実にセットしたら、リーダーはムンター・ヒッチを解除。その後自身のセルフビレイも解除して再び岩場を登り、**1**を繰り返す。下りの場合、逆にフォロワーが途中でセルフビレイをセットし、リーダーがそこまで下る

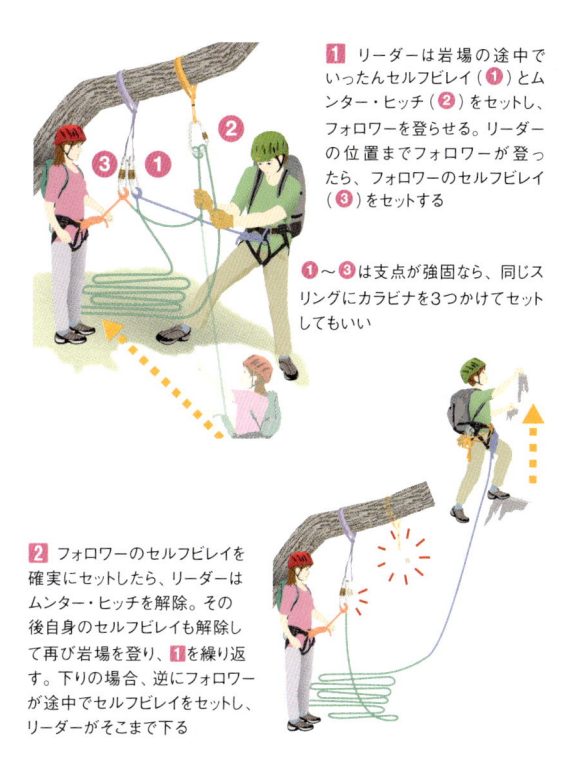

急斜面にロープを張る

ロープを手がかり、足がかりに

ラウンドターン
P.41へ
ツーバイトやガース・ヒッチでも。状況に合わせて選択する
ダブルループ・フィギュアエイト
P.22へ
ロープが足りない場合はフィギュアエイト・オン・ア・バイトでも。スリングやカラビナがなければ木に直接フィギュアエイト・フォロースルーでロープを固定できる
インライン・フィギュアエイト
P.23へ
手がかりとする場合、ループに手を通し、メインロープとループを一緒に握るといい

確保までは不要な場面で

樹林帯の急斜面や短い岩場など、ムンター・ヒッチによる確保までは不要なものの、若干の不安がある場面では、メンバーが登降の手がかりにできるよう、リーダーが斜面にロープを張ってサポートするといい。

ロープの張り方にはさまざまなパターンがあるが、支点となる木などにスリングとカラビナをセットし、ダブルループ・フィギュアエイトを結んでループふたつをカラビナにかけるのがおすすめ。手がかりとすると下方向に荷重がかかり結び目がきつく締め込まれるが、ダブルループ・フィギュアエイトはループがふたつある分、比較的結びが解きやすい。

また、ロープの途中には手を入れたり、場合によっては足をかけたりできるよう、1～2mごとにインライン・フィギュアエイトでループをつくると便利だ。

メンバーも手足をループに確実に入れる練習をしておきたい。

輪を大きくして手がかり・足がかりに

ループが小さい状態でコブとして使ってもいいが、ループを大きくし、手を通したり足をかけたりするとより急斜面で使いやすい。インライン・フィギュアエイトのループは下記の方法で簡単にサイズを変えられるので便利だ。

インライン・フィギュアエイトは下側に荷重がかかるとより強く結びが締め込まれるので、正しく結べば全体重を乗せても解ける心配はない

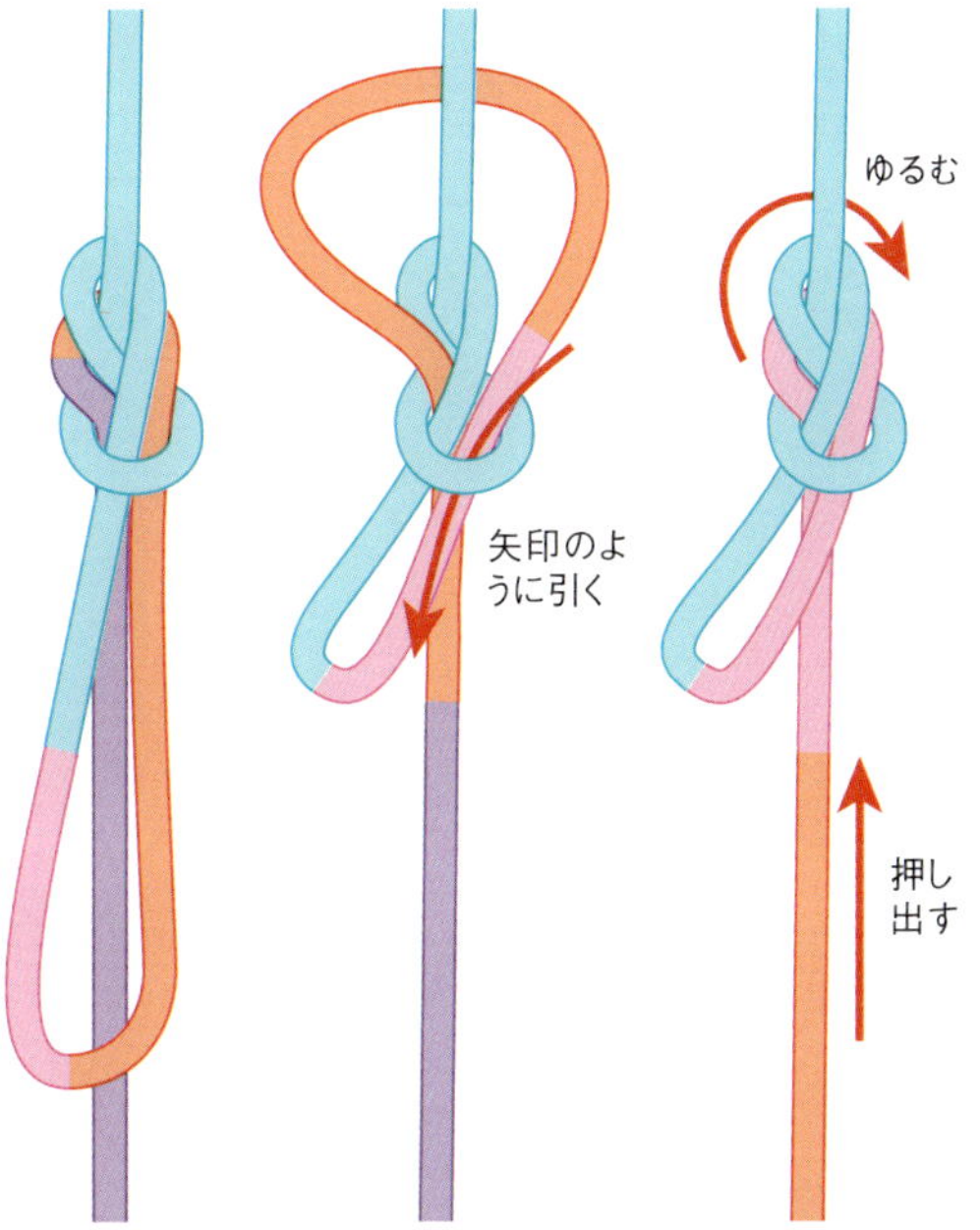

インライン・フィギュアエイトはループサイズを自在に変更できる。ライン側のロープを上に押し出して結び目をゆるめ、ループ側を引くと輪を大きくできる。逆にループ側をゆるめてライン側を引けば小さくなる

ロープを固定する場合

ややトラバース気味の斜面の場合、途中でロープを固定してもいい。固定する場合、スリング・カラビナをセットしてフィギュアエイト・オン・ア・バイトのループをクリップしたり、木に直接クローブ・ヒッチしたりする

短距離ならコブでもOK

数メートル程度の短い距離で足をループに入れる必要もない場合、オーバーハンド・ノットを複数回繰り返してコブをつくり、手がかりとしてもいい。ただし、ロープが長くなると結ぶのも解くのも面倒

トラバースにロープを張る

大がかりだが安全

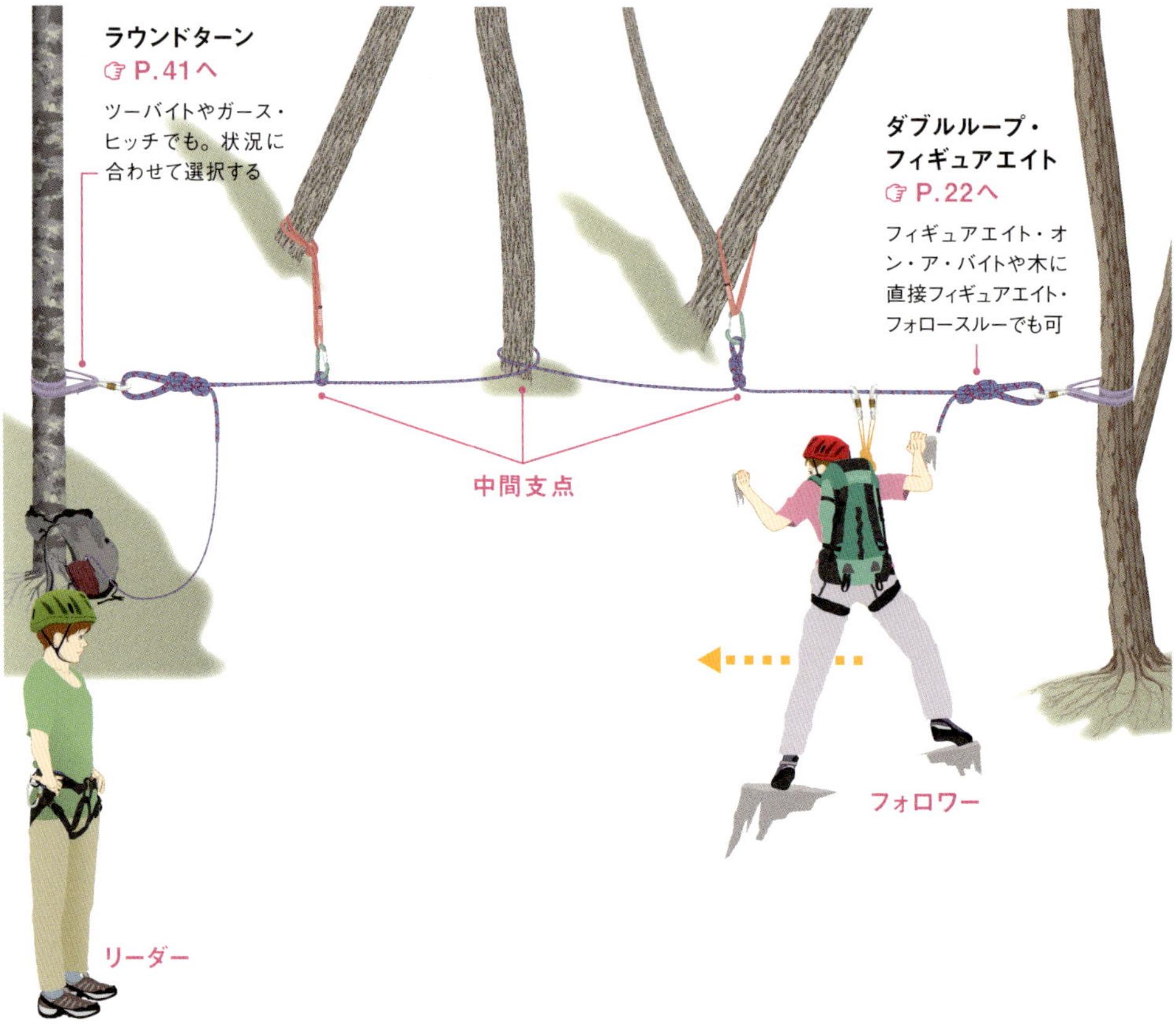
ラウンドターン
P.41へ
ツーバイトやガース・ヒッチでも。状況に合わせて選択する
ダブルループ・フィギュアエイト
P.22へ
フィギュアエイト・オン・ア・バイトや木に直接フィギュアエイト・フォロースルーでも可
中間支点
フォロワー
リーダー

横方向の移動、トラバースにロープを張って補助とする場合、リーダーがまずロープを張りながらトラバースを通過、その後フォロワーが通過し、最後にロープを回収するという流れが必要になる。ロープワーク自体も、102～103ページで紹介した縦方向の場合よりも複雑で、よりしっかりしたトレーニングを積んで実践したい。

リーダーがロープを固定

リーダーはまず始点にロープを固定し、途中途中で中間支点をセット、最後に終点にもロープを固定する。始点と終点は縦方向の固定ロープと同様、結び目が締め込まれてもほどきやすいダブルループ・フィギュアエイトをカラビナにセットする方法がおすすめだ。もちろん、ロープが足りない場合はフィギュアエイト・オン・ア・バイトでもいいし、スリングやカラビナが不足しそうな場合、多少ロープを傷めてしまうが、木に直接フィギュアエイト・フォロースルーでロープを固定することもできる。一方、中間支点は通過ルートに沿ってロープが張れるよう、支点とルートの距離感、足場の状況などに合わせて工夫が必要。今回は始点、中間支点、終点ともに立ち木で図示したが、それ以外に岩、クサリ場の支柱などあらゆるものが想定できる。

リーダーがロープを固定したら、フォロワーはソウンスリングとカラビナ2枚をハーネスと連結し、固定したロープにカラビナをかけてスライドさせながら移動していく。その際、中間始点通過時も必ずカラビナがロープにかかった状態をキープする（106ページ参照）。

フォロワーは通過したら安全な場所で待機（不安定な場合はセルフビレイをセット）し、リーダーは始点まで戻ってロープを回収しながら再度トラバースを通過するパターンが一般的だが、3人以上のメンバーがいる際などは状況によって、最後のメンバーが回収しながら通過することもある。

リーダーの動き

リーダーはフォローなしで容易に通過できる前提。スタート地点にロープを固定し、トラバースを渡りながら中間支点をセットしていく。

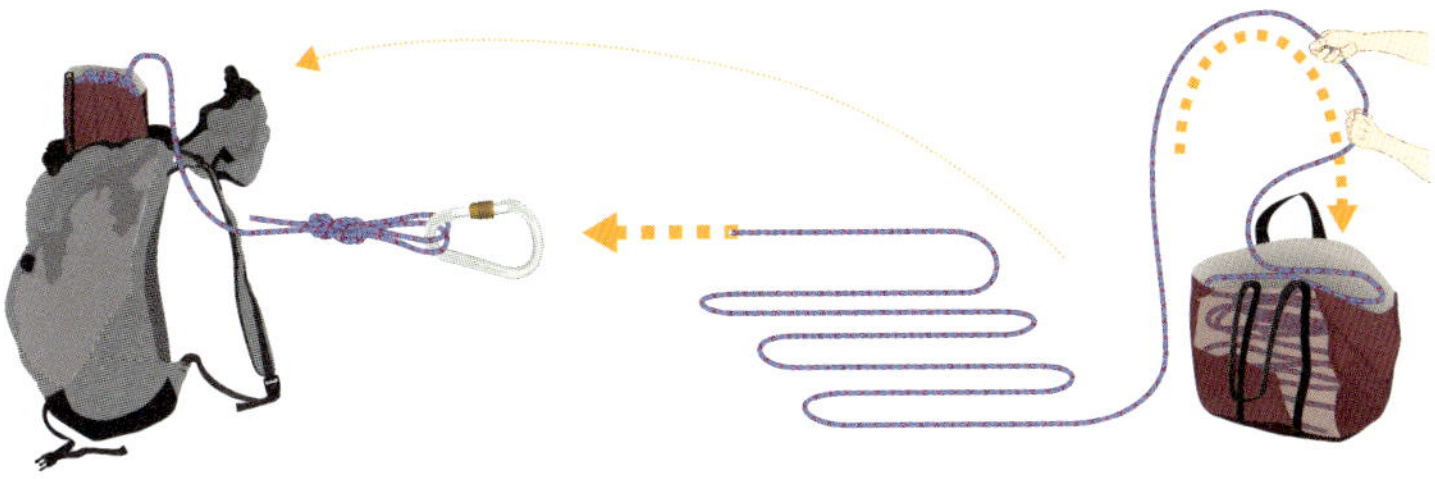

1 ロープはロープバッグに収納（P145参照）し、ロープバッグごとバックパックへ。末端はバッグから引き出し、ダブルループ・フィギュアエイトで結んでループふたつにカラビナをかける

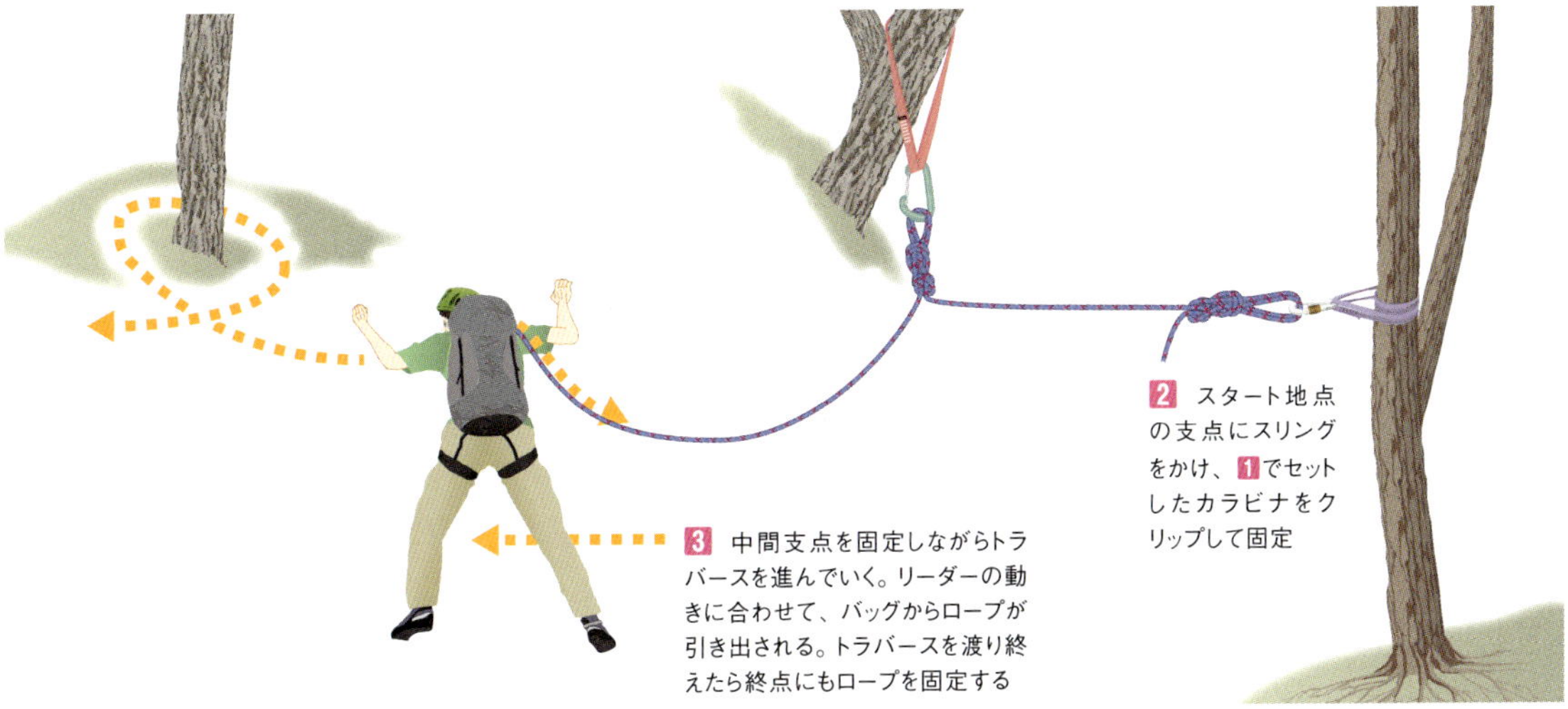

2 スタート地点の支点にスリングをかけ、**1**でセットしたカラビナをクリップして固定

3 中間支点を固定しながらトラバースを進んでいく。リーダーの動きに合わせて、バッグからロープが引き出される。トラバースを渡り終えたら終点にもロープを固定する

中間支点の固定方法

中間支点の固定方法にはさまざまなパターンがあるが、代表的なものを紹介する。シチュエーションに合わせて選択を。

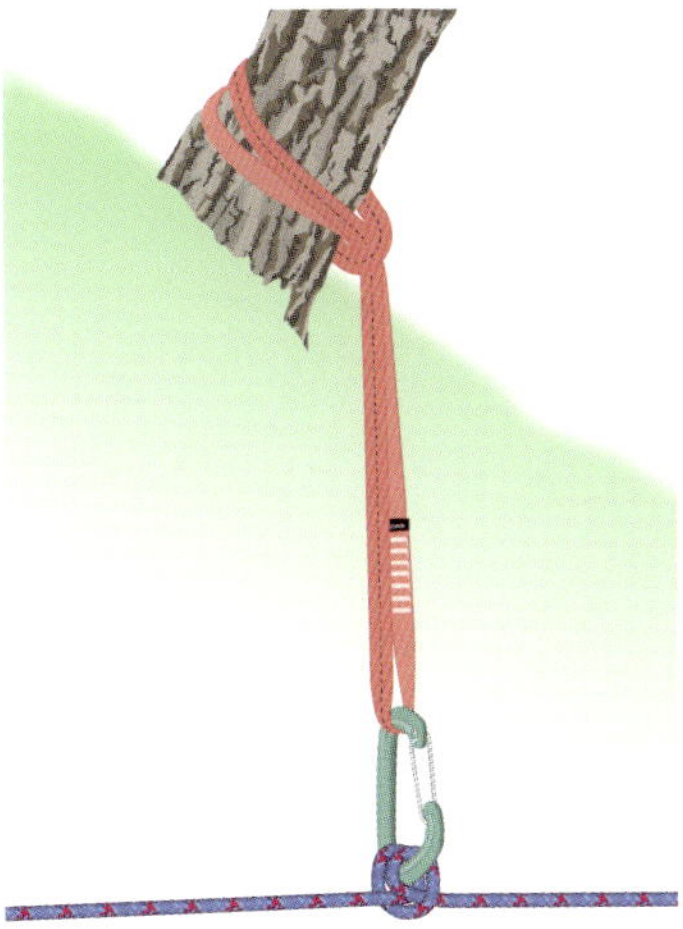

クローブ・ヒッチ

☞ P.30へ

結びの長さは変えられないので支点との距離調整はスリングに依存する。一方、結びに使うロープが短くてすむので長さがギリギリの場合などに便利。慣れれば素早く簡単に結ぶことができ、カラビナを外せば結びが自然と解けるのでスムーズな行動につながる

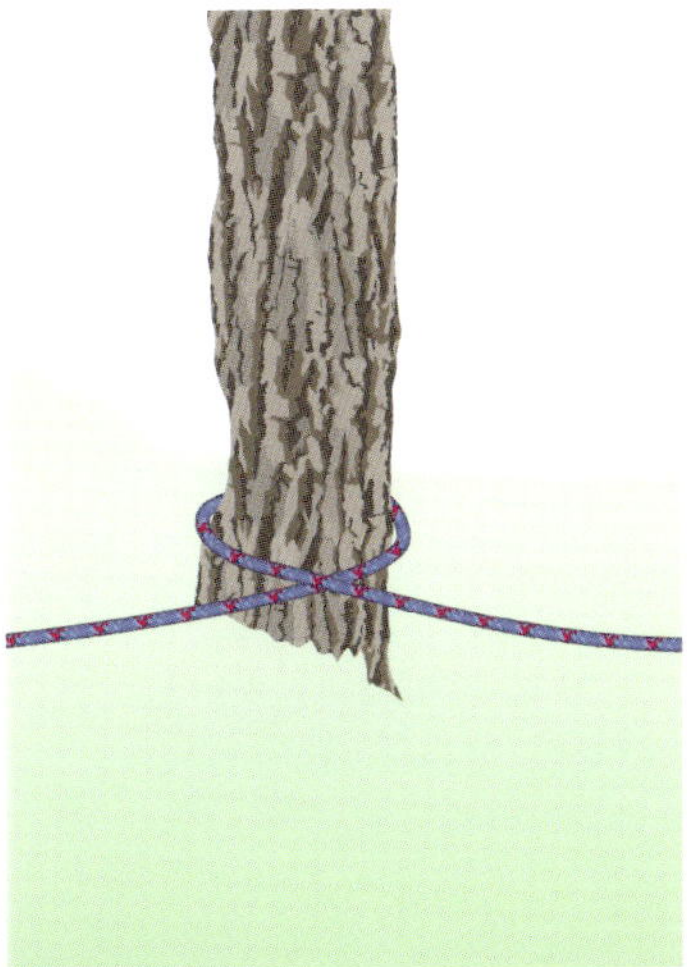

巻きつける
（シングル・ヒッチ）

バックからロープを伸ばしながら、木を一周する。スリングもカラビナも不要。シングル・ヒッチとも呼ばれる。支点との距離を調整できないので、ロープを張るライン上に支点となる木がある場合に。足場が不安定なら避けること。もう一周し2巻きにすれば固定力が高まり、より安心

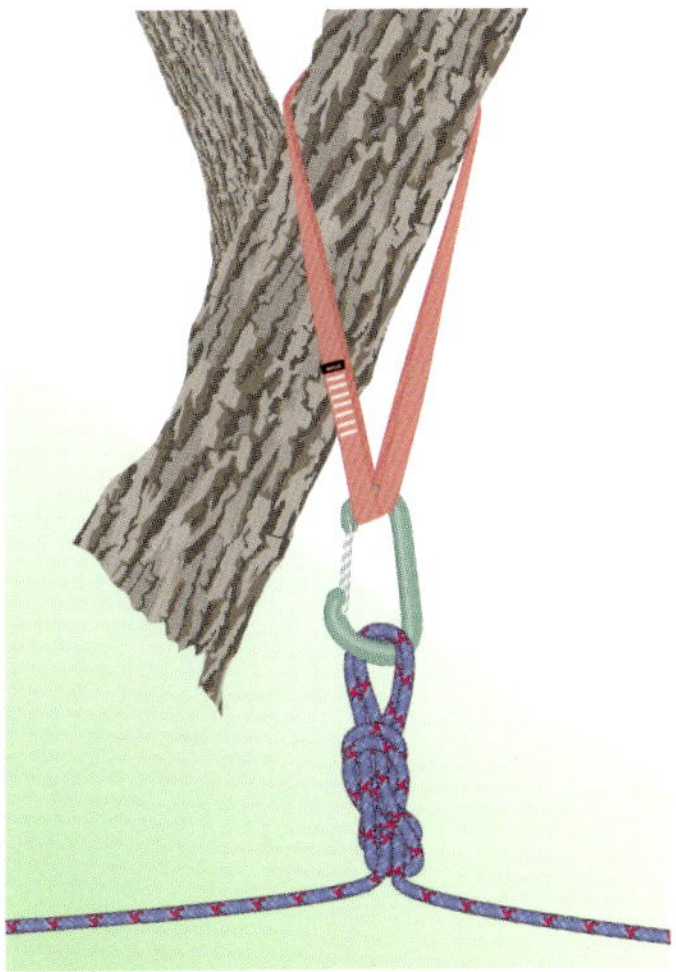

ダブルループ・フィギュアエイト

☞ P.22へ

ループを大きく結べば、支点と距離があっても直線的にロープを張れる。ループがふたつあるので締め込まれても解きやすいほか、支点の強度が不安なら2カ所にセットすることもできる。ロープの使用量が多いのが欠点。足場が不安定なら避けること

フォロワーの通過

フォロワーは自身のハーネスにスリングを結び、スリングの先にセットしたカラビナをロープにクリップすることで安全を確保しながら通過する。中間支点通過のためにカラビナは2枚必要。

クローブ・ヒッチで固定

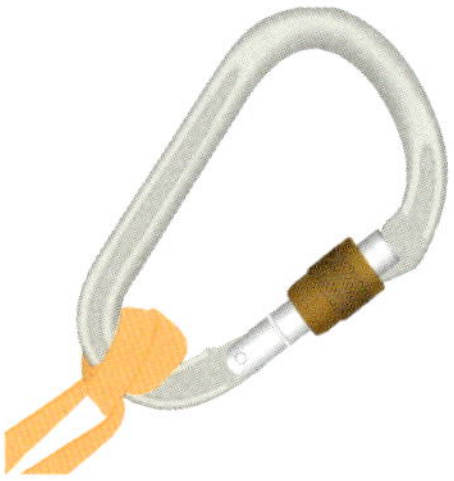

スリングにセットするカラビナはクリップするだけでもいいが、クローブ・ヒッチで固定すればズレないので使いやすい。セルフビレイ（P80）用のカラビナも、この方法で固定してもいい。

スリング・カラビナのセット

自身のハーネスにスリングをセットし、スリングの先にカラビナをかける。スリングはナイロンまたはロープのソウンスリングがいい。120cm1本か60cm2本を使用。

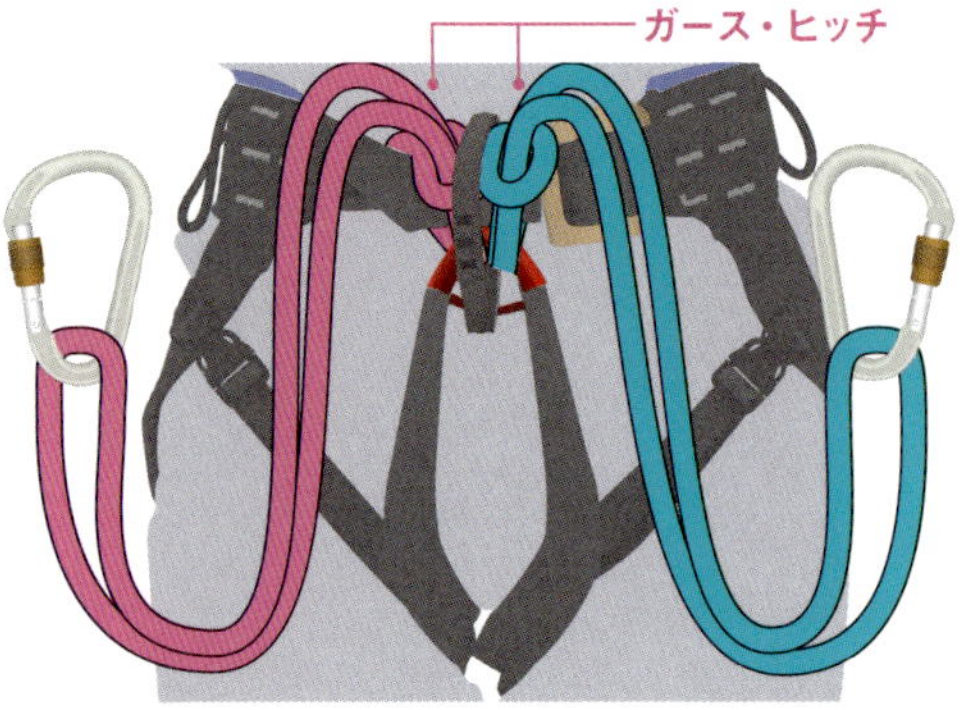

60cmスリング2本

60cmスリング2本をそれぞれ、ハーネスにガース・ヒッチで結びつけ、それぞれのスリングにカラビナをセットする。ループをつくるための結びが不要なのでスピーディで簡単

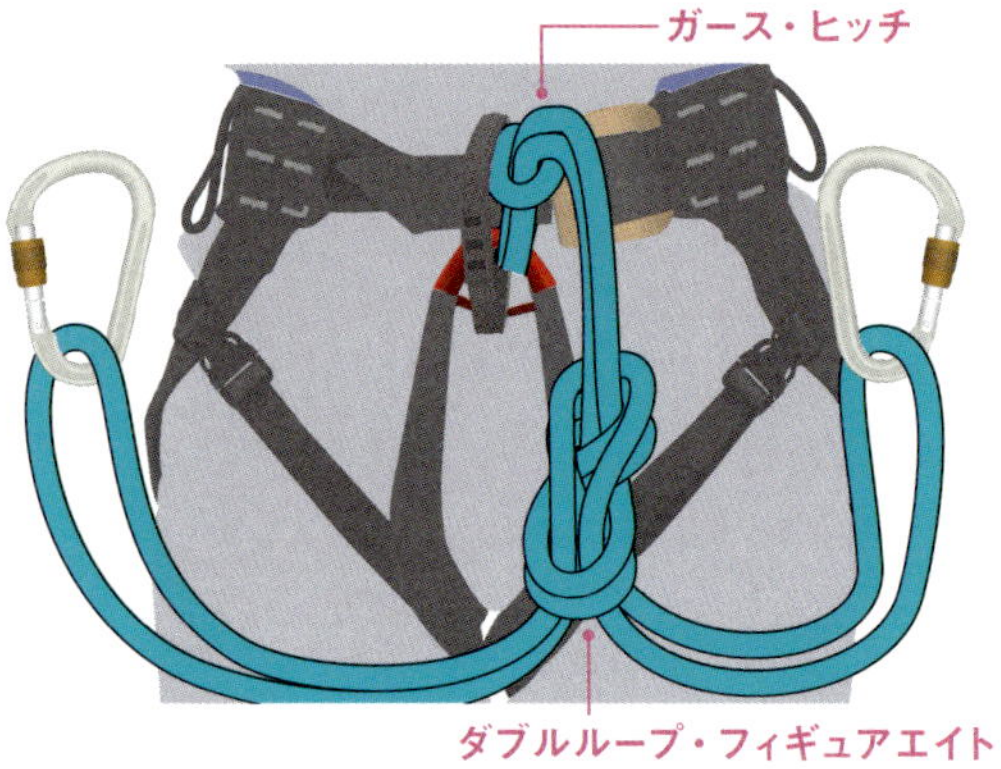

120cmスリング1本

120cmスリングをハーネスにガース・ヒッチし、ダブルループ・フィギュアエイトでふたつのループをつくる。かけ替えやすいよう、ハーネスからカラビナまでの長さが腕より短くなるように

中間支点の通過

トラバースの通過は中間支点をどう越えるかが肝。中間支点ではいったんカラビナをロープから外してかけ替えるが、カラビナ2枚のうち1枚は必ずロープにかかった状態をキープする。

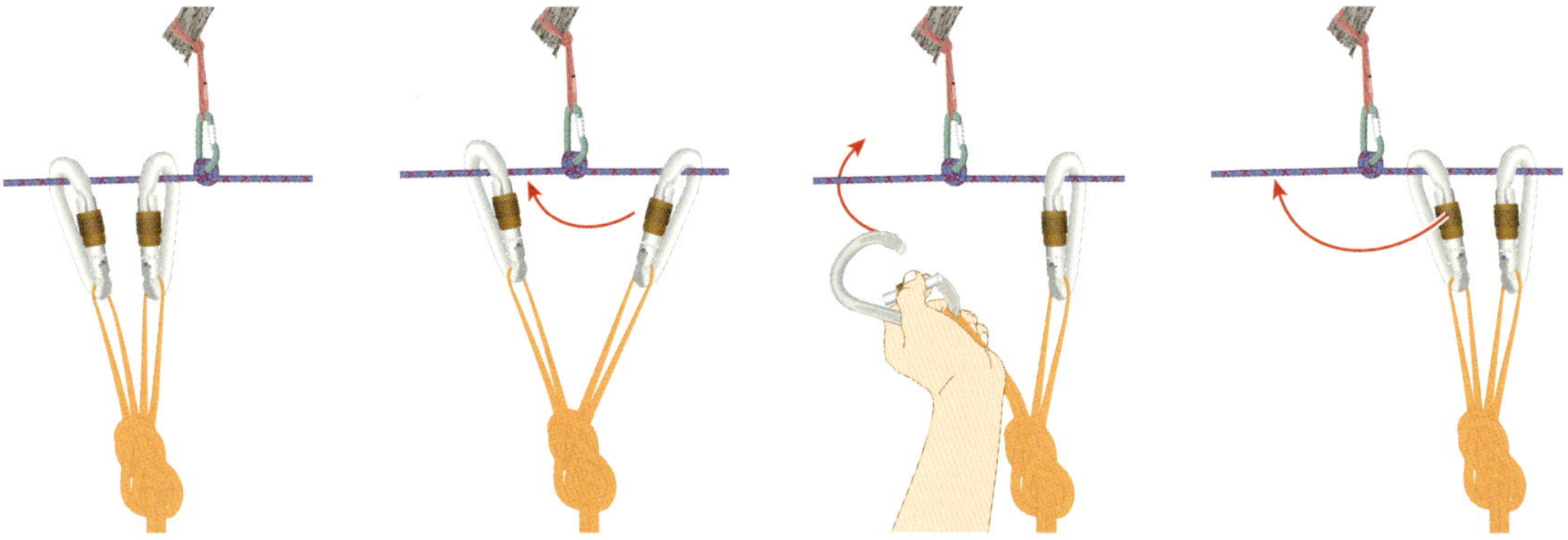

1 中間支点に着いたら、進行方向側のカラビナ1枚のゲートを開ける

2 進行方向側のカラビナをロープから外す。万一スリップしても滑落しないよう、絶対に2枚同時に外さないこと

3 外したカラビナを中間支点の先にかける。ゲートが上になるよう下からセットし、ゲートをロックする

4 スタート側に残ったカラビナも同様に外して進行方向側へかけ替える。これを中間支点ごとに繰り返す

徒渉する

チームの総合力で安全を確保

適切な状況判断が必要

晴天時の一般登山道ではあまりないシチュエーションだが、バリエーションルートなどでは、沢や川を徒渉する必要に迫られることがある。水の力は一般に考えられる以上に強く、ひざ程度の水量でも流れの強さによっては人力では渡れないことも。そんなとき、ロープを使うことである程度安全性を高めることが可能。

ただし、徒渉は確定した普遍的な技術があるわけではなく、水量や流れの強さなどその場の状況に応じた判断が何よりも大切だ。

先頭メンバーの徒渉

1 先頭メンバーのハーネスにフィギュアエイト・フォロースルーでロープを結ぶ。ポールがある場合、補助的に1本使用

2 支点をつくり、ムンター・ヒッチをセット

3 先頭メンバーは流れに対して斜め45度くらいの角度（沢の状況に合わせて変えること）で徒渉を開始。サポートメンバーは「確保して降ろす」（P100）と同じ要領でロープを送り出す

2
ダブルループ・
フィギュアエイト
☞P.22へ
ムンター・ヒッチを解かず、ムンター・ミュール・ノットで固定してもいい
3
※ただし、この方法は転倒して自力で立ち上がれない場合、大事故につながる可能性がある。バックアップ分のロープ長がある、またはもう1本ロープがあるならば、徒渉者にフィギュアエイト・フォロースルーでロープを接続しておけばより安心。木への固定はムンター・ミュール・ノットで行ない、転倒した場合は仮固定を解除する。流れがそれほど強くない場合、カラビナをロープにかけずに手がかりとするだけでもよい
1
ダブルループ・
フィギュアエイト
☞P.22へ

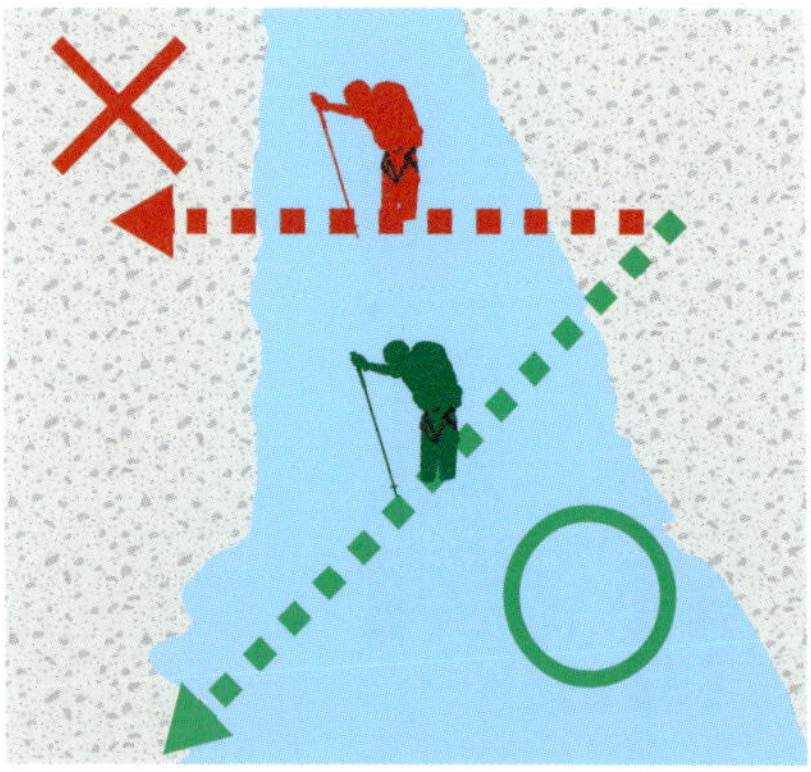

ロープは先頭メンバーの徒渉ラインと同じく、流れに対して45度くらいの角度で固定する

中間メンバーの徒渉

1 先頭メンバーは徒渉を終えたら対岸側（徒渉を終えた側）に支点をつくる。ハーネスからロープを解き、ダブルループ・フィギュアエイトなどを用いてロープを支点に固定

2 スタート側のメンバーがロープを引く。ピンピンになるまで引いたら、ムンター・ヒッチをセットしていた支点にダブルループ・フィギュアエイトやムンター・ミュール・ノットなどで固定する

3 2人目の徒渉者はハーネスに60cmスリングをガース・ヒッチでセットし、カラビナをロープにかけて徒渉する。中間支点がない場合はカラビナは1枚でいい

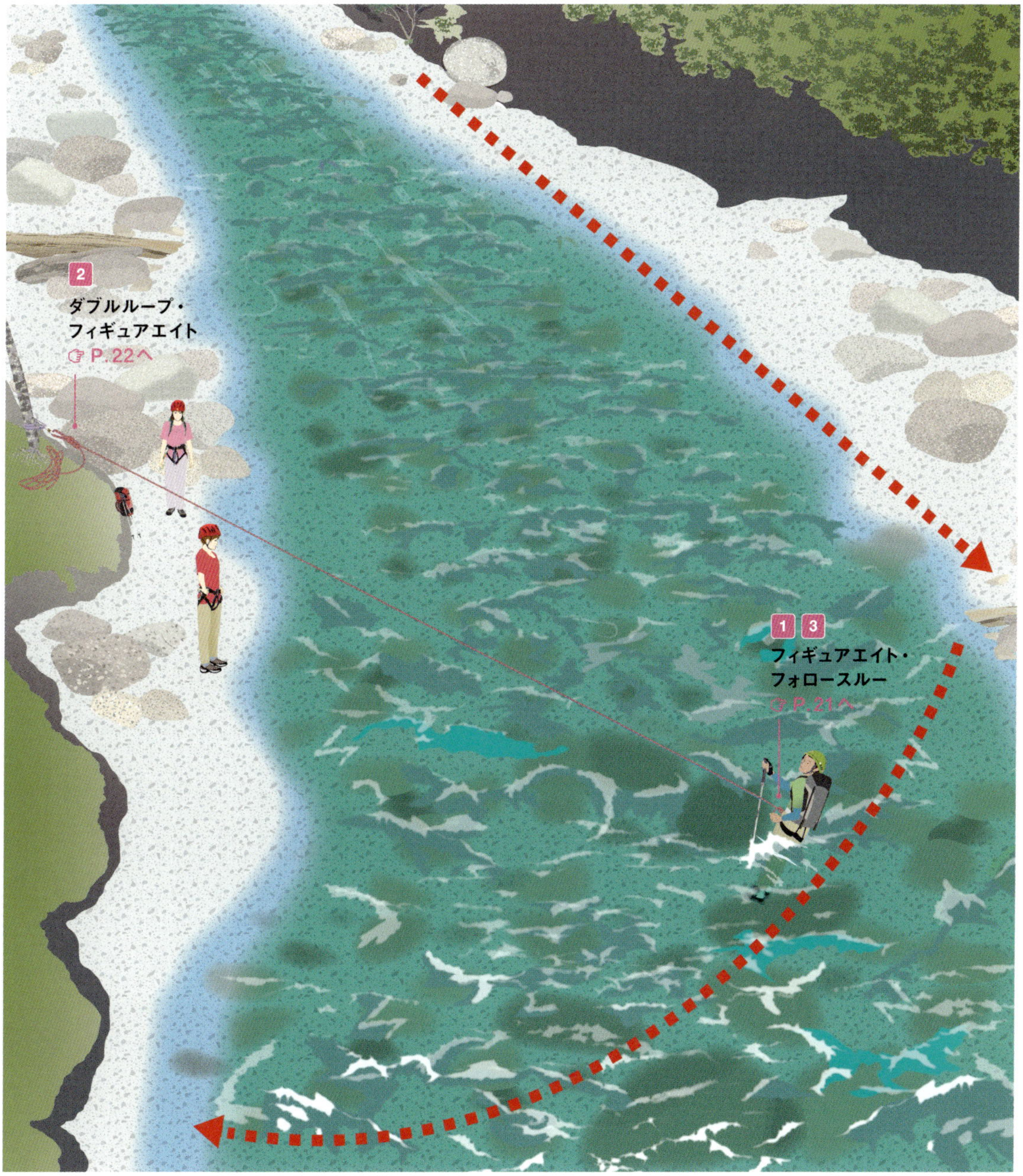

岩より怖い水

岩場の技術がある程度理論的に確立されているのと比べ、徒渉など沢の技術は個人の経験にゆだねられる部分が大きい。また、沢ではロープ操作にミスがなくても小さな状況の変化で大事故が起こることもある。岩場以上に、より慎重な判断が必要だ。

最終メンバーの徒渉

1 最終メンバーはスタート側のロープの末端を自身のハーネスにフィギュアエイト・フォロースルーで結び、支点を回収

2 徒渉を終えたメンバーはスタート側にあるロープの余り分を対岸側に引き、ある程度張った状態でダブルループ・フィギュアエイトを結び直して固定する。ムンター・ミュール・ノットでもよい。徒渉者が対岸にたどり着けない場合、仮固定を解いてムンター・ヒッチで補助する

3 最終メンバーは振り子の要領で、ロープを張った状態で徒渉する。万一流されても、理論上は対岸側へたどり着く

傷病者を搬送する

ロープやバックパックで

これまで紹介してきたロープワークはいずれも、安全を確保して事故を未然に防ぐための技術だ。いざ事故が起きてからリカバリーするのは、未然に防ぐ以上の技術・体力・注意力・時間が必要になる。しかし、どんなに注意していても事故が起こってしまう可能性はあるし、体調不良などで歩けなくなることも考えられる。

引き渡しまでの短距離を

そのような場合、移動できれば最大限安全な場所に移り、傷病者の様子を観察して、本人の了承のもとで可能なかぎりの応急処置を施す。その後、傷病者の自力歩行が難しい場合はチームのメンバーが傷病者を搬送する。ここでは、万一の際の搬送方法について解説する。

ただし、登山やクライミング時の傷病者の搬送は長距離・長時間にわたって行なうものではない。専用の搬送器具がないなかでの搬送は傷病者に与える負荷が大きく、搬送者にとっても非常に消耗する作業だからだ。二重事故の懸念もある。自力歩行ができないような重篤な状態の場合は迷わず救助を要請し、できるかぎり早期に救助隊へ引き渡すことを考えよう。自分たちでの搬送は、山小屋やヘリコプターによるピックアップ地点など、傷病者を救助隊へ引き渡すまでのごく一時的なものに留めるべきだろう。

ここでは、ロープのみによる搬送と、バックパックなどの道具を使った搬送の計3種類を紹介する。ただし、自分と同程度、あるいは自分以上の体格の人を背負って運ぶのは道具を使用したとしても非常に困難。特に、傷病者を背負った状態で立ち上がるのはバランスも崩しやすく、慣れていない人にはすすめられない。立ち上がる際の補助や搬送の交代などを考えると、搬送に携われる人が複数人いることが望ましい。

搬送の際は必要最低限のもの以外の荷物はその場に残置し、傷病者を救助隊に引き渡したのちに回収すること。

ロープを使った搬送

クライミングなどに使用するロープが1本あれば、比較的安全に負傷者を搬送できる。ロープ径が太く、長いほど搬送する側もされる側もロープが食い込まず楽に運べる。

必要な道具

クライミングロープまたは補助ロープ

8㎜×20mロープだと…

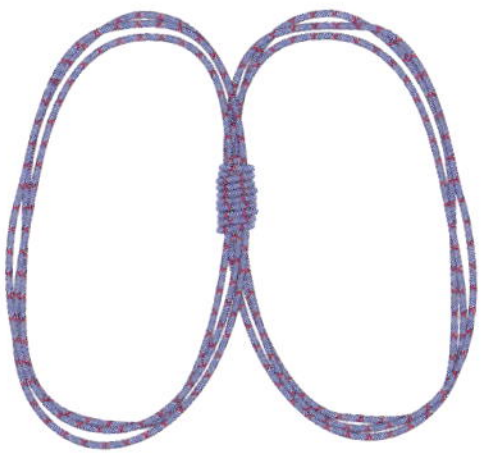

3章、4章で使ったような補助ロープでも搬送できるが、傷病者の足、搬送者の肩を通すループが少ないため、食い込んで非常に痛い。40 ～ 50m程度のクライミング用ロープがあるとベスト。

1 マウンテニア・コイルをつくる

ロープをマウンテニア・コイル（P135 ～）で束にする。P135のとおり、肩にかけて巻くとループの大きさが搬送にもちょうどいい

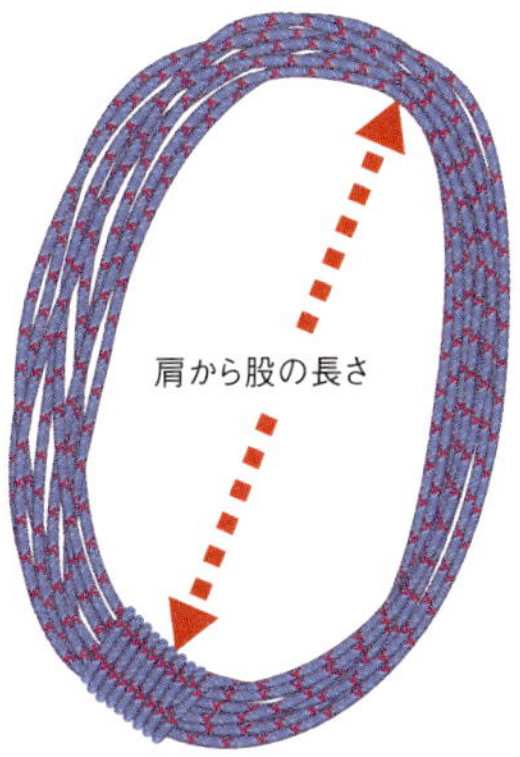

2 ふたつに広げる

1 で束ねたロープをふたつに広げる。
ループの数が半分ずつになるように

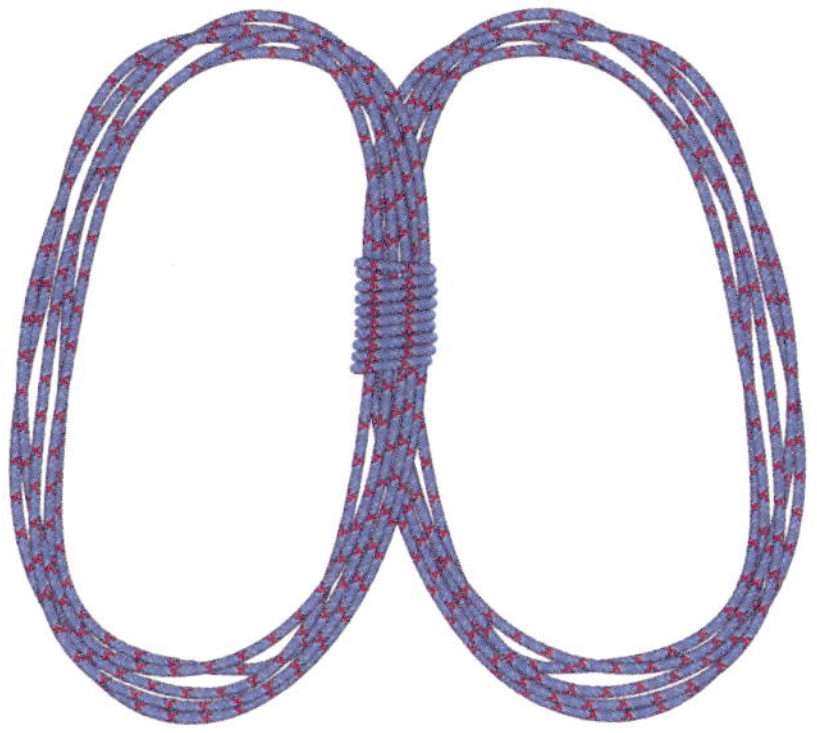

3 傷病者の足を入れる

傷病者の足をループに入れる。地面に座った状態からは担ぐのが難しいので、多少高さのあるところに座らせること。サポート役がいるとベスト。結び目は股下に

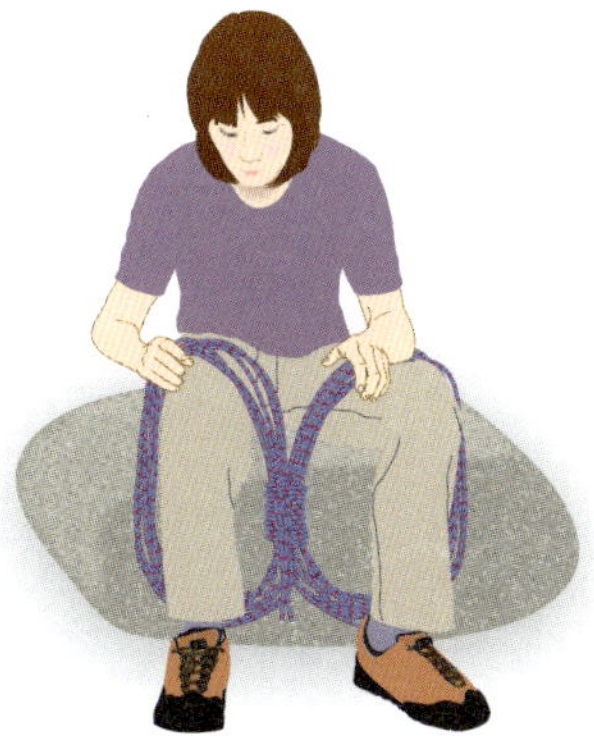

4 背負う

傷病者の足を通したループに搬送者が腕を通し、肩に担ぐ。おんぶのように傷病者の太ももを抑え、傷病者は腕を搬送者の肩に

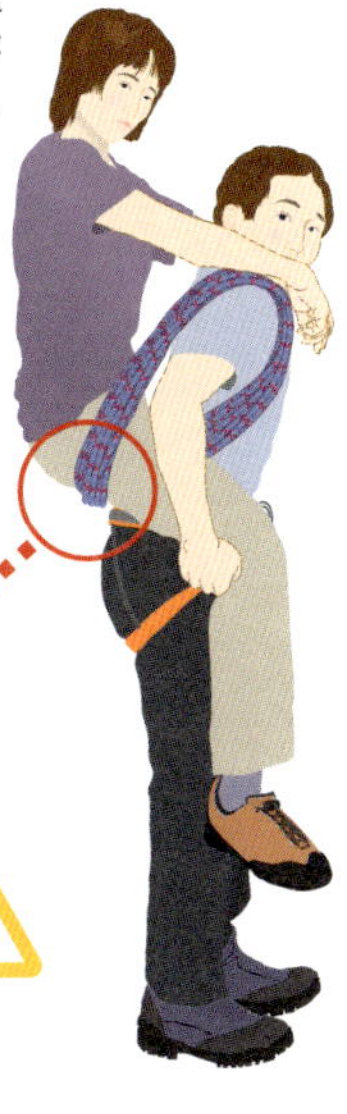

結びが背中に来ると股下にロープが食い込み、痛い

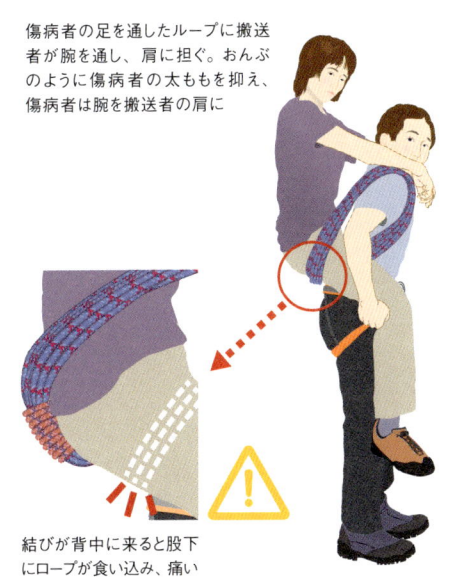

バックパックを使った搬送①

傷病者にハーネスをはかせ、搬送者が背負うバックパックとハーネスをスリングで接続して搬送する方法。P111で紹介したロープのみでの搬送と比べて、体に食い込まない分負担が少ない。

必要な道具

バックパック、ハーネス、60㎝スリング（120㎝スリングを二つ折りでも可）×2、カラビナ×2

1 スリングを二重にする

60㎝スリング2本をそれぞれ伸ばした状態でひねり、二重にする

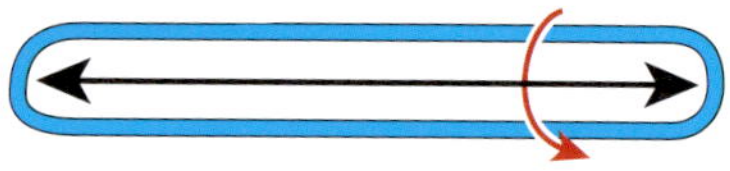

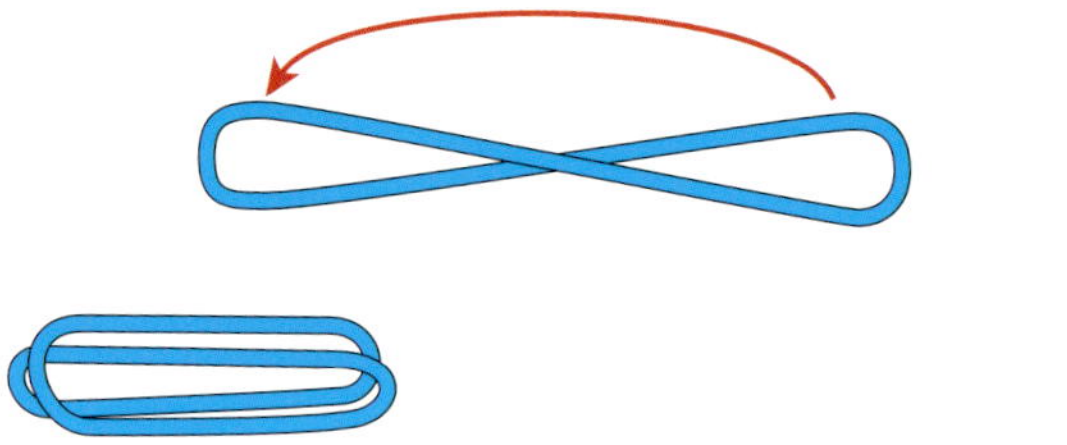

2 ショルダーハーネスに結ぶ

バックパックのショルダーハーネスの肩側の付け根に、二重にしたスリングをガース・ヒッチで結ぶ

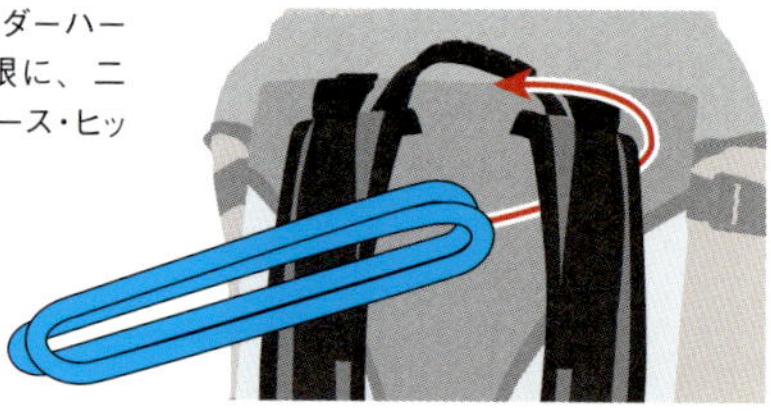

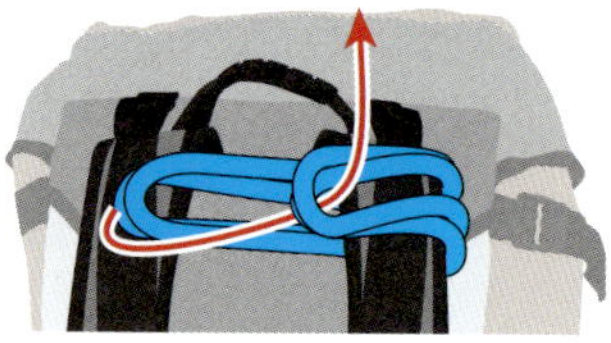

3 カラビナを付ける

2 でショルダーハーネスに結んだスリングそれぞれにカラビナをかける

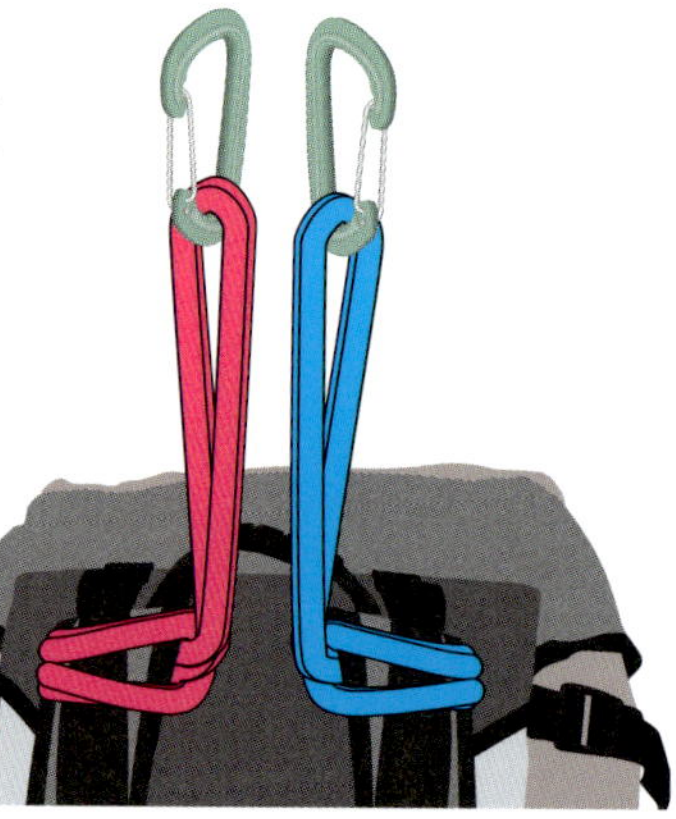

4 カラビナをハーネスにかける

スリングを交差させ、傷病者にはかせたハーネスのレッグループにカラビナをかける。ハーネスはレッグループにバックルがないタイプがいい

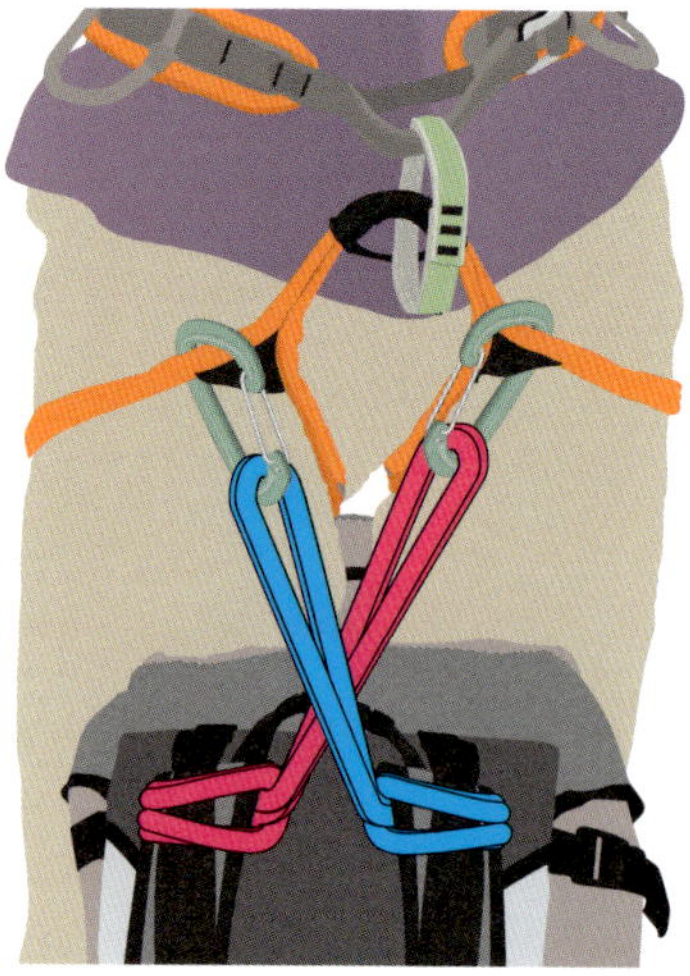

5 背負う

搬送者がバックパックを背負うことで、傷病者を担ぎ上げる形になる。傷病者は腕を搬送者の肩に回し、バランスをとる

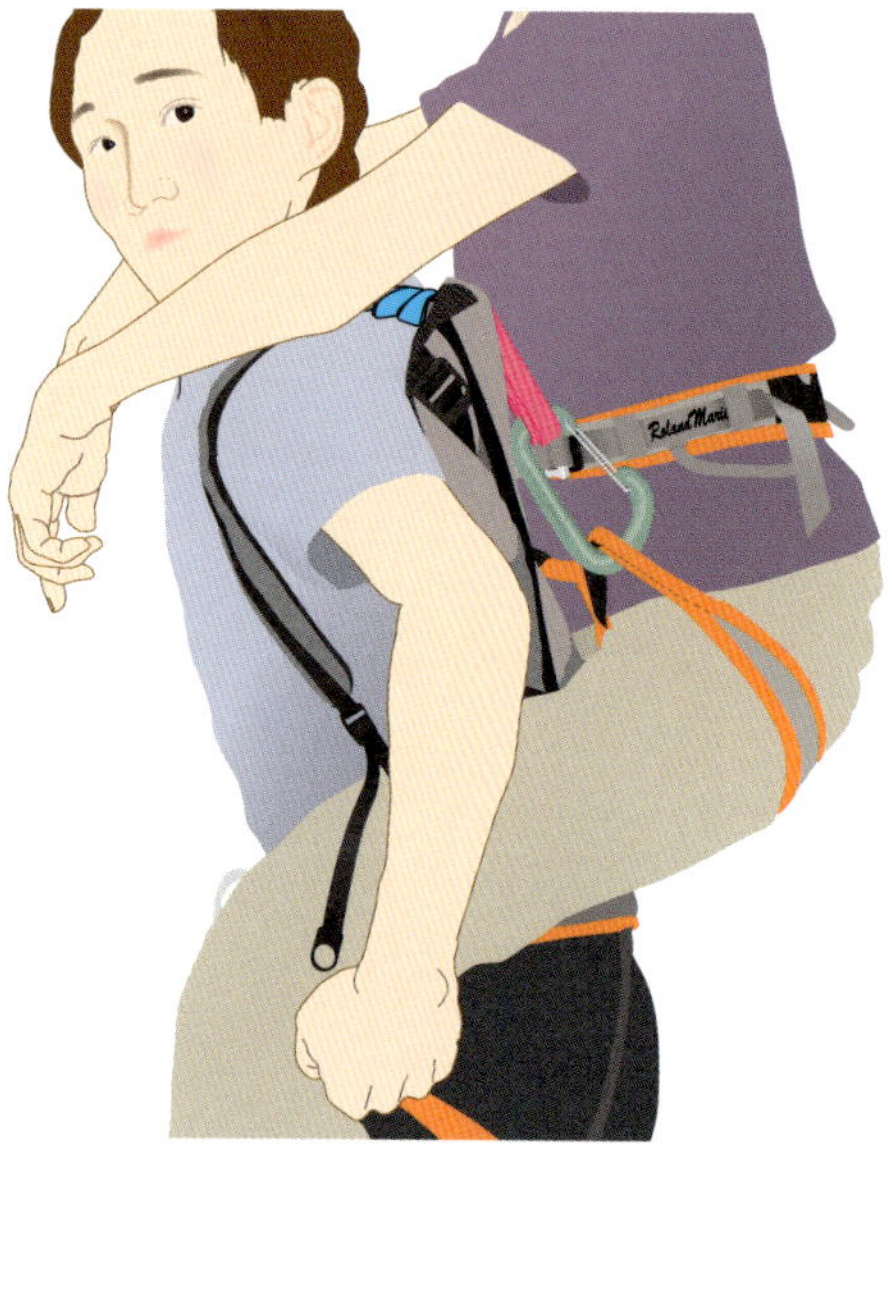

バックパックを使った搬送②

スリング以外は通常の登山装備だけでできる搬送方法。傷病者の負担も比較的少ない。雨天時などはレインウェアを搬送に使うのを躊躇するが、ツエルトがあれば代替可能。

必要な道具

バックパック、レインジャケット（ツエルトでも可）、120㎝スリング×2、カラビナ×2（石などでも代替可）

1 レインウェアにバックパックをのせる

頭を下にしたレインウェアにバックパックをのせ、レインウェアのポケット（または内側）にカラビナを入れておく

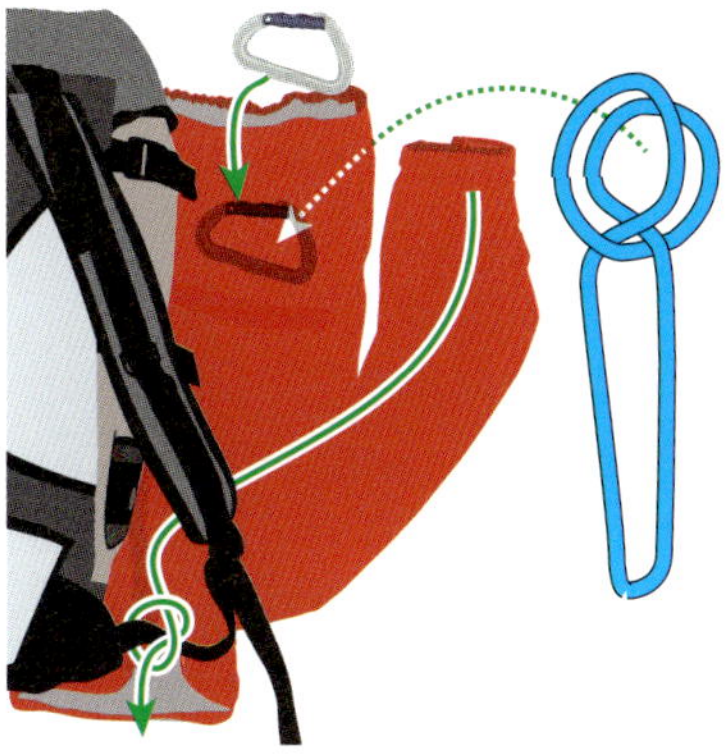

2 パックとウェアを結び、スリングを接続

ショルダーハーネスの腰側の付け根にレインウェアの袖をオーバーハンド・ノットで結び、1でポケット（内側）に入れたカラビナに、スリングをクローブ・ヒッチで締める

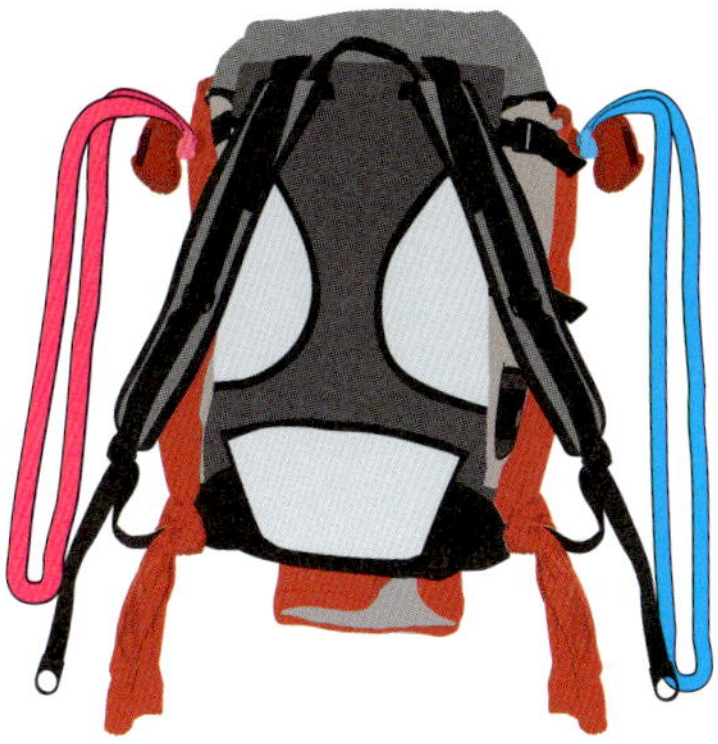

3 傷病者を座らせる

傷病者をバックパックとレインウェアで挟み込むように座らせる

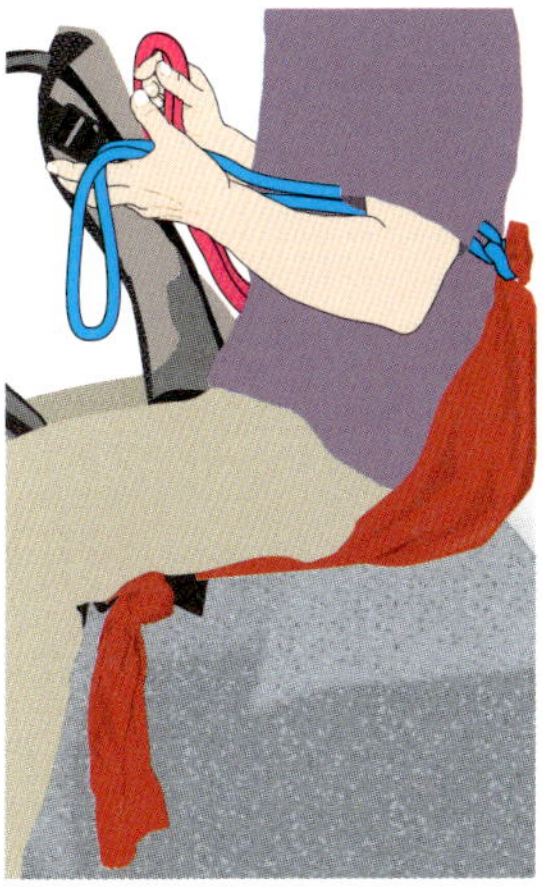

4 スリングを巻きつける

スリングをショルダーハーネスの肩側の付け根とグラブループにラウンド・ターンでしっかりと巻きつける

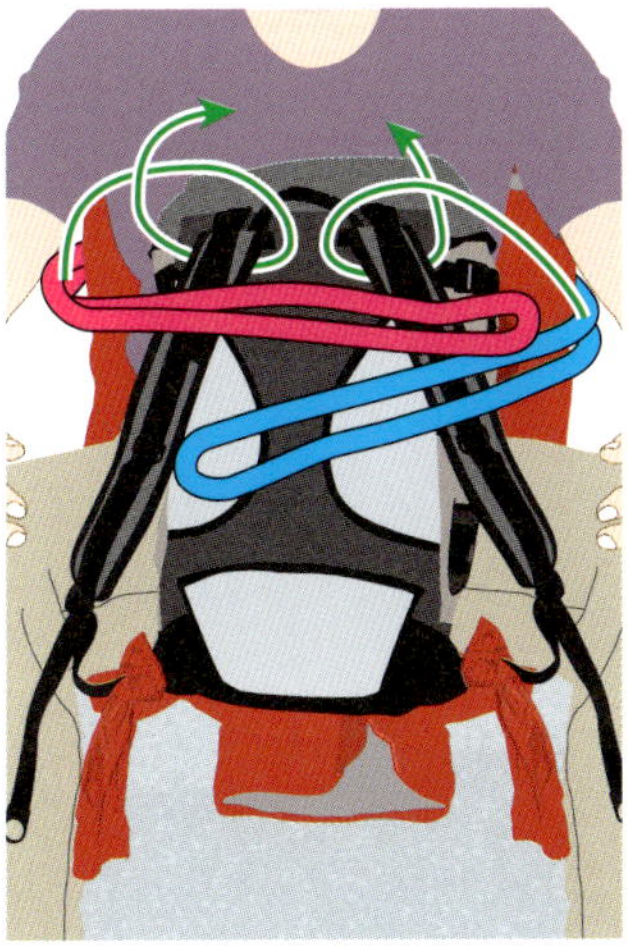

5 スリング同士を結ぶ

スリングの一方の末端をもう片方に2回巻きつけた後、スリングの末端同士をオーバーハンド・ノットでしっかりと締めつける

6 背負う

搬送者はバックパックを背負う。傷病者はレインウェアに座るような形になるので負担が少ない

Column 4

ロープの力とメンヒのダイブ

山岳ガイドにとって、ロープは顧客の安全を守るためのものであると同時に、顧客の状態を把握するツールでもあります。ロープをつないでいると、自分が前を歩いていて相手の姿を見ていなくても、ロープの引かれ方やたわみ方でいろいろなことがわかります。まだまだ元気だな、少し疲れてきたかな、ちょっと怖がっているみたい。そんなことがロープ越しに伝わってきます。

山岳ガイドの仕事を、いざというときに客の滑落を止めることだと考えている方は多いでしょう。もちろんそれは正しいですが、第一に考えているのは、転ばせない、滑落させないことです。滑落を止めるトレーニングも積んでいますが、それでも滑り落ちる人を途中で止めて引き上げるのは、パワーも必要で難しい作業です。だから、ロープを通してお客様の状態を把握し、トラブルを防ぐことが大切だと思っています。

とはいっても、不意に滑落することはやはりあります。どうしても忘れられないのが、ヨーロッパアルプスのメンヒ（スイス・4107m）での出来事です。20代のころの私は毎年夏にヨーロッパへ入り、ガイドとしてのトレーニングを積んでいました。その日はクライアント役の友人とロープをつないでの登山。私が前、クライアント役の女性が後ろになって、細いナイフリッジを歩いていたときのことです。突然ロープが左に流れだしました。今だったらこのような危険箇所ではロープをもっと短くし、張った状態で歩いているはずですが、当時は未熟で、3〜5mほどロープを伸ばして行動していました。距離があると滑落時にスピードがつき、止めるのが難しくなります。ロープが流れているということは、落ちた、ということです。どうするか決断するまで本当はコンマ数秒だったと思いますが、私には何分にも感じられました。自分に近い体格の人がスピードに乗って滑落していくと、体重だけでそれを止めることは不可能です。止めようとしても、吹き飛ばされて一緒に滑落するだけ。とっさの判断で、私は彼女が落ちた側とは逆側にダイブしました。反対側に落ちることで、リッジを頂点にして天秤のようにバランスがとれると思ったのです。雪の積もった稜線だったので、岩でロープが切れる心配もありませんでした。幸い、滑落を止めることができ、ケガもなく登頂して下山しました。

これは山岳ガイドとしては明らかにミスです。ロープを長くしてしまっていたことも、転ばせてしまったことも私のミス。それでも、ダイブして滑落を止められたのは、その場でのベストを即座にプランニングできたからだと思っています。山では、この「最良をプランニングする力」がとても大切なのだと思います。

（水野隆信）

メンヒのナイフリッジ。これとほぼ同じ場所でクライアント役が滑落、反対側へダイブして事なきを得た

Part 5

クライミングのロープワーク

クライミングとは?

広がる山の世界

普段何気なく使う「クライミング」という言葉だが、実は幅広いアクティビティを内包しており、その分類方法も一様ではない。

細かな分類と幅広い世界

一般的にはロッククライミングを思い浮かべることが多いが、ロッククライミング自体も、アブミなど人工的な登攀具を使用するか(使用しないフリークライミングと使用するエイドクライミング)、登る対象物が自然の岩場か室内壁か(アウトドアクライミングとインドアクライミング)、登り方のスタイル(ボルダリング、トップロープクライミング、リードクライミング、マルチピッチクライミングなど)などによって非常に細かく分類できる。さらに、氷壁を登るアイスクライミング、岩・雪・氷などあらゆる山岳環境と向き合って山の総合力が試されるアルパインクライミングなどがあり、これらも一種のクライミングといえるだろう。ただし、アイスクライミングにせよ、

クライミングの種類（一例）

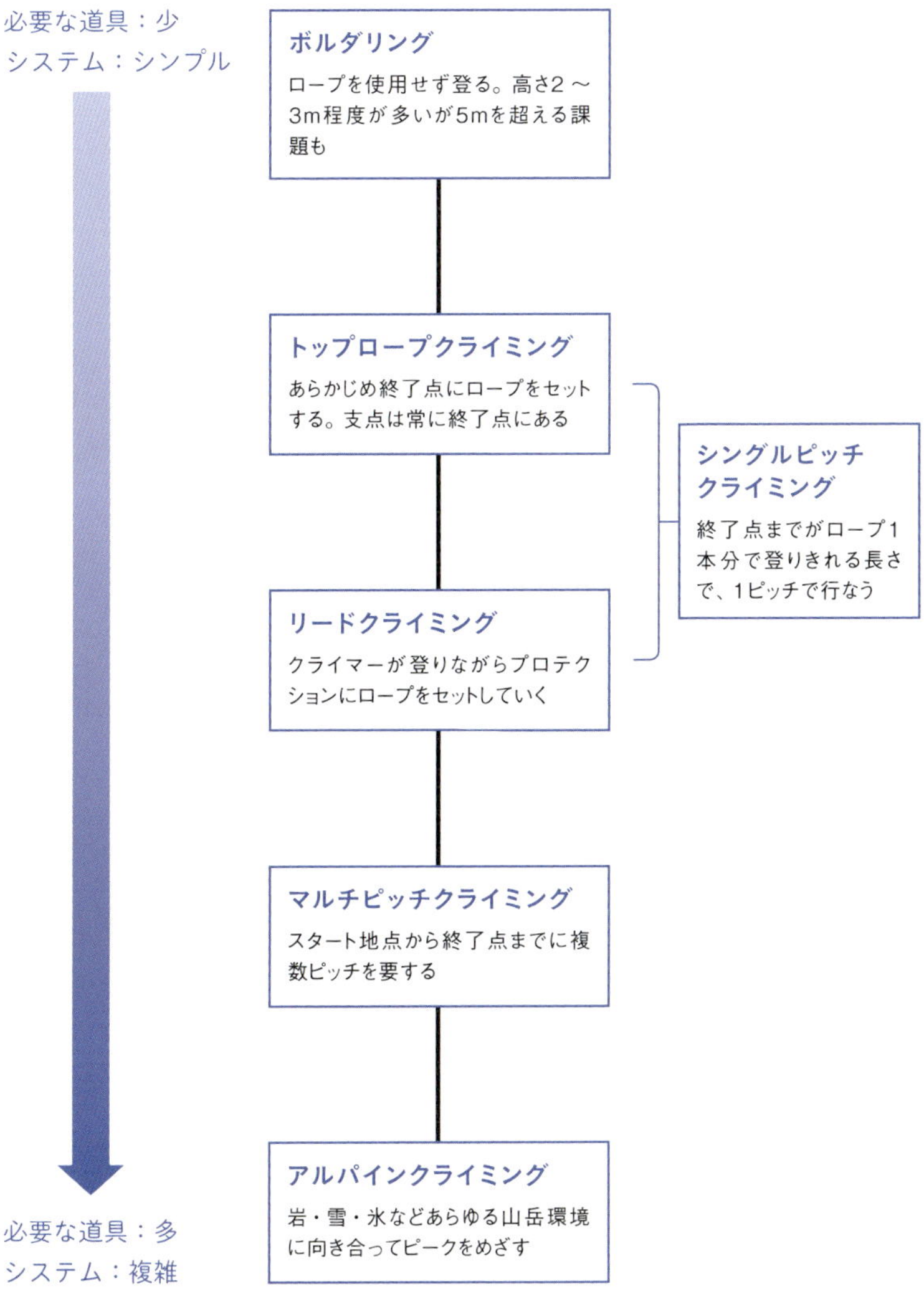
必要な道具：少
システム：シンプル
ボルダリング
ロープを使用せず登る。高さ2～3m程度が多いが5mを超える課題も
トップロープクライミング
あらかじめ終了点にロープをセットする。支点は常に終了点にある
シングルピッチクライミング
終了点までがロープ1本分で登りきれる長さで、1ピッチで行なう
リードクライミング
クライマーが登りながらプロテクションにロープをセットしていく
マルチピッチクライミング
スタート地点から終了点までに複数ピッチを要する
アルパインクライミング
岩・雪・氷などあらゆる山岳環境に向き合ってピークをめざす
必要な道具：多
システム：複雑

アルパインクライミングにせよ、基礎となるのはロッククライミングの技術だ。逆にいうと、ベーシックな山歩きを超えて奥深い山の世界を楽しむには、ロッククライミングの技術・経験は欠かせない。

　クライミングブームといわれる昨今、山の頂上をめざす手段としてではなく、独立したアクティビティとしてピークをめざさないロッククライミングだけを楽しむ人も多い。もちろんそれも楽しいし、私がガイドするお客様にもロッククライミングを専門に学んでいる方もいる。

　ただ、ロッククライミングを学ぶことで、自身の山の世界が大きく広がっていくし、岩場歩きの技術向上につながるのも事実だ。「登山は好きだけれど、ロッククライミングはあまりは興味がない」と言う人も、山の世界を広げ、安全性を高めるひとつの方法として、ぜひクライミングを楽しんでほしい。

　本章では、そんなロッククライミングのなかの、基本のキを紹介する。他章の繰り返しになってしまうが、これらの技術は本を読むだけでなく、有資格者の講習会に参加するなど知識・経験を深めてから実践すること。

トップロープクライミング

クライミングの入り口に

入門、トレーニングに最適

トップロープとは、終了点（ゴール）にアンカー（支点）をセットし、ロープをかけて末端を地面に垂らした状態のこと。この状態から、片方の末端をクライマーに、もう片側をビレイ（確保）を担当するビレイヤーに結んで行なうのがトップロープクライミングだ。あらかじめ上部から確保されているので、アンカーのセット方法やビレイヤーによるビレイにミスがないかぎり、安全にクライミングを楽しむことができる。上級者がリードクライミング（122ページ〜）で登ったり、安全なルートで上部に回り込んだりしてアンカーを構築し、ロープをセットする。

　初級者が初めてロープを使ったクライミングに挑戦する場合、トップロープクライミングからスタートする。また、難しいルートの試登などでもトップロープスタイルがしばしば用いられるほか、ビレイの練習にも向いている。

システム

トップロープクライミングでは支点が常に終了点にあり、クライマーは上から確保されている状態にある。クライマーが途中でスリップしたり力尽きたりしても、ビレイヤーがロープにブレーキをかければその場で停止できる。

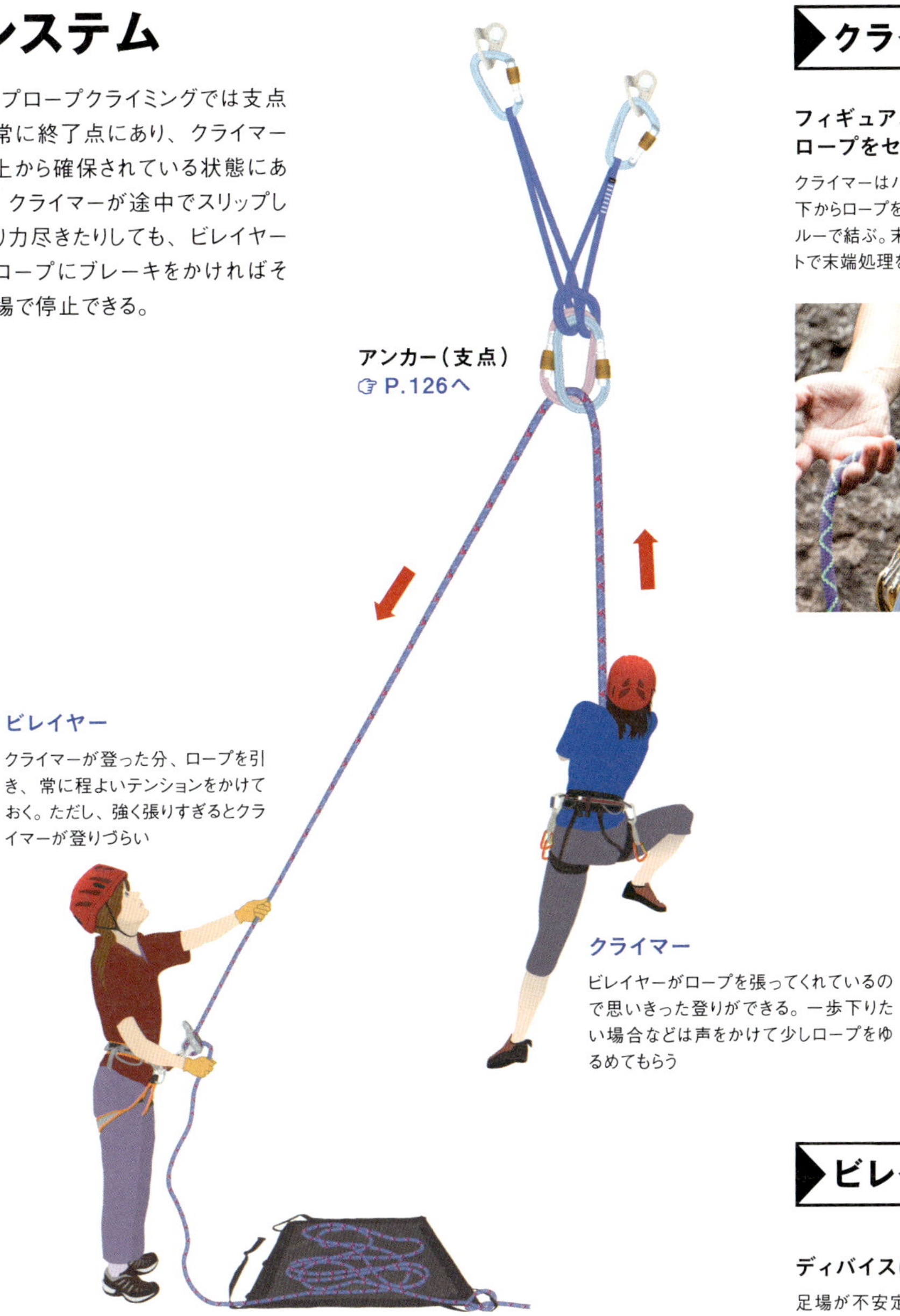
アンカー（支点）
☞P.126へ
ビレイヤー
クライマーが登った分、ロープを引き、常に程よいテンションをかけておく。ただし、強く張りすぎるとクライマーが登りづらい
クライマー
ビレイヤーがロープを張ってくれているので思いきった登りができる。一歩下りたい場合などは声をかけて少しロープをゆるめてもらう

クライマーの準備

フィギュアエイト・フォロースルーでロープをセット

クライマーはハーネスのタイインループふたつに下からロープを通し、フィギュアエイト・フォロースルーで結ぶ。末端はダブルフィッシャーマンズ・ノットで末端処理を。P99も参照

ビレイヤーの準備

ディバイスにロープをセット

足場が不安定な場所でのクライミングでディバイスを落としてしまうと困ったことに。P89で紹介した懸垂下降時のセットと同様、カラビナからディバイスを外さずにセットする。チューブ型と呼ばれるディバイスで解説する

1 | クライマー側（ロードストランド）を上にして、ディバイスの片方のスロット（穴）からロープを通す

2 | 1で通したロープを引き出し、カラビナのゲートを開けてクリップする

3 | ロープの下側（ブレーキストランド）を引いて完成

ビレイの方法

ビレイとはクライマーの墜落を止めるための動きのこと。「持ち替え式」と「スライド式」と呼ばれる2種類の方法があるが、トップロープでは墜落を確実に止めやすい持ち替え式が有利。スライド式はP125で解説する。

持ち替え式

クライマーの登りに合わせてロープを引き、万一の際にロープが流れないよう、常にブレーキを意識しておく。

1 | 左手でディバイスの上側、右手で下側のロープを持つ。両手とも親指を上に

2 | 左手のロープを引くと同時に右手を上方向に引き上げる

3 | 右手を素早く下方向に引いてロープをロックさせる

4 | 右手を引ききったら左手を離す。しっかり下方向に引いてロックしておくこと

5 | 離した左手を下に持っていき、右手の少し上を握る

6 | 今度は右手を左手の上へ。ディバイスの下、拳ひとつ分くらいの場所を握る

ビレイ時の立ち位置

岩場でのビレイは安定した場所で行なう必要があり、不安定ならセルフビレイをセットするので自由に立ち位置を選べないことが多い。それでも、ある程度選べるならクライマーとビレイヤーが重ならない位置でビレイする。

お互いの動きに干渉しないポジションでビレイするとスムーズ

重なる位置だとロープがクライマーの登りを妨げ、操作もしにくい

手放しはNG

持ち替え式のビレイでは左右の手をロープから離し、別の箇所を持つことを繰り返す。しかし、常にどちらかの手でディバイスの下側を握り、すぐにロックできるようにしておくこと。慣れるまでは一手一手確実に、手の動きを確かめながらビレイしたい。

7 左手をロープを引くストロークの位置へ（1に戻る）。以下、繰り返す

下降の方法

終了点まで到達したらゴール。クライマーはビレイヤーに「ロープ張って」あるいは「テンション」などと声をかけ、しっかりとロープを張ってもらう。ビレイヤーから「OK」と返事があったら、壁に足を突っ張るようにしてテンションをかける。

ビレイヤーはクライマーの「降りる」という意思を確認したら、「降ろします」と声をかけて少しずつロープをゆるめていく。クライマーは両足で必要に応じてバランスをとりながら、常に体重をロープに預けた状態で下降する。これを「ロワリング」と呼ぶ。

ロープの外し方

クライマーが無事に地面まで降りてきて自分の安全を確保したら、ビレイヤーに「ビレイ解除」と伝える。ビレイヤーは「ビレイ解除」のコールがあったのちに、ビレイディバイスからロープを外してビレイ態勢を解除する。ビレイ解除はビレイヤーの判断では行なわず、必ずクライマーからのコールに従うこと。

ロープを外す際も、セット時と同様にカラビナからディバイスを外さずにできるよう、練習すること。安定した場所でのトップロープならディバイスを落としてもさほど問題にならないが、足場が不安定な場所でのクライミングやマルチピッチクライミングでディバイスを落としてしまうと、撤退を余儀なくされる可能性が高い。

1 カラビナにかかっているロープをディバイスのループをくぐらせてゲート側に引き出す

2 引き出したロープでカラビナのゲートを押し開け、ロープをカラビナから外す

3 カラビナからロープが外れた状態

4 ロープを引くとディバイスからロープが抜け出る

リードクライミング

主体的にクライミングを楽しむ

主体的に楽しみ、世界を広げる

リードクライミングとは、クライマーがルート中の確保支点（プロテクション）にロープをセットしながら登っていくクライミングのこと。トップロープのように上から確保されているわけではないので、たとえば最後にロープをセットしたプロテクションから3m登った地点で墜落したとすると、その倍の6m（+ロープの伸び分）落下する。強度が不充分だったりセット方法を誤っていたりすると、プロテクションが壊れてさらに落下する可能性もあり、確かな技術と安全への配慮が求められる。

トップロープよりもリスクがある一方で、リードクライミングは自身の技術でイチからルートを登る醍醐味がある。より主体的にクライミングを楽しむ手段といえるだろう。また、アルパインクライミングなどに挑戦するにはリードクライミングの技術が必須。山の世界を広げるのに、避けては通れない関門でもある。

システム

クライマーは途中途中のプロテクションにロープをセットしながら登る。プロテクションにロープをセットした状態がランニングビレイ（中間支点）。最後にセットしたランニングビレイより上は確保されていないので、長距離を落下することのないよう設置箇所には要注意。また、ビレイもトップロープ以上の技術と注意が欠かせない。

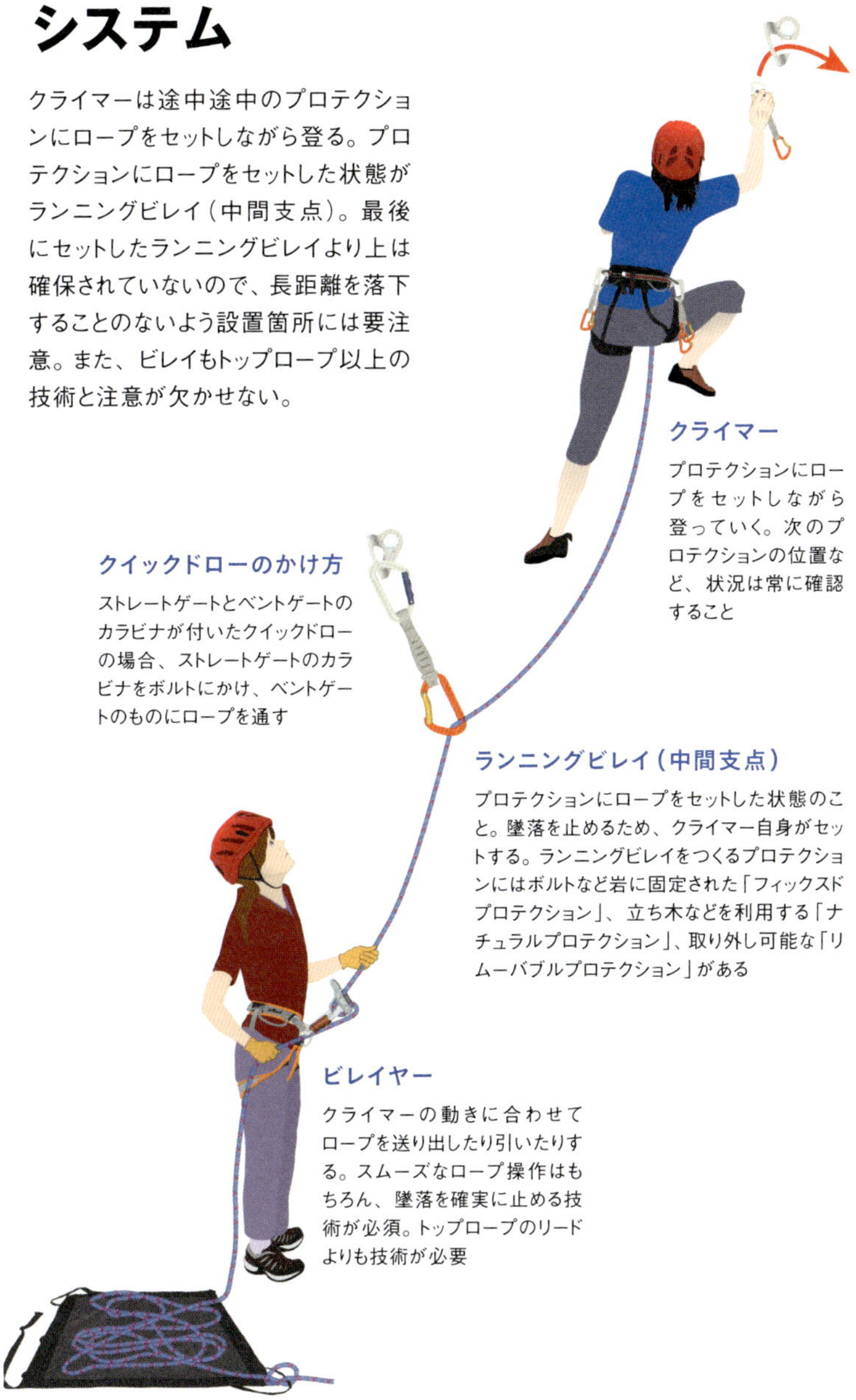

クライマー

プロテクションにロープをセットしながら登っていく。次のプロテクションの位置など、状況は常に確認すること

クイックドローのかけ方

ストレートゲートとベントゲートのカラビナが付いたクイックドローの場合、ストレートゲートのカラビナをボルトにかけ、ベントゲートのものにロープを通す

ランニングビレイ（中間支点）

プロテクションにロープをセットした状態のこと。墜落を止めるため、クライマー自身がセットする。ランニングビレイをつくるプロテクションにはボルトなど岩に固定された「フィックスドプロテクション」、立ち木などを利用する「ナチュラルプロテクション」、取り外し可能な「リムーバブルプロテクション」がある

ビレイヤー

クライマーの動きに合わせてロープを送り出したり引いたりする。スムーズなロープ操作はもちろん、墜落を確実に止める技術が必須。トップロープのリードよりも技術が必要

準備

岩場に着いて、すぐに登り始めるのはNG。クライミングでは、安全のためにしておくべきさまざまな準備がある。

ロープを準備

末端からロープをほぐし、クライミングの途中で絡まないように準備しておく。ほぐしながらロープの傷みなどもチェックする。ロープは直接地面に置かず、ロープシートなどを広げてその上にほぐしていこう

オブザベーション

オブザベーションとは「観察」を意味し、クライミングではルートの状況を事前にチェックすることを指す。プロテクションの位置を確認し、必要なクイックドローなどを用意する。難しい箇所のムーブ（体の動き）も想像しておく

安全確認

クライマーとビレイヤーがお互いのロープがきちんと結ばれているかを相互チェックする。結び方は正しいか、ディバイスのセット方法にミスはないか、カラビナのゲートはロックされているかなどを細かく確認しよう

プロテクションへのセット

プロテクションはクライマーの墜落を止めるための大切なポイント。登り始める前のオブザベーションでどの位置にセットするかをできるかぎりチェックし、必要量のクイックドローやスリング、カラビナを用意する。

ナチュラルプロテクション

自然の岩場では立ち木にスリングをかけるなどしてナチュラルプロテクションをセットできる。ほかに、岩の割れ目に器具を噛ませてセットするリムーバブルプロテクションがある

フィックスドプロテクション

ルートとして整備された岩場なら、クイックドローをかけるためのボルトが打ち込まれている。クイックドローのカラビナをボルトにかけ、反対側のカラビナにロープをクリップする

クリップの手順

リードクライミングではランニングビレイをスムーズにセットできる必要がある。クイックドローの場合、ロープのクリップはゲートの向きや左右の手によって下記の2種類の方法がある。どちらも必修項目だ。

フィンガークリップのやり方

1 | 親指と人さし指でロープをつまむように持つ

2 | 中指でカラビナのロープバスケットを押さえる

3 | ロープをゲートに乗せ、親指で押し込む

4 | ロープがカラビナにクリップされれば完成

バックハンドクリップのやり方

1 | 人さし指と中指にロープを乗せて手繰る

2 | 親指と中指でカラビナを押さえ、つまむ

3 | 人さし指でロープを押し、ゲートを開ける

4 | しっかりと押し込んでクリップされれば完成

逆クリップに注意

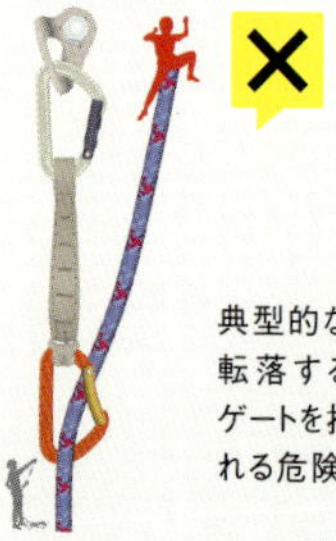

典型的な逆クリップ。転落するとロープがゲートを押し開け、外れる危険が

ロープは壁側からカラビナを通って表へ、ゲートは進行方向と逆向きの正しい例

クイックドローにクリップするロープはカラビナの裏（壁側）から表（クライマー側）に通すのが正しく、また進行方向と逆側にゲートを向けるのが基本だ。これが逆になるミスを「逆クリップ」という。リードクライミング入門者にはありがちだが、転落時にロープがカラビナから外れてしまう可能性があり、非常に危険。

ビレイの方法

リードクライミングのビレイは、トップロープの持ち替え式とは異なる「スライド式」が向く。リードクライミングでは、クライマーの動きに合わせてロープを送り出したり、ときには引いたりする。ここではロープを送り出す際の手順を紹介する。クライマーの安全にかかわる重要な技術なので、充分なトレーニングを積んでから実践すること。

スライド式

墜落を止めるのに技術が必要だが、素早く操作できる。細かいロープさばきが必要なリードクライミングに向く。

1 左手でロードストランド側、右手でブレーキ側を持つ。ロープを送り出す準備

2 右手を上に引き上げてブレーキ状態を解除

3 ロープを左手で押し出しながら右手を引く。この分のロープが送り出される

4 ロープを送り出したら右手を下に引き、ブレーキをかける

5 右手を下へスライドさせ、次の送り出しに備える

6 再び2～3と同様に送り出してブレーキをかけた状態

手をゆるめてスライド

スライド式ではブレーキをかけている手をゆるめて持ち位置を変える必要がある。このときに完全に手を離してしまうと突然の墜落に対応できず、大事故につながってしまう。スライド時はロープをゆるく握り、いつでもブレーキをかけられるようスライドする。

アンカー（支点）の構築

荷重分散の重要性

上級者に連れていってもらうクライミングから、自力でクライミングを楽しめるようステップアップするには、安全なアンカー（支点）を構築できなければならない。トップロープクライミングで、クライマーの墜落を防ぐのはビレイヤーによるビレイ（確保）だが、それをつなぐのがアンカーだ。アンカーは墜落を防ぐための最重要ポイントといえる。

　本来岩場ではアンカーを組むためのアンカーポイントを自身で確保するが、クライミングルートとして人気の岩場では強固なアンカーポイントが整備されていることが多い（ない場合もあるのでチェックが必要）。本項では基礎編として、整備されているアンカーポイントを使ってのアンカー構築について解説する。

4つの要素と構築方法

アンカーの構築で必要とされるのは「強度」「多重性」「均等さ」「延長防止」の4つ。強度は、カラビナ、スリングなどアンカーを構成するすべてが充分な強度をもっていること。多重性とはアンカーを構成する要素にはバックアップがあるべきだという考え方だ。これに基づき、ふたつ以上のアンカーポイントからアンカーがつくられ、マスターポイントとなるカラビナも2枚または3枚使用する。均等さは各アンカーポイントにおおむね均一な荷重がかかるようセットすること。最後の延長防止は、アンカーポイントのひとつが崩壊した際に残ったアンカーポイントとマスターポイントの距離が伸び、大きな衝撃荷重がかかるのを防ぐこと。これらの要素をもとに、状況に応じてアンカーのセット方法をチョイスしていく。

　アンカーの構築法は大きく分けて「固定分散（スタティック・イコライゼーション）」と「クアッドアンカー」の2種類。また、ひとつのアンカーポイントが崩壊すると衝撃荷重がかかって危険なので推奨しないが、「流動分散（セルフ・イコライゼーション）」という方法もある。

荷重の分散

アンカーには静止荷重でもクライマーの体重の約1.7倍の負荷がかかる。安全を確保するため、2カ所以上のアンカーポイントを利用して荷重を分散させる。アンカーポイントにはオフセットD型のスクリューロックカラビナを使用する。また、マスターポイントとは複数のアンカーポイントをまとめた箇所のこと。

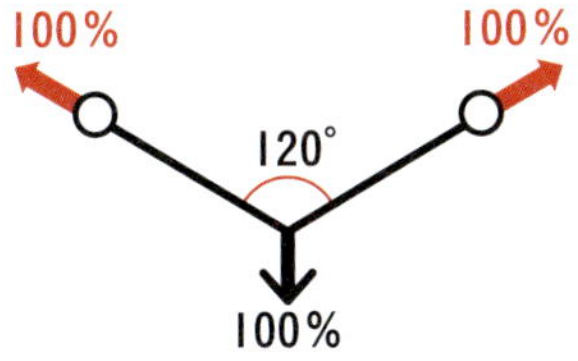
100%
100%
120°
100%

2点のアンカーポイントとマスターポイントの角度が120度になると、アンカーポイントそれぞれに100%の荷重がかかり、分散効果がなくなってしまう

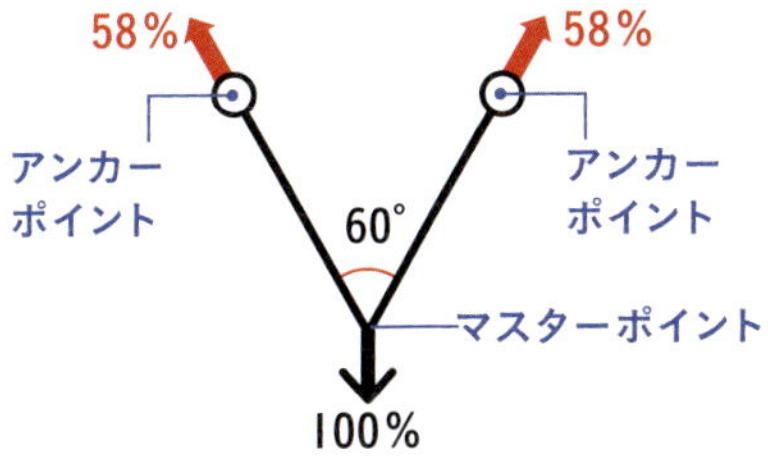
58%
58%
アンカーポイント
アンカーポイント
60°
マスターポイント
100%

マスターポイントへかかる荷重を100%としたとき、2点のアンカーポイントの角度が60度だとそれぞれにかかる荷重は約58%。狭いほど負荷は減る

分散の方法

	参考 流動分散（セルフ・イコライゼーション）	クアッドアンカー	固定分散（スタティック・イコライゼーション）
構造	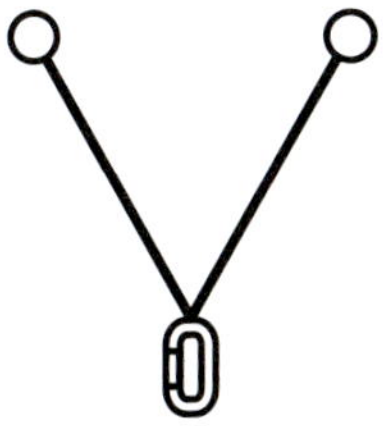 マスターポイントを固定せず流動させる方法。結ばない分作成が早いが後述する理由で非推奨	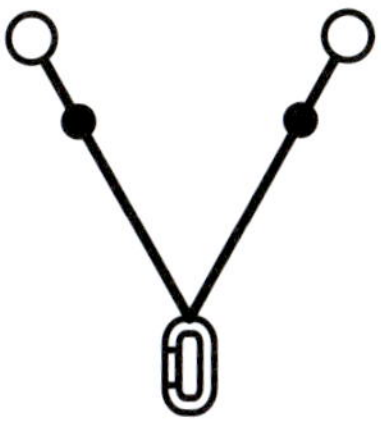 結び目と結び目の間は流動する、固定分散と流動分散の中間的なセット方法。素早く構築できる	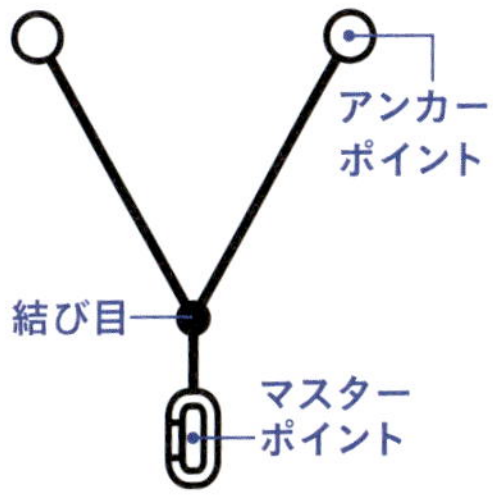 アンカーポイント 結び目 マスターポイント マスターポイントを固定したまとめ方。荷重のかかる方向を予測・確認してから固定する
荷重	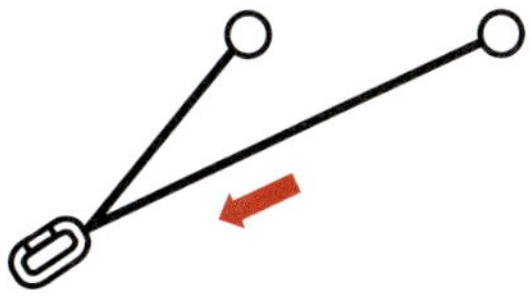 マスターポイントが大きく動いても各アンカーポイントに均一に荷重がかかるのがメリット	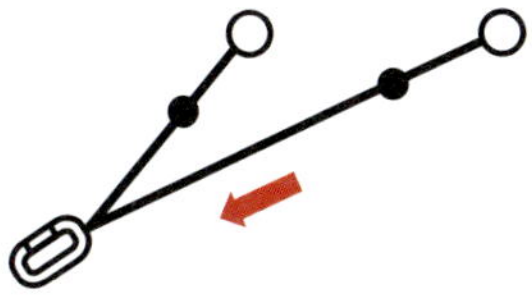 マスターポイントが大きく動いても、結びの位置以上にずれなければ均一に荷重する	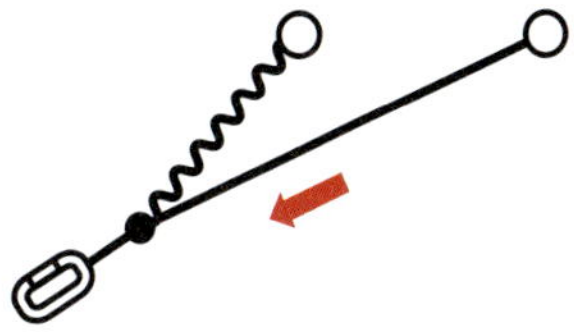 荷重方向が変わると1点に負荷がかかる。マスターポイントが大きく動きそうな場合は避ける
崩壊	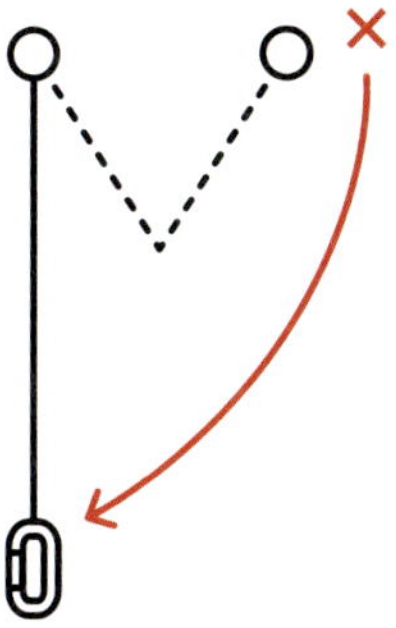 ひとつのアンカーポイントが崩壊するとマスターポイントが落下し、衝撃荷重がかかって危険	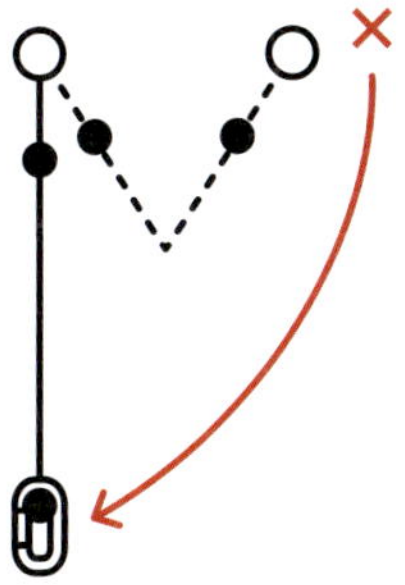 片方のアンカーポイントが壊れるとマスターポイントは落下するが、距離は流動分散より短い	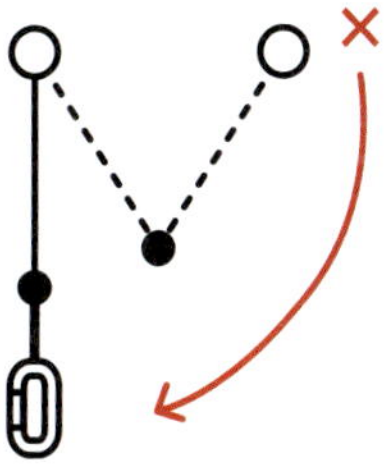 1カ所のアンカーポイントが壊れても支点の距離が伸びず、衝撃荷重がかからない

固定分散（スタティック・イコライゼーション）

フィギュアエイト・ノット

万一、片方のアンカーポイントが抜けてもすぐに止まるよう、フィギュアエイト・ノットで固定する。ロープスリングを用いる。

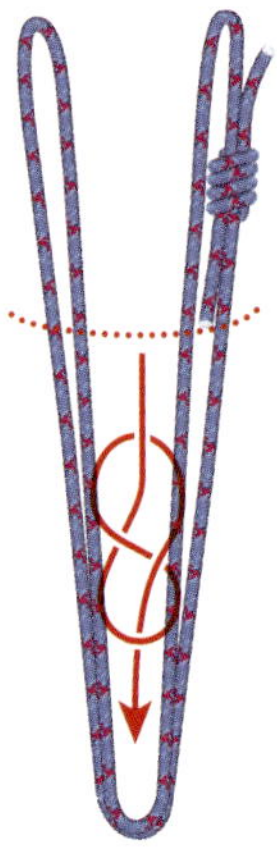

1 スリングをふたつのアンカーポイントにかけ、束ねてフィギュアエイト・ノット（P21の1）で結ぶ

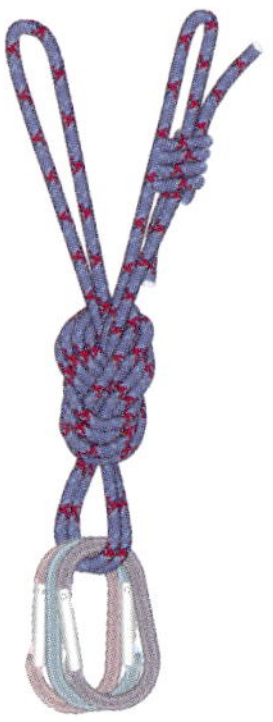

2 先端のループにカラビナをかけて完成

クローブ・ヒッチ

スリングの長さが足りない場合やテープスリングを用いる際はクローブ・ヒッチで。フィギュアエイト・ノットより強度も高い。

1 ふたつのマスターポイントにスリングをかけ、ひねって2の形にする

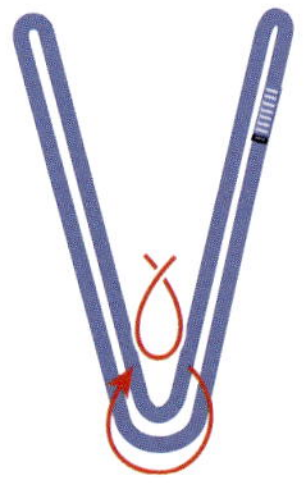

2 ひねり終わった状態

3 ひねったスリングにカラビナを1枚かけ、指とカラビナで広げる

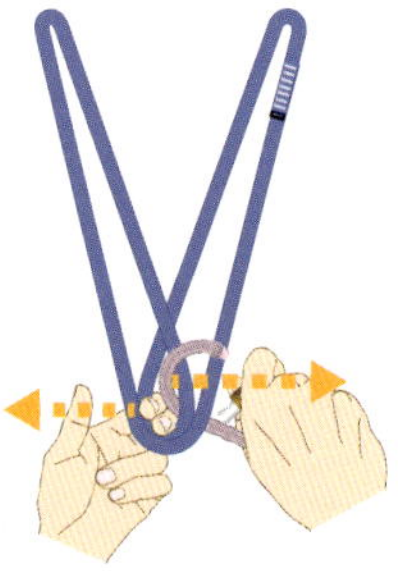

4 指とカラビナをそれぞれ同じ方向にひねる

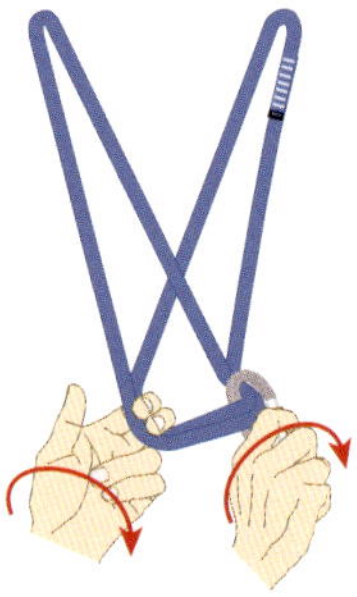

5 4で指でひねったループにカラビナをかける

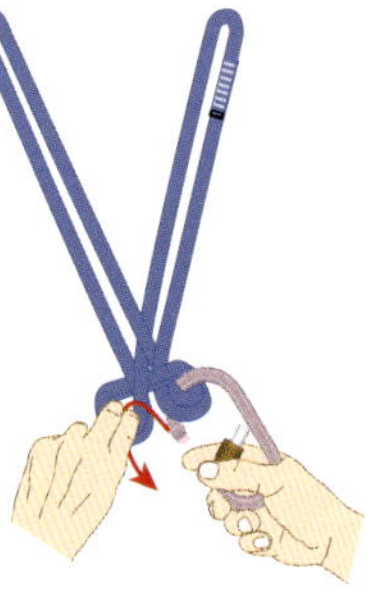

6 カラビナを反転させてブローエンドを下にし、カラビナを追加すれば完成

カラビナの枚数と種類

マスターポイントに用いるカラビナは2枚ないし3枚。スラブと呼ばれる緩傾斜の場所ではカラビナが2枚の場合、カラビナが倒れてロープが岩とカラビナに挟まり、動かなくなることがある。3枚使用した場合は常にスムーズにロープが流れる。

　カラビナは2枚の場合はオーバル型のスクリューロックタイプ、3枚の場合は同じオーバル型のストレートゲート（ロック無し）を使う。どちらも、ゲートの向きを互い違いにすること。

2枚で済むメリットはあるが、ロープが挟まることも

3枚だと常にロープはスムーズに動く

クアッドアンカー

固定分散と流動分散のそれぞれのメリットが生かせる方法。5.5㎜×5mのロープを使うのが基本。事前に手順3まで済ませておけば、設置もスピーディ。

1 ロープの両端をダブルフィッシャーマンズ・ベンドで結び、輪をつくる

2 ロープを二つ折りにして束ね、オーバーハンド・ノットで結びをつくる

3 下側にも同様にオーバーハンド・ノットで結びをつくる

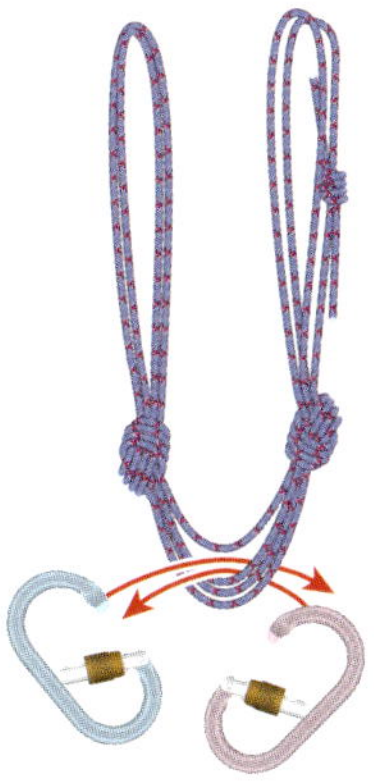

4 それぞれの先端を2カ所のアンカーポイントにかけ、カラビナをセット

5 マスターポイントにするカラビナは4本のロープのうち、3本にクリップする

流動分散（セルフ・イコライゼーション）

マスターポイントを固定しない分散法。アンカーポイント1カ所が壊れるとマスターポイントが落下し衝撃荷重がかかるので推奨しないが、参考として掲載する。

1 固定分散（クローブ・ヒッチ）の手順1と同じようにスリングをひねる

2 図のようにカラビナをかける

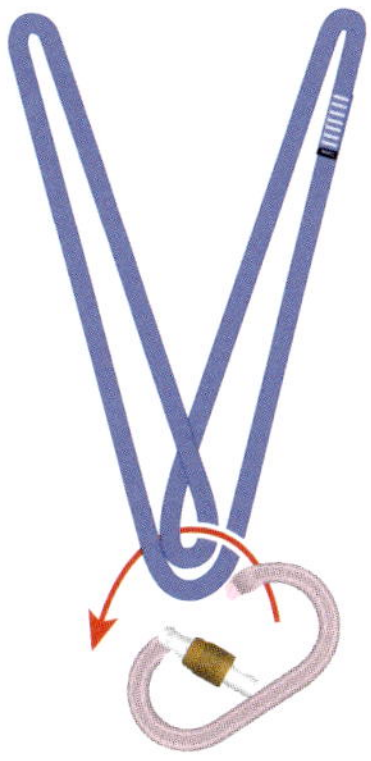

3 カラビナを反転させてブロードエンドを下にし、カラビナを追加して完成

登り返しのシステム

フリクションヒッチを2カ所に結んで登り返しのシステムをセットする。システム自体は決して複雑ではないが、ロープの太さや登り返す場所などによって必要な制動力は変わる。下記のシステムを基本にフリクションヒッチの種類を使い分けたり、巻きの回数を調整して応用しよう。

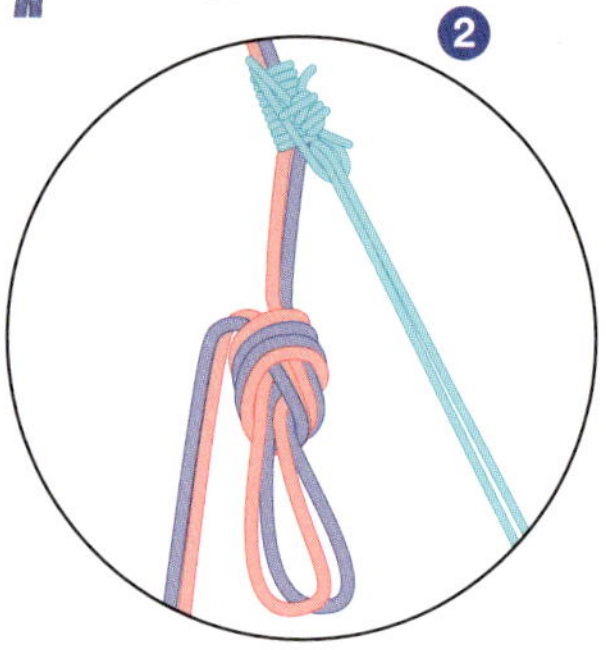

メインロープとハーネスを連結

❶ブリッジプルージック・ヒッチ ☞ P.37へ

60㎝のノットスリングなどでブリッジプルージック・ヒッチをロープに結ぶ。次にフリクションヒッチを結んだコードとハーネスをスリングとカラビナを使って連結する。テンションをかけ、制動が効くかをチェック

バックアップをセットする

❷ループ・ノット ☞ P.18へ

フリクションヒッチが緩んだ際のバックアップとして、メインロープをループ・ノットで結ぶ。この後、登り返しの過程でも2m程度おきに結び、バックアップとする

足がかりをつくる

❸クレイムハイスト ☞ P.38へ

120㎝など長めのスリングをクレイムハイストなどでロープに結びつける。足をかけて全体重を乗せるので、制動力の強い結びが向いている

❹オーバーハンド・ノット ☞ P.16へ

スリングの下部にオーバーハンド・ノットなどでループをつくり、足を入れる足がかりとする

ロープを伝って自己脱出

シングルピッチでのクライミングをある程度マスターしたら、いよいよマルチピッチクライミングへとステップアップする。その前に覚えておきたいのが登り返し（自己脱出／ロープ登高とも）の技術だ。懸垂下降で降りる場所を間違えてしまったり、オーバーハングしている箇所で墜落して空中に投げ出されてしまったりした場合、もといた場所まで登り返さなければならない。そのときにこの技術が役に立つ。

本書で紹介するなかでは応用編だが、万一の際の技術として、覚えておけば役に立つはず。そして、この技術に用いる結びや道具などは決して特別なことではなく、本書で紹介した内容の組み合わせで充分対応できる。引き出しを増やす意味でも、意義のある技術だ。

懸垂下降からの登り返しをベースに技術を解説するが、同じシステムを使える場面はほかにもある。

登高の手順

システムは右で解説したとおりだが、トレーニングを重ね、手順をしっかりと頭に入れておくこと。

1 懸垂下降中に停止する

懸垂下降の途中で停止（P91参照）し、60㎝のロープスリングでブリッジプルージック・ヒッチをロープに結ぶ

2 登り返しのシステムをつくる

ブリッジプルージック・ヒッチとハーネスを連結。制動が効くか確認し、ループ・ノットでバックアップ（右の❷）をセットして1で固定していたディバイスを外す。その後、ロープにスリングをクレイムハイストで結ぶ

3 足がかりをつくり、足を入れる

クレイムハイストで結んだスリングの下部をオーバーハンド・ノットで結び、ループをつくって足をかける

4 立ち上がる

土踏まずの部分をループに乗せて、立ち上がる

5 フリクションヒッチを上げる

同時にハーネスとつながったフリクションヒッチを押し上げる

6 足側のフリクションを上へ

ハーネスに体重を預け、足を入れたフリクションヒッチを上へ

7 再び立ち上がる

手順4と同じように立ち上がり、これを繰り返して少しずつ登る

Column 5

動作？ 形？ 結びをどう覚えるか

結び方を覚えるために本を開く人を見ていると、キャプション（テキスト）から読み始めてその後に図を見る人と、文字をまったく読まずに図だけを見る人がいます。すべての人が必ずどちらかに当てはまるわけではありませんが、文字から入る人と図から入る人で記憶の補い方が違うのではないでしょうか。その違いは、その人の経験や考え方に依存しているのでは、と感じます。

そして、結びを自分のものとして使いこなせるようになるための記憶方法も、ふたつに分かれます。脳で結びの形を覚える「形状記憶」か、手の動きを記憶する「動作記憶」か。これらふたつの記憶方法にはそれぞれ、長所と短所があります。

形状記憶の利点は、頭の中で完成形をイメージできること。結ぶ方向や結ぶものが変化しても、完成形がわかるので苦労しながらも結ぶことができます。絶えず思考するので、応用力も鍛えられます。ただし、視覚情報を脳で処理して判断するので、素早さが劣る欠点があります。

一方、結びの手順を体の動きとして身につける動作記憶は、見たり考えたりせずスピーディに結べるのがメリットです。ただ、シチュエーションが変わって同じ動作ができなくなると、途端に結べなくなることがあります。動作だけで覚えると、応用力がなくなってしまうのです。

本書の1章で示した手順は主に、形を覚えるための図です。ところが、形の説明に動作が入り込む場合もあります。たとえば、ダブルループ・フィギュアエイト（P22）の手順5～6には、「折り返す」「裏側へかぶせる」など動作的な表現が使われています。図を見て覚える人がよくつまずく箇所です（描く私も、なかなかうまく描けないところです）。

また、人から直接教わる場合は、図だけでは伝えきれない技と文化（結びの名など）を聞くことができ、さらに動作を目で見ながら学ぶので図より深く理解できます。ただし、これは形状を記憶しているわけではなく動作を覚えているので、教わった直後はわかっても、あとで結べないこともよくあります。結びの途中で、「あれ、何かおかしい」とわからなくなった経験はありませんか？　これはきっと、動作記憶が不完全だったり、覚えている動作と実際に行なった動作が少し違っていたから。やり直してみると結べるのは、動作がうまくいったか、形状記憶でたどり直したからではないでしょうか。

文字や図形で覚える形状と、実際にやって理解する動作。両方習得できれば、応用力とスピードを備えた“結びの達人”になれるはずです。

（イラストレーター　阿部亮樹）

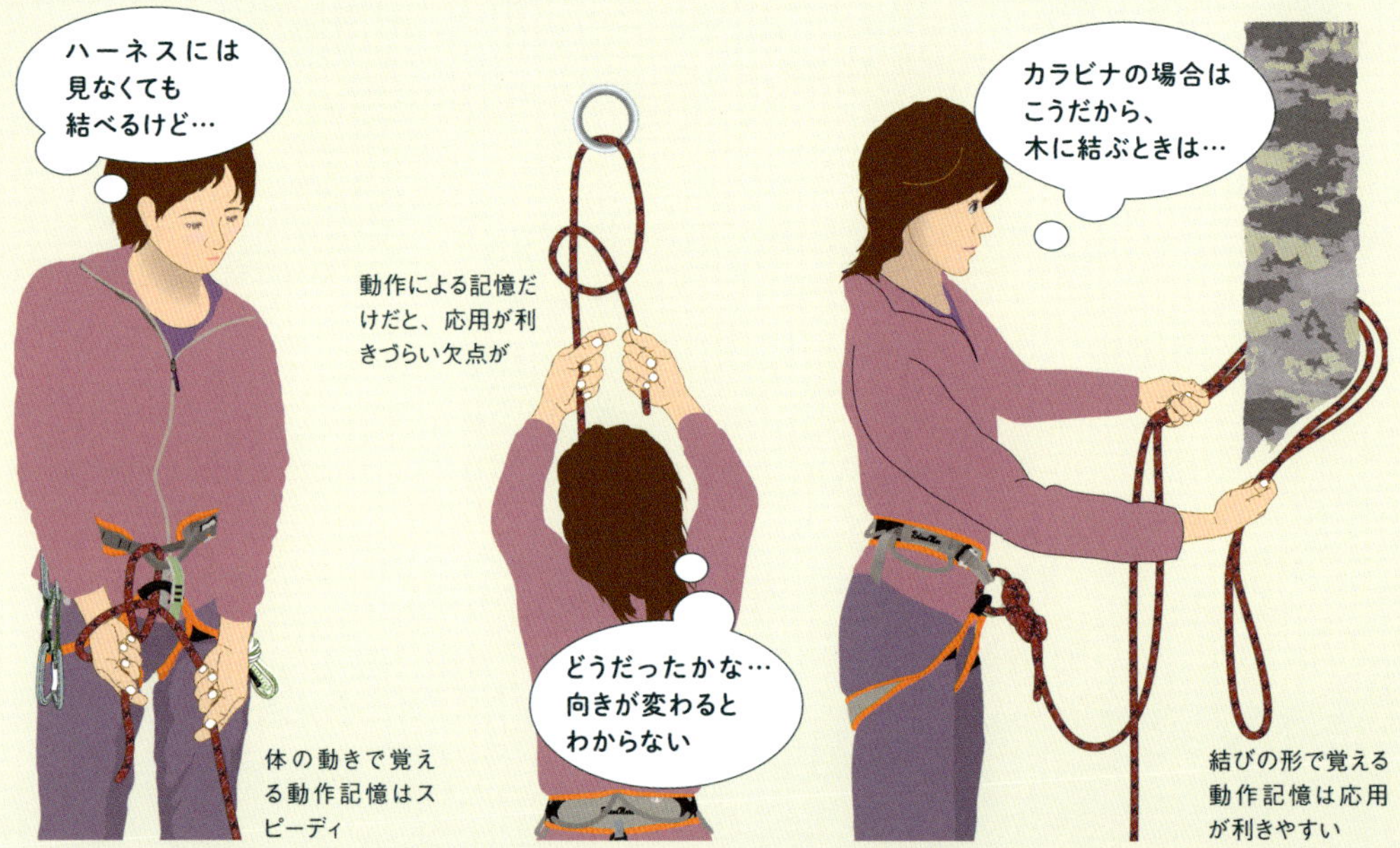
ハーネスには見なくても結べるけど…
体の動きで覚える動作記憶はスピーディ
動作による記憶だけだと、応用が利きづらい欠点が
どうだったかな…向きが変わるとわからない
カラビナの場合はこうだから、木に結ぶときは…
結びの形で覚える動作記憶は応用が利きやすい

Part 6

ロープの携行・保管・メンテナンス

ロープのたたみ方

登山・クライミングをスムーズに

持ち運びや安全のために

ロープは本来、結ぶと傷むので、使用しないときはそのままの状態で置いておくのがベター。とはいえ、持ち運んだり、使用時にスムーズにロープを操作したりするためには、きれいなたたみ方をマスターしておくことが必要だ。

登山にせよ、クライミングにせよ、ロープを使用するのは安全のため。そして、安全には「スピード」も欠かせない要素だ。ロープを使うために現場で不要な時間を消費するのは、自身やパートナーを危険にさらす行為といえる。ロープをスムーズに使えるようきれいにたたんでおくことは、安全なアウトドア活動に欠かせない技術なのだ。そして、ロープをたたむ時間自体も短くしたい。

たたみ方にはいくつかの種類があるが、本項ではぜひ覚えておいてほしい代表的な数種類を紹介する。家でもトレーニングし、短時間できれいにたためるよう習熟しよう。

マウンテニア・コイル

ロープを輪にして束ねるたたみ方。肩にかけて移動できるが、使用時は丁寧にロープを送り出さないとキンクして（絡まって）しまう。片方の末端がハーネスに結ばれた状態で手順1〜5を行ない（右ページ写真）、最後に末端処理をすると登山中の移動に便利。

1 | ロープを首にかける。末端は腰（ハーネス着用時はビレイループ）のあたりが目安

2 | 末端側と同じくらいの長さでメインロープを押さえ、もう一方の手でロープを手繰っていく

3 | 手繰ったロープを首にかける。ロープを押さえる手（写真では左手）は常に下側にテンションをかけておく

4 | ロープ全てを巻き終わるまでこれを繰り返す

5 | 巻き終わったら、そのまま肩にかけて移動することもできる

巻き方のコツ

ロープを手繰った後、手首を返してロープをゆるめてからそのまま首にかけるとスムーズに巻いていける

ロープを手繰る

手首を返してたるみをつくる

そのまま首にかける

6 巻き終わったロープを肩から外し、輪の大きさを整える

7 片方の末端を折り返してバイトをつくる

8 7で折り返した末端に、もう片方の末端を巻きつける

9 巻きつけ2周目で1周目とクロスさせる

10 末端の長さに応じて3回以上巻きつける

11 8～10で巻きつけた末端を、7で折り返した末端のループに通す

12 7で折り返した末端を引き、結びを締め込む

13 完成。肩にかけての移動がスムーズ。山小屋などでもそのまま壁にかけられる

ロープが途中でキンクして（絡まって）しまう

強引に解くこともできず、使用不能に…

グチャッと置くと…

マウンテニア・コイルで巻いたロープは結びを解いた後乱雑に置くと…

使うとき

マウンテニア・コイルで巻いたロープを使用するときは結びを解き、末端側からループをひとつずつ丁寧に送り出していく

短いロープで

20m程度までの短いロープでマウンテニア・コイルを結ぶ場合、首にかけるのではなく手とひじで巻いていくと場所も取らずスムーズ。

1 親指でロープの末端を押さえる

2 反対の手でメインロープをひじにかけて折り返す

3 ひじに巻いたロープは親指と人さし指の間にかけ、再びひじへ

4 巻き終わるまで繰り返す。巻き終わった後の処理はP136の6～12と同様

5 完成。肩にたすき掛けはできないが、コンパクトにまとまった

ラップ・コイル

ロープを折り返してバイトをつくり、左右に振り分けていくたたみ方。バタフライ・コイルとも。覚えやすく、使うときにキンクしにくいのがメリット。一方、背負いにくく、持ち運ぶとき木などに引っかかりやすいので注意が必要だ。

1 ロープを両肩にかける。末端は太ももからひざ上あたりが適当

2 末端側の手でメインロープを手繰り、両腕を大きく広げる

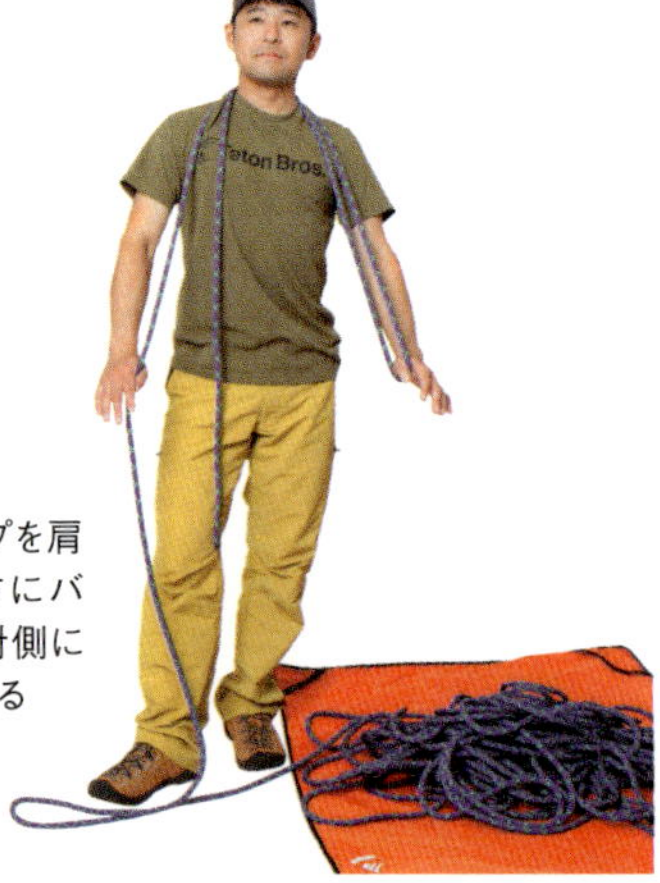

3 2で広げたロープを肩にかける。片方にバイトができ、反対側にメインロープがくる

4 反対側の手で再びメインロープを手繰る

5 同じように両腕を大きく広げて肩にかける。3とは反対側にバイトがくる。これを繰り返し、左右の肩にバイトを振り分けていく

6 ロープがなくなるまで繰り返す。末端はある程度長めに残す

体の前で振り分ける

ロープを肩にかけるのではなく、手に持ちながら体の前で振り分けることもできる。ロープの重さを腕1本で支えるのでややきついが、両腕を大きく広げるのが難しい狭い岩場などでも使えるので、必ず覚えておくこと。

1 体の前でロープを両手で握る。逆手で握るとその後がスムーズ。末端は地面に着くくらい

2 メインロープ側の手でロープを手繰り、両腕を大きく広げる。手の広げ方、向きはスペースに合わせて調整する

3 2で手繰ったロープでバイトをつくり、末端側の手に持ち替える

4 メインロープ側の手で再びロープを手繰る

5 同様にバイトをつくり、持ち替える。手のひらを頂点に3とは反対側にバイトがくるように

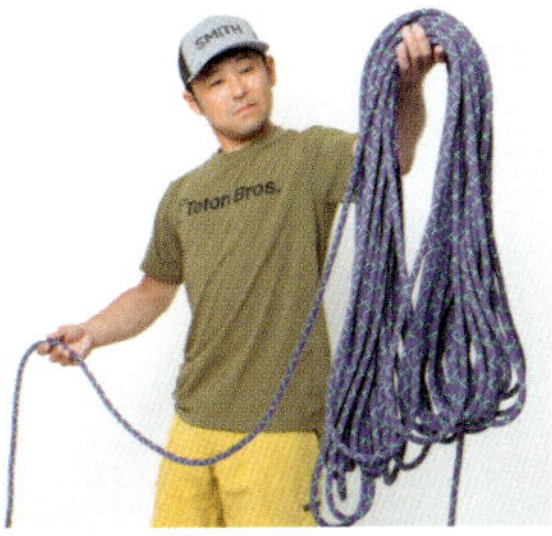

6 これを繰り返し、バイトを左右に振り分けていく。ロープを振り分け終わったら、手順は肩掛けの8以降と同様

7 ロープを手繰り終えたら肩から外す

8 片方の末端を折り返し、バイトをつくる

9 反対側の末端を8でつくったバイトに巻きつけていく。2巻き目でクロスさせる

10 複数回巻きつけて短くなったら8でつくったバイトに通し、反対側の末端を引いて結びを締める

11 完成。使うときは結びを解き、丁寧に地面に置けばそのままロープを送り出せる

ダブルバタフライ・コイル

ロープの中間点から二重にしてラップ・コイル（P138）のようにロープを振り分けていく。ラップ・コイルの半分の回数でロープを巻き終えることができるが、最初に中間点を探さなければいけないのでやや時間がかかる。

1 ロープの中間部分を持つ。クライミングロープの場合、中間に印があるものが多い。ない場合、ロープ用のマーカーで目印をつけておくと懸垂下降時なども便利

2 中間部分を持った手と反対側の手でロープを手繰りながら両手を大きく広げ、ロープを肩にかける

3 肩にかけた後、2とは逆の手で再びロープを手繰る

4 両手を大きく広げ、肩にかける

5 手繰ったロープは親指と人さし指の間にかけていくと長さをそろえやすい

6 これを繰り返していく

7 振り分け終わったら中心を持ってロープを肩から外す

8 ロープの中心（肩にかかっていた部分）を持って、両方の末端を束の上部に巻きつける

9 2巻き目は1巻き目とクロスさせる

10 1.5周ほど巻きつけたら末端側のロープを8～9でできたループから引き出す

11 ループから引き出しているところ

12 11で引き出したロープを束にかぶせる

13 かぶせたら末端を引いて結びを締める

14 完成

ロープを背負う

ダブルバタフライ・コイルでたたんだロープは背負うことができる。岩場から岩場への移動の際など、両手が使える状態でロープを持ち運びたい場合に便利。手順5以降の結び方はこれに限らないが、紹介した方法が簡単かつ確実だ。

1 末端を長めに残してロープをたたみ、両端を肩にかける

2 肩にかけた末端を脇下から背中側に回し、再び体の前面へ

3 2で引き出したロープを体の前でクロスさせた状態

4 もう一周背中側を通して前へ引き出す

5 末端を体の前面で交差させ、脇下のロープをくぐらせる

6 オーバーハンド・ノットを2回して両端を留め、完成

細引きのたたみ方

ロープと同様、大切なのは使いやすいようにたたむこと。アウトドアで必要な長さに切って使うことも多いので、スムーズに引き出せるようにしておきたい。親指と小指に巻きつけてループをつくり、最後に末端を結ぶと絡まりづらい。

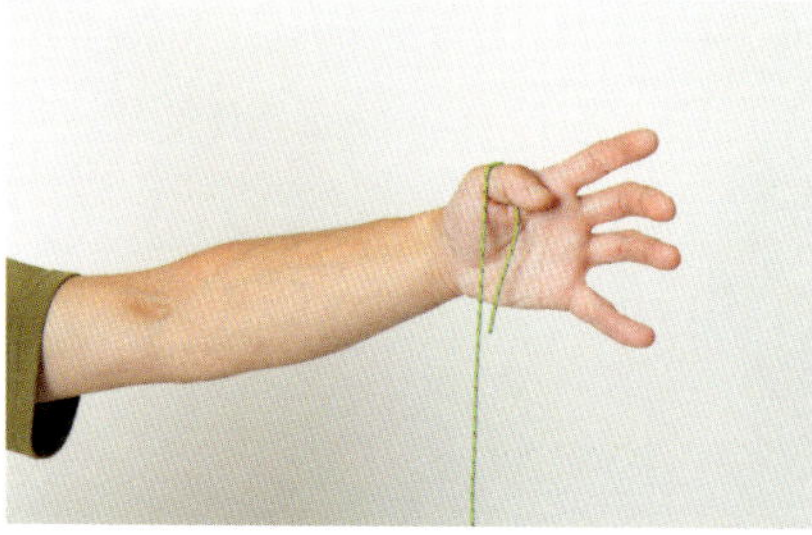

1 末端を親指にかける

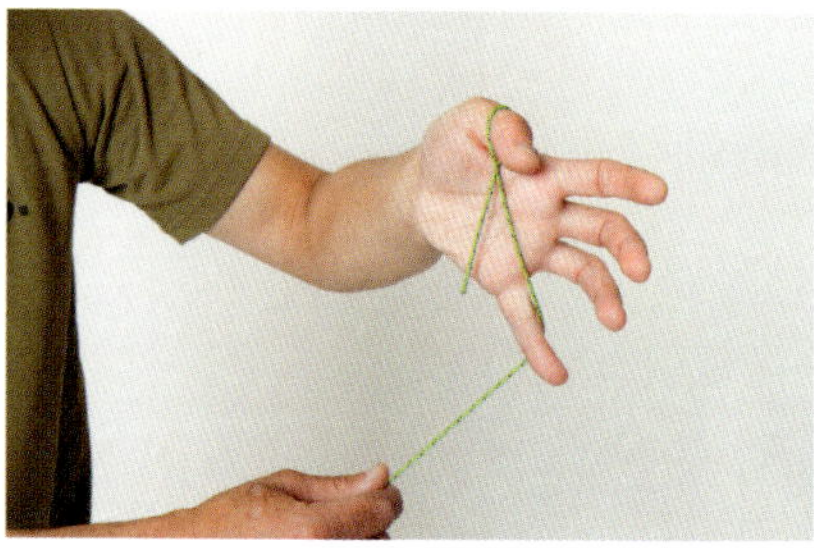

2 親指の外側から小指の内側へかける

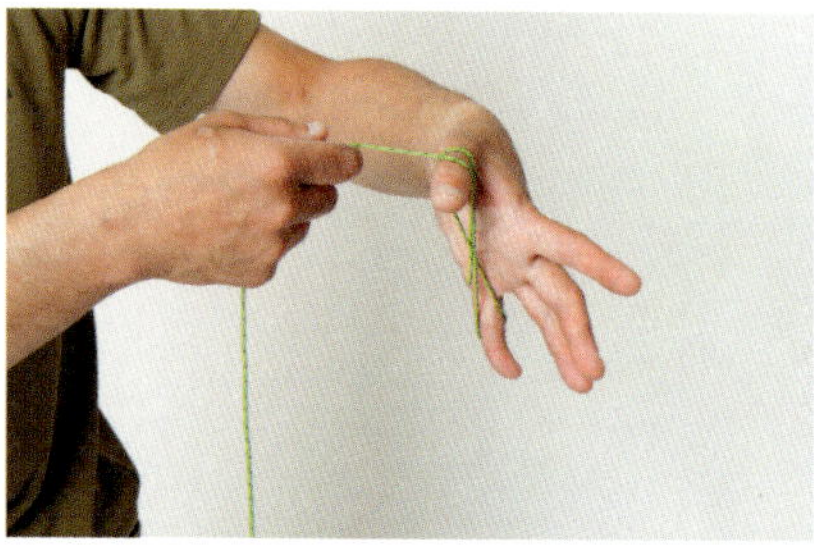

3 8の字を描くように再び親指へ

4 これを繰り返す。輪の大きさが変わらないよう、親指と小指でロープを広げるように持っているといい

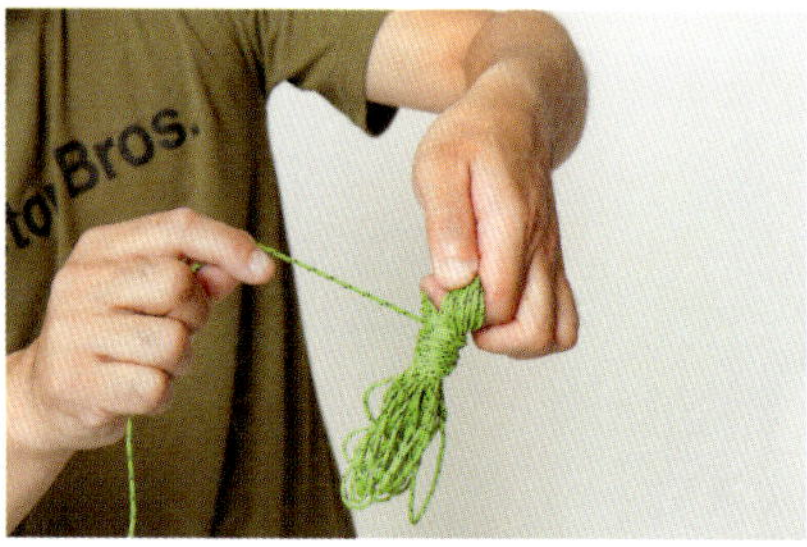

5 末端を束の中心付近にグルグル巻きつける

6 末端を巻きつけた輪に通して引き締める

7 完成

キャンプなどには…

キャンプなど荷物の容量がシビアでないなら、ドラムのようなものに巻きつけて持っていくと簡単にロープを引き出すことができ、使いやすい。縁付きのドラムはホームセンターや釣具店などで売られている。

ロープを巻きつければ完成

末端部分をクローブ・ヒッチでドラムにかける

ロープのチェック

ロープは岩で擦れたり土がつけば傷むし、使わなくても経年劣化する。ナイロン製の一般的なクライミングロープの寿命は未使用でも約5年。毎週使うと2年程度とされる。とはいえ、これはあくまで目安で、使い方や保管方法によっても変わってくる。大切なのは自分の目でロープをチェックすることだ。

使用前後に表皮のケバ立ちがないかチェック。また、全体をしごき、硬さが違う部分がないか確認しよう。柔らかい場合、内部で芯が切れているかも。硬ければ、別の場所が切れて詰まっていたり、ナイロンが経年劣化で硬化している可能性がある。そのようなロープは処分すること。

ロープの切り方

登山・クライミング中に捨て縄をつくったり、キャンプ場で細引きを切り分けたりと、ロープを切断する場面は多い。そんなとき、きれいに切るにはちょっとしたコツがいる。いきなりナイフを当てて切断すると、切断面が大きくほつれてしまう。ほつれたロープは見た目が美しくないのはもちろん、ほつれが広がり強度を低下させるなど安全にも関わってくる。ロープを切断する際は、切りたい部分をまずライターの火であぶるといい。最後に切断面をあぶって固め、シース（表皮）で芯を覆うようにすればきれいな末端になる。

✕

ロープをナイフで引き切ると…

末端がほつれてしまう

1 ライターであぶる

切断したい部分にライターの火を当ててあぶる

2 ロープを張って引き切る

ロープを張ってからあぶった部分にナイフを当て、一気に引き切る

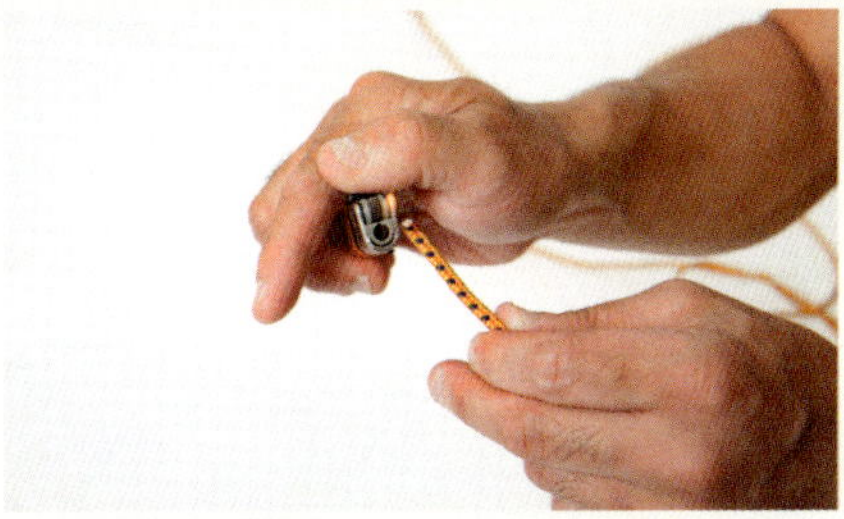

3 末端をあぶる

切断した末端にライターの火を当て、あぶって固める

4 シースをかぶせる

ロープのシース（表皮）を押し上げる。やけどに注意

ロープバッグへのしまい方

保管にも持ち運びにも

ロープを長く使うために

現場でロープを持ち運ぶには134ページ～で紹介したラップ・コイルなどの方法でたたむのが便利だが、家での保管や現場への移動時などはロープバッグがあるといい。専門店ではクライミング用具としてメーカーが発売するものが売られているし、補助ロープなど短めのロープを入れるならスタッフサックをベースに自作することもできる。

クライミング用のロープバッグは肩掛け型、バックパック型などさまざまだが、ロープを収納して持ち運ぶのにピッタリな形状。クライミング時にロープを置く「ロープシート」を兼ねているタイプや、そのほかの必要なギアも収納できるようになったタイプなどがある。

スタッフサックタイプのロープバッグは袋ごとバックパックに収納するのに適していて、末端を少しずつ引き出して使うこともできる。

ロープの保管

ロープを長く使うためには、ロープを傷めないことが大切。使用時以外はできるかぎり結んだりせず、日光を浴びたりホコリをかぶったりしないように保管しておくといい。ロープを結ぶことなく収納できて、日光やホコリも避けられるロープバッグは、ロープの保管にも最適だ。

ロープ使用後は汚れを落とし、濡れている場合は陰干しして乾燥させる。その後、ロープバッグに入れて室内の直射日光が当たらない場所に保管しておこう。

シート付きバッグ

ロープを収納するためのバッグと、クライミング時にロープを置くためのシートが一体になったタイプ。広げるとすぐに使えるので行動がスムーズに。

1 末端を通す

ロープの末端をロープシートに付いたループに通す

2 ロープを送る

ロープをシートの上へ送り出していく。特にきれいに整える必要はないが、キンクしないよう上へ上へとのせていく

3 もう一方の末端も通す

ロープをシート上に送り出し終わったら、シートに付いたもう一方のループに1で通したのとは反対側の末端を通す

4 シートを手繰り寄せる

末端を通したシート部分を手繰り寄せ、ロープをバッグ部分に収めていく

5 完成

バッグを閉じたら収納完了。岩場への移動時にも、家での保管にも使える

スタッフサック

ロープを袋ごとバックパックに収納するのに向く。専用品は底にロープの末端を通すループがあるが種類が限られる。適当なスタッフサックに自分で付けるといい。

1 末端を通す

スタッフサックを裏返し、底部に付けたループに末端を通す

2 ロープを入れる

ループに通した末端が抜けないよう押さえたまま、スタッフサックを元通りに戻してロープを入れていく

3 ロープを袋へ送り込む

ロープをスタッフサック内に少しずつ送り込んでいく

4 袋上部のループに通す

ロープをスタッフサック内へ収納したら、袋の上部に取り付けたループに末端を通す。使用時に末端を取り出しやすくするための処理

5 完成

スタッフサックを締め、完成。袋をバックパックに収納し、必要な長さ分だけ末端を引き出せる

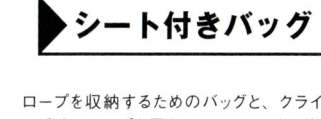

スリングの携行方法

ロープもテープも

たすき掛けは危険

登山・クライミングで使用するスリングは、じゃまにならないように、かつスムーズに使えるように携行する必要がある。動きを妨げられてはいけないが、すぐに取り出して使えることが絶対条件。

そこで覚えておきたいのが、ねじってたたんだスリングを、カラビナを使ってハーネスのギアループにかけておく方法だ。完成形は複雑そうにも見えるが、シンプルで簡単なので覚えておこう。ロープスリングでも、テープスリングでもこの方法でＯＫ。

なお、スリングをたすき掛けにする登山者やクライマーをよく見かけるが、木の枝などに引っかかるケースも多いので、基本的には避けること。特に墜落の可能性があるリードクライマーは非常に危険で、墜落した際たすき掛けしていたスリングに木が引っかかり、首が締められてしまう事故が実際に起きている。

家での保管方法

スリングも、ロープと同様で結んだりねじったりするとダメージを受けて劣化の原因になるので、使用時以外は極力そのままの状態で保管しておきたい。

ロープの場合、専用のロープバッグを保管の際にも使うことを推奨するが、スリングの保管には特別な道具は必要ない。山から戻ったらねじれを解いて汚れを落とし、壁やラックなどにそのままかけておくといい。直射日光が当たる場所は避けること。

スリングのたたみ方

カラビナから外せばすぐに元に戻せる。また、スリングはカラビナと合わせて使うことが多いので使い勝手がいい。60㎝スリング、120㎝スリングともにこの方法で。

1 スリングを二つ折りにする

2 カラビナをかける

3 カラビナをかけた側と反対側に指を入れ、スリングをねじっていく

4 空間がなくなるまでねじる

5 ねじった状態で二つ折りにする

6 5で二つ折りにした末端をカラビナにかける

7 スリングをナローエンドに移したら完成。ハーネスのギアループにかけて携行する

たたみ方の失敗例

✕

縫い目がカラビナに

縫い目がカラビナに当たるときれいにたためず、空間ができる

✕

隙間がある

ねじってたたんだカラビナに隙間があると、引っかかって危険

索引／用語集

本書で紹介した結びの掲載ページをまとめたほか、本書中に登場する用語、登山雑誌や、ガイドブックでよく使われる用語を解説する。ページ数の赤字は結び方の説明。

あ行

アイスクライミング　凍結した滝や氷の斜面を専門の道具を使って登るアクティビティ

アクセサリーコード　1㎜径から7㎜径程度までの細めのロープ。P8参照

アブミ　小型の縄バシゴ

アプローチ　登山では登山口までの行程、クライミングでは岩場に到着するまでの道のり

アルパインクライミング　岩・雪・氷など登山の総合力が試される登攀

アルパインクラッチ　↓ガルダー・ヒッチ

アンカー　ロープで確保するための確実な支点

アンザイレン　2人以上が相互確保のためにロープを結びあうこと。アンザイレンしたふたりが同時に行動するのをコンティニュアス、どちらかが確保し、もうひとりが行動することをスタカットという

錨結び　↓フィッシャーマンズ・ベンド

イタリアン・ヒッチ　↓ムンター・ヒッチ

岩場　クライミングをする岩壁。または登山コース上の岩につかまって登り下りするような難所

インク・ノット　↓クローブ・ヒッチ

インライン・フィギュアエイト　結びの名称。P23、102～103

ウォーター・ノット　↓リング・ベンド

ATC　ブラックダイヤモンド社が発売しているチューブ型ディバイスの商品名

エイト・ノット　↓フィギュアエイト・ノット

エバンス・ノット　結びの名称。P24、63、65

オートブロック・ヒッチ　結びの名称。P39

オーバーハング　垂直以上に前傾した壁やその状態。また、頭上に覆いかぶさるように突き出している岩のこと

オーバーハンド・ノット　結びの名称。P12～13、16、18、26、49、80、90、103、113、130～131、141

オーバーハンド・ベンド　結びの名称。ロープの末端同士を重ねてオーバーハンド・ノットで結ぶ。P13、16、48、55、56、64、65、77

オーバーハンド・ループ　↓ループ・ノット

か行

ガース・ヒッチ　結びの名称。P40、41、42、46～47、55、58、60、64、65、77、80、81、100、102、104、106、108

カーンマントル構造　クライミングロープに使われる構造。P15参照

ガイライン　テントやタープを張るための細いロープ。張り綱

カウ・ヒッチ　↓ガース・ヒッチ

核心部　クライミングルート（あるいはピッチ）や登山ルート中の最も難しい箇所

確保　ロープの摩擦を生かし、ロープで結びあった相手の転・滑落や墜落を防ぐこと。ビレイとも

確保器　ビレイディバイスとも。ディバイス参照

下降器　ラペルディバイスとも。ディバイス参照

荷重分散　荷重がかかるポイントを2カ所以上に分散すること。クライミングのアンカー構築の際に特に重要。P126～129参照

滑落　急斜面や岩場で足を踏み外したりバランスを崩したりして滑り落ちること

空荷　荷物がないこと。特に、バックパックを置いて荷物を持たずに行動することをいう

カラビナ　開閉部のついた金属製の輪。ロープなどと組み合わせて使う。P74参照

ガルダー・ヒッチ　結びの名称。P35、82～85、101

簡易ハーネス　スリングでつくった簡易的なハーネス。P78～79参照

ギア　登山用具のこと。特に、クライミングなどに使う金属製の登攀具を指すことも多い

ギアループ　ハーネスに縫い付けられている、カラビナなどをクリップしておくリング。ギアラックとも

逆クリップ　クライミングの際、カラビナへのロープのかけ方が正しい方向と逆になること。P124参照

キンク　ロープがよじれたり、絡んだりすること。ロープをまとめたり解いたりする際にできやすい

クアッドアンカー　クライミングの支点構築の方法のひとつ。P126～129参照

クイックドロー　2個のカラビナを短いスリングでつないだもの。片方のカラビナをアンカーにクリップし、もう一方にロープを通して使う。俗称ヌンチャク

クサリ　縦走路などの険しい岩場に取り付けられる金属製の手がかり。クサリが取り付けられた岩場をクサリ場という

クライミングシューズ　クライミングのための専用靴。通常、小さなスタンスにも立ちやすいよう登山靴よりも小さく、アウトソールはフラットになっている。なるべく土をつけないなどの配慮が必要

クライムダウン　岩場を手足を使って（ロープにぶら下がらずに）下りること

グラウンドフォール　クライミングなどで地面まで墜落すること。大事故につながる

クラック　岩の割れ目。クライミングでは、クラックに指や腕、場合によっては体を挟んで登る

クリップ　カラビナにロープをかけること。またはロープやスリングにカラビナをかけること

クレイムハイスト　結びの名称。P38、52、130～131

グレード　登山やクライミングの難易度を表わす指標。クライミングでは国際的な指標が確立されている

クローブ・ヒッチ　結びの名称。

P13、30～31、42、50、51、52～53、55、56～57、58、60～62、66、81、100、103、105、106、142

ゲレンデ　クライミングを行なうための岩場を指す

懸垂下降　下降器やカラビナにロープをつなぎ、ロープの摩擦を利用して岩場などを降りる技術。P86～91参照

コール　登山やクライミングで、チームのメンバーや他パーティとやり取りしたり状況を知らせるためのかけ声

国際山岳連盟　略称UIAA。登攀装備の品質規格を定め、検査・認証を行なう国際団体

固定分散　クライミングの支点構築方法のひとつ。スタティック・イコライゼーションとも。P126～129参照

コンパス　方位磁針のこと。方位や現在地を知るため、地図と組み合わせて使用する

さ行

山岳ガイド　本書では日本山岳ガイド協会認定の山岳ガイド資格（国際山岳ガイド、山岳ガイドステージⅡ、ステージⅠ）を所有しているガイドのこと。日本山岳ガイド協会の基準では、バリエーションルートをガイドできるのはこの職域のガイドのみ。広義には、山岳エリアのガイディングを業として担うものを指す場合もある

山行　登山を目的に山へ行くこと。また、それによって実行した登山活動そのもの。「今回の山行は大成功だった」などと使用

残置　回収できない登山装備などをその場に残すこと。環境への悪影響もあるので極力避ける

シート・ベンド　結びの名称。主にテープに用いる。P28

自在　テントなどのガイラインに取り付け、テンションを調整するための器具。タイトナーとも。P49参照

自在結び　→トートライン・ヒッチ

衝撃荷重　墜落時などに急激にかかる荷重。インパクトフォースとも。クライミングロープは伸びることで衝撃荷重を吸収する

ショートロープ　短い距離でロープを結びあって歩く確保技術。山岳ガイドが多用するが、専門のトレーニングが必要なので一般登山者はマネしないこと

シングルストランド　ロープを折り返さず、1本のストランドで操作すること。P15参照

シングル・ヒッチ　結びの名称。ロープを対象物に一周巻き付ける。P105

シングルロープ　1本で使用するクライミングロープ。P10参照

スキャフォールド・ノット　→エバンス・ノット

スタッフサック　小物を収納するための袋。防水加工されているモデルもある。スタッフバッグとも

スタティック・イコライゼーション　→固定分散

スタティックロープ　伸びにくいロープ。P9参照

スタンディングパート　ロープで結び目をつくる際にベースとなる部分。P14参照

捨て縄　懸垂下降をする際、岩や木に巻いてロープをかける縄。アクセサリーコードなどをダブルフィッシャーマンズ・ベンドで結んで使うことが多い。下降後ロープは回収するが、捨て縄は残置する

ストランド　ロープを構成するより。（縒り）またはロープのもつ特定の役割のこと。P15参照

スラブ　凸凹の少ない一枚岩のうち、傾斜がきつくない（おおむね75度以下）のもの。傾斜がきついものはフェイスという

スリング　ロープやテープを縫ったり結んだりして輪にしたもの。P11参照

静止荷重　衝撃がない状態でかかる荷重

セミスタティックロープ　伸びにくいロープの一種

セルフ・イコライゼーション　→流動分散

セルフビレイ　支点に自分自身を固定し、落下しないよう安全を確保すること。P80～81参照

ソウンスリング　縫って輪になった状態で売られているスリング。テープ（ナイロンやダイニーマ）、ロープどちらもある。P11参照

た行

タール・ノット　結びの名称。P19、65

ターン　ロープをカラビナや木にかけて折り返した部分。P14参照

タイインループ　ハーネスのロープを結ぶ部分。ビレイループの下側と、ハーネスによっては上側の1カ所ないし2カ所。タイインポイントとも

タイトナー　→自在

ダイナミックロープ　伸びることで衝撃を吸収するクライミング用のロープ。P9、10参照

ダイニーマ　スリングなどに使われる化学繊維。ナイロンの5倍といわれる強度があるが熱に弱く、滑りやすい

ダブルストランド　折り返したロープを2本まとめて操作すること。P15参照

ダブルバタフライ・コイル　ロープのたたみ方の名称。P140～141

ダブルフィッシャーマンズ・ノット　結びの名称。ダブルフィッシャーマンズ・ベンドの手順1～3を1本のロープで行なう。末端処理に利用されることが多い。P27、P99、119

ダブルフィッシャーマンズ・ベンド　結びの名称。P11、13、27、48、77

ダブルループ・フィギュアエイト　結びの名称。P22、102、104～105、106、108～109

中間支点　→ランニングビレイ

中間者結び　→バタフライ・ノット

墜落　クライミングなどで、壁から空中を落ちること。転落と混用されることもある

ツインロープ　クライミングロープの一種で2本のロープを束ねて1本のように使う。P10参照

ツーハーフ・ヒッチ　結びの名称。P32、50、52～53、54、58、59

ツーバイト　結びの名称。P41、77、81、100、102、104

ツエルト　軽量の簡易テント。山中での緊急事態に備える装備として携行する場合も多い。P56～59参照

ディバイス　ビレイや懸垂下降に用いる器具。スクリューロックカラビナにかけて使用することが多い。下降器（ラペルディバイス）と確保器（ビレイディバイス）は同一のものとすることが多いが、メーカによっては別製品

ディレクショナル・フィギュアエイト　→インライン・フィギュアエイト

テープ　ナイロンやダイニーマなどの布製の帯。縫ってスリングとして売られているものも、テープ状のまま売られているものもある

テープ結び　→リング・ベンド

テグス結び　→フィッシャーマンズ・ベンド

テンション　ロープを張ること

テントサイト　テントなどを設営する場所

テント場　→テントサイト。主に山中のサイトについていう場合に使う。テン場などとも

転落　崖などから落ちること。滑落とは厳密に区別されないことが多く、山岳事故の統計でも「転・滑落」などと表記される

通し掛け　スリングなどを対象物にかけること。結ばないので強度低下などがない。P41、81

トートライン・ヒッチ　結びの名称。P33、51、58、62、66

徒渉　川や沢を歩いて横断すること。P93、107〜109参照

取付　岩場などの始まりとなる場所、スタート地点

徳利結び　→クローブ・ヒッチ

トップロープ　あらかじめルートの終了点に支点をセットし、ロープをかけて行なうクライミング。P118〜121参照

止め結び　オーバーハンド・ノット

トラバース　横方向に移動すること。また、そのルート

トレッキングポール　歩行の補助に使う登山用の杖。単にポールとも。ストックという場合もある

な行

ナイフリッジ　鋭く切り立った幅の狭い尾根や岩稜、雪稜。ナイフエッジとも

ナイロン　ロープ、スリングなどに広く使われる素材

荷上げ　クライミングや高所登山で物資を運び上げること。また、ヘリコプターを使って山小屋へ荷物を運ぶこと

二重遭難　遭難救助に向かった人が遭難すること

二重テグス結び　→ダブルフィッシャーマンズ・ベンド

日本山岳ガイド協会　ガイド資格の認定を行なう公益社団法人。略称JMGA。自然ガイド、登山ガイド、山岳ガイド、クライミング・インストラクターなどを認定する。日本ではガイドは国家資格ではなく複数の資格認定団体があるが、同協会がその代表的な存在。国際山岳ガイド連盟にも加盟している

ノット　ロープだけで完結する結び方。P12〜13参照。また、結びを総称してノットということもある（例：ノットスリング）

ノットスリング　ロープを自身で結んでつくったスリング。登山、クライミングで使用する場合は末端同士をダブルフィッシャーマンズ・ベンドで結ぶ。P11参照

は行

パーティ　登山やクライミングなどで行動を共にするグループ

ハーネス　登山やクライミングで滑落などを防ぐために体に装着するベルト状の装備。ロープを結びつけて使う

ハーフ・ヒッチ　結びの名称。P32、52〜53、55、65

ハーフロープ　クライミングロープの一種。2本のロープを別の支点にかけながら使用。P10参照

バイト　ロープを二つ折りにした部分。P14参照

バタフライ・コイル　→ラップ・コイル

バタフライ・ノット　結びの名称。P12、25

はた結び　→シート・ベンド

8の字結び　→フィギュアエイト・ノット

バックアップ　もしもに備えた予備の安全確保システム。フリクションヒッチを使用した登り返し（P130〜131参照）の際に、フリクションヒッチがゆるんだ場合に備えてループ・ノットでロープを結んでおくのはその一例

バニーイヤーズ　→ダブルループ・フィギュアエイト

バリエーションルート　一般登山道のように整備されていないルート。アルパインクライミングや沢登りなどの対象にもなる

張り綱結び　→トートライン・ヒッチ

半マスト結び　→ムンター・ヒッチ

ビッグウォール　厳密な定義はないが、高さ数百メートルを超えるような巨大な岩壁。ヨセミテのエルキャピタンなどが有名

ヒッチ　ロープ以外の別のものと組み合わせることで役割を発揮する結び。対象物がないと結びが成立しない。P12〜13参照

ピッチ　クライミングでは確保点から次の確保点まで。ロープ1本で登りきれる長さを指す

一重継ぎ　→シート・ベンド

ひと結び　→ハーフ・ヒッチ

ビバーク　ケガや道迷いなどで下山できなかったり、予定の宿泊場所まで到達できない場合に緊急的に野営すること

ひばり結び　→ガース・ヒッチ

ビレイ　→確保

ビレイディバイス　ビレイ用の確保器のこと。ディバイス参照

ビレイヤー　クライミングにおいて、確保者のこと

ビレイループ　ハーネスの中心についている、カラビナや確保器を接続するための輪

ファーストエイド　応急手当。そのための装備をファーストエイドキットという

フィギュアエイト・オン・ア・バイト　結びの名称。P20、47、57、60、62、83、101

フィギュアエイト・ノット　結びの名称。P14、21、47、61、87

フィギュアエイト・フォロースルー　結びの名称。P12〜13、21、47、83、99、102、104、107、109、119

フィックスロープ　コース中の危険箇所に固定されたロープ

フィッシャーマンズ・ベンド　結びの名称。P26、65

フォロワー　登山パーティでリーダー以外の人。確保される人

ふじ結び　→リング・ベンド

ふた結び　→ツーハーフ・ヒッチ

フューラー結び　→ループ・ノット

フライシート　防水などのためにテントの上（外）側を覆うように張る布

フリークライミング　装備の使用を制限して登るクライミング。安全確保のための装備を除き、前進にはチョークとシューズ以外を使わないとするケースが多いが、厳密な定義は難しい

フリーソロ　ロープを使用せずに登るクライミング。ボルダリングは含まない

フリクション　摩擦、あるいは摩擦を効かせること

フリクションヒッチ　ロープに別のコードを巻きつけて摩擦を利用する結び。クレイムハイストやプルージック・ヒッチなどがこれにあたる

ブリッジプルージック・ヒッチ

結びの名称。Ｐ37、１３０～１３１

プルージック・ヒッチ　結びの名称。Ｐ13、36、37

ブレイクス・ヒッチ　結びの名称。Ｐ55、63、65、66

ブレーキストランド　ロープ操作で制動をかけるパート。Ｐ15参照

フレンチプルージック　→オートブロック・ヒッチ

フレンチマッシャー　→クレイムハイスト

フレンチ結び　→クレイムハイスト

プロテクション　墜落を止めるための中間支点となるものの総称。岩場に固定されたボルトなどのフィックスドプロテクション、自然の立ち木などのナチュラルプロテクション、岩の割れ目などに器具を取り付けるリムーバブルプロテクションがある

ペグ　テントやツエルトなどの裾や張り綱を地面に固定するための杭

ベターボウ・ノット　結びの名称。Ｐ70～71

ヘルメット　登山、クライミングで落石や転倒から頭部を守るために装着する

ベンド　ロープの末端同士をつなぐ結び方。Ｐ12～13参照

ボウリン・ノット　結びの名称。Ｐ17、46～47、61、64

補助ロープ　登山時の危険地帯通過の際などに使用するロープ。静止荷重で使用するのが前提で墜落などには対応しない。Ｐ8～9参照

細引き　→アクセサリーコード

ボルト　フリークライミングの岩場で岩に埋め込まれた金属製の支点

ま行

マウンテニア・コイル　ロープのたたみ方の名称。Ｐ１１１、１３５～１３７

マスト結び　→クローブ・ヒッチ

マッシャー結び　→オートブロック・ヒッチ

末端　→ランニングエンド

末端処理　ロープがすっぽ抜けないよう、結んだ後の末端（ランニングエンド）をさらに結ぶこと。クライミングではハーネスにロープをフィギュアエイト・フォロースルーで結んだあと、ダブルフィッシャーマンズ・ノットで末端処理する。Ｐ99、１１９参照

マンハーネス・ノット　結びの名称。Ｐ52、54

道迷い　登山ルートを見失い、登山中に道に迷うこと。山岳遭難件数の約4割を占める

ミュール・ノット　結びの名称。Ｐ90、１０８

ムンター・ヒッチ　結びの名称。Ｐ15、34、85、87～88、90、98～１０１、１０７

ムンター・ミュール・ノット　→ミュール・ノット

メインロープ　ロープのうち、末端側でない主たる部分

もやい結び　→ボウリン・ノット

や行

山小屋　登山者が宿泊したり休憩したりできる山中の施設。小屋番が常駐する営業小屋を指す場合が多いが、避難小屋を含める場合もある

ＵＩＡＡ　→国際山岳連盟

ＵＩＡＡ規格　ロープやカラビナ、ヘルメットなどに定められた、国際山岳連盟の検査基準に合致した国際規格

よろい結び　→マンハーネス・ノット

ら行

ラインズマンズ・ループ　→バタフライ・ノット

ラウンドターン　ロープをカラビナや木などに一度巻きつけてから折り返すこと。また、その結びの名称。Ｐ14、41、58、59、81、１００、１０２、１０４

落石　斜面や岩壁を石が転がり落ちること。また、その石。登山やクライミングでは、常に上からの落石に注意するとともに、自身が落石を起こさないことも大切

ラップ・コイル　ロープのたたみ方の名称。Ｐ１３８～１３９

ラビット・ノット　→ダブルループ・フィギュアエイト

ラペル　→懸垂下降

ラペルディバイス　→懸垂下降用の下降器。ディバイス参照

ランナー　支点とロープの距離を調整するスリングやクイックドローの総称

ランニングエンド　ロープの先端。結び目をつくるために動いていく部分。末端とも。Ｐ14参照

ランニングビレイ　クライミング中、ルートの途中でメインロープをプロテクションにセットすること。中間支点

リーダー　登山チームの隊長。また、クライミングやロープを使用した登山で先頭を登る人

リード　プロテクションにロープをセットしながら登るリーダーのこと。あるいはそのような行為、クライミング方法

流動分散　クライミングのアンカー構築方法のひとつ。ひとつのアンカーポイントが崩壊した場合、残ったアンカーポイントに強い衝撃荷重がかかるため推奨されていない。セルフ・イコライゼーションとも。Ｐ１２６～１２９参照

稜線　山頂と山頂を結ぶ尾根上の線。山脈の中心的な稜線を主稜線、そこから派生するものを支稜などと呼ぶ

リング・ベンド　結びの名称。Ｐ11、29

リング荷重　ロープを結んでつくった輪に直接力が加わること。ボウリン・ノットのループはリング荷重でほどけることがある

ループ　ロープが形づくる輪になった部分。Ｐ14参照

ループ・ノット　結びの名称。Ｐ18、46～47、50、52～53、59、１３０～１３１

レッグループ　ハーネスの足を通す部分

ロードストランド　ロープ操作の際の負荷のかかる部分。Ｐ15参照

ロープ　本書のメインテーマ。１mm径のアクセサリーコードからクライミング用のダイナミックロープまで様々。Ｐ8～10参照

ロープバッグ　ロープを収納するためのバッグ。様々な形状のものがある。Ｐ１４４～１４５参照

ロックカラビナ　カラビナのうち、ゲートをロックする機能が付いたもの。Ｐ74参照。安全環付きカラビナとも

ロワリング　ロープにぶら下がって下りること。登攀を終えたり、中止したクライマーがビレイヤーのロープ操作によって降ろしてもらう。ロワーダウンとも

監修　水野隆信［みずの・たかのぶ］
イラスト　阿部亮樹［あべ・りょうじゅ］

編集　山と溪谷社 山岳図書出版部
編集・執筆　川口 穣
写真　逢坂 聡
杉村 航
写真協力　エアモンテ
キャニオンワークス
マムートスポーツグループジャパン
山の店デナリ
カバーイラスト　東海林巨樹
ブック・デザイン　赤松由香里（MdN Design）
本文DTP　滝澤しのぶ
近藤麻矢
三橋加奈子
（アトリエ・プラン）
校正　戸羽一郎

ヤマケイ登山学校

ロープワーク

2019年10月1日　初版第1刷発行
2023年8月25日　初版第5刷発行

発行人　川崎深雪

発行所　株式会社 山と溪谷社
〒101-0051
東京都千代田区神田神保町1丁目105番地
https://www.yamakei.co.jp/

印刷・製本　図書印刷株式会社

■乱丁・落丁、及び内容に関するお問合せ先
山と溪谷社自動応答サービス ☎03-6744-1900
受付時間／11：00～16：00（土日、祝日を除く）
メールもご利用ください。
【乱丁・落丁】service@yamakei.co.jp
【内容】info@yamakei.co.jp

■書店・取次様からのご注文先
山と溪谷社受注センター
☎048-458-3455
FAX 048-421-0513

■書店・取次様からのご注文以外のお問合せ先
eigyo@yamakei.co.jp

＊定価はカバーに表示してあります。

ISBN 978-4-635-04419-6